【甘肃省耕地质量评价系列丛书】

酒泉市
JIUQUANSHI
耕地质量评价
(2017—2020年)
GENGDI ZHILIANG PINGJIA (2017—2020NIAN)

路宏中　马　静　主编

甘肃科学技术出版社

图书在版编目(CIP)数据

酒泉市耕地质量评价:2017—2020年/路宏中,马静主编. -- 兰州:甘肃科学技术出版社,2022.9
ISBN 978-7-5424-2970-4

Ⅰ.①酒… Ⅱ.①路… ②马… Ⅲ.①耕地资源-资源评价-酒泉-2017-2020 Ⅳ.①F323.211

中国版本图书馆CIP数据核字(2022)第155767号

酒泉市耕地质量评价(2017—2020年)
路宏中 马 静 主编

责任编辑 陈 槟
封面设计 苏 静

出 版	甘肃科学技术出版社
社 址	兰州市城关区曹家巷1号 730030
电 话	0931-2131570(编辑部) 0931-8773237(发行部)
发 行	甘肃科学技术出版社 印 刷 酒泉市汇丰彩色印刷广告有限公司
开 本	787毫米×1092毫米 1/16 印 张 18.5 插页 1 字 数 393千
版 次	2023年4月第1版
印 次	2023年4月第1次印刷
印 数	1~1000
书 号	ISBN 978-7-5424-2970-4 定 价 68.00元

图书若有破损、缺页可随时与本社联系:0931-8773237
本书所有内容经作者同意授权,并许可使用
未经同意,不得以任何形式复制转载

《甘肃省耕地质量评价系列丛书》编委会

主　　任：崔增团

副 主 任：郭世乾　顿志恒　张美兰

委　　员：贾蕊鸿　高　飞　郑　杰　董星辰　蔡立群

《酒泉市耕地质量评价（2017年—2020年）》编写组

主　　编：路宏中　马　静

副 主 编：张国森　李　虹　李晓仁　朱建强　胡秉安

编　　者：马维成　王明娥　罗晓亮　吴建军　史建明　高智明
　　　　　闫光荣　张　燕　石丽华　刘　刚　韩　晶　王　鑫
　　　　　胡海银　顾　勇　吴风琴　张　炯　刘文生　柴文玉
　　　　　王莉娜　蒋　宏　李　栋　刘慧军　陈　莉　刘生虎
　　　　　那生巴依尔　叶尔扎提

前　言

近年来，国家对耕地保护工作给予了前所未有的重视，为全面促进土地管理由数量管理为主向数量质量并重管理的转变，需要在全国范围内开展耕地质量等别调查与评定工作，全面掌握各地区耕地现状变化及耕地质量等别变化情况，服务于土地管理的日常工作，并为制定相关的耕地保护政策提供依据，提升土地资源管理水平。耕地质量等级评价工作对我国实行最严格的耕地保护制度具有十分重要的意义，耕地质量如何，事关粮食产出能力，需要掌握耕地质量变化趋势，科学评价耕地质量保护成效，推动"藏粮于地、藏粮于技"战略实施。

酒泉，山脉连绵，戈壁浩瀚，盆地毗连，构成了雄浑独特的西北风光。酒泉是敦煌艺术的故乡、现代航天的摇篮、新中国石油和核工业的发祥地、"铁人"王进喜的故乡和"铁人精神"的诞生地。酒泉古称肃州，是甘肃省辖地级市，甘肃省人民政府批复确定的丝绸之路经济带甘肃段重要节点城市、省域副中心城市，地处中国西北地区、甘肃省西北部、河西走廊西端，全市辖"一区两市四县"（肃州区、玉门市、敦煌市、金塔县、瓜州县、肃北县和阿克塞县）。

为全面掌握酒泉市耕地质量的现状及特点，在2017—2020年对所辖肃州区、玉门市、敦煌市、金塔县、瓜州县、肃北县和阿克塞县按《耕地质量等级》国家标准（GB/T 33469-2016），以土地利用现状图、土壤类型图、行政区划图叠加生成的图斑为评价单元，从立地条件、剖面性状、耕层理化性状、土壤养分状况、土壤健康状况和土壤管理等6个方面综合评价了区域耕地质量，并进行了耕地质量等级划分以及土壤营养元素和其他重要指标变化趋势分析，摸清影响区域耕地生产的主要障碍因素，提出区域耕地质量保护与提升的对策措施与建议。

参加本书编写人员：路宏中负责总体编写方案设计；张国森志负责统稿审定；马静编写第三章、第四章、第五章，协助统稿审定；李晓仁编写第一章、第二章、第六章，协助统稿审定；其他同志参加编写的基础性工作。

在本书的出版过程中，得到了甘肃农业大学资源与环境学院蔡立群教授、董博博士等的大力支持和帮助，在此表示衷心感谢！

编　者
2022年5月

目 录

第一章　酒泉市概况 ……………………………………………………………………(001)
　　第一节　地理位置与区划 ………………………………………………………(001)
　　第二节　自然环境概况 …………………………………………………………(003)
　　第三节　农业生产概况 …………………………………………………………(005)
　　第四节　耕地土壤资源 …………………………………………………………(024)
第二章　耕地质量评价方法与步骤 ……………………………………………………(029)
　　第一节　资料收集与整理 ………………………………………………………(029)
　　第二节　耕地质量评价方法 ……………………………………………………(035)
　　第三节　建立评价指标体系 ……………………………………………………(039)
　　第四节　耕地土壤养分等专题图件编制方法 …………………………………(046)
第三章　耕地质量等级分析 ……………………………………………………………(048)
　　第一节　酒泉市耕地质量等级整体变化分析 …………………………………(048)
　　第二节　肃州区2017—2020年耕地质量等级 …………………………………(049)
　　第三节　玉门市2017—2020年耕地质量等级 …………………………………(060)
　　第四节　敦煌市2017—2020年耕地质量等级 …………………………………(068)
　　第五节　金塔县2017—2020年耕地质量等级 …………………………………(075)
　　第六节　瓜州县2017—2020年耕地质量等级 …………………………………(083)
　　第七节　肃北县、阿克塞县2017—2020年耕地质量等级 ……………………(090)
　　第八节　耕地质量提升措施 ……………………………………………………(098)

第四章 耕地土壤有机质及主要营养元素··················(100)

第一节 土壤有机质··················(100)
第二节 土壤全氮··················(100)
第三节 土壤有效磷··················(124)
第四节 土壤速效钾··················(145)
第五节 土壤营养元素调控措施··················(171)

第五章 其他指标··················(195)

第一节 土壤pH··················(198)
第二节 灌溉能力··················(198)
第三节 排水能力··················(199)
第四节 剖面质地构型··················(203)
第五节 障碍因素··················(206)
第六章 评价成果应用方向··················(210)

附录 评价相关文件及标准··················(214)

耕地质量调查监测与评价办法··················(216)

第一章　酒泉市概况

第一节　地理位置与区划

一、地理位置

酒泉市位于甘肃省西北部河西走廊西端的阿尔金山、祁连山与马鬃山（北山）之间，北部除少部分与蒙古国接壤外，大部与内蒙古自治区阿拉善盟相邻，西接新疆维吾尔自治区，南接青海省海西蒙古族自治州和海北藏族自治州，东邻张掖市。东西长约 680 千米，南北宽约 550 千米，总面积 19.2 万平方千米，占甘肃省面积的 42%。

二、区域概况

酒泉市下辖：肃州区，玉门市、敦煌市 2 个县级市，金塔县、瓜州县 2 个县，肃北蒙古族自治县、阿克塞哈萨克族自治县 2 个自治县，共一区两市四县。

（一）肃州区

肃州区隶属于甘肃省酒泉市，位于甘肃省河西走廊中部的西端，东接高台县，北连金塔县，西邻嘉峪关市，南与肃南县接壤。海拔 1 340~2 200 米。东西最长距离 104 千米，南北最宽距离 84 千米，总面积 3 353 平方千米。根据第七次人口普查数据，截至 2020 年 11 月 1 日零时，肃州区常住人口 455 611 人。肃州区下辖 15 个乡镇，有汉族、回族、裕固族等 15 个民族。

（二）玉门市

玉门是由甘肃省酒泉市管辖的一个县级市，位于甘肃省西北部，河西走廊西部，东连嘉峪关市和金塔县，西接瓜州县，南北与肃北蒙古族自治县为邻，东西长 114 千米，总面积 1.35 万平方千米。

根据第七次人口普查数据，截至 2020 年 11 月 1 日零时，玉门市常住人口 137 736 人。玉门市下辖新老 2 个市区、3 个工业园区、12 个乡镇，有汉族、回族、蒙古族、藏族、东乡族等 29 个民族。

(三) 敦煌市

敦煌，甘肃省县级市，由酒泉市代管，位于河西走廊的最西端，地处甘肃、青海、新疆三省(区)的交汇处，总面积3.12万平方千米。根据第七次人口普查数据，截至2020年11月1日零时，敦煌市常住人口185 231人。敦煌市辖9镇，56个村民委员会。

敦煌是丝绸之路的节点城市，以"敦煌石窟""敦煌壁画"闻名天下，是世界遗产莫高窟和汉长城边陲玉门关、阳关的所在地。为甘肃省四大绿洲之一。2012年，入选"2012年度中国特色魅力城市200强"，是国家历史文化名城，东亚文化之都。2021年10月，入选"2021中国智慧城市百佳县市"榜单。

(四) 金塔县

金塔县，隶属于甘肃省酒泉市，地处河西走廊中段北部边缘，全县总面积1.88万平方千米，东西长约250千米，南北宽约400千米。金塔县属于典型的温带干旱大陆性气候，冬季寒冷，夏季炎热，温差大，日照充足，蒸发大。根据第七次人口普查数据，截至2020年11月1日零时，金塔县常住人口121 766人。金塔县下辖9个乡镇。

境内有石城石海、黑河环流、高峡平湖、大漠孤烟等自然景点。金塔县曾荣获全国科技进步先进县、全国商品粮基地县、全国百强产棉县、全国双拥模范县、全国计划生育优质服务先进单位、全国休闲农业与乡村旅游示范点等荣誉。

(五) 瓜州县

瓜州县隶属于甘肃省酒泉市，地处甘肃省河西走廊西端，东连石油城玉门市，西接敦煌市，南北与肃北蒙古族自治县毗邻，西北与新疆哈密市相接，自古以来就是东进西出的交通枢纽，古丝绸之路的商贾重镇。瓜州县县境东西长185千米，南北宽220千米，面积2.4万平方千米。根据第七次人口普查数据，截至2020年11月1日零时，瓜州县常住人口129 299人。瓜州县辖15个乡镇(民族乡镇4个)。

瓜州县有国家级文物保护单位4个，省级文物保护单位16个。2018年10月10日，甘肃省政府批准瓜州县退出贫困县。2020年1月22日，被住房和城乡建设部命名为国家园林县城。

(六) 肃北蒙古族自治县

肃北蒙古族自治县，酒泉市下辖自治县，位于甘肃省西北部，河西走廊西端南北两侧，县域分南山和北山两个不相连的区域，全县总面积66 748平方千米，周边与一个国家、三个省(区)、三个县市接壤。根据第七次人口普查数据，截至2020年11月1日零时，肃北蒙古族自治县常住人口15 093人。下辖2个镇、2个乡。

肃北县南北自然环境差异极大，南山地区南部祁连山区平均海拔3 500米以上，团结峰海拔5826.8米，为甘肃省最高峰；山麓为沙砾戈壁倾斜高平原区。北山地区为中低山和残丘地貌，戈壁广布。旅游景点有党河峡谷、透明梦柯冰川、盐池湾国家级自然保护区、肃北人民公园、五个庙石窟等。肃北县有天然草场311.73万公顷，主要饲养绒山羊、牦牛、骆驼等牲畜，另有少量耕地；煤炭、黄金、铁矿及有色金属资源丰富，采矿业为肃北县经济支柱。2020年1月22日,被住房和城乡建设部命名为国家园林县城。

(七)阿克塞哈萨克族自治县

阿克塞哈萨克族自治县,简称阿克塞县,隶属于甘肃省酒泉市,位于甘肃河西走廊西陲,青藏高原北缘。总面积3.34万平方千米,是甘肃省唯一一个以哈萨克族为主体的少数民族自治县,也是中国三个哈萨克族自治县之一。辖1镇3乡,生活着哈萨克族、汉族、回族、维吾尔族、撒拉族、藏族等11个民族,户籍人口9 425人(2020年),其中哈萨克族3 487人(2020年)。

第二节　自然环境概况

一、气候条件

本区属大陆性干旱气候,干燥寒冷,降水奇缺。从东到西海拔1 500~1 100米,年均温3.9℃~9.3℃,无霜期127~158天。夏季干热而较短促,冬季寒冷而较漫长,但春季升温迅速。

酒泉市南部山地属高寒半干旱气候,年平均气温4℃~6℃,走廊地带属温带干旱气候,年平均气温5℃~9℃。年日照总时数在3 300多小时,日照百分率为75%。降水量由南向北递减,祁连山地年降水量300毫米左右,酒泉市区为84毫米,北部马鬃山地区为39毫米,蒸发量较大,多在2 000~4 000毫米。

疏勒河流域地处内陆,位于酒泉市西部,属于典型大陆性气候,海拔高度1 100~2 010米。总的气候特点是降水少(是甘肃省雨量最少的地区之一),蒸发量大(是甘肃省蒸发量最大的地区),日照长,昼夜温差显著,夏季炎热,冬季寒冷,干旱多风(瓜州具有"世界风库"之称)。流域降水集中在6、7、8月份,流域以玉门镇、瓜州县计算,年蒸发量为年降水量的45.7~64.2倍。最大冻土深度116~150厘米。

酒泉市属半沙漠干旱性气候,其特点为气候干旱降水少,蒸发强烈日照长,冬冷夏热温差大,秋凉春早多风沙。气温:常年最高温度34.5℃,最低为-31.6℃,年均温7.9℃,昼夜温差大。风向:全年主导风向是西南风,其次是东风和西北风。最大风速26米/秒,平均风速2.3米/秒。雨量:年平均降雨量84毫米,最大降雨量158毫米,集中在6~10月,年平均降雨日数62天。年平均蒸发量2141.4毫米,超过降雨量27.3倍。相对湿度:最高56%,年平均46%。积雪:最大积雪深度为14毫米。冰冻:最冷时冻土深度为1.32米,冰冻期一般在11月至次年4月。日照:年平均日照时数为3056.4小时,日照百分率平均69%,10月份达78%。

二、地形地貌

酒泉市地势南高北低,自西南向东北倾斜。南部祁连山地是一系列3 000~5 000米的高山群,峰峦叠嶂,陡峻高拔。自东而西有祁连主峰、讨赖山、大雪山、野马山、阿尔金山、党河南山、赛什腾山。南部海拔4 000米以上渐渐进入冻土区,终年积雪冰封,有现代冰川分布,是本区河流发源地。山间有盆地,较大的有苏干湖盆地、石包城盆地、昌马堡盆地,以及许多沟谷小盆地。本区中部是河西走廊的一部分,亦是农业精华之地。自嘉峪关隆起带分界,以东是酒泉、金塔盆地,以西是瓜(州)、敦(煌)、玉(门)盆地。酒泉盆地海拔1 350~1 500米。盆地南部是祁连山山前倾斜平原的一部分,海拔略高,在1 500~1 800米,向东北渐次降低,到夹山子北侧为1 340米左右。夹山以北的扇形冲积平原带,南起夹山北翼,海拔1 400米,北迄北山南翼,海拔1 200米,是谓金塔盆地。黑河自天成切割北山,蜿蜒以至东北,在鼎新形成河谷平原,山地海拔1 300米以上,平原1 100~1 200米,是谓鼎新盆地。安、敦、玉盆地是疏勒河流域的广阔冲积平原,由一系列大小盆地和平原组成。自东而西有赤金盆地(海拔1 700米);花海盆地(海拔1 200米);玉门镇平原(海拔1 400米);布隆吉平原(海拔1 300米);踏实盆地(海拔1 080米);瓜州三角洲平原(海拔1 170米);西湖盆地(海拔1 080米);敦煌平原(海拔1 100米)以及古玉门关外的平原洼地等,海拔1 000米以下。

酒泉市地处阿尔金山东段和祁连山西段以当金山口为界。阿尔金山主峰高达5 798米。祁连山脉山体庞大,有数条平行高峻的山岭。自西北而东南有野马山、大雪山、讨赖南山、沙果林那穆吉木岭、野马南山、疏勒南山、党河南山、野牛脊山、察汗鄂博图岭、喀克吐蒙克、土尔根达坂山、赛什腾山。主要山脉均在4 000米以上。4 500米为雪线,终年积雪,有现代冰山分布。疏勒南山的宰吾结勒(团结峰)海拔5 808米,为区内最高峰。山间有苏干湖、石包城、昌马盆地。北部的马鬃山(北山)由数列低山残丘组成,海拔多在1 400~2 400米。

三、水文条件

酒泉市境内河流,分疏勒河、黑河、哈尔腾河三大水系,均发源于南山冰川积雪区。自东而西是:黑河尾部自天成以北入鼎新,跨本区最东沿。其余河流依次为:酒泉市的马营河、观山河、红山河、丰乐河、洪水坝河、北大河(讨赖河),是主要灌溉水源。城北有临水河、清水河、依靠地下潜流溢渗在面,形成无数泉溪汇集成河,引以灌溉。全市依水源条件,自然地划分为洪水区和泉水区。金塔有北大河入鸳鸯池水库灌溉金塔盆地;玉门市白杨河、赤金河、疏勒河。前二河灌溉玉门镇以东土地,疏勒河灌溉玉门镇以西土地;安西居疏勒河中下游,另有榆林河灌溉踏实盆地;敦煌有党河,流至北湖与疏勒河汇合后注入哈拉湖。一般情况下,疏勒河无水入境,故党河系为敦煌市的唯一灌溉水源。以上诸河,年径流量约33.34亿立方米。因气候原因,来水量各时期悬殊,水量不稳。每年7~10月份是丰水期,枯水期甚长。5、6两月水量回升迅速,与农业的丰歉紧密相关。

四、其他资源

酒泉人在浩漠奇山里创造了新时代壮美画卷:酒泉大地拥有15万公顷耕地、438万公顷牧草地。已探明有5个较大的成矿带,共有矿产地487处,矿种48类,石棉、钨、铬、菱镁、黄金等储量居全国或甘肃省前列。其中塔尔沟钨矿为亚洲第一大钨矿,老君庙则是我国最早的天然石油基地,黑沟铁矿被酒泉的铁人精神揭开了神秘的面纱,并与酒钢之魂一起写在了共和国的工业史册上。

玉门油田是新中国第一个天然石油基地,位于河西走廊祁连山北麓,东连万里长城的最西端嘉峪关和历史文化名城酒泉,西连敦煌、新疆等地,是丝绸之路的必经之地。

新能源建设前景广阔。风能光热资源充足,境内的瓜州、玉门素有"世界风库"和"世界风口"之称,风能资源总储量1.5亿千瓦,可开发量4 000万千瓦以上,占甘肃省储量的85%以上,可利用面积近1万平方千米,被国家批准为首个"千万千瓦级风电基地"。国务院出台的《关于进一步支持甘肃经济社会发展的若干意见》,把酒泉市列为全国重要的新能源基地。太阳能资源丰富,光电理论储量近20亿千瓦,年平均日照时数3 300小时以上,太阳能辐射量仅次于西藏地区,是全国最具开发潜力的光伏发电基地。

文化旅游资源得天独厚,截至2019年,5处世界文化遗产和20处全国重点文物保护单位星罗棋布,敦煌莫高窟、鸣沙山·月牙泉享誉世界,是全国优秀旅游城市、中国西部最具国际影响力的旅游目的地和最具人气的西部名城。

2021年11月,市第五次党代会指出,未来五年,酒泉市工作的总体思路是:立足一个定位,坚持两极联动,实施四大战略,创建六大示范区,全方位推动酒泉高质量发展。"一个定位",就是建设省域副中心城市;"两极联动",就是推动建设以肃州为主体的区域中心经济增长极和以敦煌为主体的文化旅游经济增长极,辐射带动其他县域发展,形成区域联动格局;"四大战略",就是生态立市战略、工业强市战略、文化兴市战略、乡村振兴战略;"六大示范区",就是生态文明先行示范区、新能源产业示范区、文化旅游融合发展示范区、戈壁生态农业示范区、丝路节点物流枢纽示范区、民族团结进步示范区。

第三节 农业生产概况

一、耕地利用情况

截至2017年,酒泉耕地保有量25.79万公顷,其中基本农田面积15.53万公顷,建设用

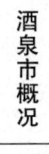

地9.03万公顷,土地整理复垦开发补充耕地1 052.5公顷,本次评价中酒泉市耕地总面积为259 051.26公顷。

酒泉市内各区域不同耕地类型的面积情况见表1-1。酒泉市的耕地主要分布在肃州区、玉门市、瓜州县和金塔县4个区域。其中,肃州区的耕地面积最大,为71 477.32公顷,占酒泉市耕地总面积的27.59%,几乎全部为水浇地;玉门市、瓜州县和金塔县耕地面积相差不大,分别为58 416.56公顷、53 276.73公顷和49 187.15公顷,分别占酒泉市耕地总面积的22.55%、20.57%和18.99%,也均以水浇地为主,水浇地在各区耕地中的比重分别达99.68%、99.79%和95.59%。另外,肃北县和阿克塞县耕地面积较少,分别为1 187.69公顷和293.34公顷,分别占酒泉市耕地总面积的0.46%和0.11%,全部为水浇地。

表1-1 酒泉市耕地类型及面积统计表(单位:公顷)

区域	菜地	水浇地	果园	合计
肃州区	3.18	71 474.14		71 477.32
玉门市		58 228.51	188.05	58 416.56
敦煌市		21 241.62	3 970.85	25 212.47
金塔县	15.58	47 018.32	2 153.25	49 187.15
瓜州县		53 165.38	111.35	53 276.73
肃北县		1 187.69		1 187.69
阿克塞县		293.34		293.34
总计	18.76	252 609.00	6 423.50	259 051.26

二、主要农作物种植情况

(一)肃州区

肃州区县境内种植的粮食作物具有悠久的历史,如谷子、小麦的种植历史都在千年以上;中华人民共和国成立以后,粮食作物种植得到了长足的发展。

肃州区内2009—2019年种植的粮食作物大致可分为三类:谷类作物、豆类作物和薯类作物。其中,谷类作物2010—2014年种植面积逐年降低,2014—2019年整体上呈增长的趋势;豆类作物2010—2015年种植面积变化不明显,2016年种植面积最小,仅为15公顷,2018年种植面积达到最大值,薯类作物在2012年和2017年种植面积最小,2019年种植面积达到最大值;其余年际间种植面积差异不明显。见表1-2。

表1-2 肃州区粮食作物种植面积与产量(2009—2019年)

谷类作物				豆类作物				薯类作物			
年份	面积(公顷)	产量(吨)	单产(千克/公顷)	年份	面积(公顷)	产量(吨)	单产(千克/公顷)	年份	面积(公顷)	产量(吨)	单产(千克/公顷)
2010	19262.2	163252	8475	2010	68.26	407.0	5970	2010	270	2439.82	9034
2011	18435	156460.24	8475	2011	59.26	325.8	5505	2011	284	2511.64	8843

续表

	谷类作物				豆类作物				薯类作物		
年份	面积（公顷）	产量（吨）	单产（千克/公顷）	年份	面积（公顷）	产量（吨）	单产（千克/公顷）	年份	面积（公顷）	产量（吨）	单产（千克/公顷）
2012	18790	165791.9	8820	2012	57.6	316.26	5490	2012	186	1689.53	9083
2013	1252.7	6014.3	8352	2013	83.8	509.66	6075	2013	214.4	1898.48	8854
2014	1434.8	5742.4	8352	2014	50.8	328.3	6450	2014	251.8	2237.0	8881
2015	18318.6	158438.1	8655	2015	50.6	309.6	6105	2015	244.9	2168	8924
2016	17427	154641.6	8880	2016	15	90	6000	2016	214.2	1912	8926
2017	16324	145733.5	8925	2017	32.8	196.8	6000	2017	184.9	1653	8938
2018	28620	222589.4	7770	2018	762.67	1648	2160	2018	327	2824	8636
2019	26196	211306	8070	2019	146	322	2204	2019	208.8	1804	8639.8

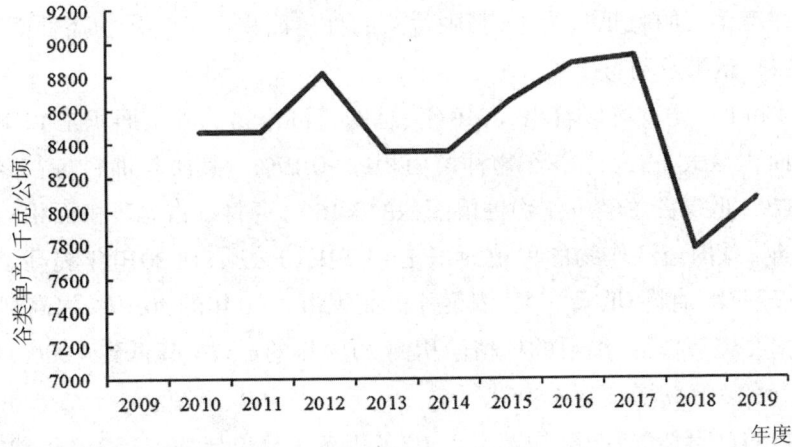

图1-1　肃州区谷类作物历年产量变化图

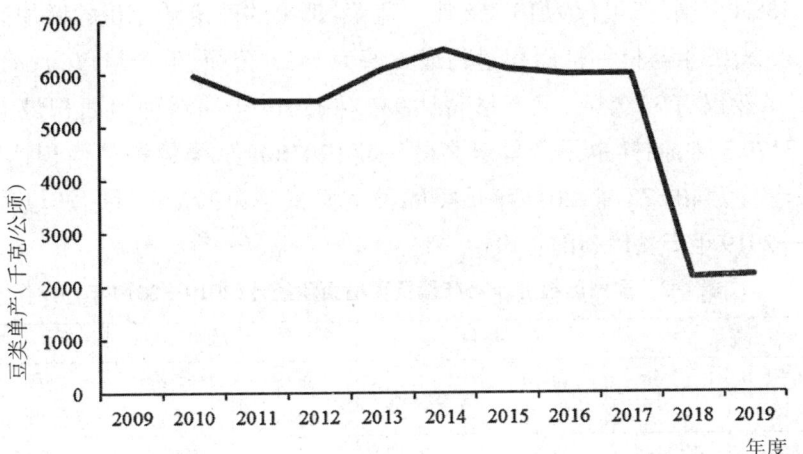

图1-2　肃州区豆类作物历年产量变化图

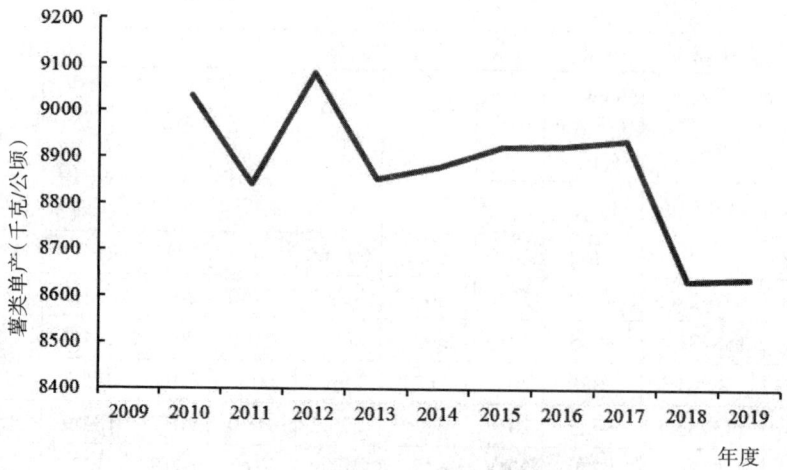

图1-3 肃州区薯类作物历年产量变化图

在2010—2017年,肃州区的经济作物主要种植蔬菜、药材、油料、瓜果。2018年以来,种植的种类以蔬菜、油料、瓜果为主,其中蔬菜的种植面积占经济作物播种面积的85%以上,其次是油料、瓜果及药材。见表1-3。

从图1-4和1-5比较可以看出,2010年,总的经济作物的种植面积是12 132.86公顷,蔬菜的种植面积最大,占总经济作物种植面积的90.19%。其次是油料,占总经济作物种植面积的6.57%,瓜果占总经济作物种植面积的3.16%,药材仅占总种植面积的0.07%。

到2019年,总的经济作物的种植面积是14 791.10公顷,比2010年提高了0.22倍,经济作物主要以蔬菜、油料、瓜果为主,蔬菜种植面积由2010年的90.19%提高到91.63%,仍是肃州区的主要经济作物,油料的种植面积由2010年的6.57%降低到4.98%,瓜果的种植面积由2010年的3.16%增加到3.30%。

经济作物的产量情况:蔬菜的产量近10多年来一直位居前列,2017年种植面积达到最大值为151 18.3公顷,产量为830 123.1吨,是2010—2019年产量最高的年份;2009年种植面积为8 438.4公顷,产量仅为13 355吨。蔬菜、瓜果的产量随面积的增加而增加,药材的产量较低。2016年药材种植面积达到最大值为143.6公顷,但产量仅为641.75吨,2015年种植面积虽然仅有32公顷,但产量高达937吨;2017年油料种植面积最大为904.2公顷,产量为3179.3吨,同样也是产量最高的一年;2018年瓜类的种植面积达到最大值为673.8公顷,产量为40 578吨,2015年瓜类的种植面积仅为373.4公顷,产量高达25 461.8吨,是2010—2019年产量最高的年份。

表1-3 肃州区经济作物产量及种植面积统计(2010—2019年)

项目 年份	蔬菜		药材		油料		瓜类	
	面积 (公顷)	产量 (吨)	面积 (公顷)	产量(吨)	面积 (公顷)	产量 (吨)	面积 (公顷)	产量 (吨)
2010	10943	470494	8.8	184.21	797.26	1741.14	383.8	17756.21
2011	12400	507979	6.7	152	793.9	1989.13	335.3	18598.5

续表

项目	蔬菜		药材		油料		瓜类	
年份	面积（公顷）	产量（吨）	面积（公顷）	产量(吨)	面积（公顷）	产量（吨）	面积（公顷）	产量（吨）
2012	13341.3	568372	1.3	30	665.5	1826.31	357.2	19590.5
2013	13181.5	606152.8	2.1	48	772.8	1847.62	401.5	25880.7
2014	13518.3	680356	15.6	376	861.8	2525.48	510.5	25880.7
2015	13591	42545	32	937	788	2581.45	373.4	25461.8
2016	14431.5	774826	143.6	641.75	699.5	2223.31	362.5	23668
2017	15118.3	830123.1	162	662.5	904.2	3179.3	373.8	24547.9
2018	12323	532632			858.9	2680	673.8	40578
2019	13552.5	582947			736.6	2559	502	30499

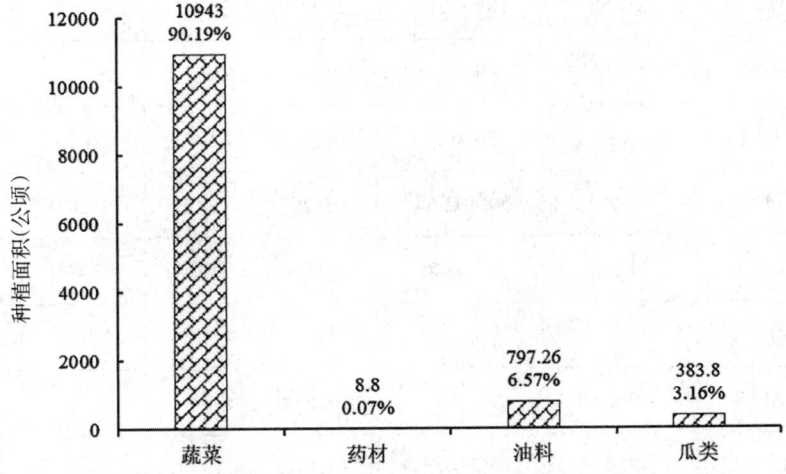

图1-4 肃州区2010年经济作物种植面积

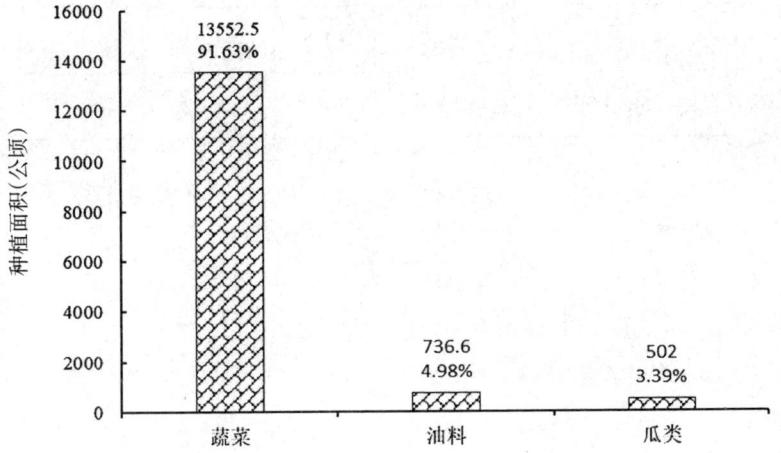

图1-5 肃州区2019年经济作物种植面积

(二)敦煌市

敦煌市境内种植的粮食作物具有悠久的历史,如谷子、小麦的种植历史都在千年以上,中华人民共和国成立以后,粮食作物种植得到了长足的发展,种植面积2009年为3 433.02公顷,到2019年,敦煌市县种植面积为92 095.58公顷。粮食总产量和单位面积产量年度间变化较大,但总体呈增长趋势。

敦煌市境内种植的粮食作物大致可分为谷类和豆类。见表1-4。

表1-4 敦煌市粮食作物种植面积与产量(2009—2019年)

粮食作物生产情况							
谷类作物				豆类作物			
年份	面积（公顷）	产量（吨）	单产（千克/公顷）	年份	面积（公顷）	产量（吨）	单产（千克/公顷）
2009	3316.33	21858	8739.63	2009	116.69	319.07	2734.34
2010	2014	12966	9448.30	2010	62.81	198.36	3157.93
2011	990.1	7133	9676.81	2011	268.37	76.00	283.19
2012	1118.8	8505	10462.64	2012	4.00	10.82	2705.00
2013	1368.33	11224	10163.25	2013	2.60	7.10	2730.77
2014	2932.13	23087	9425.18	2014	1.33	9.89	7417.50
2015	7930.8	59681	9171.76	2015	6.27	—	—
2016	5553.47	42193	9089.48	2016	12	—	—
2017	4990.13	35073	9047.01	2017	13	—	—
2018	5454.1	40496.34	7418.47	2018	11.43	—	—
2019	3236.31	25843.09	7965.43	2019	18.02	—	—

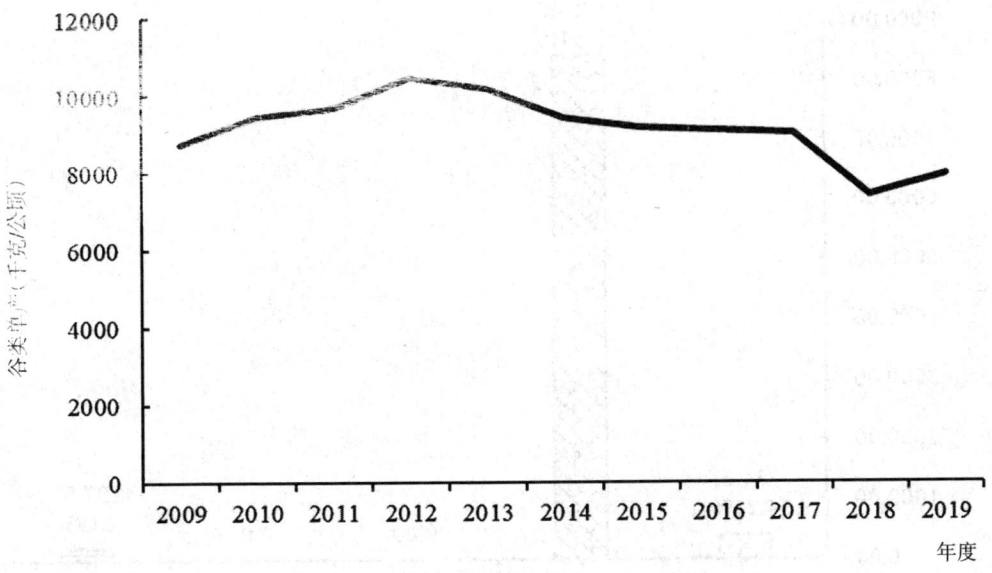

图1-6　敦煌市谷类作物历年产量变化图

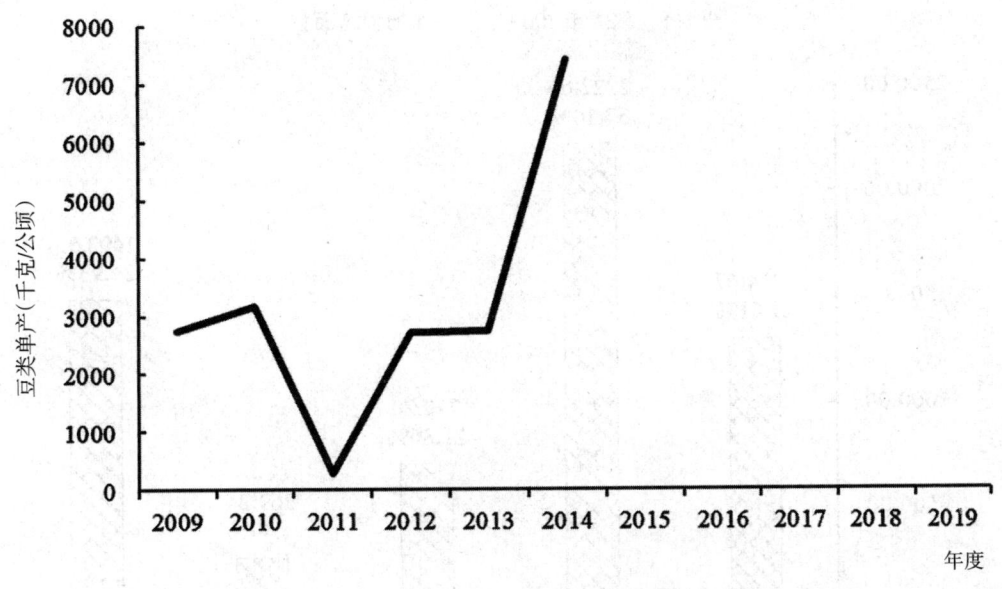

图1-7　敦煌市豆类作物历年产量变化图

敦煌市的经济作物在2009—2014年,主要种植蔬菜、棉花、瓜果。2015年以来,种植的种类以蔬菜、棉花、药材、油料、瓜果为主,其中棉花的种植面积占经济作物播种面积的25%以上,其次是蔬菜、瓜果、药材、油料等。见表1-5。

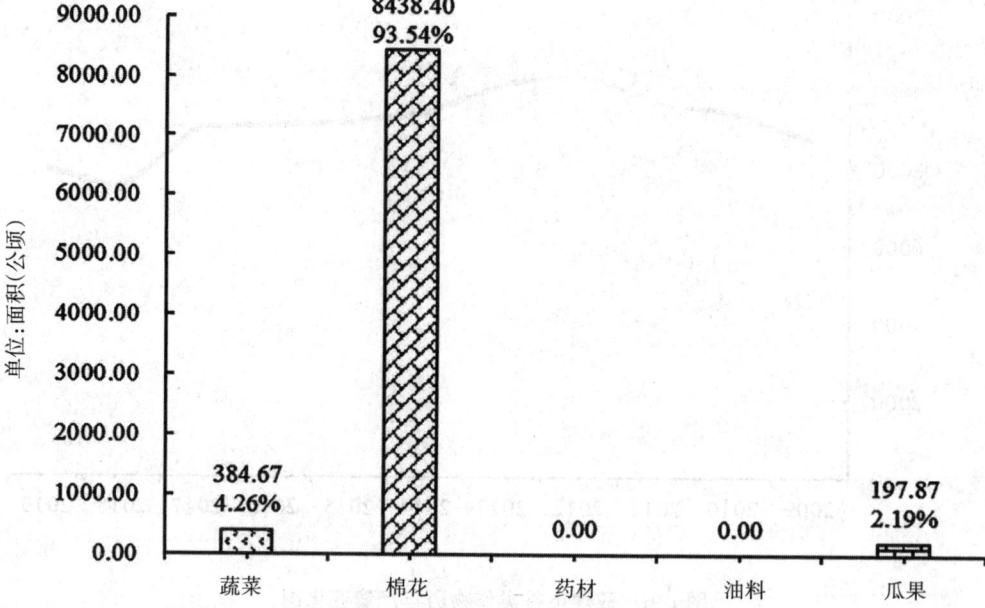

图1-8　敦煌市2009年经济作物种植面积

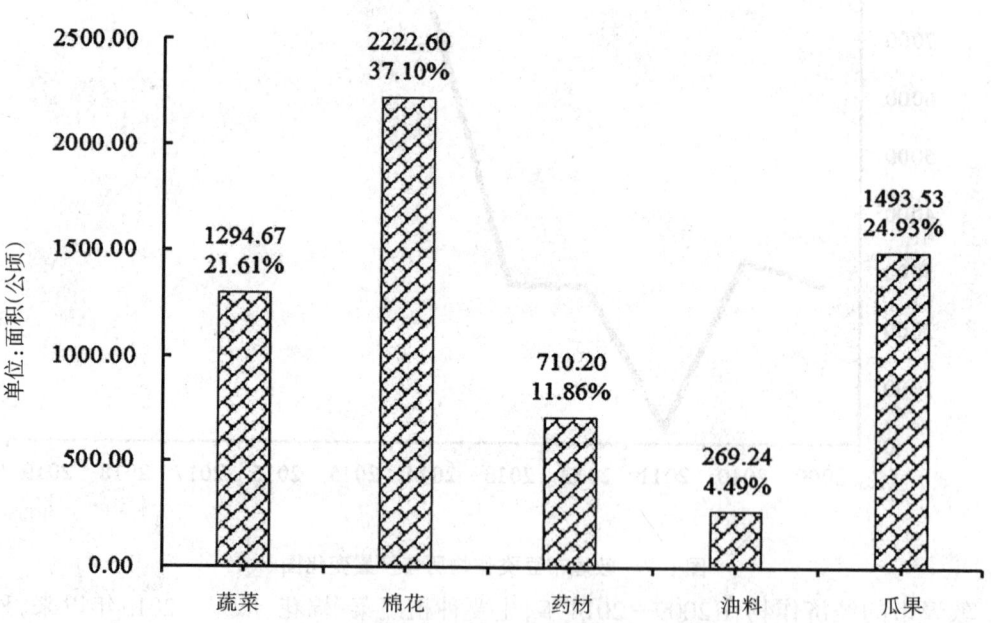

图1-9　敦煌市2020年经济作物种植面积

表1-5　敦煌市经济作物产量及种植面积统计(2009—2020年)

项目 年份	蔬菜		棉花		药材		油料		瓜类	
	面积 (公顷)	产量 (吨)	面积 (公顷)	产量 (吨)	面积 (公顷)	产量 (吨)	面积 (公顷)	产量 (吨)	面积 (公顷)	产量 (吨)
2009	384.67	20965.00	8438.40	13355.00	——	——	——	——	197.87	13977.00
2010	456.93	22643.00	6067.90	8844.00	——	——	——	——	404.47	17619.00
2011	458.07	26112.00	5566.30	8814.00	——	——	——	——	440.73	16805.00
2012	572.40	32264.00	5371.90	9248.00	——	——	——	——	522.13	20497.00
2013	688.13	38456.00	4642.20	8163.00	——	——	——	——	597.80	22395.00
2014	774.33	38035.00	4244.00	7291.00	——	——	——	——	459.47	17487.00
2015	774.87	39318.00	4287.40	8049.00	258.60	70.00	——	——	296.73	11731.00
2016	806.67	38217.00	2065.30	3779.00	419.27	742.00	1359.80	4629.00	550.33	25674.00
2017	774.53	41285.00	3489.50	6395.00	385.00	468.00	1087.53	2448.00	522.86	25102.00
2018	861.80	40345.40	2442.60	4532.00	500.50	651.09	291.27	1090.38	575.13	27567.50
2019	1029.00	46642.70	2861.13	5273.60	727.39	1237.31	198.96	860.79	1419.33	67060.40
2020	1294.67	58295.40	2222.60	4090.20	710.20	1307.76	269.24	1149.21	1493.53	69969.80

从图1-8和1-9比较可以看出,2009年,经济作物的种植面积是9 020.94公顷,其中棉花的种植面积最大,占总经济作物种植面积的93.54%。其次是蔬菜,占总经济作物种植面积的4.26%,瓜果占总经济作物种植面积的2.19%。

到2020年,经济作物种植面积是5 990.24公顷,比2009年降低了0.51倍,经济作物主要以棉花、瓜果、蔬菜为主。经济作物种植面积也趋于均衡化,棉花种植面积由2009年的93.54%降低到37.10%,仍是敦煌市的主要经济作物,蔬菜的种植面积由2009年的4.26%增加到21.61%,瓜果的种植面积由2009年的2.19%增加到24.93%。成为敦煌市的次要经济作物。2015年开始种植药材,药材种植面积逐年上升且增幅较大,2020年达到了11.86%,2016年开始种植油料,但油料种植面积逐年减少且降低幅度较大,2020年占经济作物种植面积的4.49%。

整体上,蔬菜每公顷的产量高于瓜果,瓜果高于油料,油料高于棉花,相较于其他经济作物,药材每公顷的产量最低。其中,2009年,瓜类每公顷的产量达到了最大值,2020年瓜类每公顷的产量较2009年降低了33.68%;2011年蔬菜每公顷的产量达到了最大值,2020年蔬菜每公顷的产量较2009年降低了17.38%;2015年棉花每公顷的产量达到了最大值,2020年棉花每公顷的产量较2009年增加了16.28%;2019年油料每公顷的产量达到了最大值,2020年油料每公顷的产量较2016年增加了25.39%;2020年药材每公顷的产量达到了最大值,较2016年每公顷产量增加了3.95%。

(三)金塔县

金塔县的粮食作物主要为谷类,经济作物主要种植蔬菜类、制种、药材、油料、瓜类等。以下是金塔县经济作物种植面积和产量统计表。

表1-6 金塔县粮食作物种植面积与产量(2009—2019年)

粮食作物生产情况			
谷类作物			
年份	面积(公顷)	产量(吨)	单产(千克/公顷)
2009	7310	69989	9225
2010	8697	80746	8985
2011	8910	82150	9220
2012	7230	70087	9690
2013	8364	78287	9370
2014	8470	79110	9340
2015	8513	78536	9210
2016	8059	76883	9540
2017	8264	77971	9435
2018	14411	144830	9150
2019	14354	132417	9227

表1-7 金塔县经济作物产量及种植面积统计(2009—2019年)

经济作物产量及种植面积统计										
年份	蔬菜		制种		药材		油料		瓜类	
	面积(公顷)	产量(吨)	面积(公顷)	产量(吨)	面积(公顷)	产量(吨)	面积(公顷)	产量(吨)	面积(公顷)	产量(吨)
2009	2163	147620	3394	2089.00	37	228	1084	5700	360	24327
2010	3887	265292	3836	2416.51	34	208	936	4497	480	30715
2011	4521	308558	3980	2666.60	58	357	876	4599	630	40320
2012	6600	451440	3841	2419.75	60	371	625	3834	720	47195
2013	6870	468878	3750	2362.50	450	2768	974	5990	810	51840
2014	6750	460688	3985	2510.55	489	3007	945	4961	973	62272
2015	6945	473996	4280	2696.40	761	4680	810	4253	1200	76800
2016	6766	461780	4770	3005.10	849	5221	658	4113	1760	112640
2017	6890	470243	4900	3087.00	1001	6156	949	5931	2480	158720
2018	6336	432405	5099	3059.28	2060	12668	870	4568	3032	194052
2019	7199	491341	5700	3420.08	2187	13447	960	5040	3402	207526

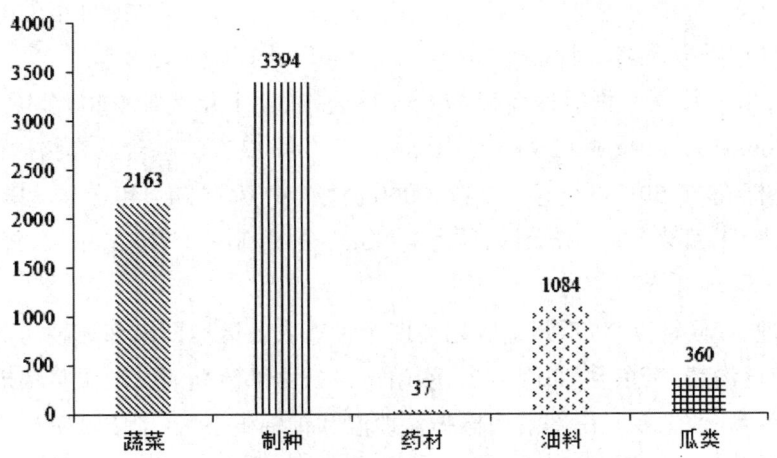

图 1-10　金塔县 2009 年经济作物种植面积

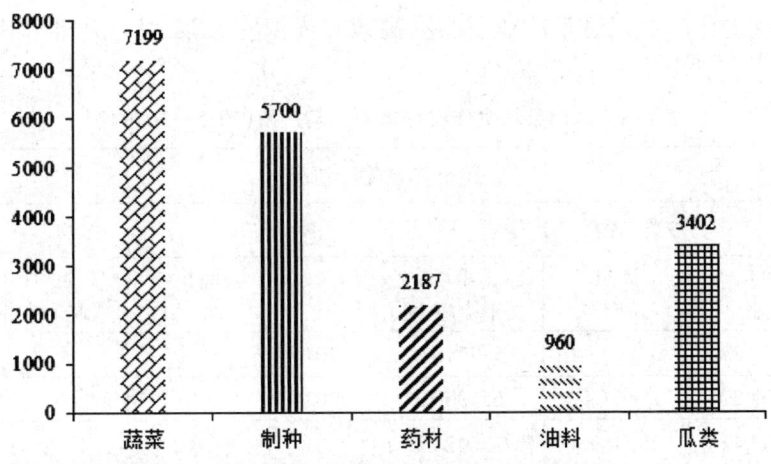

图 1-11　金塔县 2019 年经济作物种植面积

从图 1-10 和图 1-11 比较可以看出，2009 年，经济作物的种植面积是 7 038 公顷，制种面积最大，占经济作物种植面积的 48.22%；其次是蔬菜，占总经济作物种植面积的 30.73%；油料占总经济作物种植面积的 15.40%；瓜类和药材的种植面积很小。

到 2019 年，经济作物的种植面积是 19 448 公顷，比 2009 年增加了 2.76 倍，经济作物主要以蔬菜、制种、瓜类为主。经济作物种植面积也趋于均衡化，蔬菜的种植面积由 2009 年的 30.73% 增加到 37.02%，成为金塔县的主要经济作物，药材种植面积稳中有升，占经济作物种植面积的 11.25%；经济作物的产量情况，蔬菜的产量近 10 多年来一直位居前列，2019 年达到最高，49.13 万吨；油料的产量变化动荡起伏，但总体趋势是下降的；药材的产量随面积的增加而增加。

(四)瓜州县

瓜州是中国西北地区典型荒漠绿洲灌溉农业区。已实现由传统农业向特色农业的转变。棉花、蜜瓜、枸杞、中药材成为农村重点产业。养殖业有肉牛、肉羊、猪、鸡、兔等。瓜州蜜瓜久负盛名,远销海内外。土特产品有枸杞、甘草、锁阳等。2004年中国特产之乡推荐暨宣传活动组委会命名安西县为"中国蜜瓜之乡""中国锁阳之乡"。

2019年,瓜州县农作物播种面积47 053.33公顷,比上年增加5 200公顷。其中,粮食种植面积4 866.67公顷,减少2 266.67公顷,粮食总产量37 700吨;经济作物播种面积30 593公顷,其中,棉花30 593.33公顷、油料3 060公顷、中药材14 440公顷;其他农作物11 586.67公顷,其中,蔬菜2 506.67公顷,瓜类4 793.33公顷,制种1 546.67公顷,青饲料2 740公顷。见表1-8和1-9。

根据地理、气候特点,将瓜州县区划为四个生态农业区域即东部疏勒河盆地温寒粮油糖生态区(三道沟镇、河东乡、布隆吉乡、腰站子乡),西部疏勒河盆地温暖粮棉瓜菜生态区(南岔镇、瓜州乡、西湖乡),南部沿山榆林盆地温和粮棉生态区(锁阳城镇),边缘新垦移民乡镇平原特色种植生态区(沙河乡、七墩乡、梁湖乡、双塔乡、广至乡)。耕作制度为一年一熟制。主要粮食作物有春小麦、玉米、豆类,经济作物有蜜瓜、棉花、孜然、红花、蔬菜、油用胡麻等。农业主导产业以蜜瓜产业、棉花、高效日光温室蔬菜、特色产业和肉牛肉羊产业为主。

表1-8 瓜州县粮食作物种植面积与产量(2015—2019年)

粮食作物生产情况							
谷类作物				豆类作物			
年份	面积(公顷)	产量(吨)	单产(千克/公顷)	年份	面积(公顷)	产量(吨)	单产(千克/公顷)
2015	5377.87	33190.94	617176.32	2015			
2016	4554.27	29664.71	651360.37	2016			
2017	3737.47	28046.89	750424.49	2017			
2018	7117.13	51327	48078.35	2018	6.07	35	576606.06
2019	4865.33	37748.28	775862.69	2019			

表1-9 瓜州县粮食经济作物种植面积与产量(2015—2019年)

经济作物产量及种植面积统计								
年份	蔬菜		药材		油料		瓜类	
	面积(公顷)	产量(吨)	面积(公顷)	产量	面积(公顷)	产量	面积(公顷)	产量
2015	2364.3	74976.62	11000.5	88172	3464	13442.19	7157.33	229003.3
2016	2505.5	89649.48	14689.3	60704.76	3368.4	13959	6979.2	225621.1
2017	2932.47	103617.18	15129	73587.33	1627.9	7342.54	6544.1	218239.88
2018	1697.67	52203.1	9269.35	36150.4	6394.55	13712.9	1786.74	51577.3
2019	2503.87	64789.35	14440.07	40078	3057.8	6786	4796.53	126805

（五）肃北县

肃北县境内种植的粮食作物具有悠久的历史，如谷子、小麦的种植历史都在千年以上，中华人民共和国成立以后，粮食作物种植得到了长足的发展，种植面积2013年为487公顷，到2019年，达到684公顷。粮食总产量和单位面积产量年度间变化较大，但总体呈增长趋势。

肃北县种植的粮食作物大致可分为谷类和薯类。见表1-10。

表1-10　肃北县粮食作物种植面积及产量（2013—2019年）

粮食作物生产情况					
谷类作物			薯类作物		
年份	面积（公顷）	产量（吨）	年份	面积（公顷）	产量（吨）
2013	287	1700	2013	200	8200
2014	293	2000	2014	187	7900
2015	387	3400	2015	173	7800
2016	387	3100	2016	93	3500
2017	586	4800	2017	91	3200
2018	480	3300	2018	100	3400
2019	527	4200	2019	48	1800

肃北县的经济作物仅有油料，且于2013年才开始种植，2018年种植面积达到最大值，2015年每公顷的油料产量达到最大值。见表1-11。

表1-11　肃北县经济作物产量及种植面积统计（2013—2020年）

项目	油料	
年份	面积（公顷）	产量（吨）
2013	113	283
2014	15	32
2015	113	400
2016	100	300
2017	107	320
2018	200	600
2019	153	480

（六）阿克塞县

阿克塞县境内种植的粮食作物具有悠久的历史，如谷子、小麦的种植历史都在千年以上，中华人民共和国成立以后，粮食作物种植得到了长足的发展，种植面积2009年为107.6公顷，2019年发展到历史最高的197.67公顷，粮食总产量年度间变化较大，但总体呈增长趋势。

阿克塞县种植的粮食作物主要为谷类。见表1-12。

表 1-12　阿克塞县粮食作物种植面积与产量（2009—2019 年）

	粮食作物生产情况	
	谷类作物	
年份	面积（公顷）	产量（吨）
2009	107.6	1618.45
2010	145.9	1865.2
2011	155.3	2106
2012	80.79	1193.53
2013	80.93	1058.04
2014	58.46	698.5
2015	96	914.12
2016	124.53	941.12
2017	146.5	1208.4
2018	157.87	1205.46
2019	197.67	1619.45

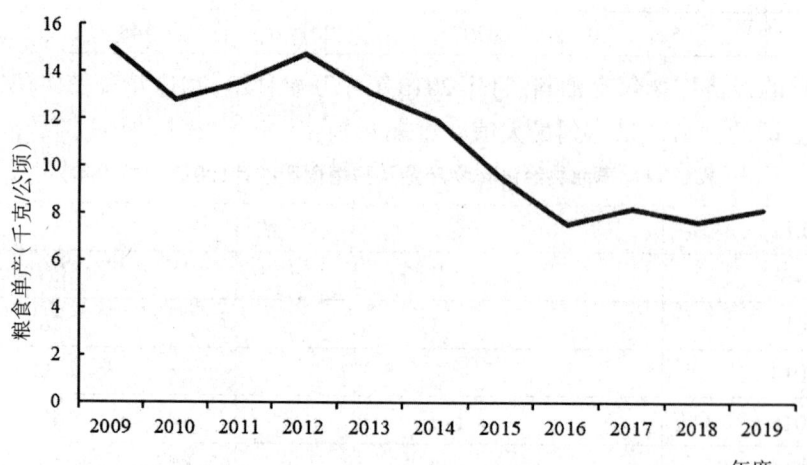

图 1-12　阿克塞县粮食历年产量变化图

表 1-13　阿克塞县经济作物产量及种植面积统计（2009—2019 年）

项目	蔬菜		药材		油料		瓜类	
年份	面积（公顷）	产量（吨）	面积（公顷）	产量（吨）	面积（公顷）	产量（吨）	面积（公顷）	产量（吨）
2009	4.39	274.37	—	—	—	—	7.824	300.68
2010	5.26	190.94	—	—	—	—	4.927	149.59
2011	5.32	121.39	—	—	—	—	1.654	56.31
2012	5.11	149.56	286.67	5628.47	—	—	3.175	76.83

续表

项目 年份	蔬菜 面积（公顷）	蔬菜 产量（吨）	药材 面积（公顷）	药材 产量（吨）	油料 面积（公顷）	油料 产量（吨）	瓜类 面积（公顷）	瓜类 产量（吨）
2013	10.47	198.78	263.036	4726.23	—	—	1.55	29.57
2014	8.56	551.72	234.69	4030.41	—	—	1.54	49.97
2015	5.91	501.67	89.97	1450.11	—	—	0.96	28.14
2016	6.67	540	63.01	785.18	—	—	0.59	7.68
2017	6.28	491.4	181.13	1060.57	0.714	2	1.179	35.36
2018	3.58	111.7	213.45	1248.6	—	—	1.2	40
2019	2.8	71.68	127.33	940	—	—	1.808	42.2

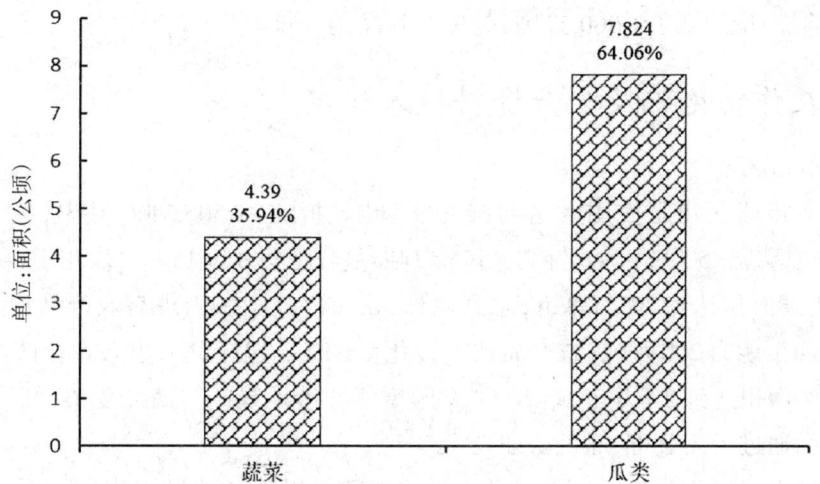

图1-13　阿克塞县2009年经济作物种植面积

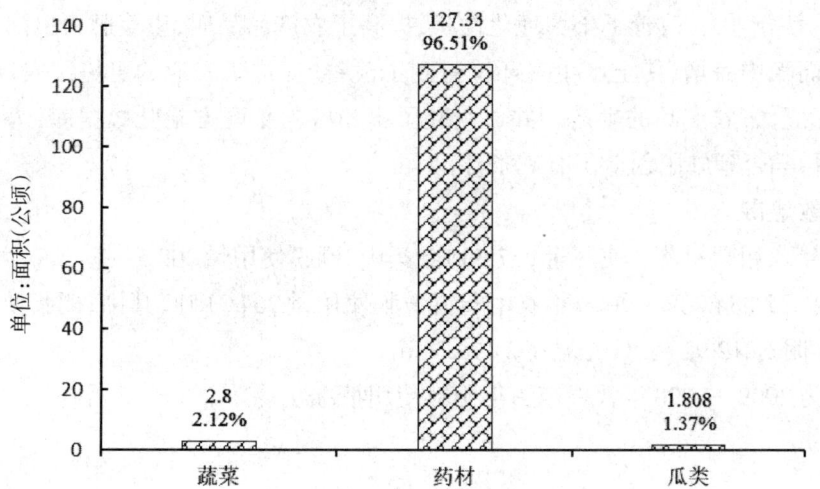

图1-14　阿克塞县2020年经济作物种植面积

阿克塞县的经济作物在2009—2011年,主要种植蔬菜和瓜果。2012年以来,种植的种类以蔬菜、药材、瓜果为主,2017年种植了一年的油料,其中药材的种植面积占经济作物播种面积的90%以上,其次是瓜果、蔬菜等。见表1-13。

从图1-13和图1-14比较可以看出,2009年,经济作物的种植面积是12.21公顷,瓜类的种植面积最大,占经济作物种植面积的64.06%;其次是蔬菜,占经济作物种植面积的35.94%。到2020年,经济作物的种植面积是131.94公顷,比2009年增加了9.80倍,主要以蔬菜、药材、瓜类为主,2012年开始种植药材,2020年药材种植面积占经济作物种植面积的96.51%,成为阿克塞县的主要经济作物。蔬菜种植面积由2009年的35.94%降低到2.12%,瓜类的种植面积由2009年的64.06%减少到1.37%。

经济作物的产量情况,2009年到2019年随着蔬菜种植面积的减少,产量也呈下降趋势;瓜果种植面积也逐年下降,2009年产量最高为300.68吨;2017年药材种植面积为181.83公顷,产量达到了1 060.57吨,是单产最高的一年。

三、农作物施肥及生产资料投入情况

(一)肃州区

2019年肃州区化肥使用量达到63 379.3吨。折纯21 505.3吨,其中,施用固体氮肥28 252.33吨,磷肥15 593.3吨。钾肥5 574.57吨,复合肥13 959.15吨。农用塑料薄膜5 404.5吨,全区蔬菜面积达到203 388亩,总产达到582 947吨。区内现有农产品加工流通企业168家,年加工能力200万吨,农产品加工转化率64%。建成戈壁生态农业产业园4个,戈壁日光温室面积达到2.5万亩,培育了"戈壁雪润""沙地绿产""高原夏菜"等特色品牌,有67个农产品通过了无公害、绿色认证。

2006年肃州区作为农业部首批测土配方施肥补贴资金项目实施县区之一,通过测土配方施肥技术的推广应用,使耕地土壤养分更加合理,提高了化肥利用率,改良了土壤结构,避免了养分流失,改善了土壤理化性状,提高了农产品品质,土壤肥力也随着农作物产量的提高而稳中有增,使土壤生态环境得到了改善,促进了农业的可持续发展和优质、高产、高效、无公害农产品的生产。并建立起了肃州区测土配方施肥数据库,为今后指导肃州区农民科学合理施肥创造了有利条件。

(二)敦煌市

2019年农用塑料薄膜使用量957.38吨,其中,棚膜使用量202.53吨,塑料大棚1 342.94亩、日光温室2 084.2亩。2020年农用塑料薄膜使用量964.31吨,其中,棚膜使用量187.25吨,塑料大棚1 212.92亩、日光温室2 193.36亩。

下表为2009—2020年敦煌市历年肥料使用情况统计。

表1-14 敦煌市历年肥料使用情况统计表(2009—2020)

年度	化肥施用总量(吨)			氮肥(吨)		磷肥(吨)	钾肥(吨)	复合肥(吨)	折纯总量(吨)
	合计	农业	林业	固体	氨水				
2009	25869.01	25345.95	523.06	10978.5	137.6	5915.9	335.45	8639.16	10288.37
2010	26933.55	26060.66	872.89	11367.38	--	6112.07	376.17	9077.3	10748.4
2011	28144.94	26713.98	1430.96	11909.89	--	6052.79	686.86	9495.41	11260.73
2012	29526.32	28056.37	1469.95	12243.17	--	6125.08	769.25	10388.82	11915.57
2013	29814.25	28340.25	1474	12516.66	--	6012.72	1141.91	10142.96	12039.83
2014	29863.86	28380.95	1482.91	12393.61	--	6068.21	1069.72	10332.32	12051.24
2015	29479.32	28002.57	1476.75	12072.98	--	6078.89	1080.72	10246.73	11644.05
2016	28028.9	26575.8	1453.1	11862.01	--	5564.53	898.3	9704.06	11291.62
2017	23019.99	22174.09	845.9	9848.37	--	4498.97	724.21	7948.44	9223.58
2018	19854.76	19046.09	808.67	8637.44	--	2649.67	429.78	8137.87	8087.67
2019	19817.2	19027.92	789.28	8412.61	--	2520.12	477.13	8407.34	8014.77
2020	20163	19350.32	812.68	8562.77	--	2582.15	475.84	8542.24	8186.89

(三)金塔县

2019年施用化肥总量(折纯量)16 063吨,较2009年下降15.8%;2020年农膜使用量3 003吨,其中地膜用量2 167吨、棚膜用量836吨;农膜回收量2 419吨,其中地膜回收量1 739吨、棚膜回收量680吨,废旧地膜回收率80.3%,废旧农膜回收率80.56%。全县大力发展现代丝路寒旱农业,围绕瓜菜优势产业,以现有戈壁农业园区为重点,加大政策、资金、技术等方面扶持力度,2020年新发展日光温室68.36公顷,拱棚221.6公顷。

金塔县历年肥料使用情况如表1-15。

县域内使用的化肥品种:氮肥主要有氨水、硫酸铵、碳酸氢铵、硝酸铵、尿素、氯化铵、包裹尿素等;磷肥以普通过磷酸钙为主;钾肥在21世纪开始施用,以硫酸钾、氯化钾为主;复合肥以进口和国产的磷酸二铵、三元复合肥为主;微肥施用量较少,主要有硼酸和硼沙。

表1-15 金塔县历年肥料使用情况统计表(2009—2019年)

年度	化肥施用总量(吨)			氮肥(吨)	磷肥(吨)	钾肥(吨)	复合肥(吨)	折纯总量(吨)
	合计	农业	林业	固体				
2009	48926.7	43055.5	5871.2	20059.9	9296.1	1957.1	17613.6	19081.4
2010	48576.2	42747.1	5829.1	19916.2	9229.5	1943	17487.4	18944.7
2011	48451.3	42637.1	5814.2	19865	9205.7	1938.1	17442.5	18896
2012	47905.1	42156.5	5748.6	19641.1	9102	1916.2	17245.8	18683
2013	47622.4	42383.9	5238.5	19969.6	8759.4	1917.3	16976	18876.5
2014	46838.9	41218.2	5620.7	19546.5	8635.1	1884.3	16773	18267.2
2015	46108.2	40575.2	5533	18904.4	8760.6	1844.3	16599	17982.2
2016	45249.1	39819.2	5429.9	18552.1	8597.3	1810	16289.7	17647.1
2017	43598.6	38366.8	5231.8	17875.4	8283.7	1743.9	15695.5	17003.5
2018	42349.5	37267.6	5081.9	17363.3	8046.4	1694	15245.8	16516.3
2019	41187.6	36245.1	4942.5	16886.9	7825.6	1647.5	14827.5	16063.2

(四)瓜州县

深入开展化肥农药零增长行动,推进化肥农药减量增效,推广垄膜沟灌、膜下滴灌等农业节水技术。2020年全县化肥施用量33 700吨,较2019年的34 294.4吨减少594.4吨;农药使用量243.06吨,较2019年的251.19吨减少8.13吨,化肥农药利用率稳步得到提高。

瓜州县历年肥料使用情况如表1-16。

表1-16 瓜州县历年肥料使用情况统计表(2015—2019年)

年度		2015	2016	2017	2018	2019
氮肥(吨)	固体	15255.44	13637.94	13947.47	13416.3	4837.7
磷肥(吨)		9157.87	7584.18	8163.27	7783.1	895.5
钾肥(吨)		2417.07	2249.26	2248.33	12664.5	845.19
复合肥(吨)		15280.59	12574.58	13537.56	12327.1	5608.77

(五)肃北县

肃北县2020年化肥使用量750吨,籽种使用量275吨,农药使用量6吨。肃北县历年肥料使用情况如表1-17。

表1-17 肃北县历年肥料使用情况统计表(2013—2018年)

年度		2013	2014	2015	2016	2017	2018	2019
化肥施用总量(吨)	合计	1700	1800	1700	1500	1300	1000	920
	农业	1700	1800	1700	1500	1300	1000	920
氮肥(吨)	固体	800	800	800	600	500	400	300
钾肥(吨)		300	300	300	200	200	200	160
复合肥(吨)		600	700	600	700	600	400	460

(六)阿克塞县

阿克塞县2019年施肥总量154.04吨,农用塑料薄膜用量14.25吨。阿克塞县历年肥料使用情况如表1-18。

表1-18　阿克塞县历年肥料使用情况统计表(2009—2019)

年度	2009	2010	2011	2012	2013	2014	2015	2016	2017	2018	2019
化肥施用总量(吨)	97.52	93.82	94.02	87.72	94.2	122.4	177.4	180.4	169.5	174	154.04
氮肥(吨)	63.1	56.4	59.2	47.5	3.4	60.5	99	100.5	90.7	88.5	87.4
磷肥(吨)	8.7	6.2	11.3	9.5	40.4	10.7	9.3	9.4	8.2	12.2	11.74
复合肥(吨)	25.72	31.22	23.52	30.72	50.4	51.2	69.4	70.5	70.6	73.3	54.9

四、农作物机械化应用情况

农业机械化是一项重要的农业基础建设,是农业现代化的物质基础和衡量农业现代化水平的重要标志。

(一)肃州区

肃州区引进推广多功能、智能化、经济型农业装备设施和先进适用的宜机新技术,全区农机总动力达到76.3万千瓦,各类作业拖拉机达4.1万台,联合收割机达624台,耕种收综合机械化水平在79.57%以上,小麦、玉米等主要农作物基本实现全程机械化。

(二)敦煌市

2019年,敦煌市农业机械总动力达到33.2万千瓦,各类作业拖拉机达1.45万台,机动植保机械1039台,联合收割机58台。

(三)金塔县

至2019年,金塔县拥有农业机械总动力49.7万千瓦,较上年增加1.4万千瓦,增长2.9%。

拥有大中小型农用拖拉机2.2万台,增加0.03万台,增长1.2%;排灌动力机械2148台。

(四)肃北县

至2019年,肃北县农业机械总动力达到3.25万千瓦,较上年增加0.03万千瓦,增长4.0%,拥有各类作业拖拉机1 137台,机动植保机4台,联合收割机11台。

五、农田及农产品建设情况

(一)肃州区

划定粮食生产功能区1.47万公顷,建设高标准农田2万公顷,2020年肃州区粮食产量达23万吨,蔬菜产量达70万吨,"菜篮子"主要产品人均占有量和自给率在西北地区中位于前列。畜禽饲养量达842万头(只),创建省部级标准化养殖示范场13个,累计建成养殖小区313个,规模养殖场1 775个,能够有效保证全区乃至周边对畜禽产品的需求。

制种、蔬菜、草畜成为三大优势主导产业,占农业增加值的60%以上。玉米、蔬菜、花卉制种享誉国内外，制种面积达到2.19万公顷，占耕地总面积的51%，是全国最大的对外蔬菜花卉制种基地，国家级杂交玉米种子生产基地、全国首批蔬菜花卉良种繁育基地。蔬菜种植面积超过1.33万公顷，建成蔬菜生产示范区和高标准示范园区175个，是全国重点区域蔬菜生产基地、全国无公害蔬菜生产示范区、全国最大的戈壁设施农业生产示范县，是西北最大的洋葱生产集散基地，"酒泉洋葱"被认定为国家地理标志保护产品。

（二）瓜州县

2020年瓜州县作物播种面积4.79万公顷，其中：粮食作物播种面积1.11万公顷，较上年同期增长3.75%；特色经济作物种植面积为3.68万公顷，较上年同期下降0.9%。

特色经济作物：棉花播种面积0.95万公顷，较上年同期下降34.5%；中药材种植面积1.24万公顷（其中：甘草种植面积0.43万公顷，较上年同期增长19.2%；枸杞种植面积0.79万公顷，较上年同期增长8.3%，红花种植面积0.02万公顷，较上年同期下降5.1%），较上年同期增长11.6%；油料作物播种面积0.13万公顷，较上年同期增长9.3%；蔬菜播种面积0.13万公顷，较上年同期增长317%；制种面积0.17万公顷，较上年同期增长83.6%；蜜瓜播种面积0.18万公顷，较上年同期下降48.5%；孜然茴香播种面积0.21万公顷，较上年同期增长116.4%；食葵播种面积0.25万公顷，较上年同期增长76%；苜蓿、青贮玉米、燕麦等饲草作物播种面积0.41万公顷，较上年同期增长47.1%；特色林果种植面积0.01万公顷，较上年同期下降68%。

第四节 耕地土壤资源

一、耕地主要土壤类型

酒泉市耕地土壤共有11个土类、23个亚类、32个土属和43个土种，如表1-19所示。

表1-19 酒泉市耕地土壤类型表

土类	亚类	土属	土种
草甸土	潜育草甸土	潜育草甸沙土	其他潜育草甸沙土
草甸盐化板土	碱化盐化板土	镁质碱化盐化板土	盐化板土
潮土	潮土	低位潮土	低位潮平土
		中位潮土	中位沙盖潮平土
	典型潮土	石灰性潮壤土	其他石灰性潮壤土
	脱潮土	脱潮沙土	其他脱潮沙土
	盐化潮土	高位盐化潮平土	高位盐化潮平土
		中位盐化潮土	中位盐化潮立土
风沙土	固定风沙土	耕灌风沙土	耕灌风沙土

续表

土类	亚类	土属	土种
风沙土	荒漠风沙土	荒漠半固定风沙土	其他荒漠流半固定沙土
		荒漠固定风沙土	其他荒漠固定风沙土
			柴湾漠沙土
			灌耕浮沙土
			其他荒漠固定风沙土
		荒漠流动风沙土	耕灌风沙土
			其他荒漠流动风沙土
灌漠土	灌漠土	灌漠壤土	薄暗立土
			薄暗平土
	灰灌漠土	灌耕灰棕漠土	厚灰立土
		灰灌漠壤土	薄漏灰灌土
灌淤土	潮灌淤土	潮灌淤壤土	灌潮淤土
			厚潮淤土
	潮化灌淤土	薄层潮化灌淤土	薄层潮化灌淤平土
		厚层潮化灌淤土	厚层潮化灌淤立土
	典型灌淤土	灌淤壤土	薄吃劲土
			其他灌淤壤土
			底沙厚淤土
		灌淤黏土	厚吃劲土
灌淤土	灌淤土	薄层灌淤土	薄层灌淤平土
			薄层漏沙灌淤平土
		薄层漏沙灌淤土	薄层漏沙灌淤立土
		厚层灌淤土	厚层灌淤立土
			厚层灌淤平土
			厚层漏沙灌淤立土
	青白灌淤土	薄层青白灌淤土	薄层青白灌淤平土
	盐化灌淤土	薄层盐化灌淤土	薄层盐化灌淤平土
龟裂土	龟裂土	盐龟裂土	盐化板土
灰棕漠土	灌耕灰棕漠土	泥沙质灌耕灰棕漠土	厚板土
	典型灰棕漠土	泥沙质灰棕漠土	漠板土
亚高山草原土	亚高山草原土	亚高山草原土	亚高山草原土
沼泽土	草甸沼泽土	草甸沼泽土	耕灌草甸土
棕漠土	灌耕棕漠土	泥沙质灌耕棕漠土	其他泥沙质灌耕棕漠土
	石膏棕漠土	泥沙质石膏棕漠土	安西漠膏土

二、主要土类分述

(一)草甸土

草甸土是在冷湿条件下,直接受地下水浸润并在草甸植被下发育的土壤。其成土过

程具有腐殖质累积的草甸化过程和氧化还原交替特征。草甸土区水分供应充足,植被生长繁茂,根系又深又密,每年为土壤提供了大量的有机残体,在土壤冻结后,分解缓慢且不彻底,因而在土壤中逐渐积累了很高含量的腐殖质。同时由于地下水位的周期性升降,土壤氧化还原交替进行,形成了锈色斑纹层。草甸土属较肥沃土壤,其所处地形平坦,地下水位较高,土壤水分充足,成土母质含有相当丰富的矿质养分,土体较深厚,适宜多种作物和牧草生长,并能获得较高产量。

酒泉市草甸土只有潜育草甸土1个亚类,分布在玉门市、敦煌市、金塔县、瓜州县和肃北县。

(二)潮土

潮土是河流沉积物受地下水影响,并经长期旱耕而形成的一类半水成土,因有夜潮现象而得名。广泛分布于河谷平原、滨湖低地与山间谷地。潮土土层深厚,其土壤剖面层次构成一般由耕作层、氧化还原特征层及母质层所构成。耕作层是在河流冲积母质基础上,受旱耕影响最深刻的土层,沉积特征消失,结构性状改善,养分含量增加,由于受机具耕作的挤压作用,其下可分化出亚耕层。氧化还原特征层是在周期性干湿交替条件下,形成有锈色斑纹或有细小铁锰结核的心土或底土层。母质层仍保持河流冲积物沉积层理特征,或有少量锈色斑纹及蓝灰色潜育特征。

酒泉市潮土包括潮土、典型潮土、脱潮土和盐化潮土4个亚类,分布在玉门市、敦煌市和金塔县。

(三)风沙土

风沙土是发育于风成沙性母质的土壤。其主要特征是土壤矿质部分几乎全由细沙颗粒(直径在0.25~0.05毫米)组成;剖面层次分化不明显,仅有A层(淋溶层)和C层(母质层)缺乏B层(淀积层);风蚀严重;土壤处于幼年阶段,成土过程微弱。通体细沙,沙性母质随起沙风力作用下开始移动,形成沙地特有的风沙地貌。主要分布于干旱少雨、昼夜温差大和多沙暴的地区,包括世界各大洲的沙漠、草原和半荒漠草原地带。风沙土的特征是成土作用微弱,并经常被风蚀和沙压,很不稳定,致使成土过程十分微弱,土壤性状与风沙堆积物无多大改变。随沙地的自然固定和土壤形成阶段的发展,由流动风沙土到半固定、固定风沙土,土壤有机质含量逐渐增加,说明只要增加肥分与水分,使植被逐步稳定生长,也能成为农林牧用地。风沙土的形成过程与流动沙性母质上自然植被的出现、繁衍和演变紧密相关。当由流动性沙性母质构成的沙丘上出现稀疏的植物时,风沙土的成土过程即告开始。植物通过根系和它的地上部分对沙性母质产生固结作用和表面覆盖作用,从而减弱了沙性母质的流动性;植物死亡后遗留下的残体转变为腐殖质,又使沙性母质的物理、化学和生物性质发生变化并使之产生发生层次。随着植被的不断发展,上述作用日益强烈,流动的沙性母质也渐趋于半固定或固定状态,从而形成半固定风沙土和固定风沙土。

酒泉市风沙土包括荒漠风沙土和固定风沙土2个亚类,分布在玉门市、敦煌市、金塔县、瓜州县和阿克塞县。

(四)灌漠土

灌漠土的全剖面颜色、质地、结构均较均一,但也出现表土层有沙、黏、壤土覆盖,还有夹层型,如腰沙、腰黏、夹砾等土层变化,这些均是冲积扇末端交互沉积所形成。灌淤土剖面主要由耕作层、亚耕层、心土层、母质层组成。由于根系下伸,密集于40~60厘米深处,在深达100厘米处仍可见大量微根延伸。土壤作暗棕至灰褐色,可见陶片、炭屑、碎骨、粪斑等文化遗物和生产活动痕迹,蚯蚓活动可深达100厘米,常见其粪便和洞穴。耕作层厚20~30厘米,根系密集,疏松多孔。亚耕层一般厚10~15厘米,较紧实,多为块状、片状结构。耕作时间越长,越靠近村落,土壤越肥沃,亚耕层越厚。耕作层中多根孔,在根孔及结构面上,常见淋移粘粒和腐殖质形成的暗色胶膜,结构面上常见菌丝体状或斑点状碳酸钙淀积,心土层厚40~60厘米,色泽亦渐浅淡,呈灰棕色,碳酸钙淀积更多,结持更紧密,母质层未受成土作用影响,结持紧实,质地黏重,常见因渗水临时停留的水分潜潴,形成棕色或褐色铁、锰斑纹。灌漠土中常见障褥层,如砾石、漏沙、夹黏以及因水分上下运动的影响,使某些矿质盐类或较细颗粒在剖面某些部位累积而形成许多新生体,如沙姜、粘磐、铁锰结核残留。钙积现象的发展,使结核不断增大增多,堵塞渗水通道,造成地面积水。有时沙姜相互腔结,形成厚层硬磐,成为障碍层次,对作物根系下伸形成严重障碍。若障碍层位于母质层中,则具有良好的保水保肥作用。

酒泉市灌漠土只有灌漠土和灰灌漠土2个亚类,只分布在肃州区。

(五)灌淤土

灌淤土是中国半干旱地区平原中的主要土壤,一年一熟,以春播作物为主,生长小麦、玉米、糜谷等。地下水位较浅,水源充沛;因排水条件较差,有次生盐化现象,应注意灌排结合。主要分布于银川、内蒙古河套及辽河平原。灌淤层可厚在1米以上,一般也可在30~70厘米。土壤剖面上下较均质,底部常见文化遗物。灌淤层下可见被埋藏的古老耕作表层。土壤的理化性质因地区不同而异。西辽河平原的灌淤土,质地较黏重,有机质含量2%~4%,盐分含量,一般小于0.3%,不含石膏;河套地区的灌淤土,质地较沙松,有机质含量约1%,含盐量较高。

酒泉市灌淤土有潮灌淤土、潮化灌淤土、典型灌淤土、灌淤土、青白灌淤土和盐化灌淤土6个亚类,分布在肃州区、玉门市、敦煌市和金塔县。

(六)灰棕漠土

灰棕漠土,也称灰棕色荒漠土,为温带荒漠地区的土壤,是温带漠境气候条件下粗骨母质上发育的地带性土壤。有机质含量低,介于灰漠土和棕漠土之间。成土母质主要有两大类:在山前平原上为沙砾质洪积物或洪积-冲积物;在低山和剥蚀残丘上为花岗岩、片麻岩及其他古老变质岩。

酒泉市灰棕漠土有灌耕灰棕漠土和典型灰棕漠土2个亚类,一区两市四县均有分布。

(七)沼泽土

沼泽土是发育于长期积水并生长喜湿植物的低洼地土壤。其表层积聚大量分解程度低的有机质或泥炭,土壤呈微酸性至酸性反应;底层有低价铁、锰存在。沼泽土的剖面形态一般分二或三个层次,即泥炭层和潜育层(H-G),或腐殖质层(腐泥层)和潜育层(Hh-G),或泥炭层、腐殖质层和潜育层(H-Hh-G)。 1.泥炭层(H):位于沼泽土上部,也有成厚度不等的埋藏民存在;泥炭层厚度10余厘米至数米,但超过50厘米时即为泥炭土。

酒泉市沼泽土只有草甸沼泽土1个亚类,分布在玉门市、金塔县和瓜州县。

(八)棕漠土

棕漠土,又称棕色荒漠土,是在暖温带极端干旱条件下发育的地带性土壤。成土区气候特点是夏季极端干旱炎热,冬季冷而少雪,年平均温度9℃~12℃,≥10℃积温在3300℃以上,年降雨量低于50毫米,而年蒸发量却高达3000毫米,多大风。棕漠土被定义为暖温带极端干旱荒漠沙砾质洪积物和石质残积物或坡积残积物母质发育的,地表有明显砾幂,具孔泡结皮层、紧实层、石膏层、石膏-盐磐层等土层序列的干旱土壤。广泛分布在新疆天山山脉、甘肃的北山一线以南,嘉峪关以西,昆仑山以北的广大戈壁平原地区。以河西走廊的西半段,新疆东部的吐鲁番、哈密盆地和噶顺戈壁地区最为集中。

酒泉市棕漠土只有灌耕棕漠土和石膏棕漠土2个亚类,分布在玉门市和瓜州县。

第二章 耕地质量评价方法与步骤

以《耕地质量等级》(GB/T 33469-2016)为依据,综合考量酒泉市耕地立地条件、剖面性状、耕层理化性质、土壤养分状况、土壤健康状况、土壤管理等因素,利用层次分析和模糊数学等方法建立酒泉市耕地质量等级评价指标体系、隶属函数模型,以行政区划图、土壤图、土地利用现状图、地貌类型图等图件以叠加求交的方式建立酒泉市耕地质量评价单元,采用综合指数法对耕地质量综合指数进行计算与耕地质量等级划分。

第一节 资料收集与整理

资料收集与整理主要围绕耕地质量评价指标体系所涉及的各项指标、野外调查数据、监测点土壤测试分析数据、空间数据库建库所需的图件资料以及各类自然和社会经济因素资料等,根据《耕地质量等级》(GB/T 33469-2016)要求和各项指标释义进行数据甄别与审核,确保基础数据的科学性和准确性。

一、软硬件及资料准备

(一)硬件、软件

硬件:计算机、GPS、扫描仪、数字化仪、彩色喷墨绘图仪等。

软件:主要包括WINDOWS操作系统软件,ACCESS数据库管理软件、SPSS数据统计分析应用软件,ArcGIS、Office及耕地资源管理信息系统等专业技术软件。

(二)资料与工具准备

收集了与耕地质量评价有关的各类自然和社会经济因素资料,主要包括野外调查、分析化验、基础图件、统计数据及其他资料等。

1.野外调查资料与工具

野外调查资料主要包括采样地块的地理位置、自然条件、生产条件、土壤情况的记录表等,具体内容见表2-1。

调查采样工具有铁锹、铁铲、圆状取土钻、螺旋取土钻、竹片、GPS、照相机、卷尺、铝盒、样品袋、样品箱、样品标签、铅笔、资料夹等。野外调查数据主要包括：统一编号、采样年份、省（市）名称、地（市）名称、县（区）名称、乡（镇）名称、村组名称、海拔高度、经度、纬度、土类、亚类、土属、土种、成土母质、地貌类型、地形部位、田面坡度、有效土层厚度、耕层厚度、耕层质地、耕层土壤容重、质地构型、常年耕作制度、地下水埋深、熟制、生物多样性、农田林网化程度、酸碱度、障碍因素、障碍层类型、障碍层深度、障碍层厚度、耕层土壤含盐量、盐渍化程度、盐化类型、灌溉方式、灌溉能力、水源类型、排水能力、有机质、全氮、有效磷、速效钾、缓效钾、有效铁、有效锰、有效铜、有效锌、有效硼、有效钼、有效硅、有效硫、主栽作物名称、年产量等。

表 2-1　耕地质量等级评价野外调查

	统一编号	采样年份	—
地理位置	省（区、市）名	地市名	县（区、市、农场）名
	乡镇名	村名	海拔高度（米）
	经度（度）	纬度（度）	—
自然条件	地貌类型	地形部位	田面坡度（度）
生产条件	水源类型	灌溉方式	灌溉能力
	排水能力	地下水埋深（米）	常年耕作制度
	熟制	生物多样性	农田林网化程度
	主栽作物名称	年产量（千克/亩）	—
土壤情况	土类	亚类	土属
	土种	成土母质	质地构型
	耕层质地	障碍因素	障碍层类型
	障碍层深度（厘米）	障碍层厚度（厘米）	耕层土壤容重（克/立方厘米）
	有效土层厚度（厘米）	耕层厚度（厘米）	耕层土壤含盐量（%）
	盐渍化程度	盐化类型	土壤 pH
	有机质（克/千克）	全氮（克/千克）	有效磷（毫克/千克）
	速效钾（毫克/千克）	缓效钾（毫克/千克）	有效铜（毫克/千克）
	有效锌（毫克/千克）	有效铁（毫克/千克）	有效锰（毫克/千克）
	有效硼（毫克/千克）	有效钼（毫克/千克）	有效硫（毫克/千克）
	有效硅（毫克/千克）	铬（毫克/千克）	镉（毫克/千克）
	铅（毫克/千克）	砷（毫克/千克）	汞（毫克/千克）

野外调查时填写耕地质量等级评价野外调查表（表 2-1），除分析检测项外，都要求按标准填写，不能留空项，数据项值域符合规范（表 2-2）。

表 2-2　耕地质量调查指标属性划分

调查指标	属性划分
成土母质	残积物、残坡积物、冲洪积物、冲积物、第四纪红土、第四纪老冲积物、风化物、河流冲积物、洪冲积物、洪积物、洪积物及风积物、湖冲积物、湖积物、湖相沉积物、黄土母质、坡残积物、坡堆积物、坡洪积物、坡积物
地貌类型	高原、山地、丘陵、盆地
地形部位	河流低谷地、河流宽谷阶地、洪积扇前缘、洪积扇中后部、湖盆阶地、坡积裙、起伏侵蚀高台地、山地坡下、山地坡中、山地坡上、台地
灌溉方式	沟灌、漫灌、喷灌、畦灌、无灌溉条件
水源类型	地表水、地下水、地表水+地下水、无
熟制	一年一熟、一年两熟
主栽作物	青稞、油菜、小麦、马铃薯、玉米
有效土层厚度(厘米)	≥100、60~100、＜60
耕地质地	中壤、重壤、沙壤、轻壤、沙土、黏土
土壤容重	适中、偏重、偏轻
质地构型	上松下紧型、松散型、紧实型、夹层型、上紧下松型、薄层型
生物多样性	丰富、一般、不丰富
清洁程度	清洁
障碍因素	酸化、瘠薄、无、盐碱、无障碍层次
灌溉能力	充分满足、满足、基本满足、不满足
排水能力	充分满足、满足、基本满足、不满足
农田林网化程度	高、中、低

统一编号：统一编号采用19位编码，由6位邮政编码、1位采样目的标识、8位采样时间、1位采样组以及3位顺序号组成。

省(区、市)名称、地(市)名称、县(区)名称、乡(镇)名称、村组名称、采样年份等依据行政区划图以及实地采样调查时间、地点填写。

经度、纬度、海拔高度：通过实地GPS定位读取数据。

土类、亚类、土属、土种：依据《中国土壤分类与代码》(GB/T 17296-2000)国家标准填写。

成土母质：依据土壤类型及成土因素填写。按照成土母质来源、成土因素及过程不同，将酒泉市耕地成土母质归并为残积物、残坡积物、冲洪积物、冲积物、第四纪红土、第四纪老冲积物、风化物、河流冲积物、洪冲积物、洪积物、洪积物及风积物、湖冲积物、湖积物、湖相沉积物、黄土母质、坡残积物、坡堆积物、坡洪积物、坡积物19大类。

地貌类型：依据调查样点耕地所处的大地形地貌填写。分为高原、山地、丘陵、盆地4种类型。

地形部位：依据调查点耕地所处的地貌类型、等高线地形图、海拔高度，结合其位于地貌类型的部位进行判读。可归纳为河流低谷地、河流宽谷阶地、洪积扇前缘、洪积扇中后部、湖盆阶地、坡积裙、起伏侵蚀高台地、山地坡下、山地坡中、山地坡上、台地11种类型。

灌溉方式、水源类型、常年耕作制度、熟制、主栽作物名称、年产量依据实地调查填写。灌溉方式分为沟灌、漫灌、喷灌、畦灌、无灌溉条件；水源类型包括地表水、地下水、地表水+地下水、无；熟制包括一年一熟、一年两熟；主栽作物主要有青稞、油菜、小麦、马铃薯、玉米。

酸碱度、有机质、全氮、有效磷、速效钾、缓效钾、有效铁、有效锰、有效铜、有效锌、有效硼、有效钼、有效硅、有效硫等依据野外调查样品分析检测填写。

有效土层厚度、耕层质地、土壤容重、质地构型、生物多样性、清洁程度、障碍因素、灌溉能力、排水能力、农田林网化程度等依据《耕地质量等级》国家标准附录酒泉市耕地质量等级划分指标，并结合实地调查情况填写。

2.分析化验耗材与设备

购买实验室分析测试需要的土壤标准物质，制备土壤参比样品，确定统一的分析方法。根据确定的分析测试项目，补充各类化学试剂、玻璃仪器等耗材。包括白色搪瓷盘及木盘、木槌、木滚、木棒、有机玻璃棒、有机玻璃板、硬质木板、无色聚乙烯薄膜、玛瑙研磨机（球磨机）或玛瑙研钵、白色瓷研钵、尼龙筛等。

3.基础图件资料

基础图件资料主要包括省级土地利用现状图、土壤图、行政区划图、地形地貌图、地名注记图、交通线路图、河流水域图等。其中土壤图、土地利用现状图、行政区划图主要用于叠加生成评价单元图；地貌类型图、DEM遥感影像图主要用于海拔高度及地形部位的提取与修正；地名注记图、道路图、河流水域图等用于成果图件编制。

4.统计资料

收集了酒泉市近10年的统计资料，包括人口、土地面积、耕地面积、主要农作物播种面积、粮食单产、总产、肥料投入等数据。

5.其他资料

甘肃省第二次土壤普查相关资料，包括土壤志、土种志、土壤普查专题报告等；县域耕地地力调查与质量评价成果资料；近年来农田基础设施建设、水利区划相关资料；耕地质量监测点数据及历年相关试验点土壤检测结果；耕地质量保护与提升相关制度和建设规划文件资料；优势农产品布局、种植区划文本资料等。

二、评价样点的布设

在进行样点布设时，通过土壤图、土地利用现状图和行政区划图叠加形成评价单元，根据评价单元的数量、面积、土壤类型、种植制度、种植作物类型、产量水平以及农业农村部耕地保护与质量提升任务清单下达给酒泉市采样点数量，同时充分考虑点位的均匀性，最终确定采样点的位置，并在图上标注，形成采样点位图。遵循以下几条原则：

1.大致按照每667公顷布设1个样点的标准进行布点,结合不同地形条件可在此基础上进行适当加密;

2.样点具有广泛的代表性,兼顾各种地类、各种土壤类型;

3.兼顾均匀性,综合考虑样点的位置分布,覆盖所有县域范围;

4.结合测土配方施肥样点、耕地质量长期定位监测点数据进行样点布设,保证数据的延续性、完整性;

5.综合考虑各种因素,做到顶层设计,合理布设的样点一经确定后随即固定,不得随意更改。

酒泉市耕地面积259 051.26公顷,共布设了391个采样点,各区域布设采样点情况如表2-3所示。

表2-3 区域评价样点分布情况

区域	面积(公顷)	样点数
肃州区	71477.32	119
玉门市	58416.56	82
敦煌市	25212.47	39
金塔县	49187.15	69
瓜州县	53276.73	80
肃北县	1187.69	1
阿克塞县	293.34	1
总计	259051.26	391

三、土壤样品检测与质量控制

(一)样品检测项目与方法

根据《农业部办公厅关于做好耕地质量等级调查评价工作的通知》(农办[2017]18号)中耕地质量等级调查内容的要求,土壤样品检测项目包括:土壤pH、耕层土壤容重、有机质、全氮、有效磷、缓效钾、速效钾、有效态铜、锌、铁、锰、硼、钼、硫、硅。土壤样品各个检测项目的分析方法具体见表2-4。

表2-4 土壤样品检测项目与方法

分析项目	检测方法	方法来源
土壤pH	土壤检测第2部分:土壤pH的测定	NY/T 1121.2
耕层土壤容重	土壤检测第4部分:土壤容重的测定	NY/T 1121.4
有机质	土壤检测第6部分:土壤有机质的测定	NY/T 1121.6
全氮	土壤全氮测定法(半微量开氏法)	NY/T 53
有效磷	土壤检测第7部分:土壤有效磷的测定	NY/T 1121.7
缓效钾、速效钾	土壤速效钾和缓效钾含量的测定	NY/T 889
有效铜、锌、铁、锰	二乙三胺五乙酸(DTPA)浸提法	NY/T 890

续表

分析项目	检测方法	方法来源
有效硼	土壤检测第8部分:土壤有效硼的测定	NY/T 1121.8
有效硫	土壤检测第14部分:土壤有效硫的测定	NY/T 1121.14
有效钼	土壤检测第9部分:土壤有效钼的测定	NY/T 1121.9
有效硅	土壤检测第15部分:土壤有效硅的测定	NY/T 1121.15

(二)样品检测质量控制

1.实验室基本要求

在样品分析过程中,实验室用水采用电热蒸馏、石英蒸馏或离子交换等方法制备,符合 GB/T6682 的规定。常规检验使用三级水,配制标准溶液用水、特定项目用水符合二级水的要求。

2.样品检测过程质量控制

人员:对检测技术人员制定教育、培训、技能目标,确保检测人员技能满足检测工作要求。

设备:制定检定计划并及时送检,检定完成后对校准的器具进行复核,检查校准数据是否符合使用要求,以确保量值的准确溯源。

材料:试剂的纯度,试剂、药品在贮存过程中是否受到污染,实验用水是否达到要求;样品的状态符合标准要求,试样的数量要满足检测需要。

方法:样品严格按照标准方法进行检测。

环境:化验室具备防尘、防火、防潮、防震、隔热、控温、光线充足等基本要求。保证土壤样品各项化验在适合的环境条件下进行,使各项化验结果尽量接近实际值。满足检测工作和检测人员健康安全的要求。

3.样品检测误差控制

省站统一采购标准物质发放至县级化验室,由县级定期采用标准物质对实验室系统误差进行检查和控制,不定期对检验人员或新上岗人员进行分析质量考核检查。检验人员定期采用标准物质对计量检测仪器和标准溶液进行期间核查。抽取部分县级化验室,通过发放盲样进行考核,以保证检测数据的准确性。

4.检测后的数据检查

加强数据校核、审核工作。为确保数据准确无误,化验室建立健全管理制度,制订数据校核、审核工作程序,明确检测人员、校核人员、审核人员的职责,各负其责、各司其职,凡未经校审人员校审的数据暂视为无效数据,不能采用和上报。

5.完善实验室管理制度

为保证检测项目严格按照质量控制体系有关规定进行,化验室制订了实验室安全卫生制度、试剂管理制度、实验室废弃物处理制度、样品管理制度、原子吸收操作规程、紫外可见分光光度计操作规程、电子天平操作规程、纯水仪操作规程、定氮仪操作规程、酸度计操作规程等相关规章制度及操作规程,并将各项规章管理制度以及主要仪器设备操作规程上墙公布明示,严格执行。

四、数据资料审核处理

酒泉市耕地质量等级评价数据资料来源广,数据量大,涉及调查人员多,数据的可靠性和有效性直接影响到耕地质量评价结果的合理性、科学性。所以,数据资料的审核与质量把控显得尤为重要。数据资料审查处理主要包括空间数据和属性数据的审查。

(一)空间数据审查

以二调土地利用现状图为基准,进行土壤图、行政区划图、地貌类型图等图层边界、坐标系的审查;对监测点,按照经纬度生成调查样点分布图,并与行政区划图中县名称进行匹配审查,保证监测点行政区划信息的正确性。

(二)属性数据审查

数据资料审核的方法包括人工检查和机器筛查,包括基本统计量、计算方法、频数分布类型检验、异常值的判断与剔除等,主要审查数据资料的完整性、规范性、符合性、科学性、相关性等。通过纵向审查快速发现缺失、无效或不一致的数据,通过横向审查轻松找出各相关数据项的逻辑错误,并进行修正,保证最后调查所得数据的完整性、一致性和有效性。

第二节 耕地质量评价方法

目前,耕地质量评价大致可分为农业生产能力评价、土壤肥力评价、耕地适宜性评价、农用地分等定级与估计、基于农户认识的耕地质量评价等5种类型。本次评价依据《耕地质量调查监测与评价办法》(农业部令2016年2号)、《耕地质量划分规范》(NY/T 2872-2015)和《耕地质量等级》(GB/T 33469-2016),根据耕地质量指标选取的原则,选取影响耕地生产能力的因素,采取不同的数据处理方法为管理单元赋值,采用特尔斐法、模糊数学法、层次分析法等多种方法确定各指标隶属函数和权重,并通过累加法计算每个耕地资源管理单元的综合指数,用累积曲线法等方法划分耕地质量等级,最终完成酒泉市耕地质量等级评价。

一、评价的原理

耕地质量评价是以耕地利用方式为目的,估算耕地生产潜力和耕地适宜性的过程,是根据所在地特定区域以及地形地貌、成土母质、土壤理化形状、农田基础设施等要素相互作用表现出来的综合特征,揭示耕地生产力的高低和潜在生产力。

目前，耕地质量评价的方法主要包括经验判断指数法、层次分析法、模糊综合评价法、回归分析法、灰色关联度分析法等。酒泉市耕地质量等级评价是依据《耕地质量等级》国家标准，在对耕地的立地条件、养分状况、耕层理化性状、剖面性状、健康状况进行分析的基础上，充分利用地理信息系统（GIS）技术，通过空间分析、层次分析、综合指数等方法，对耕地地力、土壤健康状况和田间基础设施构成的满足农产品持续产出和质量安全的能力进行综合评价。

二、评价的原则

在评价过程中遵循以下原则：

（一）综合研究与主导因素分析相结合原则

综合研究是对耕地地力、土壤健康状况和田间基础设施等因素进行全面的研究、解析，从而更好地评价耕地质量等级。主导因素指影响耕地质量相对重要的因素，如地形部位、灌溉能力、排水能力、有机质含量等，在建立评价指标体系过程中应赋予这些因素更大的权重。因此，只有运用合理的方法将综合因素和主导因素结合起来，才能更科学的评价耕地质量等级。

（二）定性评价与定量评价相结合原则

耕地质量等级评价中，尽可能地选择定量评价的方法，定量评价采用模糊数学的方法，对收集的资料进行系统的分析和研究，对评价对象作出定量、标准、精确的判读。但由于部分评价指标不能被定量的表达出来，如地形部位、耕层质地等，需要借助特尔斐法或人工智能来定性评价。所以，耕地质量等级评价构建的是一种定性与定量相结合的评价方法。

（三）GIS和GPS技术支持相结合原则

随着现代科学技术的发展与应用，GIS（地理信息系统）和GPS（全球定位系统）技术已成为现代资源调查的有效手段，在耕地质量评价中得到广泛应用。酒泉市耕地质量等级评价利用GPS技术对采样点位置进行精确定位，利用GIS技术构建耕地质量评价信息系统，综合运用空间分析、层次分析、模糊数学和综合指数等方法，对耕地质量进行快速、准确的评价。

（四）共性评价与专题研究相结合原则

酒泉市耕地质量等级评价，既对酒泉市现有耕地的地力水平、土壤健康状况和田间基础设施构成的质量状况，进行科学系统的评价，又充分考虑酒泉市地形地貌、气候特点以及酒泉市农业资源优势，对有特色的农产品种植区开展专题质量评价。酒泉市由于空气比较干燥、稀薄，太阳辐射比较强，气温比较低，气候属高寒类型，主要农作物为耐寒、耐旱的青稞、小麦、豌豆等。本次评价依据调查样点数据，对长年种植的耕地进行点位评价。

三、评价的流程

本次评价以酒泉市耕地为研究对象,依据《耕地质量等级》国家标准,运用GIS技术建立耕地质量等级信息系统,对收集的资料进行系统的分析和研究,综合运用空间分析、层次分析、模糊数学和综合指数等方法,对耕地质量等级进行综合评价,评价具体步骤如下:

1.核定酒泉市的范围,在土地利用现状图上提取耕地作为评价对象,并通过收集的数据资料,布设调查样点、采样并检测,建立耕地质量等级评价属性数据库。

2.通过土壤图、行政区划图和土地利用现状图叠加形成评价单元图。

3.对评价单元属性赋值,建立耕地资源管理信息系统。

4.通过收集的数据资料、土壤样品重金属检测结果,对存在污染的耕地运用内梅罗综合污染指数方法进行污染评价,判定耕地的清洁程度并提出耕地保护的方案及污染修复的建议。

5.选取酒泉市耕地质量评价指标,通过层次分析法确定各评价指标权重,采用特尔斐法确定各指标隶属度,建立耕地质量评价指标体系。

6.计算耕地质量综合指数,划分耕地质量等级。通过对耕地质量等级结果的分析、验证,结合点位调查数据、评价指标属性以及专家建议,分析制约农业生产的障碍因素,并提出培肥改良的措施与建议(图2-1)。

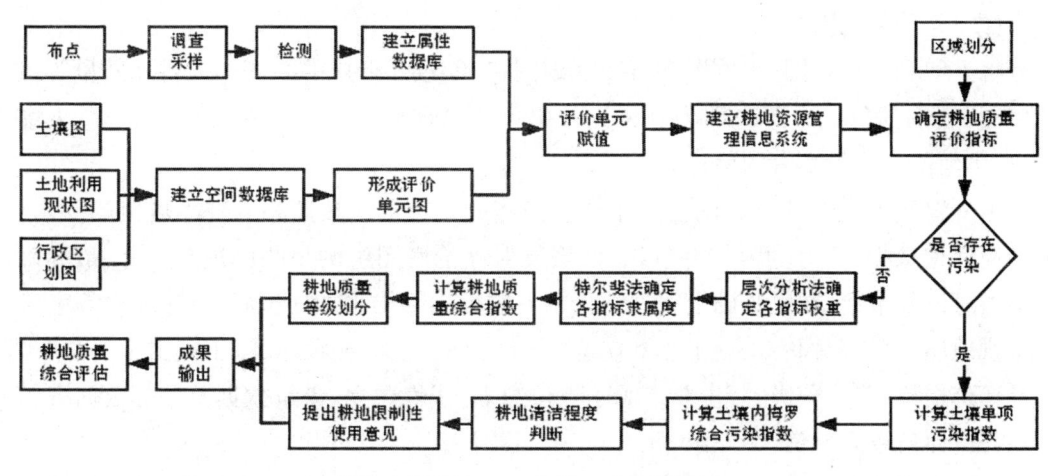

图2-1 耕地质量等级评价技术路线

四、评价单元确定

(一)评价单元选取原则

评价单元是由影响耕地质量的诸要素组成一个空间实体,是评价的最小单元。评价单元内耕地的基本条件、个体属性基本一致,不同评价单元之间既有差异又存在可比性。所以,评价单元的确定合理与否直接关系到评价结果合理性以及评价工作量的大小。经过查阅相关资料可知,评价单元的划分方法有叠置法、地块法和网格法:

1.叠置法即多边形法,将影响耕地质量同比例尺的相关要素图层进行叠置分析,形成封闭图斑,即得到评价单元。

影响耕地质量的图层包括土地利用现状图、土壤图、行政区划图等,叠置法既能克服土地利用类型在性质上的不均一性,又能克服土壤类型在地域边界上的不一致性问题。但多图层叠置后会生成许多小多边形,需要对图层中小于上图面积的单元进行合并。

2.网格法采用一定大小的规则网格覆盖评价区域范围,并形成等分单元,网格大小由地域的分等因素差异性和单元划分者的经验确定。

网格法的优点在于划分方法简单易行,形成的评价单元规整,没有细碎图斑。但酒泉市地形地貌复杂,耕地分布没有明显规律,网格大小难以确定。此外,网格法会打破行政界线,不利于评价成果数据的应用管理。

3.地块法以底图上明显的地物界限或权属界线为基准,将耕地质量评价因素相对均一的地块划成封闭单元,即为耕地质量评价单元。

采用地块法划分评价单元,关键是底图的选择和对评价区域实际情况的了解,需深入实地,以镇、村为单位,在调查当地农业生产、耕地优劣状况基础上,在底图上勾绘形成,适用于小尺度范围的质量等级评价,其实地调绘工作量非常大,专业知识要求高。

酒泉市耕地质量等级评价单元要综合地形地貌、土壤类型、土地利用现状等相关属性,同时为方便评价结果的统计分析及应用,本评价采用叠置法构建评价单元。

(二)评价单元形成

将土地利用现状图、土壤图和行政区划图三者叠加,形成的图斑作为耕地质量等级评价底图,底图的每一个图斑即为一个评价单元。叠加后每块图斑都有地类名称、土壤类型、权属坐落名称等唯一的属性。

由叠置法形成的评价底图会产生众多破碎的多边形。按照相关技术规范的要求,为了精简评价数据,更好的表达评价结果,需要对评价底图中的小图斑进行合并,最终确定耕地质量评价单元,在此基础上根据评价单元图数据结构添加标识码、单元编号等字段。

耕地质量等级评价单元图包含丰富的属性数据,包括现状地类、土壤类型、权属坐落以及评价指标、养分分级等,主要来源于点位数据、线性数据、矢量数据及外部数据表。

(三)评价单元赋值

酒泉市耕地质量等级评价单元图属性数据,包括现状地类、土壤类型、权属坐落以及评价指标、养分分级等,主要来源于点位数据、线性数据、矢量数据及外部数据表。

1.点位数据

酸碱度、有机质、有效磷、速效钾等养分数据利用地统计学模型,分析数据的分布规律,选择不同的空间插值方法生成各指标空间分布栅格图,再与评价单元叠加分析,运用区域统计功能获取相关属性。

2.线性数据

地形部位通过等高线地形图生成数字高程模型,同时参考酒泉市地貌图以及调查点位数据判断。

3. 矢量数据

灌溉能力、排水能力、质地构型、耕层质地等依据耕地地力评价成果,通过空间位置获取。同时综合考虑调查点数据中的灌溉能力、排水能力、水源类型、灌溉方式、剖面构型、质地等属性进行赋值。

4. 外部数据表

行政区划名称及代码、土壤类型名称及代码、土地利用类型及代码等通过唯一字段关联行政区划图、土壤类型图、土地利用现状图数据表赋值。

第三节 建立评价指标体系

一、指标选取的原则

评价指标是指参与评价耕地质量等级的一种可度量或可测定的属性,正确地选择评价指标是科学评价耕地质量的前提,直接影响耕地质量评价结果的科学性和准确性。酒泉市耕地质量评价指标的选取主要依据《耕地质量等级》国家标准,综合考虑评价指标的科学性、综合性、主导性、可比性、可操作性等原则。

(1) 科学性原则:指标体系能够客观地反映耕地综合质量的本质及其复杂性和系统性。选取评价指标应与评价尺度、区域特点等有密切的关系,因此,应选取与评价尺度相应、体现区域特点的关键因素参与评价。本次评价以酒泉市耕地为评价区域,既需要考虑地形地貌、农田林网化程度等大尺度变异因素,又要选择与耕地质量相关的灌排条件、土壤养分、障碍因素等重要因子,从而保障评价的科学性。

(2) 综合性原则:指标体系要反映出各影响因素主要属性及相互关系。评价因素的选择和评价标准的确定,要考虑当地的自然地理特点和社会经济因素及其发展水平,既要反映当前的局部和单项的特征,又要反映长远的、全局的和综合的特征。本次评价基于立地条件、土壤管理、养分状况、耕层理化性状、剖面性状、健康状况等6方面构建了酒泉市评价指标体系。

(3) 主导性原则:耕地系统是一个非常复杂的系统,要把握其基本特征,选出有代表性的起主导作用的指标。指标的概念应明确,简单易行。各指标之间含义各异,没有重复。选取的因子应对耕地质量有比较大的影响,如地形部位、土壤养分、质地构型和排灌条件等。

(4) 可比性原则。影响耕地质量的各个因素都具有很强的时空变异,因而评价指标体系在空间分布上应具有可比性,选取的评价因子在评价区域内的变异较大,数据资料应具有较好的时效性。

(5)可获取性原则。各评价指标数据应具有稳定性及可获取性,易于调查、分析、查找或统计,有利于高效准确地完成整个评价工作。

二、评价指标权重确定

根据指标选取的原则,针对酒泉市耕地质量评价的要求和特点,以《耕地质量等级》(GB/T 33469-2016)为基准,按照"N+X"方法,邀请土壤学、作物学、地理信息等专家及酒泉市5省(自治区)耕地质量监测保护单位专业人员召开专题会,讨论酒泉市耕地质量评价指标选择及建议,在农业农村部耕地质量监测保护中心指导下,对所选取的各评价指标与各省区专家进行会商,统一各方意见,综合考量各因素对酒泉市耕地质量的影响,最终确定出耕地质量等级评价指标。

酒泉市耕地质量评价指标共计16个,包括地形部位、灌溉能力、排水能力、耕层质地、质地构型、土壤容重、有效土层厚度、有机质、有效磷、速效钾、障碍因素、农田林网化程度、生物多样性、清洁程度、盐渍化程度、海拔。

运用层次分析法建立目标层、准则层和指标层三级层次结构,其中,目标层即酒泉市耕地质量等级,准则层包括立地条件、剖面性状、耕层理化性状、土壤养分状况、土壤健康状况和土壤管理6个方面。

表2-5　酒泉市耕地质量等级评价指标权重

指标名称	指标权重
地形部位	0.1493
灌溉能力	0.1207
盐渍化程度	0.0750
耕层质地	0.0728
有机质	0.0715
排水能力	0.0670
有效磷	0.0625
质地构型	0.0571
障碍因素	0.0535
农田林网化	0.0528
有效土层厚	0.0462
速效钾	0.0393
地下水埋深	0.0381
土壤容重	0.0364
生物多样性	0.0305
清洁程度	0.0272

立地条件：包括地形部位、海拔和农田林网化程度。地形部位和海拔高度是重要的立地条件，对耕地质量有着重要的影响。地形部位是指地块在地貌形态中所处的位置，包括河流低谷地、河流宽谷阶地、洪积扇前缘、洪积扇中后部、湖盆阶地、坡积裙、起伏侵蚀高台地、山地坡下、山地坡中、山地坡上、台地等，酒泉市地形部位丰富多样，不同地形部位的耕地在坡度、坡向、光温水热条件、灌排能力上差异明显，直接或间接地影响农作物的宜种性和生长发育；而不同海拔高度所造成的气候、土壤及水热条件的垂直地带性分布，对耕地质量也有较大的影响，影响着耕地耕种的难易程度；农田林网能够很好地防御灾害性气候对农业生产的危害，改善农牧业生产的微气候及土壤条件，维持农田生态系统的健康，对保证农业的稳产、高产有着较大的影响，同时还可以提高和改善农田生态系统结构与功能，增加农田生态系统抗干扰能力。

剖面性状：包括有效土层厚度、质地构型和障碍因素。有效土层厚度影响耕地土壤水分、养分库容量和作物根系生长；土壤剖面质地构型是土壤质量和土壤生产力的重要影响因子，不仅反映土壤形成的内部条件与外部环境，还体现出耕作土壤肥力状况和生产性能；障碍因素影响耕地土壤水分状况以及作物根系生长发育，对土壤保水和通气性以及作物水分和养分吸收、生长发育以及生物量等均具有显著影响。

耕层理化性状：包括耕层质地、土壤容重。耕层质地是土壤物理性质的综合指标，与作物生长发育所需要的水、肥、气、热关系十分密切，显著影响作物根系的生长发育、土壤水分和养分的保持与供给；容重是土壤最重要的物理性质之一，能反映土壤质量和土壤生产力水平。

养分状况：包括有机质、有效磷和速效钾。土壤的养分状况是耕地土壤肥力水平的重要反映，而土壤有机质是土壤肥力的综合反映，是评价耕地肥力状况的首选指标，有机质是微生物能量和植物矿质养分的重要来源，不仅可以提高土壤保水、保肥和缓冲性能，改善土壤结构性，而且可以促进土壤养分有效化，对土壤水、肥、气、热的协调及其供应起支配作用；土壤氮、磷、钾是作物生长所需的大量元素，对作物生长发育以及产量等均有显著影响，而土壤氮素营养与有机质含量具有较高的相关性，因此选择有效磷、速效钾为评价指标。

健康状况：包括清洁程度和生物多样性。清洁程度反映了土壤受重金属、农药和农膜残留等有毒有害物质影响的程度；生物多样性反映了土壤生命力丰富程度。

土壤管理：包括灌溉能力和排水能力。灌溉能力直接关系到耕地对作物生长所需水分的满足程度，进而显著制约着农作物生长发育和生物量；排水能力通过制约土壤水分状况而影响土壤水、肥、气、热的协调及作物根系生长和养分吸收利用等。

盐渍化程度：土壤盐渍化是土壤底层或地下水的盐分随毛管水上升到地表，水分蒸发后，使盐分积累在表层土壤中的过程。是易溶性盐分在土壤表层积累的现象或过程，也称盐碱化。盐渍土或称盐碱土的分布范围广、面积大、类型多，主要发生在干旱、半干旱和半湿润地区。

表 2-6　地形部位隶属度

地形部位	冲积平原	河谷平原	河谷阶地	洪积平原	黄土塬	黄土台塬	河漫滩	低台地	黄土残塬	低丘陵	黄土坪
隶属度	1	1	0.9	0.85	0.8	0.7	0.7	0.7	0.65	0.65	0.65

表 2-7　灌溉能力隶属度

灌溉能力	充分满足	满足	基本满足	不满足
隶属度	1	0.8	0.6	0.4

表 2-8　排水能力隶属度

排水能力	充分满足	满足	基本满足	不满足
隶属度	1	0.8	0.6	0.4

表 2-9　质地构型隶属度

质地构型	薄层型	松散型	紧实型	夹层型	上紧下松型	上松下紧型	海绵型
隶属度	0.4	0.4	0.7	0.6	0.5	1	0.9

表 2-10　耕层质地隶属度

耕层质地	沙土	沙壤	轻壤	中壤	重壤	黏土
隶属度	0.4	0.7	0.9	1	0.8	0.5

表 2-11　障碍因素隶属度

障碍因素	盐碱	瘠薄	渍潜	障碍层次	沙化	无
隶属度	0.6	0.7	0.65	0.65	0.5	1

表 2-12　农田林网化程度隶属度

农田林网化	高	中	低
隶属度	1	0.85	0.7

表 2-13　生物多样性隶属度

生物多样性	丰富	一般	不丰富
隶属度	1	0.85	0.6

表 2-14　盐渍化程度隶属度

盐渍化程度	轻度	中度	重度	盐土	无
隶属度	0.9	0.75	0.4	0.3	1

表 2-15　清洁程度隶属度

清洁程度	清洁	尚清洁
隶属度	1	0.85

三、指标隶属函数构建

隶属函数类型包括概念型、戒上型、戒下型、峰型、直线型等5类函数。对概念型数据,直接采用特尔斐法给出隶属度。

对其他数值型数据,应用特尔菲法评估各参评指标等级数值对耕地质量及作物生长的影响,确定其对应的隶属度,在此基础上绘制各指标两组数据的散点图并模拟曲线,得到各参评指标等级数值与隶属度关系方程,从而构建各参评指标隶属函数。

表2-16 肃州区耕地质量等级评价函数型指标及其隶属函数

指标名称	函数类型	函数公式	a值	c值	U1值	U2值
有机质	戒上型	$y=1/(1+a*(u-c)^2)$	0.001245	39.976682	2.0	39.0
有效磷	戒上型	$y=1/(1+a*(u-c)^2)$	0.001293	41.023703	2.0	40.0
速效钾	戒上型	$y=1/(1+a*(u-c)^2)$	0.000021	315.812898	20	315
土壤容重	峰型	$y=1/(1+a*(u-c)^2)$	6.390020	1.310488	0.50	2.00
有效土层厚	戒上型	$y=1/(1+a*(u-c)^2)$	0.000089	149.661697	10	145
地下水埋深	戒上型	$y=1/(1+a*(u-c)^2)$	0.000293	56.275087	0.1	50.0

四、耕地质量等级确定

(一)计算耕地质量综合指数

根据《耕地质量等级》(GB/T 33469-2016),采用累加法计算耕地质量综合指数。

$$P = \sum (F_i \times C_i)$$

式中:P —— 耕地质量综合指数(Integrated Fertility Index);
  F_i —— 第i个评价指标的隶属度;
  C_i —— 第i个评价指标的组合权重。

(二)划分耕地质量等级

采用等距离法将耕地质量划分为十个等级。一等地耕地质量最好,十等地耕地质量最差。并对酒泉市耕地质量区域评价结果进行了集中审查,通过产量验证、对比验证、专家验证与实地验证相结合方式验证评价结果,确保耕地质量等级结果数据科学准确、符合地方实际。

表2-17 耕地质量等级划分方案

耕地质量等级	综合指数	耕地质量等级	综合指数
一等地	≥0.8401	六等地	0.7221~0.7461
二等地	0.8181~0.8401	七等地	0.6981~0.7221
三等地	0.7941~0.8181	八等地	0.6741~0.6981
四等地	0.7701~0.7941	九等地	0.6500~0.6741
五等地	0.7461~0.7701	十等地	<0.6500

五、耕地质量主要性状指标分级标准确定

对评价区域耕地质量主要性状指标进行了数理统计分析,计算各指标的平均值、中位数、众数、最大值、最小值和标准差等统计参数,绘制指标值分布直方图,在此基础上,划分各指标分级标准。

指标划分时,一方面,充分考虑与第二次土壤普查分级标准的对比与衔接,部分保留了二普时期分级标准级别值,并对其做进一步细分和扩展;另一方面,结合当前酒泉市土壤养分实际状况、丰缺指标和生产需求,依据评价区作物所需养分关键值,合理确定各指标分级标准。

表2-18 酒泉市耕地质量检测指标分级标准(2017—2019年)

指标	单位	1级(高)	2级(较高)	3级(中)	4级(较低)	5级(低)
耕层厚度	厘米	>30	20~30	15~20	10~15	≤10
土壤容重	克/立方厘米	1.1~1.25	1.25~1.35	1.35~1.45 1.00~1.10	1.45~1.55	≤1.0,>1.55
土壤紧实度	兆帕	0.8~1.0	1.0~1.3 0.5~0.8	1.3~1.5	1.5~2.0	>2.0,≤0.5
水稳性大团聚体	%	>30	20~30	15~20	10~15	≤10
阳离子交换量	cmol/kg	>20	15~20	10~15	5~10	≤5
有机质	克/千克	>25	20~25	15~20	10~15	≤10
pH	~	6.5~7.5	7.5~8.5	8.5~9.0	5.5~6.5	≤5.5,>9.0
全氮	克/千克	>1.8	1.5~1.8	1.0~1.5	0.5~1.0	≤0.5
有效磷	毫克/千克	>40	30~40	20~30	10~20	≤10
速效钾	毫克/千克	>250	200~250	150~200	100~150	≤100
缓效钾	毫克/千克	>1200	1000~1200	800~1000	600~800	≤600
交换性钙	毫克/千克	>2000	1500~2000	1000~1500	500~1000	≤500
交换性镁	毫克/千克	>200	150~200	100~150	50~100	≤50
有效硫	毫克/千克	>50	30~50	15~30	10~15	≤10
有效铁	毫克/千克	>20	15~20	10~15	5.0~10	≤5
有效锰	毫克/千克	>15	10~15	5~10	3~5	≤3
有效铜	毫克/千克	>2.0	1.5~2.0	1.0~1.5	0.5~1.0	≤0.5
有效锌	毫克/千克	>2.0	1.5~2.0	1.0~1.5	0.5~1.0	≤0.5
有效硼	毫克/千克	>2.0	1.0~2.0	0.5~1.0	0.2~0.5	≤0.2
有效钼	毫克/千克	>0.2	0.15~0.2	0.1~0.15	0.05~0.1	≤0.05
有效硅	毫克/千克	>250	150~250	100~150	50~100	≤50
全磷	克/千克	>1.0	0.8~1	0.6~0.8	0.4~0.6	≤0.4
全钾	克/千克	>25	20~25	15~20	10~15	≤10
土壤微生物生物量碳	毫克/千克	>300	200~300	100~200	50~100	≤50
土壤盐渍化程度	克/千克	≤1.0	1.0~3.0	3.0~4.0	4.0~6.0	>6.0

续表

指标	单位	分级				
		1级(高)	2级(较高)	3级(中)	4级(较低)	5级(低)
农膜残留量	千克/亩	≤1.0	1.0~2.0	2.0~3.0	3.0~5.0	>5.0
*土壤铬	毫克/千克	参考生态环境部门出台相关标准，不再单独制定分级标准				
*土壤镉	毫克/千克					
*土壤铅	毫克/千克					
*土壤砷	毫克/千克					
*土壤汞	毫克/千克					

表2-19 甘肃省耕地质量主要性状分级标准(2020年)

指标	单位	分级标准				
		1级(高)	2级(较高)	3级(中)	4级(较低)	5级(低)
耕层厚度	厘米	>40.0	25.0~40.0	15.0~25.0	10.0~15.0	≤10.0
土壤容重	克/立方厘米	1.15~1.25	1.25~1.35	1.00~1.15	1.35~1.45	≤1.00,>1.45
土壤紧实度	兆帕	1.0~2.0	2.0~2.5	2.5~3.0	3.0~4.0	≤1.0,>4.0
水稳性大团聚体(>0.25毫米)	%	>40.0	30.0~40.0	20.0~30.0	10.0~20.0	≤10.0
阳离子交换量	cmol/kg	>20.0	15.4~20.0	10.5~15.4	6.2~10.5	≤6.2
有机质	克/千克	>40.0	30.0~40.0	20.0~30.0	10.0~20.0	≤10.0
pH		6.5~7.5	7.5~8.0	8.0~8.5	5.5~6.5	≤5.5,>8.5
全氮	克/千克	>2.00	1.50~2.00	1.25~1.50	1.00~1.25	≤1.00
*有效磷	毫克/千克	>40.0	25.0~40.0	15.0~25.0	6.0~15.0	≤6.0
速效钾	毫克/千克	>300	250~300	200~250	150~200	≤150
碱解氮	毫克/千克	>200	150~200	100~150	50~100	≤50
缓效钾	毫克/千克	>1200	1000~1200	800~1000	600~800	≤600
交换性钙	毫克/千克	>2000	1000~2000	250~1000	100~250	≤100
交换性镁	毫克/千克	>200	100~200	50~100	25~50	≤25
有效硫	毫克/千克	>50.0	30.0~50.0	16.0~30.0	10.0~16.0	≤10.0
有效铁	毫克/千克	>15.0	10.0~15.0	4.5~10.0	2.5~4.5	≤2.5
有效锰	毫克/千克	>15.0	9.0~15.0	7.0~9.0	3.0~7.0	≤3.0
*有效铜	毫克/千克	>2.00	1.00~2.00	0.50~1.00	0.20~0.50	≤0.20
*有效锌	毫克/千克	>2.00	1.00~2.00	0.50~1.00	0.30~0.50	≤0.30
*有效硼	毫克/千克	>2.00	1.00~2.00	0.50~1.00	0.20~0.50	≤0.20
*有效钼	毫克/千克	>0.40	0.20~0.40	0.15~0.20	0.05~0.15	≤0.05
有效硅	毫克/千克	>230	115~230	70~115	25~70	≤25
全磷	克/千克	>2.00	1.50~2.00	1.20~1.50	0.80~1.20	≤0.80
全钾	克/千克	>30.0	24.0~30.0	18.0~24.0	12.0~18.0	≤12.0
土壤微生物生物量碳	毫克/千克	>300	200~300	100~200	50~100	≤50
土壤盐渍化程度(含盐量)	克/千克	≤1.0	1.0~3.0	3.0~4.0	4.0~6.0	>6.0

续表

指标	单位	分级标准				
		1级(高)	2级(较高)	3级(中)	4级(较低)	5级(低)
农膜残留量	千克/亩	≤1.0	1.0~2.0	2.0~3.0	3.0~5.0	>5.0
*土壤铬	毫克/千克	参考环保部门出台的相关标准,不再单独制定分级标准。				
*土壤镉	毫克/千克					
*土壤铅	毫克/千克					
*土壤砷	毫克/千克					
*土壤汞	毫克/千克					

第四节　耕地土壤养分等专题图件编制方法

一、图件编制步骤

为了更好的表达评价成果,直观地分析耕地土壤养分含量的分布情况,需要编制土壤养分专题图件。

耕地土壤养分数据主要来源于野外调查采样点,依据土壤调查采样点中的经纬度坐标信息,生成采样点点位图,设置坐标投影,与评价单元图空间位置上保持一致。核实点位数据的准确性,对偏离酒泉市范围或坐落位置的漂移点位进行纠正,再通过空间插值的方法生成养分数据栅格图。依据栅格图与评价单元图的空间位置关系,计算各评价单元的土壤养分值,按照确定的养分分级标准划分等级并用ArcGIS编图工具绘制土壤养分含量分布图。

二、图件插值处理

利用地统计学模型,通过空间插值的方法生成各养分空间分布栅格图。空间插值前先利用ArcGIS中Geostatistical Analyst模块中的Normal QQ plot工具对数据进行正态分布分析,剔除异常值后选择合适的空间插值方法,空间插值利用反距离权重法(Inverse Distance Weighting)、克里金法(Kriging)两种方法分别插值,其中Kriging插值时分别选取Spherical、Exponential、Gaussian三种不同模型进行插值,选择最优的模型进行插值。考虑到生成的养分栅格图并未全域覆盖评价范围,需要用酒泉市行政界线对养分栅格图进行延展。依据评价单元图与养分栅格图的空间对应关系,通过Spatial Analyst空间分析模块Zonal statistics工具进行空间叠加分析,将栅格数据中的养分值赋给评价单元。

三、图件清绘整饰

对专题图件进行整饰,可以使图件布局更加合理、美观。首先将空间数据图层按照点、线、面由上往下依次叠加放置,确定图件纸张大小、设定图件输出比例尺,设置各个图层的符合样式,包括点位的大小、线条的粗细、养分含量等级的颜色等。然后根据规范标注相关图层的注记,包括地名注记点、道路名称、养分等级等。最后再根据要求添加图名、图廓、图例、比例尺、指北针、地理位置示意图、坐标投影、编制单位、编制日期等图幅辅助要素,输出成果图件。

第三章 耕地质量等级分析

第一节 酒泉市耕地质量等级整体变化分析

本次耕地质量分析,按照农业部耕地质量调查和评价的规程及相关标准,结合当地实际情况,通过综合分析,以酒泉市2017—2020年耕地质量等级为基础,对四年来"一区两市四县"的耕地质量等级变化进行系统分析。

表3-1 酒泉市2017—2020年耕地质量等级

区域	2017年	2018年	2019年	2020年
肃州区	3.55	3.17	3.08	3.01
玉门市	5.70	5.27	5.21	5.15
敦煌市	3.32	3.24	3.15	3.14
金塔县	3.11	3.04	2.98	2.94
瓜州县	4.43	4.33	4.31	4.25
肃北县	4.15	3.99	3.96	3.94
阿克塞县	5.01	4.00	3.99	3.92
总计	4.18	3.86	3.81	3.76

由表3-1和图3-1可知,从2017年至2020年,酒泉市各县(市、区)耕地质量等级均显著提升,金塔县耕地质量等级最高。酒泉市耕地质量等级由4.18上升至3.76,提升了0.42个等级;阿克塞县等级提升最显著,由5.01上升至3.92,提升了1.09个等级;金塔县等级提升较慢,由3.11上升至2.94,提升了0.17个等级。

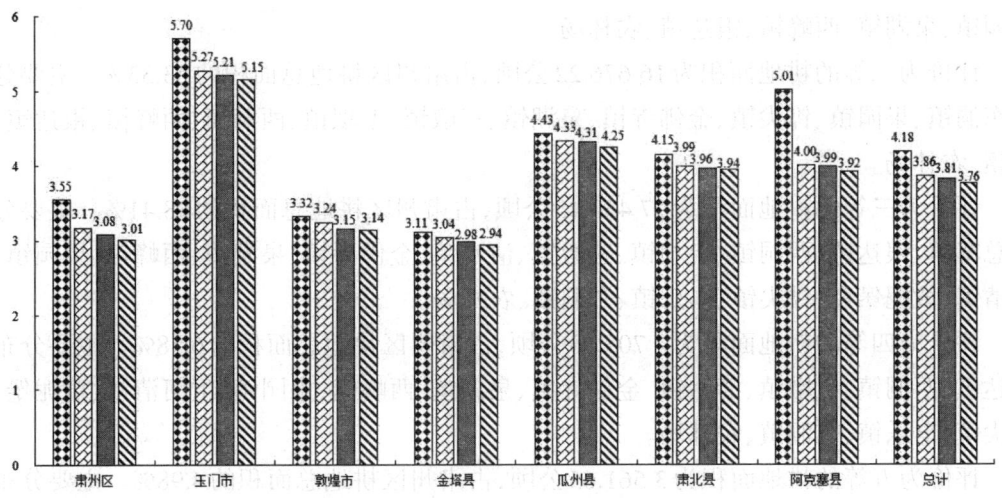

图 3-1 酒泉市 2017—2020 年耕地质量等级变化图

第二节 肃州区 2017—2020 年耕地质量等级

一、肃州区 2017 年耕地质量等级情况

2017 年,肃州区耕地质量等级调查评价面积为 71 477.32 公顷。将肃州区耕地质量等级由高到低依次划分为一至十等。一等地耕地质量最好,十等地耕地质量最差。采用耕地质量等级面积加权法,计算得到肃州区耕地质量平均等级为 3.55 等。

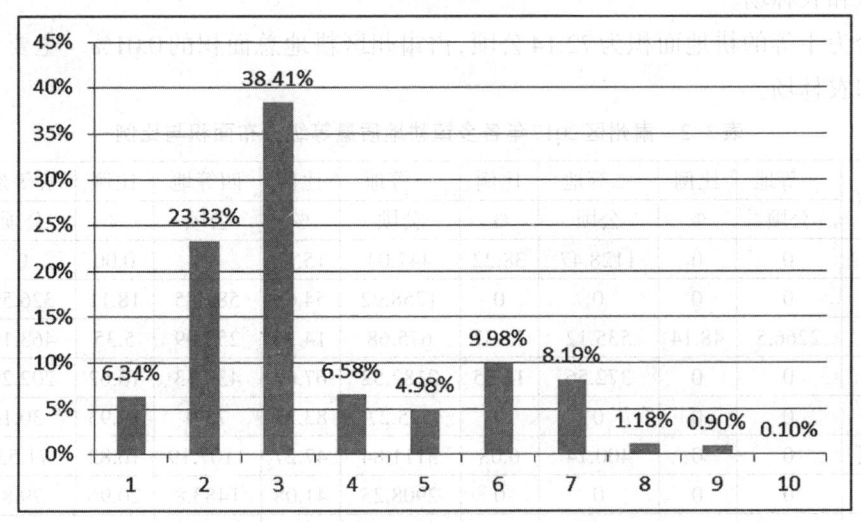

图 3-2 肃州区 2017 年耕地质量等级比例分布图

评价为一等的耕地面积为 4 532.77 公顷，占肃州区耕地总面积的 6.34%。主要分布在果园镇、泉湖镇、西峰镇、银达镇、农林场。

评价为二等的耕地面积为 16 676.22 公顷，占肃州区耕地总面积的 23.33%。主要分布在东洞镇、果园镇、铧尖镇、金佛寺镇、泉湖镇、三墩镇、上坝镇、西洞镇、西峰镇、银达镇、总寨镇、农林场。

评价为三等的耕地面积为 27 453.45 公顷，占肃州区耕地总面积的 38.41%。主要分布在总寨镇、银达镇、西洞镇、上坝镇、三墩镇、清水镇、金佛寺镇、泉湖镇、西峰镇、果园镇、下河清镇、黄泥堡乡、铧尖镇、丰乐镇、东洞镇、农林场。

评价为四等的耕地面积为 4 703.53 公顷，占肃州区耕地总面积的 6.58%。主要分布在银达镇、西洞镇、三墩镇、清水镇、金佛寺镇、泉湖镇、西峰镇、果园镇、下河清镇、黄泥堡乡、铧尖镇、丰乐镇、东洞镇、农林场。

评价为五等的耕地面积为 3 561.65 公顷，占肃州区耕地总面积的 4.98%。主要分布在总寨镇、银达镇、西洞镇、上坝镇、三墩镇、清水镇、金佛寺镇、泉湖镇、西峰镇、果园镇、下河清镇、黄泥堡乡、铧尖镇、丰乐镇、东洞镇、农林场。

评价为六等的耕地面积为 7 136.27 公顷，占肃州区耕地总面积的 9.98%。主要分布在总寨镇、银达镇、西洞镇、上坝镇、三墩镇、清水镇、金佛寺镇、泉湖镇、西峰镇、果园镇、下河清镇、黄泥堡乡、铧尖镇、丰乐镇、东洞镇、农林场。

评价为七等的耕地面积为 5 851.53 公顷，占肃州区耕地总面积的 8.19%。主要分布在东洞镇、金佛寺镇、泉湖镇、清水镇、上坝镇、三墩镇、西洞镇、下河清镇、总寨镇、银达镇、农林场。

评价为八等的耕地面积为 844.04 公顷，占肃州区耕地总面积的 1.08%。主要分布在金佛寺镇、农林场、清水镇、下河清镇。

评价为九等的耕地面积为 645.72 公顷，占肃州区耕地总面积的 0.09%。主要分布在下河清镇和农林场。

评价为十等的耕地面积为 72.14 公顷，占肃州区耕地总面积的 0.01%。主要分布在下河清镇和农林场。

表 3-2　肃州区 2017 年各乡镇耕地质量等级分布面积与比例

乡镇名称	一等地 公顷	比例 %	二等地 公顷	比例 %	三等地 公顷	比例 %	四等地 公顷	比例 %	五等地 公顷	比例 %
东洞镇	0	0	1128.47	38.22	447.04	15.14	0	0.00	0	0.00
丰乐镇	0	0	0	0	1758.92	54.65	582.85	18.11	326.59	10.15
果园镇	2266.5	48.14	535.12	11.37	675.68	14.35	252.09	5.35	463.19	9.84
铧尖镇	0	0	372.56	11.55	2182.52	67.63	439.53	13.62	202.29	6.27
黄泥堡乡	0	0	0	0	515.27	83.21	73.9	11.93	30.1	4.86
金佛寺镇	0	0	400.14	6.08	3111.84	47.27	1107.19	16.82	71.53	1.09
清水镇	0	0	0	0	2908.25	41.08	1483.8	20.96	79.8	1.13
泉湖镇	628.12	16.46	1163.99	30.50	1392.41	36.49	9.96	0.26	219.03	5.74

续表

乡镇名称	一等地 公顷	比例 %	二等地 公顷	比例 %	三等地 公顷	比例 %	四等地 公顷	比例 %	五等地 公顷	比例 %
三墩镇	0	0	1284.95	17.88	5424.93	75.51	8.47	0.12	218.31	3.04
上坝镇	0	0	3998.15	57.20	2508.09	35.88	0	0	8.57	0.12
西洞镇	0	0	489.71	25.20	267	13.74	204.05	10.50	314.86	16.20
西峰镇	854.93	35.57	1356.12	56.42	70.19	2.92	12.1	0.50	93.82	3.90
下河清镇	0	0	0	0	7.55	0.34	29.32	1.31	126.23	5.62
银达镇	435.77	7.74	2380.77	42.30	1836.73	32.63	205.71	3.65	452.68	8.04
总寨镇	0	0	2348.29	34.82	3225.41	47.82	0	0.00	117.39	1.74
农林场	347.45	5.67	1217.95	19.86	1121.62	18.29	294.56	4.80	837.26	13.65
总计	4532.77	6.34	16676.22	23.33	27453.45	38.41	4703.53	6.58	3561.65	4.98

乡镇名称	六等地 公顷	比例 %	七等地 公顷	比例 %	八等地 公顷	比例 %	九等地 公顷	比例 %	十等地 公顷	比例 %	总计 公顷
东洞镇	941.67	31.89	435.77	14.76	0	0	0	0	0	0	2952.95
丰乐镇	120.53	3.74	429.59	13.35	0	0	0	0	0	0	3218.48
果园镇	515.39	10.95	0	0	0	0	0	0	0	0	4707.97
铧尖镇	30.06	0.93	0	0	0	0	0	0	0	0	3226.96
黄泥堡乡	0	0	0	0	0	0	0	0	0	0	619.27
金佛寺镇	357.63	5.43	1534.47	23.31	0.01	0.00	0	0	0	0	6582.81
清水镇	233.26	3.29	2166.87	30.61	207.77	2.93	0	0	0	0	7079.75
泉湖镇	389.5	10.21	13.35	0.35	0	0	0	0	0	0	3816.36
三墩镇	247.34	3.44	0.78	0.01	0	0	0	0	0	0	7184.78
上坝镇	445.91	6.38	28.89	0.41	0	0	0	0	0	0	6989.61
西洞镇	594.98	30.62	72.65	3.74	0	0	0	0	0	0	1943.25
西峰镇	16.37	0.68	0	0	0	0	0	0	0	0	2403.53
下河清镇	1458.71	64.96	359.34	16.00	72.34	3.22	131.76	5.87	60.19	2.68	2245.44
银达镇	313.7	5.57	3.09	0.05	0	0	0	0	0	0	5628.45
总寨镇	854.41	12.67	199.12	2.95	0	0	0	0	0	0	6744.62
农林场	616.81	10.06	607.61	9.91	563.92	9.19	513.96	8.38	11.95	0.19	6133.09
总计	7136.27	9.98	5851.53	8.19	844.04	1.18	645.72	0.90	72.14	0.10	71477.32

二、肃州区2018年耕地质量等级情况

2018年,肃州区耕地质量等级调查评价面积为71 477.32公顷。将肃州区耕地质量等级由高到低依次划分为一至十等。一等地耕地质量最好,十等地耕地质量最差。采用耕地质量等级面积加权法,计算得到肃州区耕地质量平均等级为3.17等。

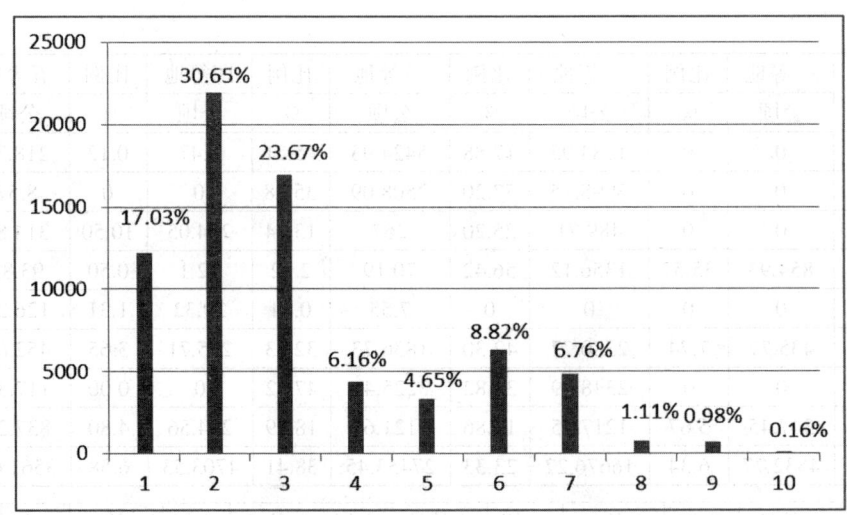

图 3-3 肃州区 2018 年耕地质量等级比例分布图

评价为一等的耕地面积为 12 175.20 公顷，占肃州区耕地总面积的 17.03%。主要分布在果园镇、铧尖镇、泉湖镇、三墩镇、西洞镇、西峰镇、银达镇、总寨镇以及农林场。

评价为二等的耕地面积为 21 908.38 公顷，占肃州区耕地总面积的 30.65%。主要分布在东洞镇、丰乐镇、果园镇、铧尖镇、黄泥堡乡、金佛寺镇、清水镇、泉湖镇、三墩镇、上坝镇、西洞镇、西峰镇、银达镇、总寨镇以及农林场。

评价为三等的耕地面积为 16 919.99 公顷，占肃州区耕地总面积的 38.41%。主要分布在东洞镇、丰乐镇、果园镇、铧尖镇、黄泥堡乡、金佛寺镇、清水镇、泉湖镇、三墩镇、上坝镇、西洞镇、西峰镇、下河清镇、银达镇、总寨镇以及农林场。

评价为四等的耕地面积为 4 400.87 公顷，占肃州区耕地总面积的 6.16%。主要分布在丰乐镇、果园镇、铧尖镇、黄泥堡乡、金佛寺镇、清水镇、泉湖镇、三墩镇、上坝镇、西洞镇、西峰镇、下河清镇、银达镇、总寨镇以及农林场。

评价为五等的耕地面积为 3 326.38 公顷，占肃州区耕地总面积的 4.65%。主要分布在丰乐镇、果园镇、铧尖镇、黄泥堡乡、金佛寺镇、清水镇、泉湖镇、三墩镇、上坝镇、西洞镇、西峰镇、下河清镇、银达镇、总寨镇以及农林场。

评价为六等的耕地面积为 6 306.85 公顷，占肃州区耕地总面积的 8.82%。主要分布在东洞镇、丰乐镇、果园镇、铧尖镇、黄泥堡乡、金佛寺镇、清水镇、泉湖镇、三墩镇、上坝镇、西洞镇、下河清镇、银达镇、总寨镇以及农林场。

评价为七等的耕地面积为 4 829.54 公顷，占肃州区耕地总面积的 1.11%。主要分布在东洞镇、丰乐镇、金佛寺镇、清水镇、上坝镇、西洞镇、下河清镇、总寨镇以及农林场。

评价为八等的耕地面积为 791.08 公顷，占肃州区耕地总面积的 1.11%。主要分布在东洞镇、金佛寺镇、农林场。

评价为九等的耕地面积为 702.85 公顷，占肃州区耕地总面积的 0.98%。主要分布在农林场和下河清镇。

评价为十等的耕地面积为116.18公顷,占肃州区耕地总面积的0.16%。主要分布在农林场和下河清镇。

表3-3　肃州区2018年各乡镇耕地质量等级分布面积与比例

乡镇名称	一等地 公顷	比例 %	二等地 公顷	比例 %	三等地 公顷	比例 %	四等地 公顷	比例 %	五等地 公顷	比例 %
东洞镇	0.00	0.00	861.28	26.76	714.23	24.19	0.00	0.00	0.00	0.00
丰乐镇	0.00	0.00	1303.78	27.69	955.97	29.70	381.73	11.86	98.47	3.06
果园镇	2783.42	59.12	693.88	21.50	256.99	5.46	483.26	10.26	475.88	10.11
铧尖镇	617.65	19.14	1237.68	38.35	1068.65	33.12	188.37	5.84	114.61	3.55
黄泥堡乡	0.00	0.00	17.00	2.75	498.27	80.46	94.26	15.22	9.74	1.57
金佛寺镇	0.00	0.00	1421.44	21.59	2796.97	42.49	440.56	6.69	113.48	1.72
清水镇	0.00	0.00	761.85	10.76	2908.72	41.09	730.98	10.32	89.78	1.27
泉湖镇	1594.09	41.77	1106.66	29.00	493.73	12.94	208.74	5.47	147.99	3.88
三墩镇	495.24	6.89	4451.20	61.95	1757.83	24.47	14.08	0.20	464.52	6.47
上坝镇	0.00	0.00	2849.58	40.77	3003.50	42.97	653.16	9.34	4.15	0.06
西洞镇	114.88	5.91	492.75	25.36	149.08	7.67	340.81	17.54	406.16	20.90
西峰镇	2211.05	91.99	70.19	2.92	12.10	0.50	39.09	1.63	71.10	2.96
下河清镇	0.00	0.00	0.00	0.00	7.55	0.34	29.32	1.31	126.23	5.62
银达镇	2132.18	37.88	2424.14	43.07	233.68	4.15	429.66	7.63	391.55	6.96
总寨镇	695.60	10.31	3408.82	50.54	1469.28	21.78	108.78	1.61	90.07	1.34
农林场	1531.09	24.96	808.13	13.18	593.44	9.68	258.07	4.21	722.65	11.78
总计	12175.20	17.03	21908.38	30.65	16919.99	23.67	4400.87	6.16	3326.38	4.65

乡镇名称	六等地 公顷	比例 %	七等地 公顷	比例 %	八等地 公顷	比例 %	九等地 公顷	比例 %	十等地 公顷	比例 %	总计 公顷
东洞镇	830.52	28.13	546.68	18.51	0.24	0.01	0.00	0.00	0.00	0.00	2952.95
丰乐镇	249.66	7.76	228.87	7.11	0.00	0.00	0.00	0.00	0.00	0.00	3218.48
果园镇	14.54	0.31	0.00	0.00	0.00	0.00	0.00	0.00	0.00	0.00	4707.97
铧尖镇	0.00	0.00	0.00	0.00	0.00	0.00	0.00	0.00	0.00	0.00	3226.96
黄泥堡乡	0.00	0.00	0.00	0.00	0.00	0.00	0.00	0.00	0.00	0.00	619.27
金佛寺镇	768.47	11.67	994.42	15.11	47.47	0.72	0.00	0.00	0.00	0.00	6582.81
清水镇	894.09	12.63	1473.01	20.81	221.32	3.13	0.00	0.00	0.00	0.00	7079.75
泉湖镇	265.15	6.95	0.00	0.00	0.00	0.00	0.00	0.00	0.00	0.00	3816.36
三墩镇	1.91	0.03	0.00	0.00	0.00	0.00	0.00	0.00	0.00	0.00	7184.78
上坝镇	202.30	2.89	276.92	3.96	0.00	0.00	0.00	0.00	0.00	0.00	6989.61
西洞镇	412.58	21.23	26.99	1.39	0.00	0.00	0.00	0.00	0.00	0.00	1943.25
西峰镇	0.00	0.00	0.00	0.00	0.00	0.00	0.00	0.00	0.00	0.00	2403.53
下河清镇	1464.96	65.24	425.43	18.95	0.00	0.00	98.86	4.40	93.09	4.15	2245.44

续表

乡镇名称	六等地 公顷	比例 %	七等地 公顷	比例 %	八等地 公顷	比例 %	九等地 公顷	比例 %	十等地 公顷	比例 %	总计 公顷
银达镇	17.24	0.31	0.00	0.00	0.00	0.00	0.00	0.00	0.00	0.00	5628.45
总寨镇	757.07	11.22	215.00	3.19	0.00	0.00	0.00	0.00	0.00	0.00	6744.62
农林场	428.36	6.98	642.22	10.47	522.05	8.51	603.99	9.85	23.09	0.38	6133.09
总计	6306.85	8.82	4829.54	6.76	791.08	1.11	702.85	0.98	116.18	0.16	71477.32

三、肃州区2019年耕地质量等级情况

2019年,肃州区耕地质量等级调查评价面积为71 477.32公顷。将肃州区耕地质量等级由高到低依次划分为一至十等。一等地耕地质量最好,十等地耕地质量最差。采用耕地质量等级面积加权法,计算得到肃州区2019年耕地质量平均等级为3.08等,较2018年提升0.09一个等级。

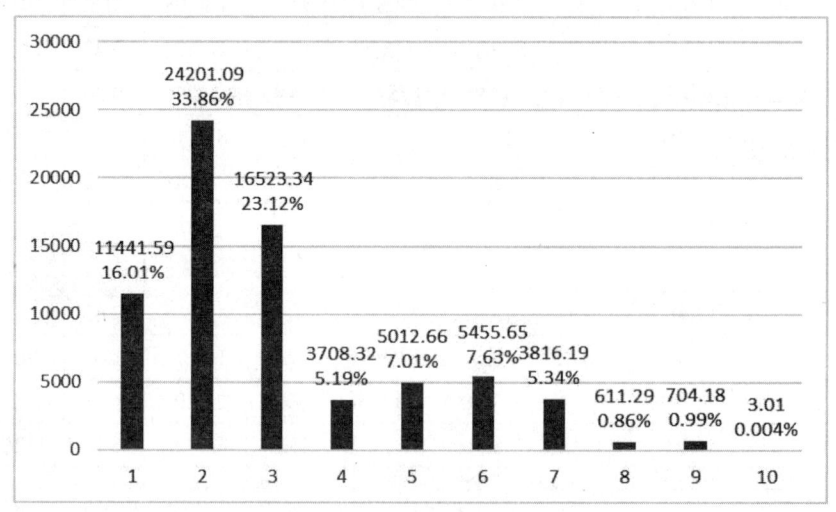

图3-4　肃州区2019年耕地质量等级比例分布图

评价为一等的耕地面积为11 441.59公顷,占肃州区耕地总面积的16.01%,较2018年减少了733.61公顷。主要分布在果园镇、金佛寺镇、铧尖镇、泉湖镇、三墩镇、西洞镇、西峰镇、银达镇、总寨镇以及农林场。

评价为二等的耕地面积为24 201.09公顷,占肃州区耕地总面积的33.86%,较2018年增加了2 292.71公顷。主要分布在东洞镇、丰乐镇、果园镇、铧尖镇、黄泥堡乡、金佛寺镇、清水镇、泉湖镇、三墩镇、上坝镇、西洞镇、西峰镇、银达镇、总寨镇以及农林场。

评价为三等的耕地面积为16 523.34公顷,占肃州区耕地总面积的23.12%,较2018年减少了396.65公顷。主要分布在东洞镇、丰乐镇、果园镇、铧尖镇、黄泥堡乡、金佛寺镇、清水镇、泉湖镇、三墩镇、上坝镇、西洞镇、西峰镇、下河清镇、银达镇、总寨镇以及农林场。

评价为四等的耕地面积为3 708.32公顷,占肃州区耕地总面积的5.19%,较2018年减少了692.55公顷。主要分布在丰乐镇、果园镇、铧尖镇、黄泥堡乡、金佛寺镇、清水镇、泉湖镇、三墩镇、西洞镇、西峰镇、下河清镇、银达镇以及农林场。

评价为五等的耕地面积为5 012.66公顷,占肃州区耕地总面积的7.01%,较2018年增加了1 686.28公顷。主要分布在东洞镇、丰乐镇、果园镇、铧尖镇、黄泥堡乡、金佛寺镇、清水镇、泉湖镇、三墩镇、上坝镇、西洞镇、西峰镇、下河清镇、银达镇、总寨镇以及农林场。

评价为六等的耕地面积为5 455.65公顷,占肃州区耕地总面积的7.63%,较2018年减少了851.2公顷。主要分布在东洞镇、丰乐镇、果园镇、金佛寺镇、清水镇、三墩镇、上坝镇、西洞镇、下河清镇、银达镇、总寨镇以及农林场。

评价为七等的耕地面积为3 816.19公顷,占肃州区耕地总面积的5.34%,较2018年减少了1 013.35公顷。主要分布在东洞镇、丰乐镇、金佛寺镇、清水镇、上坝镇、下河清镇、总寨镇、银达镇以及农林场。

评价为八等的耕地面积为611.29公顷,占肃州区耕地总面积的0.86%,较2018年减少了179.79公顷。主要分布在金佛寺镇、清水镇、下河清镇以及农林场。

评价为九等的耕地面积为704.18公顷,占肃州区耕地总面积的0.99%,较2018年增加了1.33公顷。主要分布在农林场和下河清镇。

评价为十等的耕地面积为3.01公顷,占肃州区耕地总面积的0.004%,较2018年减少了113.17公顷。主要分布在农林场。

表3-4 肃州区2019年各乡镇耕地质量等级分布面积与比例

乡镇名称	一等地 公顷	比例 %	二等地 公顷	比例 %	三等地 公顷	比例 %	四等地 公顷	比例 %	五等地 公顷	比例 %
东洞镇	—	—	921.58	31.21	653.93	22.14			8.96	0.30
丰乐镇	—	—	1524.52	47.37	718.49	22.32	373.62	11.61	123.32	3.83
果园镇	3189.92	67.76	283.74	6.03	209.14	4.44	775.17	16.47	249.92	5.31
铧尖镇	202.19	6.27	1591.22	49.31	1192.47	36.95	189.14	5.86	51.94	1.61
黄泥堡乡	—	—	68.26	11.02	447.01	72.18	73.90	11.93	30.10	4.86
金佛寺镇	103.61	1.57	1033.75	15.70	3402.65	51.69	118.96	1.81	208.51	3.17
清水镇	—	—	6.36	0.09	3941.95	55.68	445.38	6.29	93.42	1.32
泉湖镇	2143.12	56.16	1041.40	27.29	9.96	0.26	244.83	6.42	377.05	9.88
三墩镇	660.68	9.20	5449.85	75.85	607.82	8.46	176.67	2.46	226.15	3.15
上坝镇	—	—	3989.08	57.07	2517.16	36.01	—	—	8.57	0.12
西洞镇	165.19	8.50	442.84	22.79	148.68	7.65	340.81	17.54	517.77	26.64
西峰镇	2200.07	91.53	81.17	3.38	12.10	0.50	5.39	0.22	104.80	4.36
下河清镇	—	—	—	—	21.88	0.97	14.99	0.67	1515.26	67.48
银达镇	1924.56	34.19	2597.86	46.16	169.42	3.01	542.76	9.64	359.60	6.39
总寨镇	14.22	0.21	3599.97	53.38	1959.51	29.05	—	—	326.02	4.83
农林场	838.03	13.66	1569.49	25.59	511.17	8.33	406.70	6.63	811.27	13.23
总计	11441.59	16.01	24201.09	33.86	16523.34	23.12	3708.32	5.19	5012.66	7.01

续表

乡镇名称	六等地 公顷	比例 %	七等地 公顷	比例 %	八等地 公顷	比例 %	九等地 公顷	比例 %	十等地 公顷	比例 %	总计 公顷
东洞镇	953.51	32.29	414.97	14.05	—	—	—	—	—	—	2952.95
丰乐镇	162.41	5.05	316.12	9.82	—	—	—	—	—	—	3218.48
果园镇	0.08	0.002	—	—	—	—	—	—	—	—	4707.97
铧尖镇	—	—	—	—	—	—	—	—	—	—	3226.96
黄泥堡乡	—	—	—	—	—	—	—	—	—	—	619.27
金佛寺镇	1041.43	15.82	673.89	10.24	0.01	0.0002	—	—	—	—	6582.81
清水镇	716.19	10.12	1839.76	25.99	36.69	0.52	—	—	—	—	7079.75
泉湖镇	—	—	—	—	—	—	—	—	—	—	3816.36
三墩镇	63.61	0.89	—	—	—	—	—	—	—	—	7184.78
上坝镇	377.36	5.40	97.44	1.39	—	—	—	—	—	—	6989.61
西洞镇	327.96	16.88	—	—	—	—	—	—	—	—	1943.25
西峰镇	—	—	—	—	—	—	—	—	—	—	2403.53
下河清镇	393.44	17.52	107.92	4.81	4.77	0.21	187.18	8.34	—	—	2245.44
银达镇	31.16	0.55	3.09	0.05	—	—	—	—	—	—	5628.45
总寨镇	811.34	12.03	33.56	0.50	—	—	—	—	—	—	6744.62
农林场	577.16	9.41	329.44	5.37	569.82	9.29	517.00	8.43	3.01	0.05	6133.09
总计	5455.65	7.63	3816.19	5.34	611.29	0.86	704.18	0.99	3.01	0.004	71477.32

四、肃州区2020年耕地质量等级情况

2020年，肃州区耕地质量等级调查评价面积为71 477.32公顷。将肃州区耕地质量等级由高到低依次划分为一至十等。一等地耕地质量最好，十等地耕地质量最差。采用耕地质量等级面积加权法，计算得到肃州区耕地质量平均等级为3.01等，较2019年提升了0.07个等级。

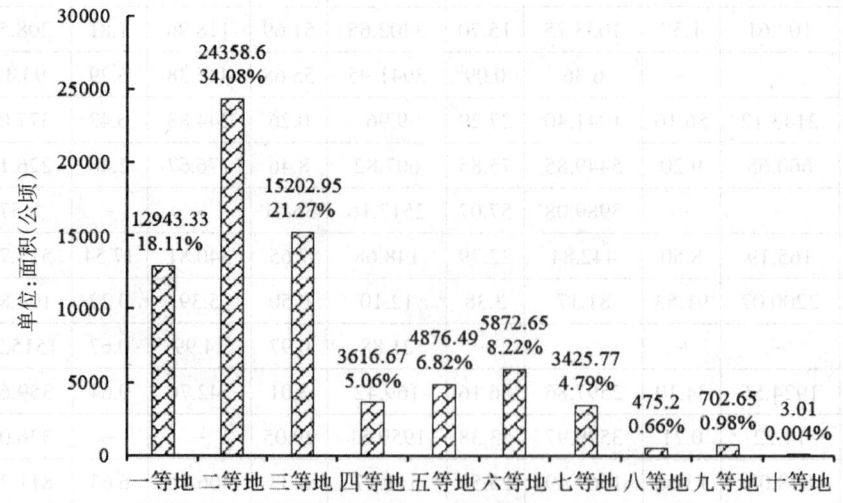

图3-8　肃州区2020年耕地质量等级比例分布图

表3-5 肃州区2020年各乡镇耕地质量等级分布面积与比例

乡镇名称	面积及比例	一等地	二等地	三等地	四等地	五等地	六等地	七等地	八等地	九等地	十等地	总计
东洞镇	面积(公顷)	0.00	926.43	649.08	0.00	43.95	1127.80	205.69	0.00	0.00	0.00	2952.95
	比例(%)	0.00	31.37	21.98	0.00	1.49	38.19	6.97	0.00	0.00	0.00	100.00
丰乐镇	面积(公顷)	0.00	1587.30	668.08	370.19	114.38	181.66	296.87	0.00	0.00	0.00	3218.48
	比例(%)	0.00	49.32	20.76	11.50	3.55	5.64	9.22	0.00	0.00	0.00	100.00
果园镇	面积(公顷)	3233.16	240.50	212.90	773.82	247.59	0.00	0.00	0.00	0.00	0.00	4707.97
	比例(%)	68.67	5.11	4.52	16.44	5.26	0.00	0.00	0.00	0.00	0.00	100.00
铧尖镇	面积(公顷)	203.03	1670.93	1120.65	190.61	41.74	0.00	0.00	0.00	0.00	0.00	3226.96
	比例(%)	6.29	51.78	34.73	5.91	1.29	0.00	0.00	0.00	0.00	0.00	100.00
黄泥堡乡	面积(公顷)	0.00	145.72	369.55	73.90	30.10	0.00	0.00	0.01	0.00	0.00	619.27
	比例(%)	0.00	23.53	59.68	11.93	4.86	0.00	0.00	0.0002	0.00	0.00	100.00
金佛寺镇	面积(公顷)	335.82	1366.26	2845.10	127.20	198.43	1143.57	566.42	462.71	0.00	0.00	6582.81
	比例(%)	5.10	20.75	43.22	1.93	3.01	17.37	8.60	7.54	0.00	0.00	100.00
农林场	面积(公顷)	1150.16	1271.21	497.32	443.55	774.42	600.28	414.96	7.71	515.47	3.01	6133.09
	比例(%)	18.75	20.73	8.11	7.23	12.63	9.79	6.77	0.11	8.40	0.05	100.00
清水镇	面积(公顷)	0.00	99.57	4144.75	149.37	93.42	754.11	1830.82	7.71	0.00	0.00	7079.75
	比例(%)	0.00	1.41	58.54	2.11	1.32	10.65	25.86	0.11	0.00	0.00	100.00
泉湖镇	面积(公顷)	2176.63	1007.89	9.96	248.61	373.27	0.00	0.00	0.00	0.00	0.00	3816.36
	比例(%)	57.03	26.41	0.26	6.51	9.78	0.00	0.00	0.00	0.00	0.00	100.00

续表

乡镇名称	面积及比例	一等地	二等地	三等地	四等地	五等地	六等地	七等地	八等地	九等地	十等地	总计
三墩镇	面积(公顷)	939.81	5382.57	395.97	201.19	201.63	63.61	0.00	0.00	0.00	0.00	7184.78
	比例(%)	13.08	74.92	5.51	2.80	2.81	0.89	0.00	0.00	0.00	0.00	100.00
上坝镇	面积(公顷)	0.00	4068.94	2437.30	0.00	8.57	474.80	0.00	0.00	0.00	0.00	6989.61
	比例(%)	0.00	58.21	34.87	0.00	0.12	6.79	0.00	0.00	0.00	0.00	100.00
西洞镇	面积(公顷)	258.49	364.61	133.61	357.72	556.06	272.76	0.00	0.00	0.00	0.00	1943.25
	比例(%)	13.30	18.76	6.88	18.41	28.61	14.04	0.00	0.00	0.00	0.00	100.00
西峰镇	面积(公顷)	2211.05	70.19	12.10	16.20	93.99	0.00	0.00	0.00	0.00	0.00	2403.53
	比例(%)	91.99	2.92	0.50	0.67	3.91	0.00	0.00	0.00	0.00	0.00	100.00
下河清镇	面积(公顷)	0.00	0.00	32.70	24.73	1467.54	420.60	107.92	4.77	187.18	0.00	2245.44
	比例(%)	0.00	0.00	1.46	1.10	65.36	18.73	4.81	0.21	8.34	0.00	100.00
银达镇	面积(公顷)	2310.34	2245.86	135.64	603.77	298.59	31.16	3.09	0.00	0.00	0.00	5628.45
	比例(%)	41.05	39.90	2.41	10.73	5.31	0.55	0.05	0.00	0.00	0.00	100.00
总寨镇	面积(公顷)	124.84	3910.62	1538.24	35.81	332.81	802.30	0.00	0.00	0.00	0.00	6744.62
	比例(%)	1.85	57.98	22.81	0.53	4.93	11.90	0.00	0.00	0.00	0.00	100.00
总计	面积(公顷)	12943.33	24358.60	15202.95	3616.67	4876.49	5872.65	3425.77	475.20	702.65	3.01	71477.32
	比例(%)	18.11	34.08	21.27	5.06	6.82	8.22	4.79	0.66	0.98	0.004	100.00

其中,评价为一至三等的耕地面积为 52 504.88 公顷,占耕地总面积的 73.46%。分布较多的乡镇有三墩镇、上坝镇、总寨镇、银达镇、金佛寺镇、清水镇、果园镇、泉湖镇等。这部分耕地基础质量较高,障碍因素不明显,应按照用养结合方式开展农业生产,确保耕地质量稳中有升。

评价为四至六等的耕地面积为 14 365.81 公顷,占耕地总面积的 20.10%。大多分布在下河清镇、农林场、金佛寺镇、西洞镇、东洞镇、总寨镇、果园镇等。这部分耕地所处环境气候条件基本适宜,农田基础设施条件相对较好,障碍因素较不明显,是今后粮食增产的重点区域和重要突破口。

评价为七至十等的耕地面积仅为 4 606.63 公顷,占耕地总面积的 6.44%。分布在清水镇、农林场、金佛寺镇、下清河镇、丰乐镇、东洞镇、银达镇等。这部分耕地基础质量相对较差,生产障碍因素突出,短时间内较难得到根本改善,应持续开展农田基础设施建设和耕地内在质量建设。

五、肃州区 2017—2020 年耕地质量等级对比分析

由表 3-6 和图 3-10 可知,2017 年到 2020 年,肃州区耕地面积未变,耕地质量等级有显著提升。一等地面积占比从 6.34% 提高至 18.11%,增加了 11.77%,呈上升趋势;二等地面积占比从 23.33% 提高至 34.08%,增加了 10.75%,呈上升趋势;三等地面积占比从 38.41% 降低至 21.27%,减少了 17.14%,呈下降趋势;四至十等地变化不大,趋势较为平稳。

表 3-6 肃州区 2017—2020 年耕地质量等级分布面积与比例

等级/年份	2017年		2018年		2019年		2020年	
	面积(公顷)	比例(%)	面积(公顷)	比例(%)	面积(公顷)	比例(%)	面积(公顷)	比例(%)
一等地	4532.77	6.34	12175.20	17.03	11441.59	16.01	12943.33	18.11
二等地	16676.22	23.33	21908.38	30.65	24201.09	33.86	24358.6	34.08
三等地	27453.45	38.41	16919.99	23.67	16523.34	23.12	15202.95	21.27
四等地	4703.53	6.58	4400.87	6.16	3708.32	5.19	3616.67	5.06
五等地	3561.65	4.98	3326.38	4.65	5012.66	7.01	4876.49	6.82
六等地	7136.27	9.98	6306.85	8.82	5455.65	7.63	5872.65	8.22
七等地	5851.53	8.19	4829.54	6.76	3816.19	5.34	3425.77	4.79
八等地	844.04	1.18	791.08	1.11	611.29	0.86	475.2	0.66
九等地	645.72	0.90	702.85	0.98	704.18	0.99	702.65	0.98
十等地	72.14	0.10	116.18	0.16	3.01	0.004	3.01	0.004
总计	71477.32	100.00	71477.32	100.00	71477.32	100.00	71477.32	100.00
耕地等级	3.55		3.17		3.08		3.01	

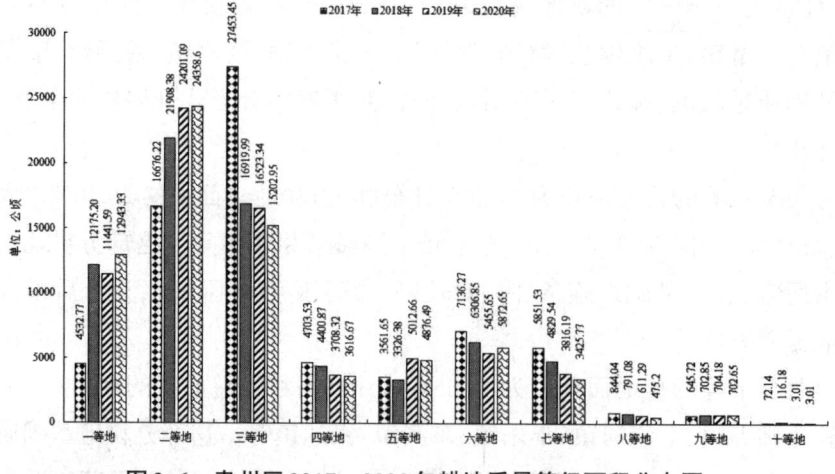

图3-6 肃州区2017—2020年耕地质量等级面积分布图

第三节 玉门市2017—2020年耕地质量等级

一、玉门市2017年耕地质量等级情况

2017年,玉门市耕地质量等级调查评价面积为58 416.56公顷。将玉门市耕地质量等级由高到低依次划分为一至九等。一等地耕地质量最好,九等地耕地质量最差。采用耕地质量等级面积加权法,计算得到玉门市耕地质量平均等级为5.70等。

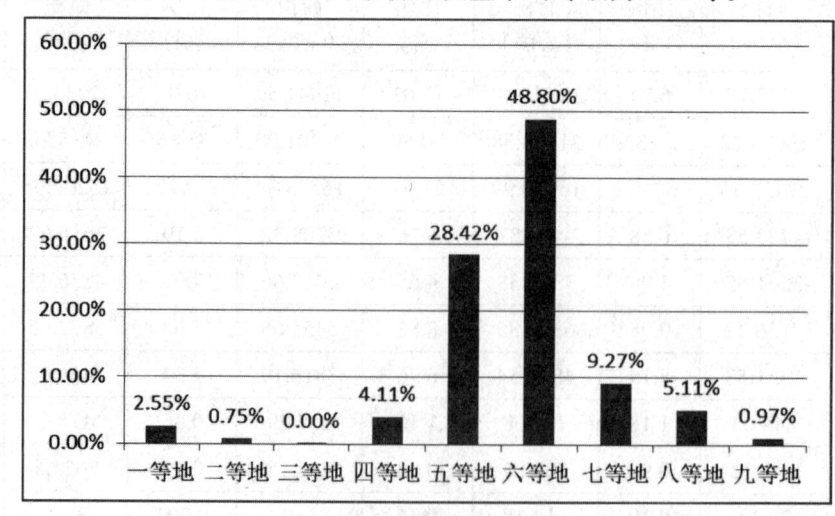

图3-7 玉门市2017年耕地质量等级比例分布图

评价为一等的耕地面积为1 490.74公顷,占玉门市评价耕地总面积的2.55%。分布在花海镇。

评价为二等的耕地面积为439.73公顷,占玉门市评价耕地总面积的0.75%。分布在花海镇。

评价为三等的耕地面积为1.96公顷,占0.0034%。主要分布在玉门东镇。

评价为四等的耕地面积为2 403.83公顷,占4.11%。主要分布在赤金镇。

评价为五等的耕地面积为16 602.73公顷,占28.42%。主要分布在昌马乡、赤金镇、下西号乡。

评价为六等的耕地面积为28 509.51公顷,占48.80%。主要分布在花海镇、黄闸湾乡、柳河乡、下西号乡。

评价为七等的耕地面积为5 414.52公顷,占9.28%。主要分布在花海镇、柳河乡。

评价为八等的耕地面积为2 986.72公顷,占5.11%。主要分布在柳河乡、柳湖乡。

评价为九等的耕地面积为566.82公顷,占0.98%。主要分布在黄闸湾乡。

表3-7 玉门市2017年耕地质量等级面积比例及主要分布区域

耕地质量等级	面积(公顷)	比例(%)	主要分布区域
一等地	1490.74	2.55%	花海镇
二等地	439.73	0.75%	花海镇
三等地	1.96	0.0034%	玉门东镇
四等地	2403.83	4.11%	赤金镇
五等地	16602.73	28.42%	昌马乡、赤金镇、下西号乡
六等地	28509.51	48.80%	花海镇、黄闸湾乡、柳河乡、下西号乡
七等地	5414.52	9.28%	花海镇、柳河乡
八等地	2986.72	5.11%	柳河乡、柳湖乡
九等地	566.82	0.98%	黄闸湾乡
合计	58416.56	100.00%	花海镇、下西号乡

表3-8 玉门市2017年各乡镇耕地质量等级情况

乡镇名称/质量等级	1	2	3	4	5	6	7	8	9	总计
昌马乡				623.91	2512.90	53.60				3190.41
赤金镇			0.36	1161.54	3731.05	651.20	245.05			5789.20
花海镇	1490.74	439.73		186.96	249.70	9544.22	1799.73	473.63	0.85	14185.56
黄闸湾乡					1456.18	6097.88	597.00	700.16	510.46	9361.68
柳河乡				39.16	1488.74	3500.83	1787.63	907.08	55.51	7778.95
柳湖乡						1098.57	144.45	878.49		2121.51
清泉乡			0.17	43.85	1076.44	614.63	94.89			1829.98
下西号乡				348.41	5337.74	4362.88	77.77	26.51		10153.31
小金湾乡						1127.62	0.22	0.85		1128.69
玉门东镇			1.43							1.43
玉门镇						749.98	1458.08	667.78		2875.84
总计	1490.74	439.73	1.96	2403.83	16602.73	28509.51	5414.52	2986.72	566.82	58416.56

二、玉门市2018年耕地质量等级情况

2018年,玉门市耕地质量等级调查评价面积为58 416.56公顷。将玉门市耕地质量等级由高到低依次划分为一至八等。一等地耕地质量最好,八等地耕地质量最差。采用耕地质量等级面积加权法,计算得到玉门市耕地质量平均等级为5.27等。

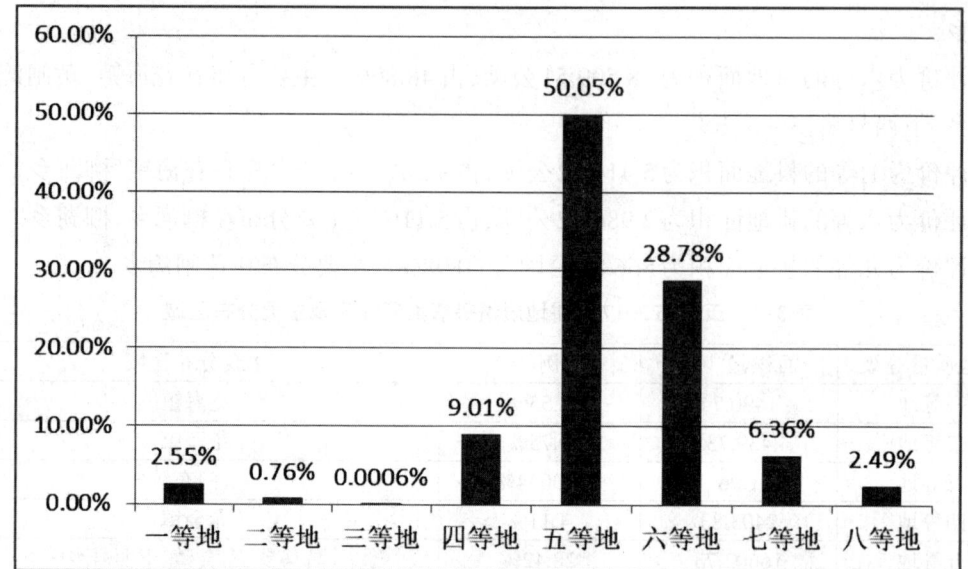

图3-8 玉门市2018年耕地质量等级比例分布图

评价为一等的耕地面积为1 490.92公顷,占玉门市评价耕地总面积的2.55%。分布在花海镇。

评价为二等的耕地面积为441.15公顷,占0.76%。主要分布在花海镇。

评价为三等的耕地面积为0.36公顷,占0.0006%。分布在赤金镇。

评价为四等的耕地面积为5 262.74公顷,占9.01%。主要分布在昌马乡、赤金镇、下西号乡。

评价为五等的耕地面积为29 237.17公顷,占50.05%。主要分布在花海镇、下西号乡。

评价为六等的耕地面积为16 811.23公顷,占28.78%。主要分布在花海镇、黄闸湾乡、柳河乡。

评价为七等的耕地面积为3 716.47公顷,占6.36%。主要分布在柳河乡。

评价为八等的耕地面积为1 456.52公顷,占2.49%。主要分布在黄闸湾乡。

表3-9 玉门市2018年耕地质量等级面积比例及主要分布区域

耕地质量等级	面积(公顷)	比例(%)	主要分布区域
一等地	1490.92	2.55%	花海镇
二等地	441.15	0.76%	花海镇
三等地	0.36	0.0006%	赤金镇
四等地	5262.74	9.01%	昌马乡、赤金镇、下西号乡
五等地	29237.17	50.05%	花海镇、下西号乡
六等地	16811.23	28.78%	花海镇、黄闸湾乡、柳河乡
七等地	3716.47	6.36%	柳河乡
八等地	1456.52	2.49%	黄闸湾乡
合计	58416.56	100.00%	花海镇、下西号乡

表3-10 玉门市2018年各乡镇的耕地质量等级情况

乡镇名称/质量等级	1	2	3	4	5	6	7	8	总计
昌马乡				1229.89	1922.23	38.29			3190.41
赤金镇			0.36	1276.97	4086.65	178.76	246.46		5789.20
花海镇	1490.92	439.55		213.86	6258.68	4827.81	664.02	290.72	14185.56
黄闸湾乡				175.46	4542.63	3244.22	374.47	1024.9	9361.68
柳河乡				178.90	2762.20	3297.06	1485.28	55.51	7778.95
柳湖乡					1098.57	144.45	793.12	85.37	2121.51
清泉乡		0.17		713.21	978.65	48.60	89.35		1829.98
下西号乡				1474.45	6597.46	2018.68	62.70	0.02	10153.31
小金湾乡					14.42	1113.2	1.07		1128.69
玉门东镇		1.43							1.43
玉门镇					975.68	1900.16			2875.84
总计	1490.92	441.15	0.36	5262.74	29237.17	16811.23	3716.47	1456.52	58416.56

三、玉门市2019年耕地质量等级情况

2019年,玉门市耕地质量等级调查评价面积为58 416.56公顷。将玉门市耕地质量等级由高到低依次划分为一至八等。一等地耕地质量最好,八等地耕地质量最差。采用耕地质量等级面积加权法,计算得到玉门市耕地质量平均等级为5.21等。

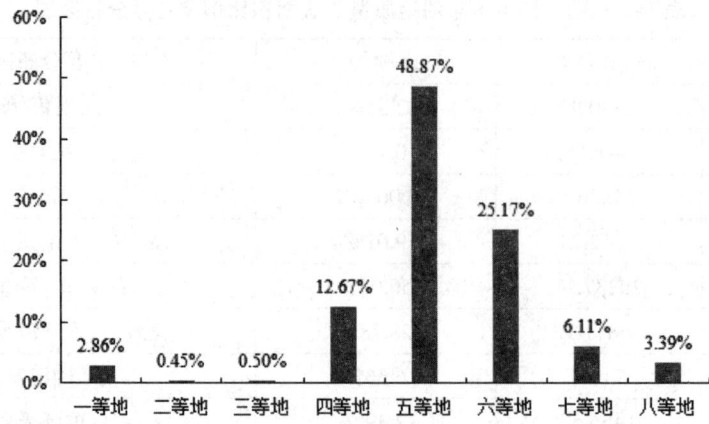

图 3-9　玉门市 2019 年耕地质量等级比例分布图

评价为一等的耕地面积为 1 668.12 公顷，占玉门市评价耕地总面积的 2.86%。分布在花海镇。

评价为二等的耕地面积为 263.95 公顷，占玉门市评价耕地总面积的 0.45%。主要分布在花海镇。

评价为三等的耕地面积为 289.67 公顷，占 0.50%。分布在赤金镇和花海镇。

评价为四等的耕地面积为 7 399.13 公顷，占 12.67%。主要分布在昌马镇、赤金镇和下西号镇。

评价为五等的耕地面积为 28 548.01 公顷，占 48.87%。主要分布在花海镇、黄闸湾镇和下西号镇。

评价为六等的耕地面积为 14 701.63 公顷，占 25.17%。主要分布在花海镇、黄闸湾镇、柳河镇和下西号镇。

评价为七等的耕地面积为 3 567.09 公顷，占 6.11%。主要分布在柳河镇。

评价为八等的耕地面积为 1 978.96 公顷，占 3.39%。主要分布在黄闸湾镇和柳湖镇。

表 3-11　玉门市 2019 年耕地质量等级面积比例及主要分布区域

耕地质量等级	面积(公顷)	比例(%)	主要分布区域
一等地	1668.12	2.86%	花海镇
二等地	263.95	0.45%	花海镇
三等地	289.67	0.50%	赤金镇、花海镇
四等地	7399.13	12.67%	昌马镇、赤金镇、下西号镇
五等地	28548.01	48.87%	花海镇、黄闸湾镇、下西号镇
六等地	14701.63	25.17%	花海镇、黄闸湾镇、柳河镇、下西号镇
七等地	3567.09	6.11%	柳河镇
八等地	1978.96	3.39%	黄闸湾镇、柳湖镇
合计	58416.56	100.00%	

表 3-12　玉门市 2019 年各乡镇的耕地质量等级情况（单位：公顷）

乡镇名称/质量等级	1	2	3	4	5	6	7	8	总计
昌马镇				2075.54	1114.73	0.14			3190.41
赤金镇			102.71	2975.95	2444.22	264.39	1.93		5789.20
花海镇	1668.12	262.35	186.96		7092.27	4037.86	562.03	375.97	14185.56
黄闸湾镇				235.65	5090.36	2636.3	730.40	668.97	9361.68
柳河镇				258.36	2922.78	2628.77	1913.53	55.51	7778.95
柳湖镇					1097.19	145.83		878.49	2121.51
清泉乡		0.17		712.70	942.21	85.86	89.04		1829.98
下西号镇				1140.93	6819.68	2129.98	62.70	0.02	10153.31
小金湾乡					48.89	1078.85	0.95		1128.69
玉门东镇		1.43							1.43
玉门镇					975.68	1693.65	206.51		2875.84
总计	1668.12	263.95	289.67	7399.13	28548.01	14701.63	3567.09	1978.96	58416.56

四、玉门市 2020 年耕地质量等级情况

2020年，玉门市总耕地面积为 58 416.56 公顷，按质量等级由高到低依次划分为一至八等，平均等级为 5.15 等，较 2019 年提升了 0.06 个等级。

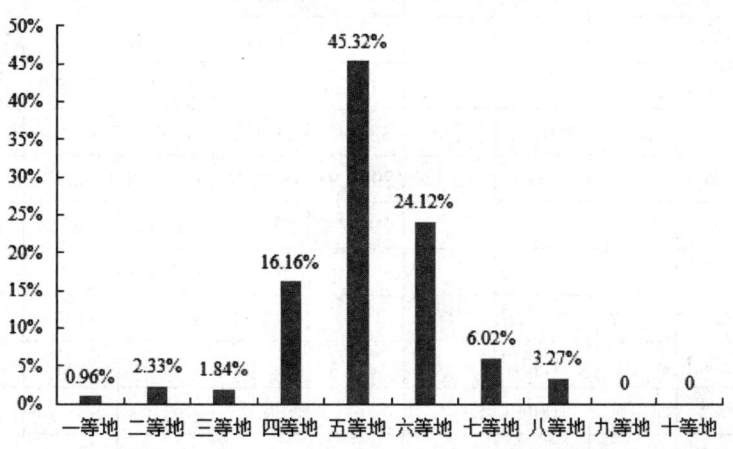

图 3-10　玉门市 2020 年耕地质量等级比例分布图

其中评价为一至三等的耕地面积为 2 990.12 公顷，占耕地总面积的 5.12%。这部分耕地基础质量较高，障碍因素不明显，应按照用养结合方式开展农业生产，确保耕地质量稳中有升。

评价为四至六等的耕地面积为 50 001.5 公顷，占耕地总面积的 85.59%。这部分耕地所处环境气候条件基本适宜，农田基础设施条件相对较好，障碍因素较不明显，是今后粮食增产的重点区域和重要突破口。

评价为七至八等的耕地面积为 5 424.94 公顷，占耕地总面积的 9.29%。这部分耕地基础质量相对较差，生产障碍因素突出，短时间内较难得到根本改善，应持续开展农田基础

设施建设和耕地内在质量建设。

表3-13 玉门市2020年耕地质量等级行政区域分布

乡镇	面积及比例	一等地	二等地	三等地	四等地	五等地	六等地	七等地	八等地	合计
昌马镇	面积（公顷）			766.60	2369.63	54.18				3190.41
	比例(%)			24.03%	74.27%	1.70%				100%
赤金镇	面积（公顷）			138.11	2478.74	2885.70	175.12	111.53		5789.20
	比例(%)			2.39%	42.82%	49.85%	3.02%	1.93%		100%
花海镇	面积（公顷）	558.80	1356.97	158.97	42.69	5068.21	6066.75	536.53	396.64	14185.56
	比例(%)	3.94%	9.57%	1.12%	0.30%	35.73%	42.77%	3.78%	2.80%	100%
黄闸湾镇	面积(公顷)				487.16	6512.85	966.55	816.50	578.62	9361.68
	比例(%)				5.20%	69.57%	10.32%	8.72%	6.18%	100%
柳河镇	面积(公顷)				356.90	2933.69	2519.23	1913.62	55.51	7778.95
	比例(%)				4.59%	37.71%	32.39%	24.60%	0.71%	100%
柳湖镇	面积(公顷)					984.63	258.39		878.49	2121.51
	比例(%)					46.41%	12.18%		41.41%	100%
清泉乡	面积(公顷)		0.17	9.07	706.24	948.40	92.27	73.83		1829.98
	比例(%)		0.01%	0.50%	38.59%	51.83%	5.04%	4.03%		100%
下西号镇	面积(公顷)				2996.91	6058.60	1035.08	62.72		10153.31
	比例(%)				29.52%	59.67%	10.19%	0.62%		100%
小金湾乡	面积(公顷)					51.53	1076.21	0.95		1128.69
	比例(%)					4.57%	95.35%	0.08%		100%
玉门东镇	面积(公顷)		1.43							1.43
	比例(%)		100%							100%
玉门镇	面积(公顷)					975.80	1900.04			2875.84
	比例(%)					33.93%	66.07%			100%

五、玉门市2017—2020年耕地质量等级对比分析

由表3-14和图3-11可知，2017年到2020年，玉门市耕地面积未变，耕地质量等级有显著提升。一等地面积占比2017—2019年呈上升趋势，2020年最低，为0.96%；二等地面积占比从0.75%提高至2.33%，增加了1.58%，呈上升趋势；三等地面积占比从0.0034%提高至1.84%，增加了1.84%，呈上升趋势；四等级面积占比从4.11%提高至16.16%，增加了12.05%，呈上升趋势；五等地面积占比2018—2020年为下降趋势，从50.05%减少至

45.32%，2017年占比最少，为28.42%；六等地面积占比从48.80%减少至24.12%，减少了24.68%，呈下降趋势；七等地面积占比从9.28%减少至6.02%，减少了3.26%，呈下降趋势；八等地面积占比从5.11%减少至3.27%，呈下降趋势；九等地仅分布在2017年，占比为0.98%；没有十等地。

表3-14 玉门市2017—2020年耕地质量等级分布面积与比例

等级/年份	2017年		2018年		2019年		2020年	
	面积（公顷）	比例（%）	面积（公顷）	比例（%）	面积（公顷）	比例（%）	面积（公顷）	比例（%）
一等地	1490.74	2.55%	1490.92	2.55%	1668.12	2.86%	558.8	0.96%
二等地	439.73	0.75%	441.15	0.76%	263.95	0.45%	1358.57	2.33%
三等地	1.96	0.0034%	0.36	0.0006%	289.67	0.50%	1072.75	1.84%
四等地	2403.83	4.11%	5262.74	9.01%	7399.13	12.67%	9438.27	16.16%
五等地	16602.73	28.42%	29237.17	50.05%	28548.01	48.87%	26473.59	45.32%
六等地	28509.51	48.80%	16811.23	28.78%	14701.63	25.17%	14089.64	24.12%
七等地	5414.52	9.28%	3716.47	6.36%	3567.09	6.11%	3515.68	6.02%
八等地	2986.72	5.11%	1456.52	2.49%	1978.96	3.39%	1909.26	3.27%
九等地	566.82	0.98%	0	0	0	0	0	0
十等地	0	0	0	0	0	0	0	0
总计	58416.56	100.00%	58416.56	100.00%	58416.56	100.00%	58416.56	100.00%
耕地等级	5.70		5.27		5.21		5.15	

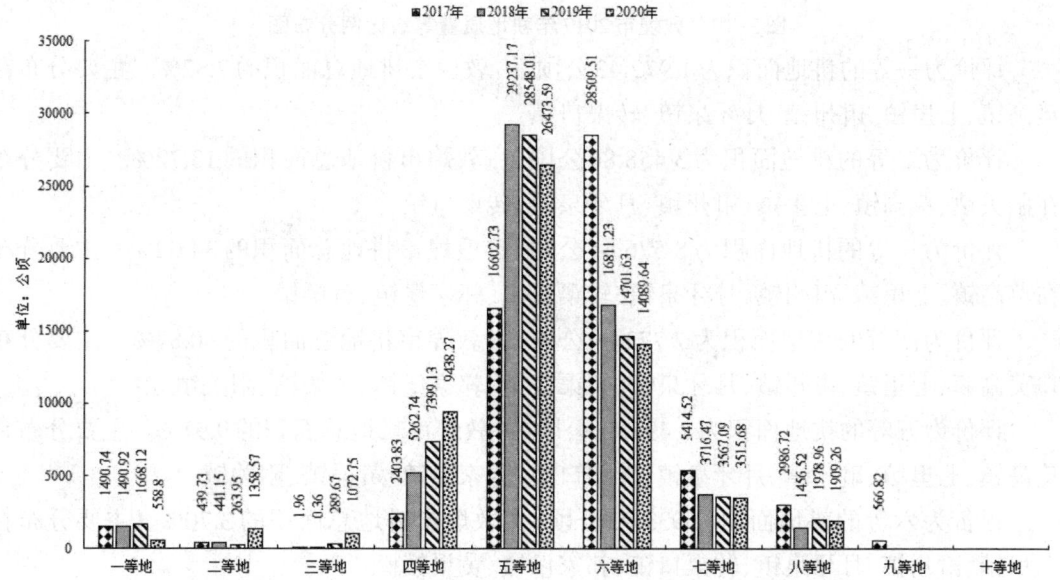

图3-11 玉门市2017—2020年耕地质量等级面积分布图

第四节 敦煌市2017—2020年耕地质量等级

一、敦煌市2017年耕地质量等级情况

2017年,敦煌市耕地质量等级调查评价面积为25 212.47公顷。将敦煌市耕地质量等级由高到低依次划分为一至七等。一等地耕地质量最好,七等地耕地质量最差。采用耕地质量等级面积加权法,计算得到敦煌市耕地质量平均等级为3.32等。

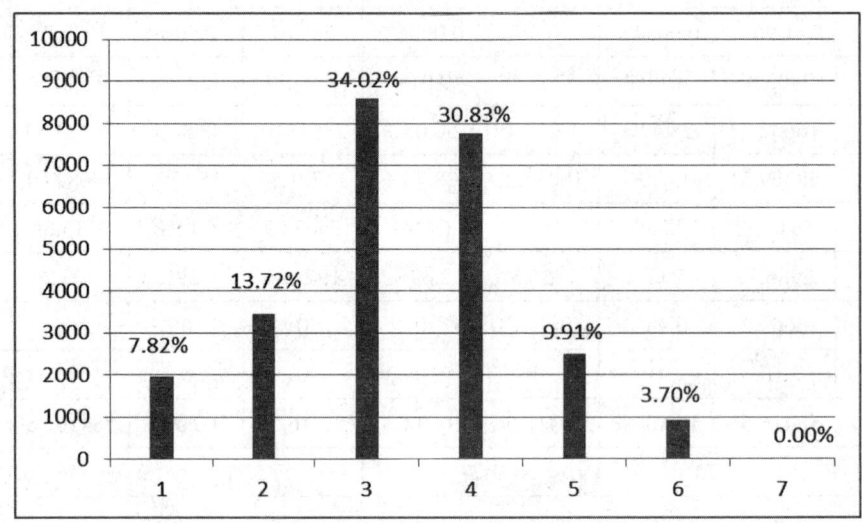

图3-12 敦煌市2017年耕地质量等级比例分布图

评价为一等的耕地面积为1 972.43公顷,占敦煌市耕地总面积的7.82%。主要分布在莫高镇、七里镇、肃州镇、月牙泉镇、转渠口镇。

评价为二等的耕地面积为3 458.86公顷,占敦煌市耕地总面积的13.72%。主要分布在阳关镇、莫高镇、七里镇、肃州镇、月牙泉镇、转渠口镇。

评价为三等的耕地面积为8 576.41公顷,占敦煌市耕地总面积的34.02%。主要分布在莫高镇、七里镇、肃州镇、月牙泉镇、转渠口镇、郭家堡镇、黄渠镇。

评价为四等的耕地面积为7 772.99公顷,占敦煌市耕地总面积的30.83%。主要分布在莫高镇、七里镇、肃州镇、月牙泉镇、转渠口镇、郭家堡镇、黄渠镇、阳关镇。

评价为五等的耕地面积为2 497.58公顷,占敦煌市耕地总面积的9.91%。主要分布在莫高镇、七里镇、肃州镇、月牙泉镇、转渠口镇、郭家堡镇、黄渠镇、阳关镇。

评价为六等的耕地面积为933.92公顷,占敦煌市耕地总面积的3.70%。主要分布在七里镇、肃州镇、月牙泉镇、转渠口镇、郭家堡镇、黄渠镇。

评价为七等的耕地面积为0.28公顷,主要分布在转渠口镇、郭家堡镇、黄渠镇。

表3-15 敦煌市2017年各镇耕地质量等级分布面积与比例

镇名称		郭家堡镇	黄渠镇	莫高镇	七里镇	肃州镇	阳关镇	月牙泉镇	转渠口镇	总计
一等地	公顷	0	0	18.93	596.69	989.62	0	361.37	5.82	1972.43
比例	%	0	0	0.63	26.81	21.27	0	20.83	0.1	7.82
二等地	公顷	0	0	45.49	369.91	2297.35	206.65	539.46	0	3458.86
比例	%	0	0	1.53	16.62	49.38	13.86	31.09	0	13.72
三等地	公顷	539.98	2037.38	2132.18	1250.19	920.25	0	518.91	1177.52	8576.41
比例	%	17.61	60.23	71.48	56.16	19.78	0	29.91	20.75	34.02
四等地	公顷	1532.05	1122.56	709.76	6.87	444.89	246.11	314.41	3396.34	7772.99
比例	%	49.96	33.18	23.8	0.31	9.56	16.51	18.12	59.84	30.83
五等地	公顷	694.35	3.02	76.38	1.19	0.26	1037.72	0.77	683.89	2497.58
比例	%	22.64	0.09	2.56	0.05	0.01	69.62	0.04	12.05	9.91
六等地	公顷	300.17	219.65	0	1.16	0.22	0	0.19	412.53	933.92
比例	%	9.79	6.49	0	0.05	0	0	0.01	7.27	3.7
七等地	公顷	0.07	0.15	0	0	0	0	0	0.06	0.28
比例	%	0	0	0	0	0	0	0	0	0
总计	公顷	3066.62	3382.76	2982.74	2226.01	4652.59	1490.48	1735.11	5676.16	25212.47

二、敦煌市2018年耕地质量等级情况

2018年,敦煌市耕地质量等级调查评价面积为25 212.47公顷。将敦煌市耕地质量等级由高到低依次划分为一至七等。一等地耕地质量最好,七等地耕地质量最差。采用耕地质量等级面积加权法,计算得到敦煌市耕地质量平均等级为3.24等。

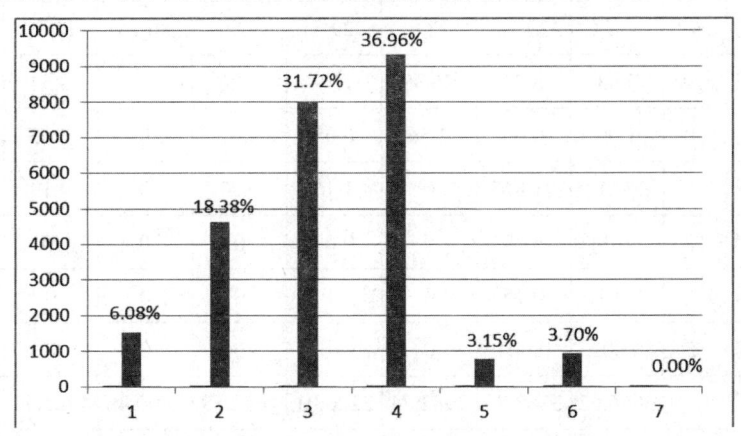

图3-13 敦煌市2018年耕地质量等级比例分布图

评价为一等的耕地面积为1 532.52公顷,占敦煌市耕地总面积的6.08%。主要分布在莫高镇、七里镇、肃州镇、月牙泉镇、转渠口镇。

评价为二等的耕地面积为4 634.42公顷,占敦煌市耕地总面积的18.38%。主要分布在阳关镇、莫高镇、七里镇、肃州镇、月牙泉镇、转渠口镇。

评价为三等的耕地面积为7 997.04公顷,占敦煌市耕地总面积的31.72%。主要分布在莫高镇、七里镇、肃州镇、月牙泉镇、转渠口镇、郭家堡镇、黄渠镇。

评价为四等的耕地面积为9 319.61公顷,占敦煌市耕地总面积的36.96%。主要分布在莫高镇、七里镇、肃州镇、月牙泉镇、转渠口镇、郭家堡镇、黄渠镇、阳关镇。

评价为五等的耕地面积为794.68公顷,占敦煌市耕地总面积的3.15%。主要分布在莫高镇、七里镇、肃州镇、月牙泉镇、转渠口镇、郭家堡镇、黄渠镇、阳关镇。

评价为六等的耕地面积为933.92公顷,占敦煌市耕地总面积的3.70%。主要分布在七里镇、肃州镇、月牙泉镇、转渠口镇、郭家堡镇、黄渠镇。

评价为七等的耕地面积为0.28公顷,占敦煌市耕地总面积的0.001%。主要分布在转渠口镇、郭家堡镇、黄渠镇。

表3-16 敦煌市2018年各镇耕地质量等级分布面积与比例

等级			郭家堡镇	黄渠镇	莫高镇	七里镇	肃州镇	阳关镇	月牙泉镇	转渠口镇	总计
一等地	面积	公顷	0	0	17.8	324.06	939.04	0	245.8	5.82	1532.52
	比例	%	0	0	0.6	14.56	20.18	0	14.17	0.1	6.08
二等地	面积	公顷	0	0	466.56	642.54	2663.3	206.65	655.03	0.34	4634.42
	比例	%	0	0	15.64	28.87	57.24	13.86	37.75	0.01	18.38
三等地	面积	公顷	1305.79	2037.38	1712.24	600.43	604.88	0	533.15	1203.17	7997.04
	比例	%	42.58	60.23	57.4	26.97	13	0	30.73	21.2	31.72
四等地	面积	公顷	1427.29	1122.56	709.76	656.63	444.89	1283.83	300.4	3374.25	9319.61
	比例	%	46.54	33.18	23.8	29.5	9.56	86.14	17.31	59.45	36.96
五等地	面积	公顷	33.3	3.02	76.38	1.19	0.26	0	0.54	679.99	794.68
	比例	%	1.09	0.09	2.56	0.05	0.01	0	0.03	11.98	3.15
六等地	面积	公顷	300.17	219.65	0	1.16	0.22	0	0.19	412.53	933.92
	比例	%	9.79	6.49	0	0.05	0	0	0.01	7.27	3.7
七等地	面积	公顷	0.07	0.15	0	0	0	0	0	0.06	0.28
	比例	%	0.002	0.004	0	0	0	0	0	0.001	0.001
总计		公顷	3066.62	3382.76	2982.74	2226.01	4652.59	1490.48	1735.11	5676.16	25212.47

三、敦煌市2019年耕地质量等级情况

2019年,敦煌市耕地质量等级调查评价面积为25 212.47公顷。将敦煌市耕地质量等级由高到低依次划分为一至七等。一等地耕地质量最好,七等地耕地质量最差。采用耕地质量等级面积加权法,计算得到敦煌市耕地质量平均等级为3.15等。

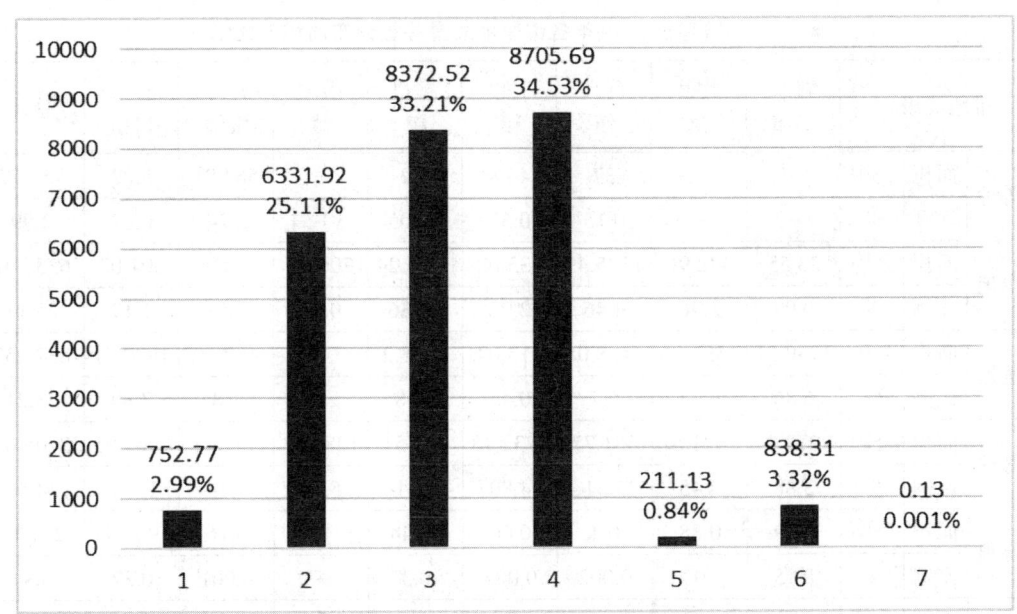

图 3-14 敦煌市 2019 年耕地质量等级比例分布图

评价为一等的耕地面积为 752.77 公顷，占敦煌市耕地总面积的 2.99%。较 2018 年减少了 779.75 公顷。主要分布在莫高镇、七里镇、肃州镇、月牙泉镇、转渠口镇。

评价为二等的耕地面积为 6 331.92 公顷，占敦煌市耕地总面积的 25.11%。较 2018 年增加了 1 697.5 公顷。主要分布在阳关镇、莫高镇、七里镇、肃州镇、月牙泉镇、转渠口镇、黄渠镇以及郭家堡镇。

评价为三等的耕地面积为 8 372.52 公顷，占敦煌市耕地总面积的 33.21%。较 2018 年增加了 375.48 公顷。主要分布在莫高镇、七里镇、肃州镇、月牙泉镇、转渠口镇、郭家堡镇、黄渠镇以及阳关镇。

评价为四等的耕地面积为 8 705.69 公顷，占敦煌市耕地总面积的 34.53%。较 2018 年减少了 613.92 公顷。主要分布在莫高镇、七里镇、肃州镇、月牙泉镇、转渠口镇、郭家堡镇、黄渠镇、阳关镇。

评价为五等的耕地面积为 211.13 公顷，占敦煌市耕地总面积的 0.84%。较 2018 年减少了 583.55 公顷。主要分布在莫高镇、七里镇、肃州镇、月牙泉镇、转渠口镇、郭家堡镇以及黄渠镇。

评价为六等的耕地面积为 838.31 公顷，占敦煌市耕地总面积的 3.32%。较 2018 年减少了 95.61 公顷。主要分布在七里镇、肃州镇、月牙泉镇、转渠口镇、郭家堡镇以及黄渠镇。

评价为七等的耕地面积为 0.13 公顷，占敦煌市耕地总面积的 0.001%。较 2018 年减少了 0.15 公顷。主要分布在转渠口镇和郭家堡镇。

表 3-17　敦煌市 2019 年各镇耕地质量等级分布面积与比例

耕地等级			郭家堡镇	黄渠镇	莫高镇	七里镇	肃州镇	阳关镇	月牙泉镇	转渠口镇	总计
一等地	面积	公顷	-	-	37	144.84	1.2	-	563.91	5.82	752.77
	比例	%	-	-	0.15	0.57	0.005	-	2.24	0.02	2.99
二等地	面积	公顷	23.55	442.96	1125.49	735.02	3116.24	206.65	380.99	301.02	6331.92
	比例	%	0.09	1.76	4.46	2.92	12.36	0.82	1.51	1.19	25.11
三等地	面积	公顷	1730.51	1595.36	1438.08	113.07	1053.2	-	452.59	1989.71	8372.52
	比例	%	6.86	6.33	5.7	0.45	4.18	-	1.8	7.89	33.21
四等地	面积	公顷	979.4	1121.62	381.77	1232.18	405.51	1283.83	337.43	2963.95	8705.69
	比例	%	3.88	4.45	1.51	4.89	1.61	5.09	1.34	11.76	34.53
五等地	面积	公顷	38.9	0.88	0.4	0.66	76.44	-	0.16	93.69	211.13
	比例	%	0.15	0	0.002	0.003	0.3	-	0.001	0.37	0.84
六等地	面积	公顷	294.19	221.94	-	0.24	-	-	0.03	321.91	838.31
	比例	%	1.17	0.88	-	0.001	-	-	0.0001	1.28	3.32
七等地	面积	公顷	0.07	-	-	-	-	-	-	0.06	0.13
	比例	%	0.0003	-	-	-	-	-	-	0.0002	0.001
总计		公顷	3066.62	3382.76	2982.74	2226.01	4652.59	1490.48	1735.11	5676.16	25212.47

四、敦煌市 2020 年耕地质量等级情况

2020 年,敦煌市总耕地面积为 25 212.47 公顷,按质量等级由高到低依次划分为一至七等,平均等级为 3.14 等,较 2019 年提升了 0.01 个等级。

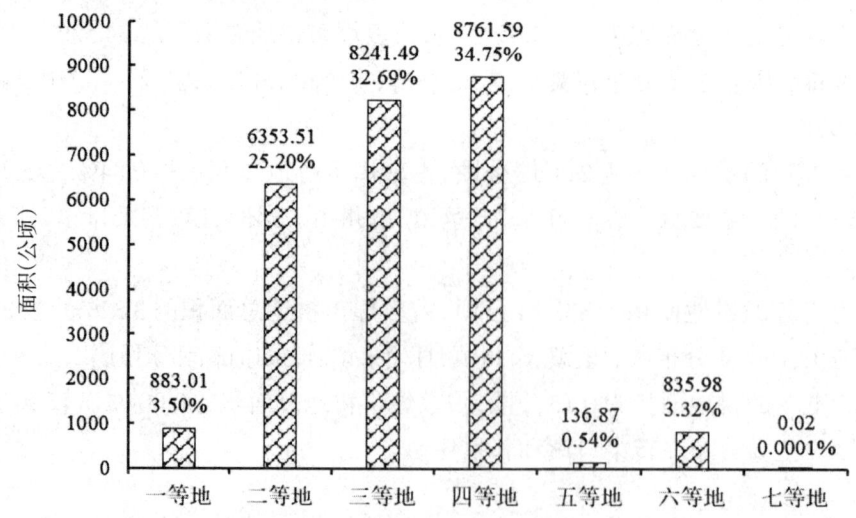

图 3-15　敦煌市 2020 年耕地质量等级比例分布图

评价为一至三等的耕地面积为 15 478.01 公顷,占耕地总面积的 61.39%。这部分耕地

基础质量较高,障碍因素不明显,应按照用养结合方式开展农业生产,确保耕地质量稳中有升。

评价为四至六等的耕地面积为9 734.44公顷,占耕地总面积的38.61%。这部分耕地所处环境气候条件基本适宜,农田基础设施条件相对较好,障碍因素较不明显,是今后粮食增产的重点区域和重要突破口。

评价为七等的耕地面积仅为0.02公顷,占耕地总面积的60.6%。这部分耕地基础质量相对较差,建议增施有机肥和种植绿肥是改良低产田的根本措施。低产田的主要表现是薄、瘦、板、漏,坚持增施有机肥和种植绿肥可以增加土壤有机质,改善土壤理化性状,增强土壤胶体和供肥保肥性能,调节土壤水、气、热状况,破除土壤板结,缓冲盐害危害,提高土壤肥力。

表3-18 敦煌市2020年耕地质量等级行政区域分布

乡镇名称	面积及比例	一等地	二等地	三等地	四等地	五等地	六等地	七等地	总计
郭家堡镇	面积(公顷)	0.00	23.55	1709.09	1000.82	38.90	294.24	0.02	3066.62
	比例(%)	0.00	0.77	55.73	32.64	1.27	9.59	0.0007	100.00
黄渠镇	面积(公顷)	0.00	442.50	1595.82	1121.62	3.02	219.80	0.00	3382.76
	比例(%)	0.00	13.08	47.18	33.16	0.09	6.50	0.00	100.00
莫高镇	面积(公顷)	37.00	1126.10	1437.62	381.62	0.40	0.00	0.00	2982.74
	比例(%)	1.24	37.75	48.20	12.79	0.01	0.00	0.00	100.00
七里镇	面积(公顷)	144.95	752.15	96.44	1231.74	0.72	0.01	0.00	2226.01
	比例(%)	6.51	33.79	4.33	55.33	0.03	0.0004	0.00	100.00
肃州镇	面积(公顷)	130.36	3025.30	1056.19	440.55	0.19	0.00	0.00	4652.59
	比例(%)	2.80	65.02	22.70	9.47	0.004	0.00	0.00	100.00
阳关镇	面积(公顷)	0.00	206.65	0.00	1283.83	0.00	0.00	0.00	1490.48
	比例(%)	0.00	13.86	0.00	86.14	0.00	0.00	0.00	100.00
月牙泉镇	面积(公顷)	564.88	475.55	357.24	337.34	0.10	0.00	0.00	1735.11
	比例(%)	32.56	27.41	20.59	19.44	0.01	0.00	0.00	100.00
转口渠镇	面积(公顷)	5.82	301.71	1989.09	2964.07	93.54	321.93	0.00	5676.16
	比例(%)	0.10	5.32	35.04	52.22	1.65	5.67	0.00	100.00
总计	面积(公顷)	883.01	6353.51	8241.49	8761.59	136.87	835.98	0.02	25212.47
	比例(%)	3.50	25.20	32.69	34.75	0.54	3.32	0.0001	100.00

五、敦煌市2017—2020年耕地质量等级对比分析

由表3-19和图3-16可知,2017年到2020年,敦煌市耕地面积未变,耕地质量等级有显著提升。一等地面积占比呈下降趋势,2019年占比最低,为2.99%;二等地面积占比从13.72%提高至25.20%,增加了11.48%,呈上升趋势;三等地面积占比变化趋势不显著,2018年占比最低,为31.72%;四等地面积占比从30.83%提高至34.75%,增加了3.92%,呈

上升趋势，2018年占比最高，为36.96%；五等地面积占比呈下降趋势，从9.91%减少至0.54%，减少了9.36%；六等地面积占比变化趋势不显著；七等地面积占比均很少；没有分布八、九、十等地。

表3-19 敦煌市2017—2020年耕地质量等级分布面积与比例

年份 等级	2017年		2018年		2019年		2020年	
	面积（公顷）	比例（%）	面积（公顷）	比例（%）	面积（公顷）	比例（%）	面积（公顷）	比例（%）
一等地	1972.43	7.82%	1532.52	6.08%	752.77	2.99%	883.01	3.50%
二等地	3458.86	13.72%	4634.42	18.38%	6331.92	25.11%	6353.51	25.20%
三等地	8576.41	34.02%	7997.04	31.72%	8372.52	33.21%	8241.49	32.69%
四等地	7772.99	30.83%	9319.61	36.96%	8705.69	34.53%	8761.59	34.75%
五等地	2497.58	9.91%	794.68	3.15%	211.13	0.84%	136.87	0.54%
六等地	933.92	3.70%	933.92	3.70%	838.31	3.32%	835.98	3.32%
七等地	0.28	0.0011%	0.28	0.0011%	0.13	0.0005%	0.02	0.0001%
八等地	0	0	0	0	0	0	0	0
九等地	0	0	0	0	0	0	0	0
十等地	0	0	0	0	0	0	0	0
总计	25212.47	100.00%	25212.47	100.00%	25212.47	100.00%	25212.47	100.00%
耕地等级	3.32		3.24		3.15		3.14	

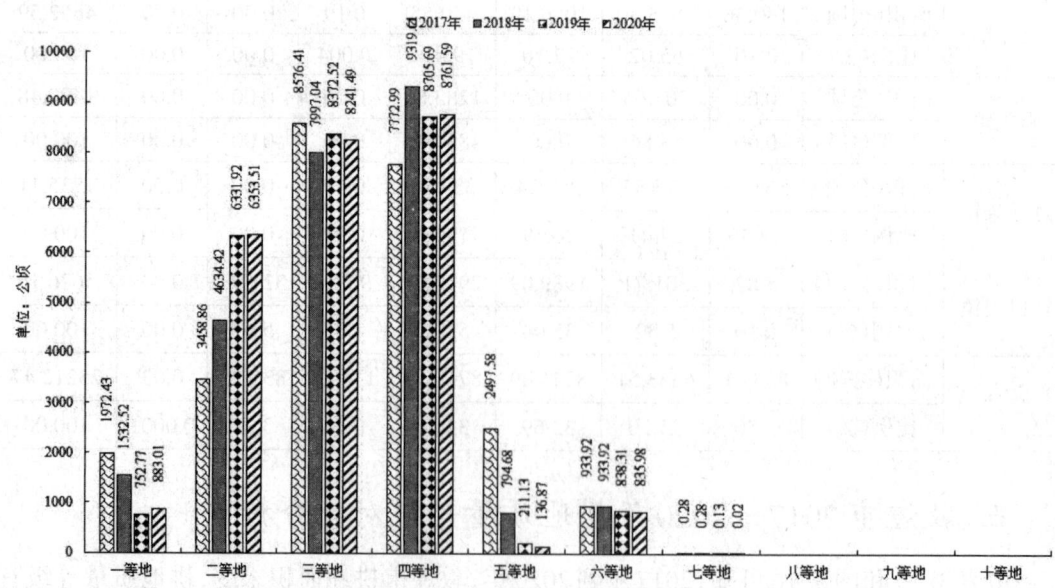

图3-28 敦煌市2017—2020年耕地质量等级面积分布图

第五节　金塔县2017—2020年耕地质量等级

一、金塔县2017年耕地质量等级情况

2017年，金塔县耕地质量等级调查评价面积为49 187.15公顷。将金塔县耕地质量等级由高到低依次划分为一至五等。采用耕地质量等级面积加权法，计算得到金塔县耕地质量平均等级为3.11等。

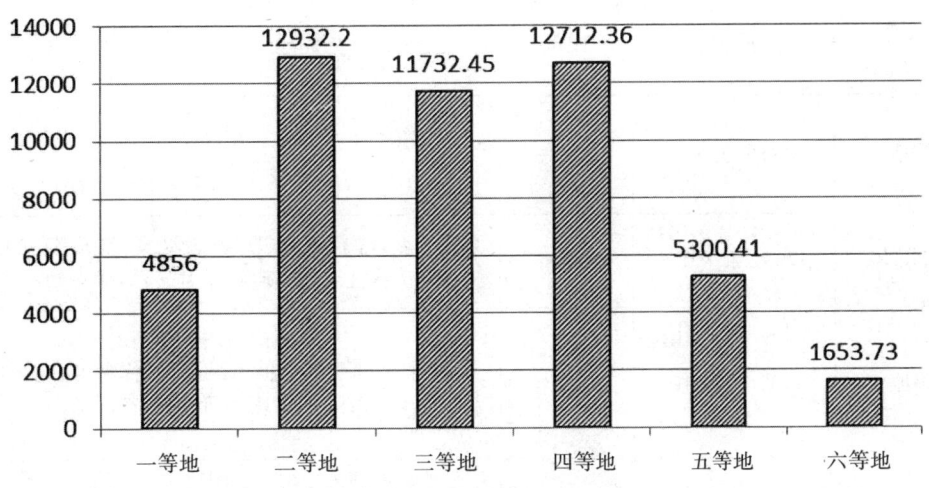

图3-17　金塔县2017年耕地质量等级比例分布图

评价为一等的耕地面积为4 856.00公顷，占金塔县评价耕地总面积的9.87%。主要分布在大庄子乡、鼎新镇、东坝镇、古城乡金塔镇、三合乡、西坝乡、中东镇。有良好稳定的灌溉水源和充足的光热、有机质含量高，以草甸土、潮土、灌淤土为主，其土壤平均pH8.49，没有明显的障碍因素。

评价为二等的耕地面积为12 932.20公顷，占26.29%。主要分布在大庄子乡、鼎新镇、东坝镇、古城乡、航天镇、金塔镇、三合乡、西坝乡、羊井子湾、中东镇。这部分耕地以草甸土、潮土、灌淤土主。耕地中无明显障碍因素，存在轻度盐渍化，面积达2526.92公顷，其土壤平均pH值8.44。

评价为三等的耕地面积为11 732.45公顷，占23.85%。主要分布在大庄子乡、鼎新镇、东坝镇、古城乡、航天镇、金塔镇、三合乡、西坝乡、羊井子湾、中东镇。以潮土、风沙土、灌淤土、灰棕漠土、盐土为主。这部分耕地土壤存在小面积的障碍层次（937.82公顷），存在轻度盐渍化，面积2 812公顷，其土壤平均pH值8.45。

评价为四等的耕地面积为12 712.36公顷,占25.84%。主要分布在大庄子乡、鼎新镇、东坝镇、古城乡、航天镇、金塔镇、三合乡、西坝乡、羊井子湾、中东镇。以草甸土、风沙土、灰棕漠土、盐土为主,这部分耕地土壤存在轻度盐渍化,其土壤平均pH值8.45。

评价为五等的耕地面积为5 300.41公顷,占10.78%。主要分布在大庄子乡、东坝镇、古城乡、航天镇、金塔镇、西坝乡、羊井子湾、中东镇。以草甸土、风沙土、灰棕漠土、盐土为主,这部分耕地土壤养分贫瘠,存在障碍层次,轻度盐渍化面积达3 766.71公顷,其土壤平均pH值8.46。

评价为六等的耕地面积1 653.73公顷,占3.36%。主要分布在大庄子乡、东坝镇、航天镇。仅分布有盐土,这部分耕地土壤存在障碍层次。养分少数贫瘠,存在轻度盐渍化,面积1 524.02公顷,其土壤平均pH值8.46。

表3-20　金塔县2017年耕地质量等级面积比例及主要分布区域

耕地质量等级	面积	比例	主要分布区域
一等地	4856(公顷)	9.87%	大庄子乡、鼎新镇、东坝镇、古城乡、金塔镇、三合乡、西坝乡、中东镇
二等地	12932.2(公顷)	26.29%	大庄子乡、鼎新镇、东坝镇、古城乡、航天镇、金塔镇、三合乡、西坝乡、羊井子湾、中东镇
三等地	11732.45(公顷)	23.85%	大庄子乡、鼎新镇、东坝镇古城乡、航天镇、金塔镇、三合乡、西坝乡、羊井子湾、中东镇
四等地	12712.36(公顷)	25.84%	大庄子乡、鼎新镇、东坝镇、古城乡、航天镇、金塔镇、三合乡、西坝乡、羊井子湾、中东镇
五等地	5300.41(公顷)	10.78%	大庄子乡、东坝镇、古城乡、航天镇、金塔镇、西坝乡、羊井子湾、中东镇
六等地	1653.73(公顷)	3.36%	大庄子乡、东坝镇、航天镇、鼎新镇
合计	49187.15(公顷)	100.0	

表 3-21　金塔县 2017 年各乡镇耕地质量等级情况（单位：公顷）

等级 名称	一等地	二等地	三等地	四等地	五等地	六等地
大庄子乡	516.52	793.77	1684.57	1478.43	392.79	129.71
鼎新镇	581.75	471.82	1700.08	746.49		1276.22
东坝镇	1591.39	1735.44	1677.49	2047.85	119.66	
古城乡	806.37	2604.84	534.63	1537.25	1093.74	
航天镇		36.89	958.67	7.72	2957.43	247.80
金塔镇	42.90	2157.46	1476.49	2631.22	60.70	
三合乡	1217.74	317.92	2204.00	924.82		
西坝乡	7.90	2290.29	575.27	1559.27	462.64	
羊井子湾		33.90	346.26	533.35	55.51	
中东镇	91.43	2489.87	574.99	1245.96	157.94	
总计	4856.00	12932.20	11732.45	12712.36	5300.41	1653.73

二、金塔县 2018 年耕地质量等级情况

2018 年，金塔县耕地质量等级调查评价面积为 49 187.15 公顷。将金塔县耕地质量等级由高到低依次划分为一至六等。采用耕地质量等级面积加权法，计算得到金塔县耕地质量平均等级为 3.04 等。

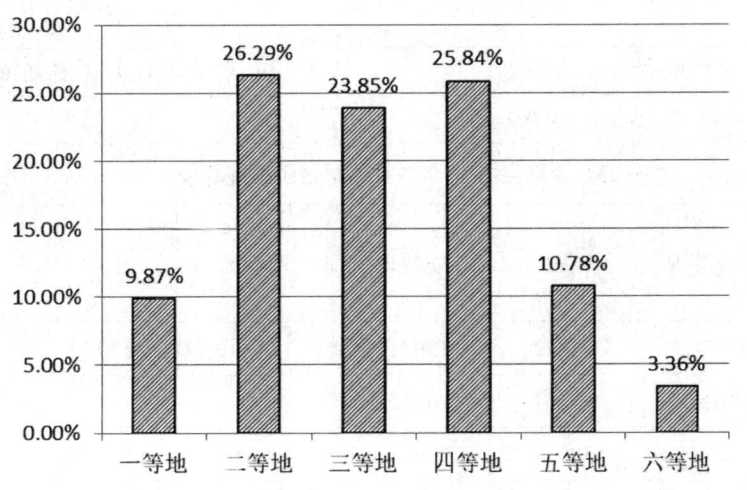

图 3-18　金塔县 2018 年耕地质量等级比例分布图

评价为一等的耕地面积为5 615.43公顷,占金塔县评价耕地总面积的9.87%。主要分布在大庄子镇、鼎新镇、东坝镇、古城乡金塔镇、三合乡、西坝镇、中东镇。

评价为二等的耕地面积为13 548.19公顷,占26.29%。主要分布在大庄子镇、鼎新镇、东坝镇、古城乡、航天镇、金塔镇、三合乡、西坝镇、羊井子湾、中东镇。

评价为三等的耕地面积为13 308.93公顷,占23.85%。主要分布在大庄子镇、鼎新镇、东坝镇、古城乡、航天镇、金塔镇、三合乡、西坝镇、羊井子湾、中东镇。

评价为四等的耕地面积为9 581.09公顷,占25.84%。主要分布在大庄子镇、鼎新镇、东坝镇、古城乡、航天镇、金塔镇、三合乡、西坝镇、羊井子湾、中东镇。

评价为五等的耕地面积为3 837.34公顷,占10.78%。主要分布在大庄子镇、东坝镇、古城乡、航天镇、金塔镇、西坝镇、羊井子湾、中东镇。

评价为六等的耕地面积3 296.17公顷,占3.36%。主要分布在大庄子镇、东坝镇、航天镇。

表3-22 金塔县2018年耕地质量等级面积比例及主要分布区域

耕地质量等级	面积(公顷))	比例	主要分布区域
一等地	5615.43	9.87%	大庄子镇、鼎新镇、东坝镇、古城乡金塔镇、三合乡、西坝镇、中东镇
二等地	13548.19	26.29%	大庄子镇、鼎新镇、东坝镇、古城乡、航天镇、金塔镇、三合乡、西坝镇、羊井子湾、中东镇
三等地	13308.93	23.85%	大庄子镇、鼎新镇、东坝镇、古城乡、航天镇、金塔镇、三合乡、西坝镇、羊井子湾、中东镇
四等地	9581.09	25.84%	大庄子镇、鼎新镇、东坝镇、古城乡、航天镇、金塔镇、三合乡、西坝镇、羊井子湾、中东镇
五等地	3837.34	10.78%	大庄子镇、东坝镇、古城乡、航天镇、金塔镇、西坝镇、羊井子湾、中东镇
六等地	3296.17	3.36%	大庄子镇、东坝镇、航天镇、鼎新镇
合计	49187.15	100.0	

表3-23 金塔县2018年各乡镇耕地质量等级情况

名称 \ 等级	一等地	二等地	三等地	四等地	五等地	六等地
大庄子镇	1151.34	610.72	1307.53	1796.49	129.71	
鼎新镇	925.77	497.07	2077.30			1276.22
东坝镇	1661.83	1889.60	2000.68	1500.06	119.66	
古城乡	396.99	2752.59	752.69	1456.48	1207.99	10.09

续表

航天镇		32.19	913.29	57.80	1195.37	2009.86
金塔镇	165.76	2215.60	2458.90	1467.81	60.70	
三合乡	1217.74	637.49	2035.82	773.43		
西坝镇		2322.38	551.08	1054.94	966.97	
羊井子湾	30.46	3.44	744.73	166.61	23.78	
中东镇	65.54	2587.11	466.91	1307.47	133.16	
总计	5615.43	13548.19	13308.93	9581.09	3837.34	3296.17

三、金塔县2019年耕地质量等级情况

2019年，金塔县耕地质量等级调查评价面积为49 187.15公顷。将金塔县耕地质量等级由高到低依次划分为一至六等。采用耕地质量等级面积加权法，计算得到金塔县耕地质量平均等级为2.98等。

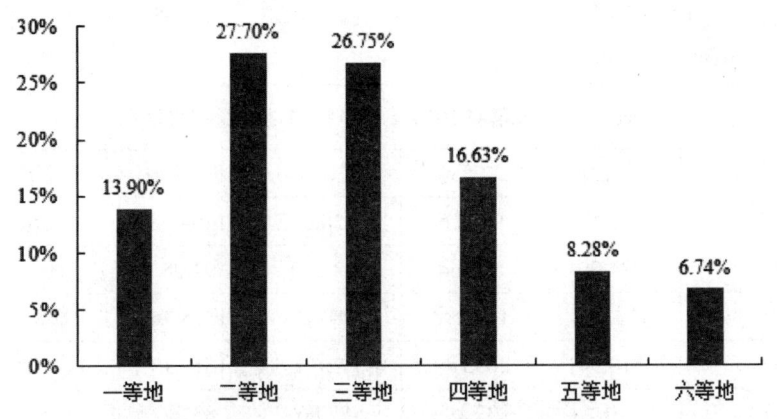

图3-19 金塔县2019年耕地质量等级比例分布图

评价为一等的耕地面积为6 835.82公顷，占金塔县评价耕地总面积的13.90%。主要分布在金塔镇、东坝镇、三合乡、鼎新镇、大庄子镇、古城乡、中东镇、羊井子湾。

评价为二等的耕地面积为13 626.59公顷，占27.70%。主要分布在中东镇、古城乡、西坝镇、东坝镇、金塔镇、大庄子镇、三合乡、鼎新镇、羊井子湾、航天镇。

评价为三等的耕地面积为13 155.36公顷，占26.75%。主要分布在东坝镇、鼎新镇、金塔镇、三合乡、大庄子镇、航天镇、中东镇、古城乡、西坝镇、羊井子湾。

评价为四等的耕地面积为8 179.77公顷，占16.63%。主要分布在东坝镇、古城乡、大庄子镇、西坝镇、中东镇、金塔镇、三合乡、鼎新镇、航天镇、羊井子湾。

评价为五等的耕地面积为4 075.11公顷，占8.28%。主要分布在航天镇、古城乡、西坝

镇、大庄子镇、中东镇、东坝镇、金塔镇。

评价为六等的耕地面积3 314.50公顷，占6.74%。主要分布在航天镇、大庄子乡、鼎新镇。仅分布有盐土，这部分耕地土壤存在小面积障碍层次。养分少数贫瘠，存在轻度盐渍化，其土壤平均pH值8.67。

表3-24　金塔县2019年耕地质量等级面积比例及主要分布区域

耕地质量等级	面积	比例	主要分布区域
一等地	6835.82	13.90%	金塔镇、东坝镇、三合乡、鼎新镇、大庄子镇、古城乡、中东镇、羊井子湾
二等地	13626.59	27.70%	中东镇、古城乡、西坝镇、东坝镇、金塔镇、大庄子镇、三合乡、鼎新镇、羊井子湾、航天镇
三等地	13155.36	26.75%	东坝镇、鼎新镇、金塔镇、三合乡、大庄子镇、航天镇、中东镇、古城乡、西坝镇、羊井子湾
四等地	8179.77	16.63%	东坝镇、古城乡、大庄子镇、西坝镇、中东镇、金塔镇、三合乡、鼎新镇、航天镇、羊井子湾
五等地	4075.11	8.28%	航天镇、古城乡、西坝镇、大庄子镇、中东镇、东坝镇、金塔镇
六等地	3314.5	6.74%	航天镇、大庄子乡、鼎新镇
合计	49187.15	100%	

表3-25　金塔县2019年各乡镇耕地质量等级情况

质量等级/乡镇名称	一等地	二等地	三等地	四等地	五等地	六等地
大庄子镇	652.53	996.25	1420.81	1404.98	492.80	28.42
鼎新镇	804.06	520.64	2081.40	94.04	0	1276.22
东坝镇	1522.33	1742.98	2280.25	1528.46	97.81	0
古城乡	510.94	2633.49	772.39	1519.13	1140.88	0
航天镇	0	32.19	887.86	83.23	1195.37	2009.86
金塔镇	1991.54	1577.71	1987.17	783.42	28.93	0
三合乡	1198.12	860.09	1834.24	772.03	0	0
西坝镇	0	2260.35	613.11	1054.94	966.97	0
羊井子湾	33.90	327.54	552.07	55.51	0	0
中东镇	122.40	2675.35	726.06	884.03	152.35	0
总计	6835.82	13626.59	13155.36	8179.77	4075.11	3314.50

四、金塔县2020年耕地质量等级情况

2020年，金塔县总耕地面积为49 187.15公顷，按质量等级由高到低依次划分为一至

六等,平均等级为2.94等,较2019年提升了0.04个等级。

其中评价为一至三等的耕地面积为33 833.83公顷,占耕地总面积的68.79%。这部分耕地基础质量较高,障碍因素不明显,应按照用养结合方式开展农业生产,确保耕地质量稳中有升。

评价为四至六等的耕地面积为15 353.32公顷,占耕地总面积的31.21%。这部分耕地所处环境气候条件基本适宜,农田基础设施条件相对较好,障碍因素较不明显,是今后粮食增产的重点区域和重要突破口。

没有分布七至十等地。

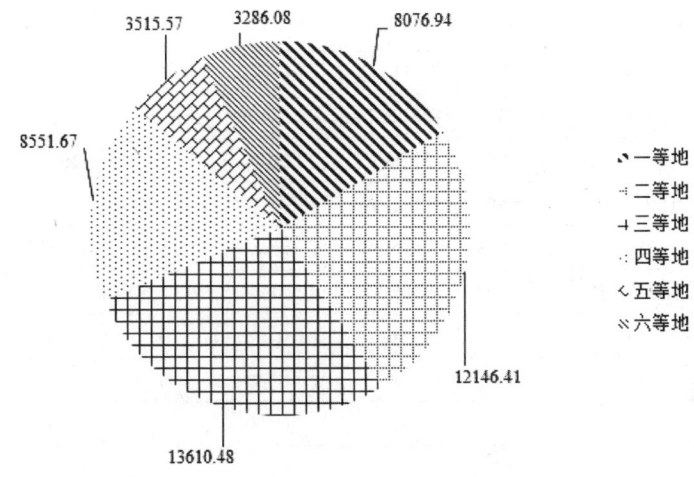

图3-20　金塔县2020年耕地质量评价结果

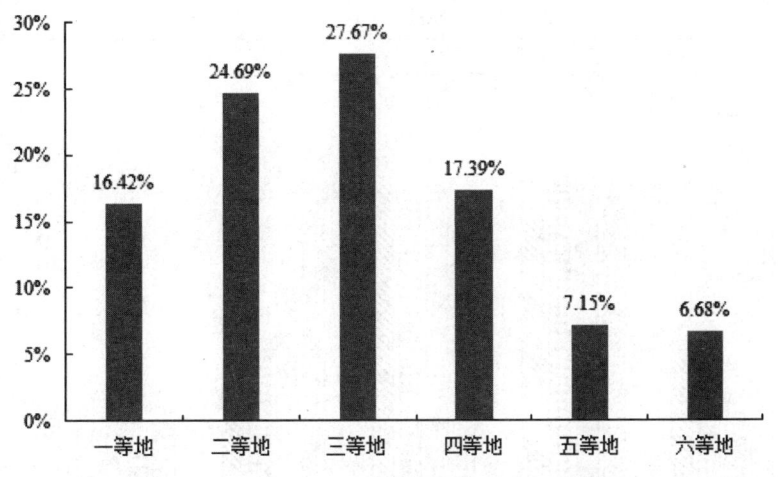

图3-21　金塔县2020年耕地质量等级比例分布图

五、金塔县2017—2020年耕地质量等级对比分析

由表3-26和图3-22可知,2017年到2020年,金塔县耕地面积未变,耕地质量等级有

显著提升。一等地面积占比呈上升趋势,从2017年的9.87%增加至2020年的16.42%增加了6.55%;二等地面积占比2017—2019年呈上升趋势,2020年降至24.69%;三等地面积占比呈上升趋势,2017年占比最低,为23.85%;四等地面积占比呈下降趋势,2019年占比最低,为16.63%;五等地面积占比呈下降趋势,从10.78%减少至7.15%,减少了3.63%;六等地面积占比变化趋势不显著,2017年占比最低,为3.36%,其余三年占比相近;没有分布七、八、九、十等地。

表3-26　金塔县2017—2020年耕地质量等级分布面积与比例

等级/年份	2017年		2018年		2019年		2020年	
	面积（公顷）	比例（%）	面积（公顷）	比例（%）	面积（公顷）	比例（%）	面积（公顷）	比例（%）
一等地	4856.00	9.87%	5615.43	11.42%	6835.82	13.90%	8076.94	16.42%
二等地	12932.20	26.29%	13548.19	27.54%	13626.59	27.70%	12146.41	24.69%
三等地	11732.45	23.85%	13308.93	27.06%	13155.36	26.75%	13610.48	27.67%
四等地	12712.36	25.84%	9581.09	19.48%	8179.77	16.63%	8551.67	17.39%
五等地	5300.41	10.78%	3837.34	7.80%	4075.11	8.28%	3515.57	7.15%
六等地	1653.73	3.36%	3296.17	6.70%	3314.50	6.74%	3286.08	6.68%
七等地	0	0	0	0	0	0	0	0
八等地	0	0	0	0	0	0	0	0
九等地	0	0	0	0	0	0	0	0
十等地	0	0	0	0	0	0	0	0
总计	49187.15	100.00%	49187.15	100.00%	49187.15	100.00%	49187.15	100.00%
耕地等级	3.11		3.04		2.98		2.94	

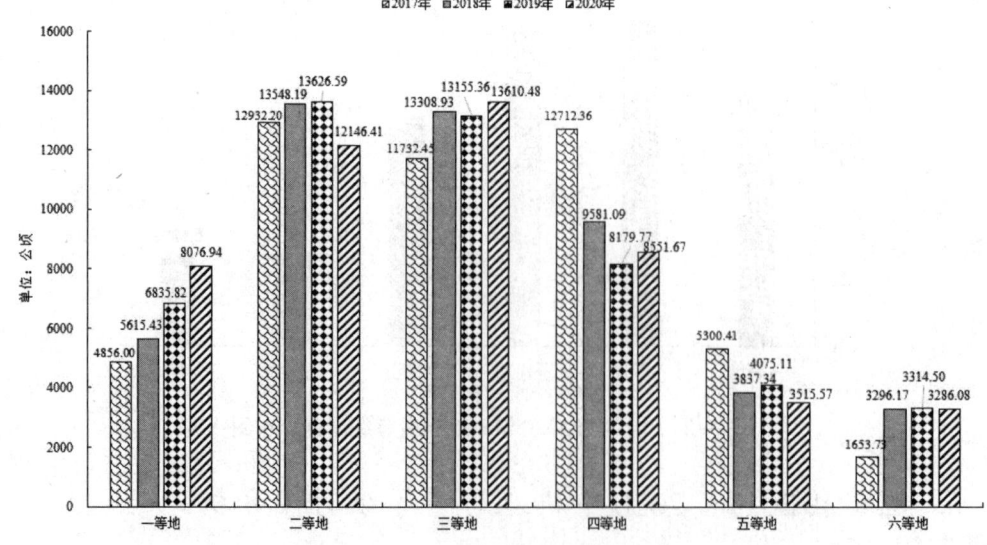

图3-37　金塔县2017—2020年耕地质量等级面积分布图

第六节　瓜州县2017—2020年耕地质量等级

一、瓜州县2017年耕地质量等级情况

2017年,瓜州县耕地质量等级调查评价面积为53 276.73公顷。将瓜州县耕地质量等级由高到低依次划分为二至九等。二等地耕地质量最好,九等地耕地质量最差。采用耕地质量等级面积加权法,计算得到瓜州县耕地质量平均等级为4.43等。

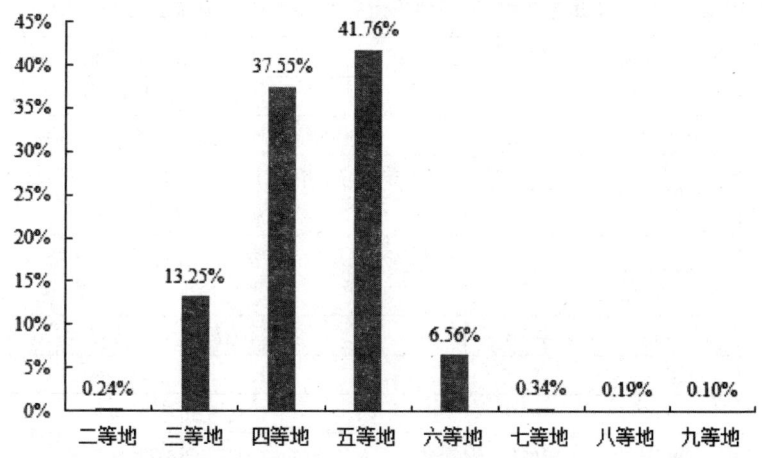

图3-23　瓜州县2017年耕地质量等级比例分布图

评价为二等的耕地面积为128.78公顷,占瓜州县评价耕地总面积的0.24%。主要分布在瓜州乡。这部分耕地质地构型为上松下紧型,灌溉条件均为满足,全部耕地存在障碍因素(盐碱),土壤pH值均值为8.42。

评价为三等的耕地面积为7 058.16公顷,占13.25%。主要分布在西湖乡、南岔镇、双塔乡和布隆吉乡。这部分耕地质地构型为夹层型,灌溉条件均为满足,全部耕地存在障碍因素(盐碱),土壤pH值均值为8.42。

评价为四等的耕地面积为20 007.99公顷,占37.55%。主要分布在南岔镇、西湖乡和瓜州乡。这部分耕地质地构型为夹层型,灌溉条件均为满足,全部耕地存在障碍因素(盐碱),土壤pH值均值为8.28。

评价为五等的耕地面积为22 248.21公顷,占41.76%。主要分布在西湖乡和三道沟镇。这部分耕地质地构型为夹层型,灌溉条件基本满足,全部耕地存在障碍因素(盐碱、瘠薄),土壤pH值均值为8.34。

评价为六等的耕地面积为3 496.99公顷,占6.56%。主要分布在三道沟镇和七墩回族东乡族乡。这部分耕地质地构型为薄层型,灌溉条件基本满足,全部耕地存在障碍因素(盐碱、瘠薄),土壤pH值均值为8.22。

评价为七等的耕地面积为183.12公顷,占0.34%。主要分布在西湖乡。这部分耕地质地构型为薄层型,灌溉条件基本满足,全部耕地存在障碍因素(盐碱、瘠薄),土壤pH值均值为8.35。

评价为八等的耕地面积为99.47公顷,占0.19%。分布在七墩回族东乡族乡。这部分耕地质地构型为薄层型,灌溉条件基本满足,全部耕地存在障碍因素(盐碱),土壤pH值均值为8.30。

评价为九等的耕地面积为54.01公顷,占0.10%。分布在七墩回族东乡族乡。这部分耕地质地构型为薄层型,灌溉条件基本满足,全部耕地存在障碍因素(盐碱),土壤pH值均值为8.30。

表3-27 瓜州县2017年耕地质量等级面积比例及主要分布区域

耕地质量等级	面积(公顷)	比例(%)	主要分布区域
二等地	128.78	0.24	瓜州乡
三等地	7058.16	13.25	西湖乡、南岔镇、双塔乡、布隆吉乡
四等地	20007.99	37.55	布隆吉乡、瓜州乡、河东乡、南岔镇、锁阳城镇、西湖乡、腰站子东乡族乡
五等地	22248.21	41.76	瓜州乡、河东乡、南岔镇、三道沟镇、双塔乡、锁阳城镇、西湖乡
六等地	3496.99	6.56	三道沟镇、七墩回族东乡族乡
七等地	183.12	0.34	西湖乡
八等地	99.47	0.19	七墩回族东乡族乡
九等地	54.01	0.10	七墩回族东乡族乡
合计	53276.73	100.00	西湖乡、南岔镇、瓜州乡

表3-28 瓜州县2017年各乡镇的耕地质量等级情况

乡镇名称/质量等级	2	3	4	5	6	7	8	9	总计
布隆吉乡	24.86	1150.76	1200.85	59.72	0.18				2436.37
瓜州乡	100.55	74.28	1969.63	2839.36	430.29				5414.11
广至藏族乡			43.37	796.32					839.69
河东乡			1498.33	1900.61	717.98				4116.92
梁湖乡		992.63	458.53	620.30	3.97				2075.43
南岔镇	3.37	1235.08	6036.23	2225.29					9499.97
七墩回族东乡族乡				9.99	465.57	2.73	99.47	54.01	631.77
三道沟镇			463.52	3549.58	469.96	16.73			4499.79
沙河回族乡		447.95	799.59	473.85	322.36	0.02			2043.77
双塔乡		1225.76	703.67	1138.86	342.30				3410.59
锁阳城镇		353.48	1459.89	1762.42	461.58				4037.37
西湖乡		1578.22	3563.31	6155.71	103.14	163.64			11564.02
腰站子东乡族乡			1811.07	716.20	179.66				2706.93
总计	128.78	7058.16	20007.99	22248.21	3496.99	183.12	99.47	54.01	53276.73

二、瓜州县2018年耕地质量等级情况

2018年,瓜州县耕地质量等级调查评价面积为53 276.73公顷。将瓜州县耕地质量等级由高到低依次划分为二至八等。

二等地耕地质量最好,八等地耕地质量最差。采用耕地质量等级面积加权法,计算得到瓜州县耕地质量平均等级为4.33等。

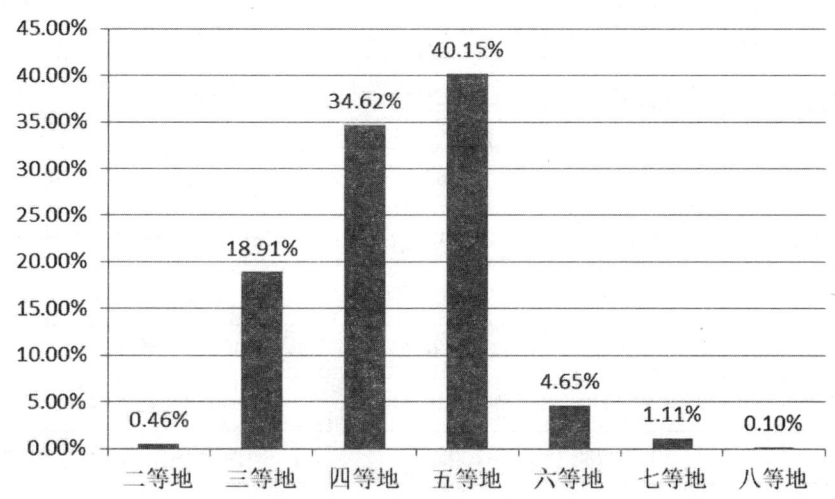

图3-24　瓜州县2018年耕地质量等级比例分布图

评价为二等地的耕地面积为242.82公顷,占瓜州县评价耕地总面积的0.46%。主要分布在布隆吉乡。这部分耕地质地构型为上松下紧型,灌溉条件均为满足,全部耕地存在障碍因素(盐碱),土壤pH值均值为8.43。

评价为三等地的耕地面积为10 072.37公顷,占18.91%。主要分布在布隆吉乡、河东乡、沙河回族乡、双塔乡和腰站子东乡族乡。这部分耕地质地构型主要为夹层型,灌溉条件均为满足,全部耕地存在障碍因素(盐碱),土壤pH值均值为8.29。

评价为四等的耕地面积为18 443.6公顷,占34.62%。主要分布在河东乡、南岔镇、三道沟镇和西湖乡。这部分耕地质地构型主要为夹层型和上紧下松型,灌溉条件均为满足,全部耕地存在障碍因素(盐碱),土壤pH值均值为8.30。

评价为五等的耕地面积为21 392.83公顷,占40.15%。主要分布在瓜州乡、七墩回族东乡族乡和西湖乡。这部分耕地质地构型主要为夹层型,灌溉条件几乎全部满足,全部耕地存在障碍因素(盐碱、瘠薄),土壤pH值均值为8.33。

评价为六等的耕地面积为2 479.99公顷,占4.65%。主要分布在瓜州乡和西湖乡。这部分耕地质地构型主要为薄层型,灌溉条件基本满足,全部耕地存在障碍因素(盐碱、瘠薄),土壤pH值均值为8.37。

评价为七等的耕地面积为591.75公顷,占1.11%。主要分布在瓜州乡。这部分耕地质地构型主要为薄层型,灌溉条件基本满足,全部耕地存在障碍因素(盐碱),土壤pH值均

值为8.38。

评价为八等的耕地面积为53.37公顷,占0.10%。分布在七墩回族东乡族乡。这部分耕地质地构型为薄层型,灌溉条件基本满足,全部耕地存在障碍因素(盐碱),土壤pH值均值为8.29。

表3-29 瓜州县2018年耕地质量等级面积比例及主要分布区域

耕地质量等级	面积(公顷)	比例(%)	主要分布区域
二等地	242.82	0.46	布隆吉乡
三等地	10072.37	18.91	布隆吉乡、河东乡、沙河回族乡、双塔乡和腰站子东乡族乡
四等地	18443.60	34.62	河东乡、南岔镇、三道沟镇和西湖乡
五等地	21392.83	40.15	瓜州乡、七墩回族东乡族乡和西湖乡
六等地	2479.99	4.65	瓜州乡和西湖乡
七等地	591.75	1.11	瓜州乡
八等地	53.37	0.10	七墩回族东乡族乡
合计	53276.73	100.00	西湖乡、南岔镇、瓜州乡

表3-30 瓜州县2018年各乡镇的耕地质量等级情况

乡镇名称/质量等级	2	3	4	5	6	7	8	总计
布隆吉乡	242.68	1465.53	489.83	211.86	26.47			2436.37
瓜州乡	0.08	110.20	387.25	3813.55	786.04	320.88		5414.11
广至藏族乡				823.22	16.47			839.69
河东乡		1386.65	1983.75	420.89	325.99			4116.92
梁湖乡		455.72	927.23	688.51	0.01			2075.43
南岔镇	0.06	145.03	4375.88	4886.81	92.19			9499.97
七墩回族东乡族乡			50.63	426.20	1.46	100.11	53.37	631.77
三道沟镇		428.77	3029.83	879.98	161.21			4499.79
沙河回族乡		1247.54	538.53	257.68		0.02		2043.77
双塔乡		1225.76	1109.94	732.59	342.30			3410.59
锁阳城镇		629.31	1775.20	1632.65	0.21			4037.37
西湖乡		635.19	3592.03	6438.55	727.51	170.74		11564.02
腰站子东乡族乡		2342.67	183.50	180.34	0.13			2706.93
总计	242.82	10072.37	18443.60	21392.83	2479.99	591.75	53.37	53276.73

三、瓜州县2019年耕地质量等级情况

2019年,瓜州县耕地质量等级调查评价面积为53 276.73公顷。将瓜州县耕地质量等级由高到低依次划分为二至八等。二等地耕地质量最好,八等地耕地质量最差。采用耕地质量等级面积加权法,计算得到瓜州县耕地质量平均等级为4.31等。

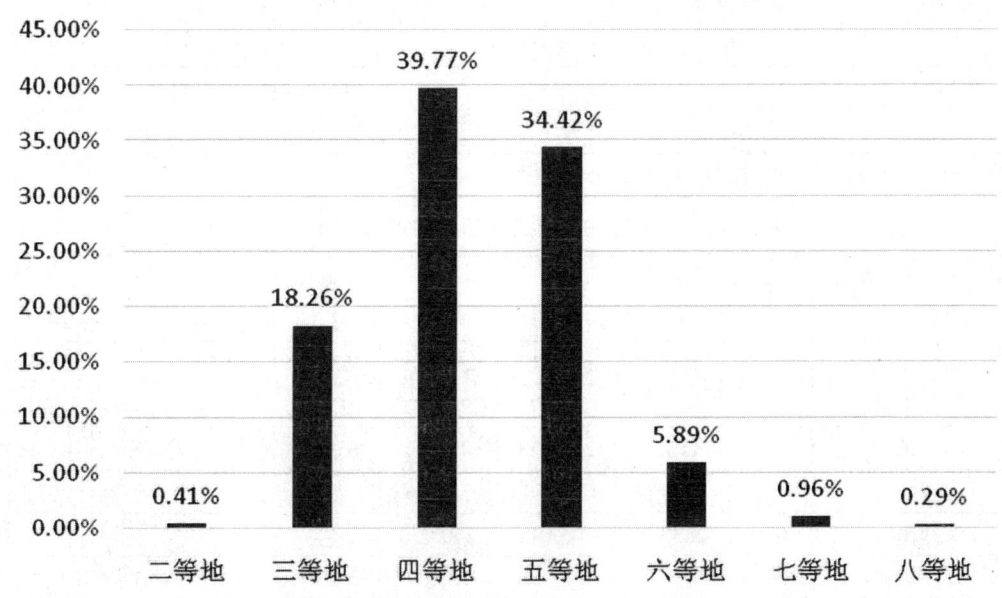

图3-25 瓜州县2019年耕地质量等级比例分布图

评价为二等的耕地面积为220.12公顷,占瓜州县评价耕地总面积的0.41%。主要分布在瓜州镇和锁阳城镇。

评价为三等的耕地面积为9 726.3公顷,占18.26%。主要分布在南岔镇和西湖镇。

评价为四等的耕地面积为21 187.56公顷,占39.77%。主要分布在南岔镇、河东镇、西湖镇。

评价为五等的耕地面积为18 337.97公顷,占34.42%。主要分布在西湖镇、南岔镇、瓜州镇。

评价为六等的耕地面积为3 138.53公顷,占5.89%。主要分布在河东镇和沙河回族乡。

评价为七等的耕地面积为512.8公顷,占0.96%。主要分布在双塔镇和西湖镇。

评价为八等的耕地面积为153.45公顷,占0.29%。分布在七墩回族东乡族乡。

表 3-31　瓜州县 2019 年耕地质量等级面积比例及主要分布区域

耕地质量等级	面积（公顷）	比例（%）	主要分布区域
二等地	220.12	0.41%	瓜州镇和锁阳城镇
三等地	9726.30	18.26%	南岔镇和西湖镇
四等地	21187.56	39.77%	南岔镇、河东镇、西湖镇
五等地	18337.97	34.42%	西湖镇、南岔镇、瓜州镇
六等地	3138.53	5.89%	河东镇和沙河回族乡
七等地	512.80	0.96%	双塔镇和西湖镇
八等地	153.45	0.29%	七墩回族东乡族乡
合计	53276.73	100.00%	

表 3-32　瓜州县 2019 年各乡镇的耕地质量等级情况

乡镇名称/质量等级	2	3	4	5	6	7	8	总计
布隆吉乡		242.89	1703.14	446.99	43.35			2436.37
瓜州镇		100.47	75.41	2283.98	2533.60	424.54		5418.00
广至藏族乡			43.37	796.32				839.69
河东镇		153.75	2810.28	493.35	659.61			4116.99
梁湖乡		1383.00	343.50	344.96	0.01			2071.47
南岔镇	0.06	2833.27	4063.14	2603.50				9499.97
七墩回族东乡族乡				123.07	353.76	1.49	153.45	631.77
三道沟镇		96.07	2005.27	2136.46	245.26	16.73		4499.79
沙河回族乡		103.04	1144.50	172.44	623.78	0.01		2043.77
双塔镇			1226.98	1260.36	592.32	330.93		3410.59
锁阳城镇	119.59	1295.38	1451.63	1165.95	4.82			4037.37
西湖镇		2735.95	2392.48	6085.98	185.97	163.64		11564.02
腰站子东乡族镇		807.54	1719.29	174.99	5.11			2706.93
总计	119.65	9751.36	18978.99	18088.35	5247.59	937.34	153.45	53276.73

四、瓜州县 2020 年耕地质量等级情况

2020 年，瓜州县总耕地面积为 53 276.73 公顷，按质量等级由高到低依次划分为二至八等，平均等级为 4.25 等，较 2017 年提升了 0.18 个等级。

其中评价为二至三等的耕地面积为 11 391.83 公顷，占耕地总面积的 21.38%。这部分耕地基础质量较高，障碍因素不明显，应按照用养结合方式开展农业生产，确保耕地质量稳中有升。

评价为四至六等的耕地面积为 41 218.65 公顷，占耕地总面积的 77.37%。这部分耕地所处环境气候条件基本适宜，农田基础设施条件相对较好，障碍因素较不明显，是今后粮食增产的重点区域和重要突破口。

评价为七至八等的耕地面积为 666.25 公顷，占耕地总面积的 1.25%。这部分耕地基

础质量相对较差,生产障碍因素突出,短时间内较难得到根本改善,应持续开展农田基础设施建设和耕地内在质量建设。

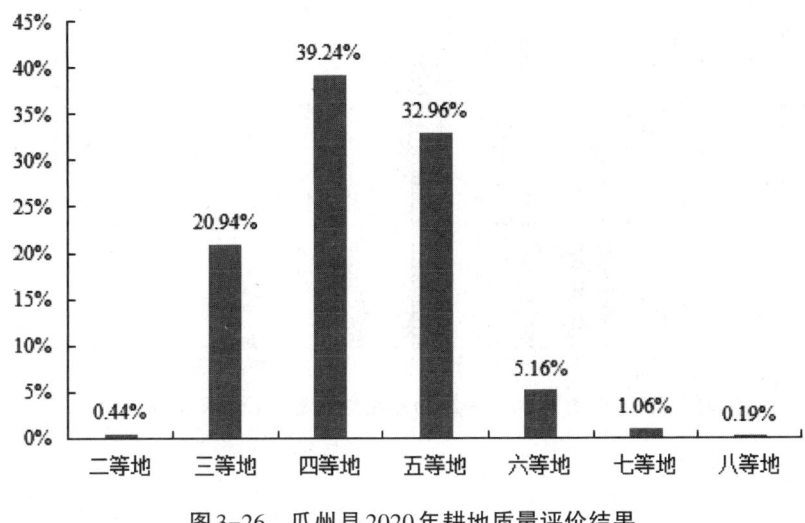

图 3-26 瓜州县 2020 年耕地质量评价结果

五、瓜州县 2017—2020 年耕地质量等级对比分析

由表 3-33 和图 3-27 可知,2017 年到 2020 年,瓜州县耕地面积未变,耕地质量等级有显著提升。二等地面积占比较低;三等地面积占比呈上升趋势,从 2017 年占比 13.25% 上升至 20.94%,增加了 7.69%;四等地面积占比 2018—2020 呈上升趋势,2018 年占比最低,为 34.62%;五等地面积占比呈下降趋势,从 41.76% 减少至 32.96%,减少了 8.80%;六等地面积占比变化趋势不显著,2018 年占比最低,为 4.65%,2019 年占比最高,为 9.85%;七等地和八等地分布较少;九等地只在 2017 年有分布,为 0.10%;没有分布一等地和十等地。

表 3-33 瓜州县 2017—2020 年耕地质量等级分布面积与比例

等级/年份	2017年		2018年		2019年		2020年	
	面积(公顷)	比例(%)	面积(公顷)	比例(%)	面积(公顷)	比例(%)	面积(公顷)	比例(%)
一等地	0	0	0	0	0	0	0	0
二等地	128.78	0.24%	242.82	0.46%	119.65	0.22%	233.23	0.44%
三等地	7058.16	13.25%	10072.37	18.91%	9751.36	18.30%	11158.6	20.94%
四等地	20007.99	37.55%	18443.6	34.62%	18978.99	35.62%	20907.89	39.24%
五等地	22248.21	41.76%	21392.83	40.15%	18088.35	33.95%	17560.93	32.96%
六等地	3496.99	6.56%	2479.99	4.65%	5247.59	9.85%	2749.83	5.16%
七等地	183.12	0.34%	591.75	1.11%	937.34	1.76%	563.9	1.06%
八等地	99.47	0.19%	53.37	0.10%	153.45	0.29%	102.35	0.19%
九等地	54.01	0.10%	0	0	0	0	0	0
十等地	0	0	0	0	0	0	0	0
总计	53276.73	100.00%	53276.73	100.00%	53276.73	100.00%	53276.73	99.99%
耕地等级	4.43		4.33		4.31		4.25	

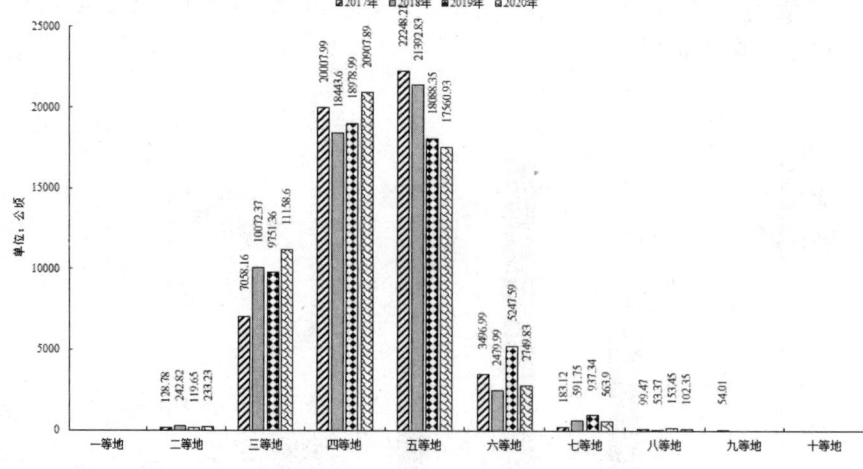

图 3-27 瓜州县 2017—2020 年耕地质量等级面积分布图

第七节 肃北县、阿克塞县 2017—2020 年耕地质量等级

一、肃北县、阿克塞县 2017 年耕地质量等级情况

2017年,阿克塞县、肃北县耕地质量等级调查评价面积为1481.05公顷。阿克塞县耕地质量等级为四等和七等。四等地耕地质量最好,七等地耕地质量最差。采用耕地质量等级面积加权法,计算得到阿克塞县耕地质量平均等级为5.01等。

肃北县耕地质量等级为四等和五等。四等地耕地质量最好,五等地耕地质量最差,采用耕地质量等级面积加权法,计算得到肃北县耕地质量平均等级为4.15等。

肃北县评价为四等的耕地面积为1015.21公顷,占肃北县耕地总面积的85.48%;评价为五等的耕地面积为172.5公顷,占肃北县耕地总面积的14.52%。

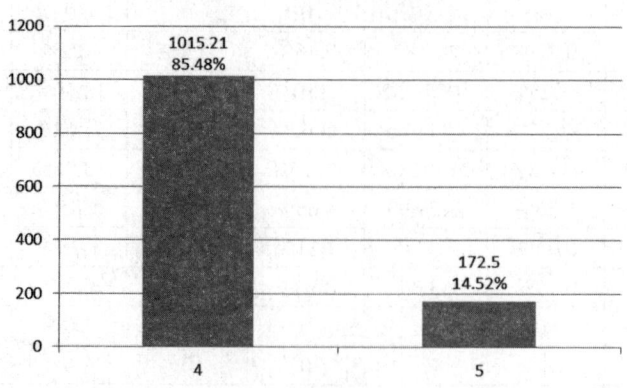

图 3-28 肃北县 2017 年耕地质量等级比例分布图

阿克塞县评价为四等的耕地面积为194.67公顷，占阿克塞县耕地总面积的66.36%；评价为七等的耕地面积为98.67公顷，占阿克塞县耕地总面积的33.64%。

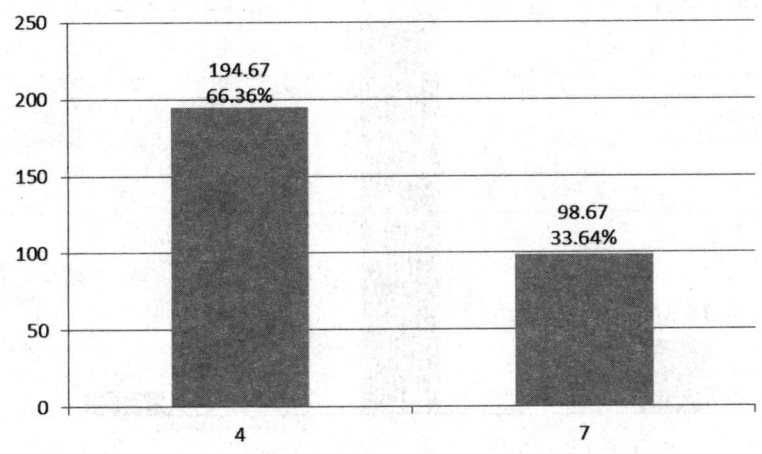

图3-29　阿克塞县2017年耕地质量等级比例分布图

表3-34　阿克塞县、肃北县2017年耕地质量等级比例分布

县名称	四等地	比例	五等地	比例	七等地	比例	总计
	公顷	%	公顷	%	公顷	%	公顷
阿克塞县	194.67	66.36	0.00	0.00	98.67	33.64	293.34
肃北县	1015.21	85.48	172.50	14.52	0.00	0.00	1187.71
总计	1209.88	81.69	172.50	11.65	98.67	6.66	1481.05

二、肃北县、阿克塞县2018年耕地质量等级情况

2018年，阿克塞县、肃北县耕地质量等级调查评价面积为1 481.03公顷。阿克塞县耕地质量等级为三等和七等。三等地耕地质量最好，七等地耕地质量最差。采用耕地质量等级面积加权法，计算得到阿克塞县耕地质量平均等级为3.99等。肃北县耕地质量等级为四等地。

阿克塞县评价为三等的耕地面积为220.27公顷，占阿克塞县耕地总面积的75.09%。占阿克塞县、肃北县总耕地面积的14.87%，主要分布在阿克旗乡。阿克塞县评价为七等的耕地面积为73.07公顷，占阿克塞县耕地总面积的24.91%。占阿克塞县、肃北县总耕地面积的4.93%，主要分布在红柳湾镇。

肃北县评价为四等的耕地面积为1 187.69公顷，占肃北县耕地总面积的100%。占阿克塞县、肃北县总耕地面积的80.19%，主要分布在党城湾镇、石包城乡。

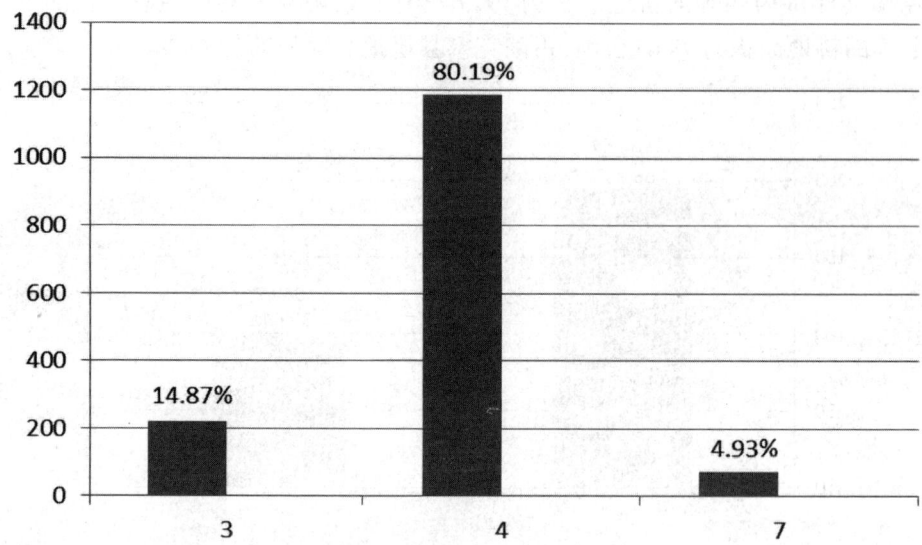

图 3-30　阿克塞县、肃北县 2018 年耕地质量等级比例分布图

表 3-35　阿克塞县、肃北县 2018 年耕地质量等级比例分布

县名称	乡镇名称	三等地	比例	四等地	比例	七等地	比例	总计
		公顷	%	公顷	%	公顷	%	公顷
阿克塞县	阿克旗乡	220.27	100.00	0.00	0.00	0.00	0.00	220.27
	红柳湾镇	0.00	0.00	0.00	0.00	73.07	100.00	73.07
肃北县	党城湾镇	0.00	0.00	1022.14	100.00	0.00	0.00	1022.14
	石包城乡	0.00	0.00	165.55	100.00	0.00	0.00	165.55
	总计	220.27	14.87	1187.69	80.19	73.07	4.93	1481.03

三、肃北县、阿克塞县 2019 年耕地质量等级情况

2019 年，阿克塞县、肃北县耕地质量等级调查评价面积为 1481.03 公顷。阿克塞县耕地质量等级为三等和七等。三等地耕地质量最好，七等地耕地质量最差。采用耕地质量等级面积加权法，计算得到阿克塞县耕地质量平均等级为 3.99 等。

阿克塞县评价为三等的耕地面积为 220.27 公顷，占阿克塞县耕地总面积的 75.09%。占阿克塞县、肃北县总耕地面积的 14.87%，主要分布在阿克旗乡。评价为七等的耕地面积为 73.07 公顷，占阿克塞县耕地总面积的 24.91%。占阿克塞县、肃北县总耕地面积的 4.93%，主要分布在红柳湾镇。

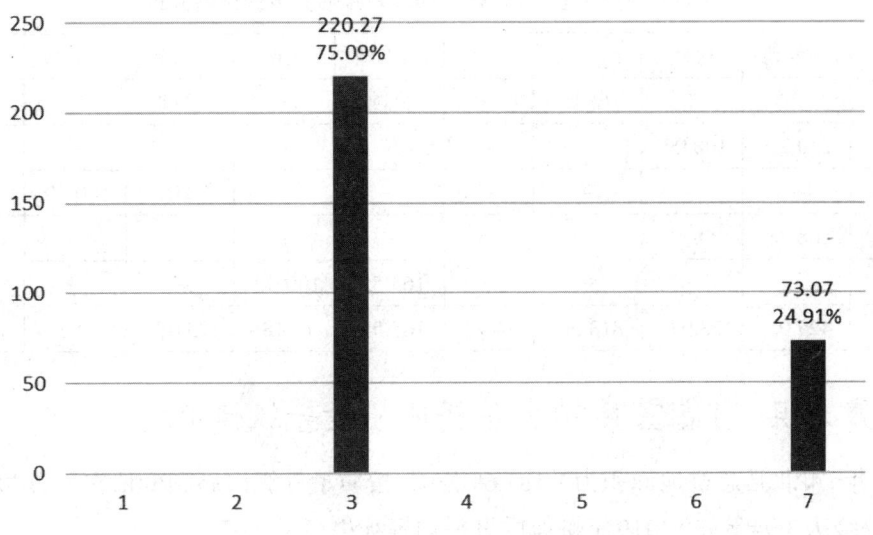

图3-31 阿克塞县2019年耕地质量等级比例分布图

肃北县耕地质量等级为三等、四等和五等。三等地耕地质量最好,五等地耕地质量最差。采用耕地质量等级面积加权法,计算得到肃北县耕地质量平均等级为3.96等。

肃北县评价为三等的耕地面积为208.78公顷,占肃北县耕地总面积的17.58%。占阿克塞县、肃北县总耕地面积的14.10%,主要分布在党城湾镇。评价为四等的耕地面积为813.6公顷,占肃北县耕地总面积的68.48%。占阿克塞县、肃北县总耕地面积的54.92%,主要分布在党城湾镇。评价为五等的耕地面积为165.55公顷,占肃北县耕地总面积的13.94%。占阿克塞县、肃北县总耕地面积的11.18%,主要分布在石包城乡。

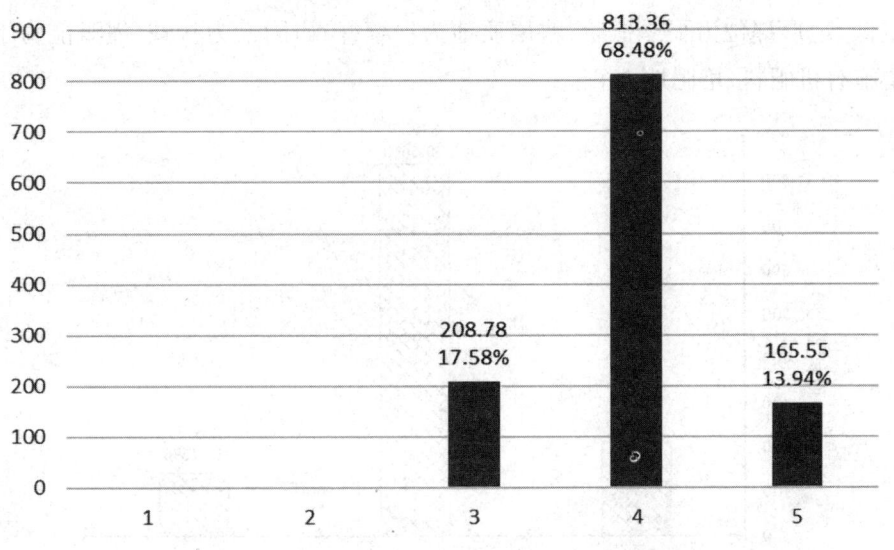

图3-32 肃北县2019年耕地质量等级比例分布图

表 3-36 阿克塞县、肃北县 2019 年耕地质量等级比例分布

乡镇名称	三等地 公顷	比例 %	四等地 公顷	比例 %	五等地 公顷	比例 %	七等地 公顷	比例 %	总计 公顷
阿克旗乡	220.27	100.00	-	-	-	-	-	-	220.27
红柳湾镇	-	-	-	-	-	-	73.07	100.00	73.07
党城湾镇	208.78	20.43	813.36	79.57	-	-	-	-	1022.14
石包城乡	-	-	-	-	165.55	100.00	-	-	165.55
总计	429.05	28.97	813.36	54.92	165.55	11.18	73.07	4.93	1481.03

四、肃北县、阿克塞县 2020 年耕地质量等级情况

2020年,肃北县总耕地面积为1 187.69公顷,按质量等级由高到低依次划分为三至五等,平均等级为3.94等,较2019年耕地质量平均等级提高了0.02。

其中,评价为三等的耕地面积为208.78公顷,占耕地总面积的17.58%。这部分耕地基础质量较高,障碍因素不明显,应按照用养结合方式开展农业生产,确保耕地质量稳中有升。

评价为四等地的耕地面积为839.27公顷,占耕地总面积的70.66%。这部分耕地可耕性较弱,降雨量不足,障碍因素为盐碱,耕层质地为轻壤,质地构型为薄层型,土壤理化性状较差,土壤存在一定的盐渍化问题。重点排水洗盐,降低地下水位以及改善土壤肥力等方法进行改良,是今后粮食增产的重点区域和重要突破口。

评价为五等的耕地面积仅为139.64公顷,占耕地总面积的11.76%。这部分耕地土壤养分含量低,地形部位为平原低阶,耕层质地为沙壤,障碍因素为盐碱,灌溉能力不满足。首先应增施有机肥料,培肥地力。

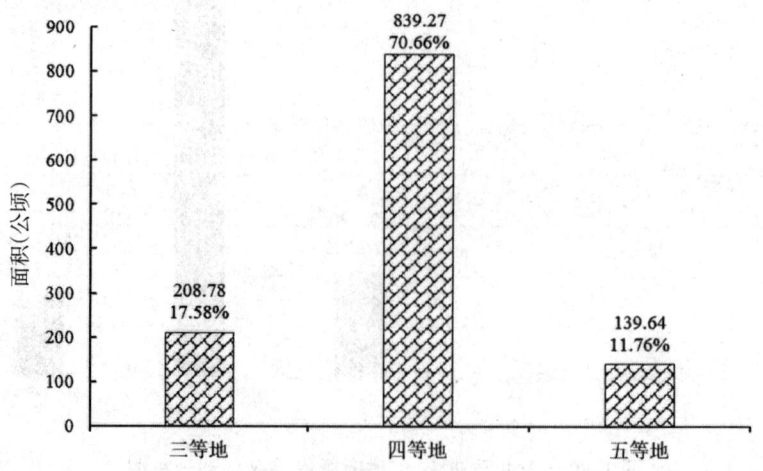

图 3-33 肃北县 2020 年耕地质量评价结果

表3-37 肃北县2020年耕地质量等级行政区域分布

乡镇名称	面积及比例	三等地	四等地	五等地	总计
党城湾镇	面积（公顷）	208.78	813.36	0.00	1022.14
	比例（%）	20.43	79.57	0.00	100.00
石包城乡	面积（公顷）	0.00	25.91	139.64	165.55
	比例（%）	0.00	15.65	84.35	100.00
总计	面积（公顷）	208.78	839.27	139.64	1187.69
	比例（%）	17.58	70.66	11.76	100.00

阿克塞县总耕地面积为293.34公顷，按质量等级由高到低依次划分为三等地、六等地和七等地，平均等级为3.92等，较2019年平均耕地质量等级提高了0.07。

其中评价为三等地的耕地面积为220.27公顷，占耕地总面积的75.09%。这部分耕地基础质量较高，障碍因素不明显，应按照用养结合方式开展农业生产，确保耕地质量稳中有升。

评价为六等的耕地面积仅为23.11公顷，占耕地总面积的7.88%；评价为七等的耕地面积仅为49.96公顷，占耕地总面积的17.03%。这部分耕地基础质量相对较差，生产障碍因素突出，短时间内较难得到根本改善，应持续开展农田基础设施建设和耕地内在质量建设。

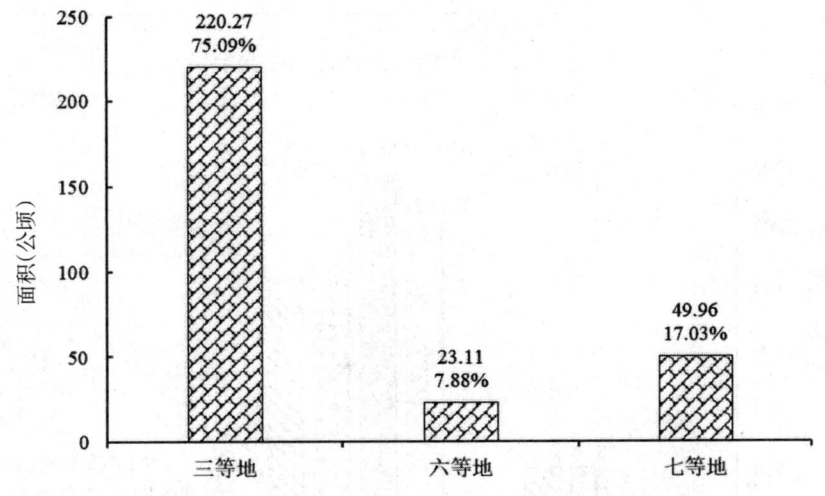

图3-34 阿克塞县2020年耕地质量评价结果

五、肃北县、阿克塞县2017—2020年耕地质量等级对比分析

由表3-38和图3-35可知，2017年到2020年，肃北县耕地面积未变，耕地质量等级有显著提升，只有三、四、五等地分布。其中三等地分布于2019年和2020年，占比同为17.58%；四等地面积占比呈下降趋势，2018年占比最高，为100%，2019年占比最低，为

68.49%；五等地面积占比呈下降趋势，从14.52%减少至11.76%，2018年没有分布。

表3-38 肃北县2017—2020年耕地质量等级分布面积与比例

等级/年份	2017年 面积（公顷）	2017年 比例（%）	2018年 面积（公顷）	2018年 比例（%）	2019年 面积（公顷）	2019年 比例（%）	2020年 面积（公顷）	2020年 比例（%）
一等地	0	0	0	0	0	0	0	0
二等地	0	0	0	0	0	0	0	0
三等地	0	0	0	0	208.76	17.58%	208.78	17.58%
四等地	1015.21	85.48%	1187.69	100.00%	813.40	68.49%	839.27	70.66%
五等地	172.48	14.52%	0	0	165.53	13.94%	139.64	11.76%
六等地	0	0	0	0	0	0	0	0
七等地	0	0	0	0	0	0	0	0
八等地	0	0	0	0	0	0	0	0
九等地	0	0	0	0	0	0	0	0
十等地	0	0	0	0	0	0	0	0
总计	1187.69	100.00%	1187.69	100.00%	1187.69	100.00%	1187.69	100.00%
耕地等级	4.15		3.99		3.96		3.94	

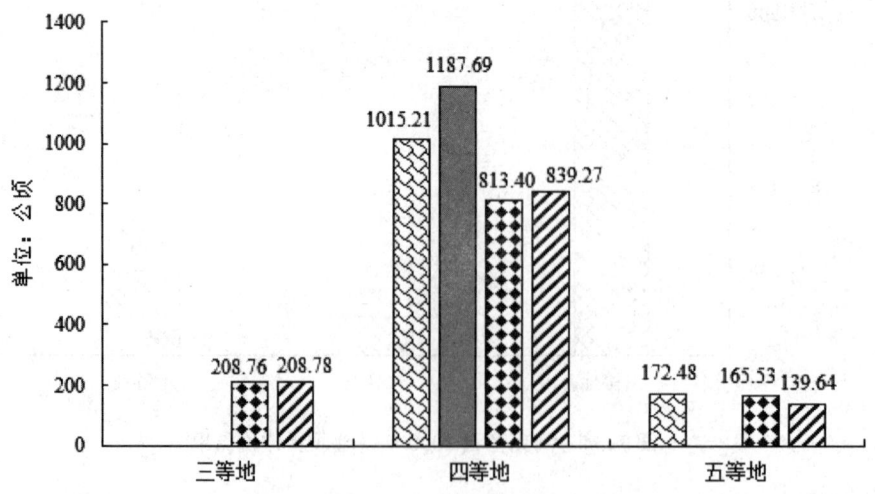

图3-35 肃北县2017—2020年耕地质量等级面积分布图

由表3-39和图3-36可知，2017年到2020年，阿克塞县耕地面积未变，耕地质量等级有显著提升，只有三、四、六、七等地分布。其中三等地占比同为75.09%，2017年没有分布；四等地只分布于2017年，面积占比为66.36%；六等地只分布于2020年，面积占比为

7.88%；七等地面积占比呈下降趋势，从33.64%下降至17.03%，减少了16.61%。

表3-39　阿克塞县2017—2020年耕地质量等级分布面积与比例

等级/年份	2017年		2018年		2019年		2020年	
	面积（公顷）	比例（%）	面积（公顷）	比例（%）	面积（公顷）	比例（%）	面积（公顷）	比例（%）
一等地	0	0	0	0	0	0	0	0
二等地	0	0	0	0	0	0	0	0
三等地	0	0	220.27	75.09%	220.27	75.09%	220.27	75.09%
四等地	194.67	66.36%	0	0	0	0	0	0
五等地	0	0	0	0	0	0	0	0
六等地	0	0	0	0	0	0	23.11	7.88%
七等地	98.67	33.64%	73.07	24.91%	73.07	24.91%	49.96	17.03%
八等地	0	0	0	0	0	0	0	0
九等地	0	0	0	0	0	0	0	0
十等地	0	0	0	0	0	0	0	0
总计	293.34	100.00%	293.34	100.00%	293.34	100.00%	293.34	100.00%
耕地等级	5.01		4.00		3.99		3.92	

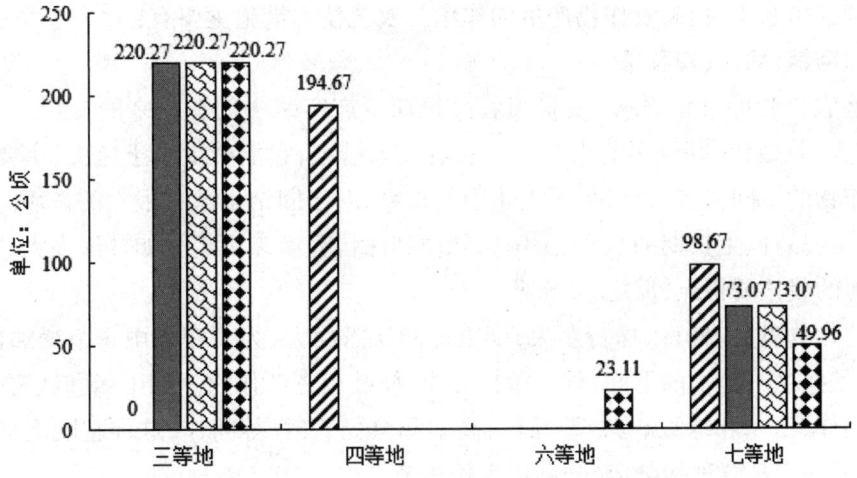

图3-36　阿克塞县2017—2020年耕地质量等级面积分布图

第八节 耕地质量提升措施

通过分析酒泉市中低等级耕地障碍因素的分布,瘠薄是最为主要的障碍因素,盐碱、障碍层次次之。今后应重点开展农田基础设施建设,修建排灌渠道,提高灌溉效率。改良土壤,种植绿肥,并探索施用生物有机肥,合理轮作和间种套种,培肥地力,提高耕地质量。具体应采取如下措施:

一、工程技术措施

工程措施是通过系列建设工程来达到改善提升耕地质量的目的,工程技术包括坡改梯技术、节水灌溉工程技术、中低产田暗灌工程技术、水利设施建设、渠系配套和渠道防渗工程、小水利工程建设和加固利用、预制构件制作技术等方面。如修建以抽、提、引、蓄相配套的拦山沟、地头水柜等小水利工程,改善旱耕地的水利条件,减轻季节性干旱对旱作的影响。推广现代节水灌溉工程技术,通过喷灌技术、微灌技术、地下灌溉技术、改进地面灌水技术、精细地面灌溉技术、坐水种技术、非充分灌溉技术等,均可大幅度提高水资源利用效率。

二、农艺技术措施

在坡耕地上,采取合理的农业耕作措施,可以改变小地形,增加地面覆盖,改良土壤,从而达到保持水土、提高农作物产量的作用。农艺技术措施主要有:

(一)密植、间作、套种法

这些农作物的种植方法,是我国农民长期生产实践中创造出来的,也是一种简易可行、花工少、收效快、好处多的水土保持农业技术措施;它能减少水土流失,主要在于增加地面农作物的空间覆盖,也增加了土壤中的根系,对于固结土壤有很大的作用。密植程度可根据作物品种、生长期的长短、土壤的肥瘦和深耕程度来决定。如株形高大,生长期长,土地瘦薄的栽植要稀点;反之,要密些。

有些作物秆高、株稀、株行距大,则土地的裸露面大,为了在暴雨季节增加覆盖,保持水土,于是在这一作物的下面,种上植株矮小、枝叶茂密的作物。如玉米和红薯间作,棉花和花生间作,玉米和绿豆、马铃薯间作,高粱和黑豆、豇豆等间作,这样它既能加大地面覆盖程度,又能提高复种指数,充分利用生长季节。

(二)深翻改土与增施肥料

深翻改土与增施肥料,是熟化培肥新修农田,改良坡地土壤瘠薄、板结等不良性状的根本措施。它可以改善土壤透水性、保水能力及土壤板结情况,进而减弱地表径流的流量与流速,增强土壤的抗冲抗蚀能力,同时也活化了表层土壤。

坡地深翻应注意以下问题:第一,深翻必须因土制宜,逐年加深。第二,深翻必须结合施用大量有机肥料。第三,在干旱地区,深翻必须注意保墒,及时进行耙、压。

三、化学技术措施

化学改良措施目前应用还较少,但发展却很快。化学措施主要有:施用土壤调理剂、土壤改良剂、抗旱保水剂、植物生长调节剂等。土壤改良剂具有疏松土壤、改变土壤结构、增加土壤通透性和保水保肥性能、改良土壤理化性质、增加盐基代换容量、调节土壤酸碱度增强土壤缓冲能力等作用。土壤改良剂可以在春播前或秋收后结合深翻一次性施入土壤中,也可以与有机肥混合拌匀后施入。

四、物理技术措施

根据耕层浅薄的原因,或进行深耕,或打破障碍层次,使耕层加厚6~10厘米。主要有套犁、机械深耕、聚土深耕等方法。套犁是对普通浅薄型的稻田采用的方法,在常规犁耙后,再重新套犁一次,即同一犁沟来回犁翻两次,把耕层下边犁底层的生土翻动3~4厘米。每年套犁两次,加深耕层3~4厘米,连续3年,确保耕层能稳定的加厚6~10厘米。聚土深耕法是用于旱地的改良法,在冬季作物收获后,沿坡面等高线,横向按畦宽、沟宽各50cm开厢划线,在准备起垄的部份施入有机肥料(包括厩肥、绿肥、野生绿肥、秸秆等),把准备作沟的另一部分的大部分耕层沃土搬到厢面使之成为垄。然后,再向沟底施入有机肥或土杂肥,翻犁沟底,使沟内土层加深5厘米。单纯深耕基本上是平产,深耕加有机肥增产达到极显著水平,施有机肥增产达到显著水平。

第四章 耕地土壤有机质及主要营养元素

第一节 土壤有机质

土壤有机质是泛指土壤中来源于生命的物质,是土壤中除土壤矿物质以外的物质,包括含碳化合物、木素、蛋白质、树脂、蜡质等各种有机化合物。土壤中有机质的来源十分广泛,比如动植物及微生物残体、排泄物和分泌物、废水废渣等。土壤有机质是土壤中最活跃的部分,是土壤肥力的基础,是评价耕地质量的重要指标。

一、酒泉市2017—2020年土壤有机质含量变化分析

表4-1 酒泉市2017—2020年土壤有机质含量平均值(单位:克/千克)

区域	2017年	2018年	2019年	2020年
肃州区	14.55	16.46	19.07	16.64
玉门市	17.45	15.30	15.84	15.64
敦煌市	9.42	11.15	12.23	10.62
金塔县	9.58	11.82	13.51	12.45
瓜州县	10.92	13.34	15.11	10.89
肃北县	15.51	20.72	17.42	16.35
阿克塞县	14.33	5.56	12.08	12.55
平均值	13.11	13.99	15.04	13.59

如表4-1和图4-1所示,2017—2020年,肃州区有机质含量平均值呈上升趋势,2019年有机质含量最高,为19.07克/千克;玉门市有机质含量平均值呈下降趋势,2017年有机质含量最高,为17.45克/千克,其余三年平均值相近;敦煌市有机质含量平均值呈上升趋势,2019年有机质含量最高,为12.23克/千克;金塔县有机质含量平均值呈上升趋势,2019年有机质含量最高,为13.51克/千克;瓜州县有机质含量平均值2017—2019年呈上升趋势,2020年有机质含量下降为10.89克/千克,与2017年相近;肃北县有机质含量平均值2018—2020年呈下降趋势,2018年有机质含量最高,为20.72克/千克,2017年有机质含量最低,为15.51克/千克;阿克塞县有机质含量平均值呈下降趋势,2018年有机质含量最低,

为5.56克/千克。

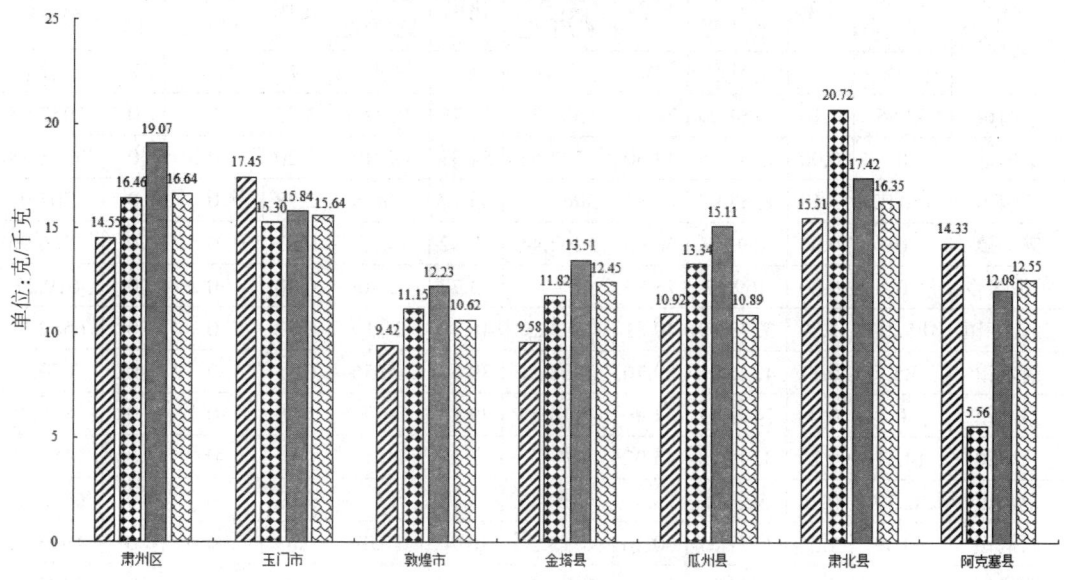

图4-1 酒泉市2017—2020年土壤有机质含量平均值变化图

二、肃州区2017—2020年土壤有机质分布概况

(一)肃州区2017年土壤有机质分布概况

2017年,肃州区耕地土壤有机质平均值为14.55克/千克。从分布频率看,有机质含量主要集中在四级(10.0~15.0克/千克),面积占比达56.09%。

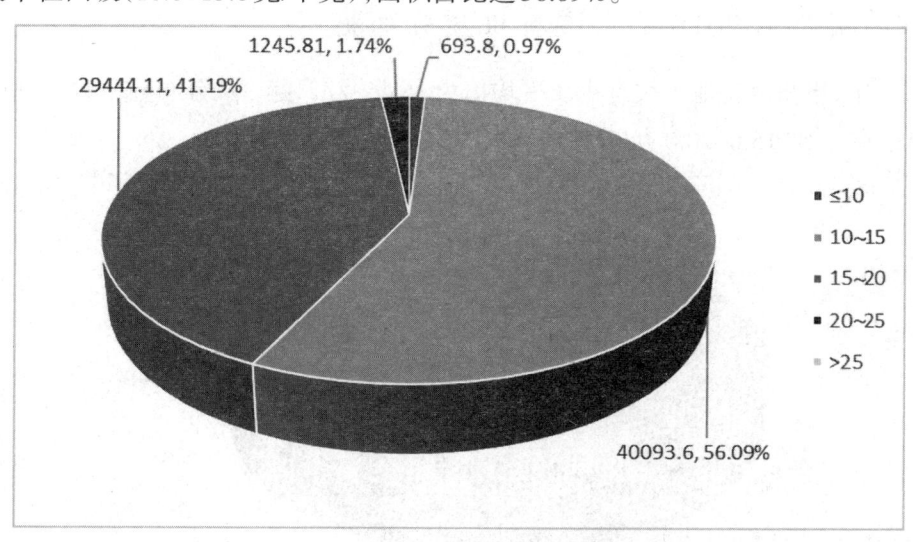

图4-2 肃州区2017年土壤有机质含量各等级面积与比例(单位:公顷)

表4-2 肃州区2017年各乡镇有机质等级分布面积与比例

乡镇名称	≤10克/千克 公顷	比例 %	10~15克/千克 公顷	比例 %	15~20克/千克 公顷	比例 %	20~25克/千克 公顷	比例 %	>25克/千克 公顷	比例 %	总计 公顷
东洞镇	33.55	1.14	2254.06	76.33	554.7	18.78	110.64	3.75	0	0	2952.95
丰乐镇	0	0.00	1432.15	44.50	1747.84	54.31	38.49	1.20	0	0	3218.48
果园镇	150.02	3.19	1358.97	28.87	3068.18	65.17	130.8	2.78	0	0	4707.97
铧尖镇	0	0.00	1957	60.65	1262.41	39.12	7.55	0.23	0	0	3226.96
黄泥堡乡	0	0.00	469.62	75.83	147.19	23.77	2.46	0.40	0	0	619.27
金佛寺镇	85.23	1.29	3278.89	49.81	3197.5	48.57	21.19	0.32	0	0	6582.81
清水镇	5.52	0.17	4226.96	59.70	2808.71	39.67	38.56	0.54	0	0	7079.75
泉湖镇	0	0.00	2479.11	64.96	1116.43	29.25	220.82	5.79	0	0	3816.36
三墩镇	14.31	0.20	3299.13	45.92	3842.2	53.48	29.14	0.41	0	0	7184.78
上坝镇	32.39	0.46	5233.1	74.87	1610.86	23.05	113.26	1.62	0	0	6989.61
西洞镇	40.09	2.06	1172.87	60.36	713.2	36.70	17.09	0.88	0	0	1943.25
西峰镇	0	0.00	1280.84	53.29	1100.24	45.78	22.45	0.93	0	0	2403.53
下河清镇	6.96	0.31	1782.8	79.40	453.48	20.20	2.2	0.10	0	0	2245.44
银达镇	197.7	3.51	2775.16	49.31	2473.11	43.94	182.48	3.24	0	0	5628.45
总寨镇	95.75	1.42	4269.64	63.30	2361.84	35.02	17.39	0.26	0	0	6744.62
农林场	32.28	0.53	2823.30	46.03	2986.22	48.69	291.29	4.75	0	0	6133.09
总计	693.8	0.97	40093.6	56.09	29444.11	41.19	1245.81	1.74	0	0	71477.32

（二）肃州区2018年土壤有机质分布概况

2018年，肃州区耕地土壤有机质平均值为16.46克/千克。从分布频率看，有机质含量主要集中在三级（15.0~20.0克/千克），面积占比达47.65%。

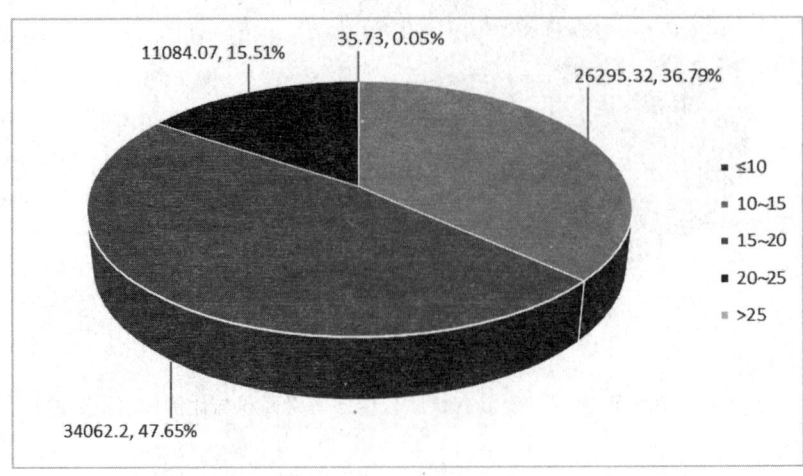

图4-3 肃州区2018年土壤有机质含量各等级面积与比例（单位：公顷）

表4-3 肃州区2018年各乡镇有机质等级分布面积与比例

乡镇名称	≤10 克/千克	比例	10~15 克/千克	比例	15~20 克/千克	比例	20~25 克/千克	比例	>25 克/千克	比例	总计
	公顷	%	公顷	%	公顷	%	公顷	%	公顷	%	公顷
东洞镇	0.00	0.00	2952.95	100.00	0.00	0.00	0.00	0.00	0.00	0.00	2952.95
丰乐镇	0.00	0.00	0.00	0.00	2491.75	77.42	726.73	22.58	0.00	0.00	3218.48
果园镇	0.00	0.00	0.12	0.00	3381.43	71.82	1326.42	28.17	0.00	0.00	4707.97
铧尖镇	0.00	0.00	750.32	23.25	2474.11	76.67	2.53	0.08	0.00	0.00	3226.96
黄泥堡乡	0.00	0.00	619.27	100.00	0.00	0.00	0.00	0.00	0.00	0.00	619.27
金佛寺镇	0.00	0.00	2038.81	30.97	4544.00	69.03	0.00	0.00	0.00	0.00	6582.81
清水镇	0.00	0.00	1709.15	24.14	5370.60	75.86	0.00	0.00	0.00	0.00	7079.75
泉湖镇	0.00	0.00	0.00	0.00	966.04	25.31	2850.32	74.69	0.00	0.00	3816.36
三墩镇	0.00	0.00	1373.73	19.12	5811.05	80.88	0.00	0.00	0.00	0.00	7184.78
上坝镇	35.73	0.51	6953.88	99.49	0.00	0.00	0.00	0.00	0.00	0.00	6989.61
西洞镇	0.00	0.00	1943.25	100.00	0.00	0.00	0.00	0.00	0.00	0.00	1943.25
西峰镇	0.00	0.00	0.00	0.00	2189.24	91.08	214.29	8.92	0.00	0.00	2403.53
下河清镇	0.00	0.00	1049.87	46.76	1195.57	53.24	0.00	0.00	0.00	0.00	2245.44
银达镇	0.00	0.00	0.02	0.00	1250.54	22.22	4377.89	77.78	0.00	0.00	5628.45
总寨镇	0.00	0.00	3708.74	54.99	3030.27	44.93	5.61	0.08	0.00	0.00	6744.62
农林场	0.00	0.00	3195.21	52.10	1357.60	22.14	1580.28	25.77	0.00	0.00	6133.09
总计	35.73	0.05	26295.32	36.79	34062.20	47.65	11084.07	15.51	0.00	0.00	71477.32

（三）肃州区2019年土壤有机质分布概况

2019年，肃州区耕地土壤有机质平均值为19.07克/千克。从分布频率看，有机质含量主要集中在三级（15.0~20.0克/千克），面积占比达66.14%。

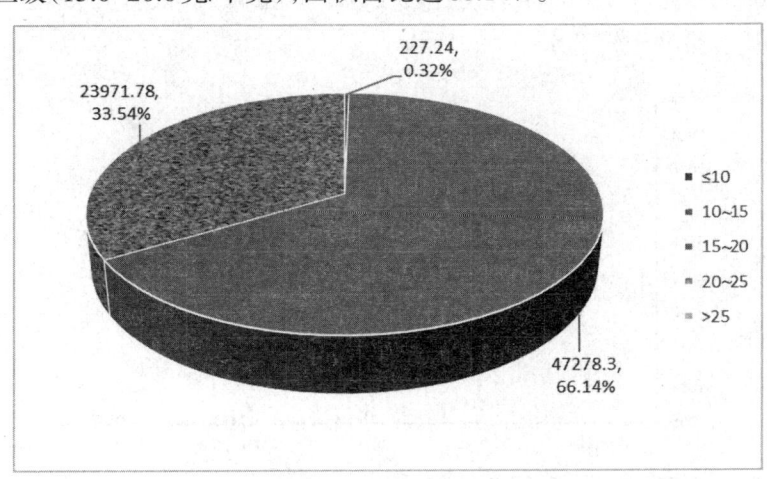

图4-4 肃州区2019年土壤有机质含量各等级面积与比例（单位：公顷）

表4-4 肃州区2019年各乡镇有机质等级分布面积与比例

乡镇名称	≤10克/千克 公顷	比例 %	10~15克/千克 公顷	比例 %	15~20克/千克 公顷	比例 %	20~25克/千克 公顷	比例 %	>25克/千克 公顷	比例 %	总计 公顷
东洞镇	-	-	-	-	2952.95	100.00	-	-	-	-	2952.95
丰乐镇	-	-	-	-	0.02	0.001	3218.46	100.00	-	-	3218.48
果园镇	-	-	0.08	0.002	2321.82	49.32	2386.07	50.68	-	-	4707.97
铧尖镇	-	-	-	-	1837.04	56.93	1389.92	43.07	-	-	3226.96
黄泥堡乡	-	-	-	-	619.27	100.00	-	-	-	-	619.27
金佛寺镇	-	-	0.01	0.0002	2022.84	30.73	4559.96	69.27	-	-	6582.81
清水镇	-	-	-	-	6531.28	92.25	548.47	7.75	-	-	7079.75
泉湖镇	-	-	-	-	205.44	5.38	3610.92	94.62	-	-	3816.36
三墩镇	-	-	-	-	5584.87	77.73	1599.91	22.27	-	-	7184.78
上坝镇	-	-	-	-	6989.61	100.00	-	-	-	-	6989.61
西洞镇	-	-	14.89	0.77	1928.36	99.23	-	-	-	-	1943.25
西峰镇	-	-	-	-	2173.42	90.43	230.11	9.57	-	-	2403.53
下河清镇	-	-	-	-	2245.44	100.00	-	-	-	-	2245.44
银达镇	-	-	166.72	2.96	891.96	15.85	4569.77	81.19	-	-	5628.45
总寨镇	-	-	-	-	6536.39	96.91	208.23	3.09	-	-	6744.62
农林场	-	-	45.54	0.74	4437.59	72.35	1649.96	26.90	-	-	6133.09
总计	-	-	227.24	0.32	47278.30	66.14	23971.78	33.54	-	-	71477.32

(四)肃州区2020年土壤有机质分布概况

根据对肃州区119个样品的分析检测,其2020年耕层土壤有机质含量为16.64克/千克。如图4-5所示,在119个检测土壤样本中,2.52%的样本耕层土壤有机质含量分布在五级(≤10.0克/千克),土壤有机质含量在四级(10.0~20.0克/千克)的样本数占82.35%,分布在三级(20.0~30.0克/千克)的样本数占15.13%,一级和二级没有分布,这表明,肃州区耕层土壤有机质含量处于较低水平。

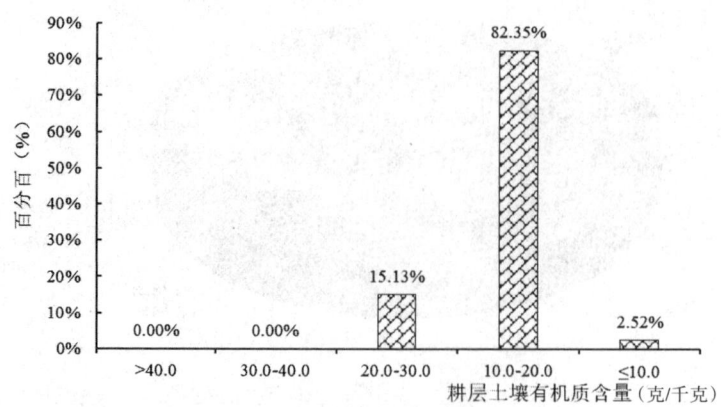

图4-5 肃州区2020年耕层土壤有机质含量分布

(五)肃州区2017—2020年土壤有机质分布概况对比分析

由表4-6和图4-7可知,2017年到2020年,肃州区耕地土壤有机质分布概况为:有机质含量为五级的耕地分布占比很少,只在2019年没有分布;有机质含量为四级的耕地2020年占比最高,占比为82.35%,2019年占比最低,占比为0.32%;有机质含量为三级的耕地2019年占比最高,占比为66.14%,2017—2019年呈上升趋势,2020年则降低至15.13%;有机质含量为二级的耕地2017年占比最低,占比为1.74%,2019年占比最高,占比为33.54%,呈上升趋势,2020年没有分布;有机质含量为一级的耕地没有分布。

表4-5 肃州区2017—2020年土壤有机质含量分布比例

年份/分布	五级 比例(%)	四级 比例(%)	三级 比例(%)	二级 比例(%)	一级 比例(%)	总计
2017年	0.97	56.09	41.19	1.74	0	100
2018年	0.05	36.79	47.65	15.51	0	100
2019年	0	0.32	66.14	33.54	0	100
2020年	2.52	82.35	15.13	0	0	100

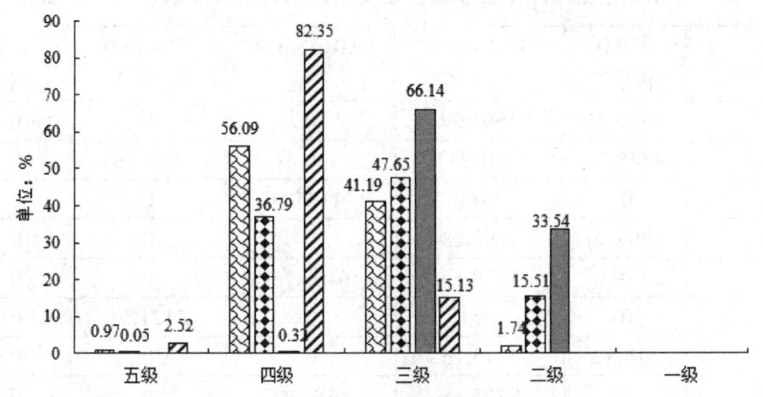

图4-6 肃州区2017—2020年土壤有机质含量分布比例图

三、玉门市2017—2020年土壤有机质分布概况

(一)玉门市2017年土壤有机质分布概况

2017年,玉门市耕地土壤有机质平均值为17.45克/千克。从分布频率看,有机质含量主要集中在三级(10~15克/千克),面积占比达39.35%。

从等级分布看,有机质为一级的耕地面积为8 927.17公顷,占全市耕地的15.28%,主要分布在赤金镇,面积为4 845.23公顷,占全镇耕地比例为83.69%;有机质为二级的耕地面积为22 608.49公顷,占全市耕地的38.70%,主要分布在黄闸湾乡和下西号乡,面积分别为7 392.28公顷和8 765.38公顷,占全乡耕地比例分别为78.96%和86.33%;有机质为三级的耕地面积为22 986.51公顷,占全市耕地的39.35%,主要分布在花海镇和柳河乡,面积分别为14 185.56公顷和6408.76公顷,占全乡镇耕地比例分别为100%和82.39%;有机质为四级的耕地面积为3 892.96公顷,占全市耕地的6.66%,主要分布在柳湖乡和小金湾乡,面积分别为2 121.51公顷和1 128.69公顷,占全乡镇耕地比例分别为100%和100%;有机质为五级的耕地面积为1.43公顷,占全市耕地的0.0024%,在玉门东镇,分布面积为1.43公顷,占全乡镇耕地比例为100%。

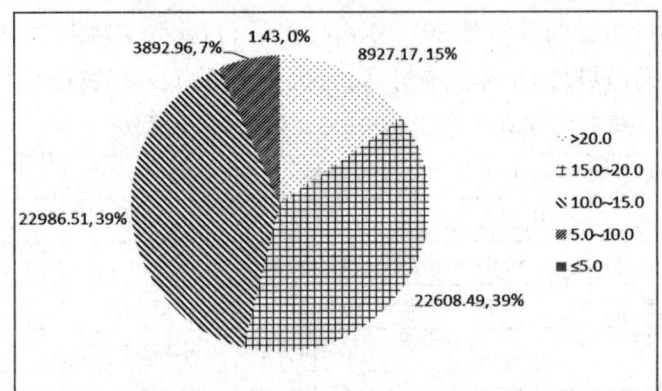

图4-7　玉门市2017年土壤有机质含量各等级面积与比例(单位:公顷)

表4-6　玉门市2017年各乡镇土壤有机质各等级分布表(单位:公顷)

乡镇名称/质量等级	>20.0 克/千克	15.0~20.0 克/千克	10.0~15.0 克/千克	5.0~10.0 克/千克	≤5.0 克/千克	总计
昌马乡	1597.72	1592.69	0	0	0	3190.41
赤金镇	4845.23	301.21	0	642.76	0	5789.20
花海镇	0	0	14185.56	0	0	14185.56
黄闸湾乡	1969.40	7392.28	0	0	0	9361.68
柳河乡	0	1370.19	6408.76	0	0	7778.95
柳湖乡	0	0	0	2121.51	0	2121.51
清泉乡	514.82	1315.16	0	0	0	1829.98
下西号乡	0	8765.38	1387.93	0	0	10153.31
小金湾乡	0	0	0	1128.69	0	1128.69
玉门东镇	0	0	0	0	1.43	1.43
玉门镇	0	1871.58	1004.26	0	0	2875.84
总计	8927.17	22608.49	22986.51	3892.96	1.43	58416.56

(二)玉门市2018年土壤有机质分布概况

2018年,玉门市耕地土壤有机质平均值为15.30克/千克。从分布频率看,有机质含量主要集中在三级(10~15克/千克),面积占比为72.89%。

从等级分布看,有机质为一级的耕地面积为146.66公顷,占全市耕地的0.25%,主要分布在赤金镇,面积为145.23公顷,占全镇耕地比例为2.51%;有机质为二级的耕地面积为15 686.93公顷,占全市耕地的26.85%,主要分布在昌马乡和赤金镇,面积分别为

3 189.59公顷和5 475.18公顷,占全乡镇耕地比例分别为99.97%和94.58%;有机质为三级的耕地面积为42 582.04公顷,占全市耕地的72.89%,主要分布在花海镇、黄闸湾乡和下西号乡,面积分别为14 185.56公顷、9 170.1公顷和8 205.69公顷,占全乡镇耕地比例分别为100%、97.95%、和80.82%;有机质为四级的耕地面积为0.93公顷,占全市耕地的0.0016%,主要分布在赤金镇,面积为0.51公顷,占全镇耕地比例为0.0088%;没有五级分布。

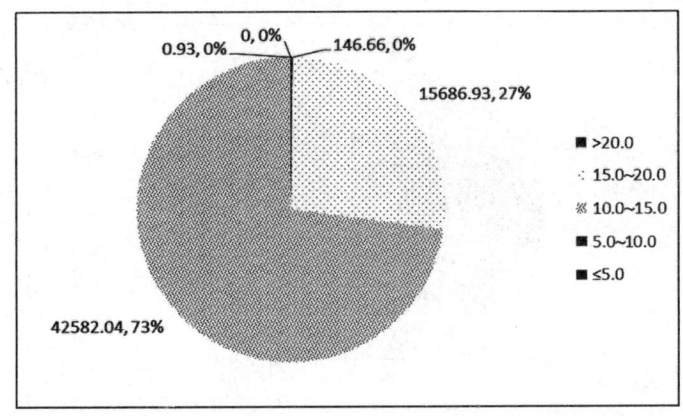

图4-8　玉门市2018年土壤有机质含量各等级面积与比例(单位:公顷)

表4-7　玉门市2018年各乡镇土壤有机质各等级分布表(单位:公顷)

乡镇名称/质量等级	>20.0 克/千克	15.0~20.0 克/千克	10.0~15.0 克/千克	5.0~10.0 克/千克	≤5.0 克/千克	总计
昌马乡	0.82	3189.59				3190.41
赤金镇	145.23	5475.18	168.28	0.51		5789.20
花海镇			14185.56			14185.56
黄闸湾乡	0.27	191.31	9170.10			9361.68
柳河乡		176.42	7602.33	0.20		7778.95
柳湖乡			2121.51			2121.51
清泉乡	0.34	1829.64				1829.98
下西号乡		1947.62	8205.69			10153.31
小金湾乡			1128.47	0.22		1128.69
玉门东镇		1.43				1.43
玉门镇		2875.74	0.10			2875.84
总计	146.66	15686.93	42582.04	0.93	0	58416.56

(三)玉门市2019年土壤有机质分布概况

2019年,玉门市耕地土壤有机质平均值为15.84克/千克。从分布频率看,有机质含量主要集中在四级(10~15克/千克),面积占比达50.65%。

从等级分布看,有机质为一级的耕地面积为0.11公顷,占全市耕地的0.0002%,只分布在赤金镇,占全镇耕地的0.0019%;有机质为二级的耕地面积为6 744.12公顷,占全市耕地的11.54%,主要分布在昌马镇和赤金镇,面积分别为2 833.32公顷和3910.69公顷,分别占全镇耕地的88.81%和67.55%;有机质为三级的耕地面积为21 869.48公顷,占全市耕地的37.44%,主要分布在黄闸湾镇和下西号镇,面积分别为7 803.21公顷和7 921.86公顷,分别占全镇耕地的83.35%和78.02%;有机质为四级的耕地面积为29 588.08公顷,占全市耕地的50.65%,主要分布在花海镇,面积为14185.56公顷,占全镇耕地的100%;有机质为五级的耕地面积为214.77公顷,占全市耕地的0.37%,主要分布在柳河镇,面积为214.67公顷,占全镇耕地比例的2.76%。

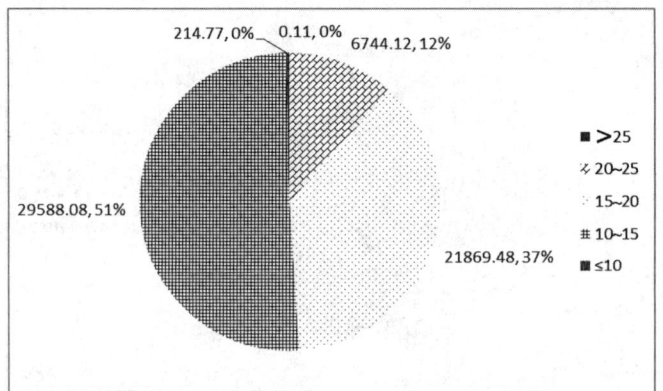

图4-9 玉门市2019年土壤有机质含量各等级面积与比例(单位:公顷)

表4-8 玉门市2019年各乡镇土壤有机质各等级分布表(单位:公顷)

乡镇名称	>25 克/千克	20~25 克/千克	15~20 克/千克	10~15 克/千克	≤10 克/千克	总计
昌马镇	0	2833.32	357.09	0	0	3190.41
赤金镇	0.11	3910.69	1341.92	536.48	0	5789.20
花海镇	0	0	0	14185.56	0	14185.56
黄闸湾镇	0	0	7803.21	1558.47	0	9361.68
柳河镇	0	0	2504.62	5059.66	214.67	7778.95
柳湖镇	0	0	0	2121.51	0	2121.51
清泉乡	0	0.11	1602.26	227.61	0	1829.98
下西号镇	0	0	7921.86	2231.45	0	10153.31
小金湾乡	0	0	0	1128.59	0.10	1128.69
玉门东镇	0	0	0	1.43	0	1.43
玉门镇	0	0	338.52	2537.32	0	2875.84
总计	0.11	6744.12	21869.48	29588.08	214.77	58416.56

(四)玉门市2020年土壤有机质分布概况

2020年,在82个检测土壤样本中,45.12%的样本耕层土壤有机质的含量分布在四级(10.0~20.0克/千克)。土壤有机质含量在五级(≤10.0克/千克)之间的样本数占28.05%,一级(>40.0克/千克)的样本数占的比例只有3.66%,这表明,玉门市耕层土壤有机质含量比较低。

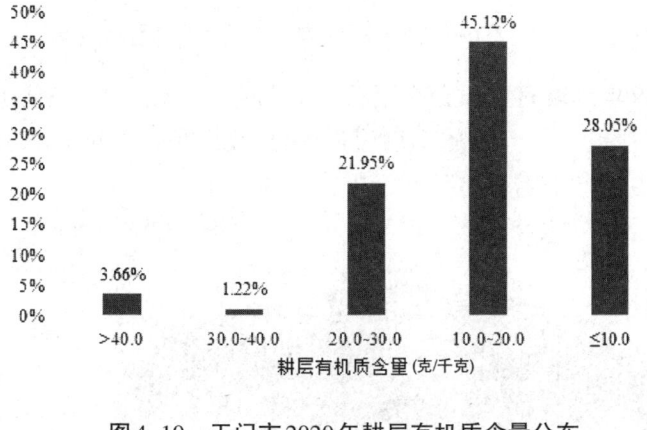

图4-10 玉门市2020年耕层有机质含量分布

(五)玉门市2017—2020年土壤有机质分布概况对比分析

由表4-9和图4-11可知,2017年到2020年,玉门市耕地土壤有机质分布概况为:有机质含量为五级的耕地分布在2017—2019年占比很少,2020年占比为28.05%;有机质含量为四级的耕地2019年占比最高,占比为50.65%,2018年占比最低,占比为0.0016%;有机质含量为三级的耕地2018年占比最高,占比为72.89%,2020年占比最低,为21.95%;有机质含量为二级的耕地呈下降趋势,2017年占比最高,为38.70%,2020年占比最低,为1.22%,减少了37.48%;有机质含量为一级的耕地呈下降趋势,2017年占比最高,为15.28%,2019年占比最低,为0.0002%。

表4-9 玉门市2017—2020年土壤有机质含量分布比例

年份/分布	五级 比例(%)	四级 比例(%)	三级 比例(%)	二级 比例(%)	一级 比例(%)	总计
2017年	0.0024	6.66	39.35	38.70	15.28	100
2018年	0	0.0016	72.89	26.85	0.25	100
2019年	0.37	50.65	37.44	11.54	0.0002	100
2020年	28.05	45.12	21.95	1.22	3.66	100

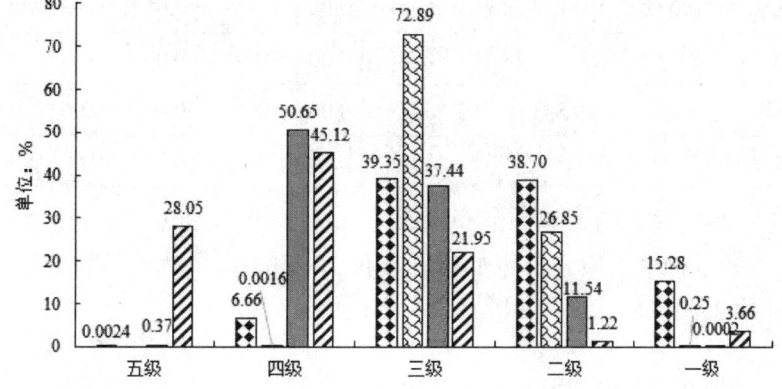

图4-11 玉门市2017—2020年土壤有机质含量分布比例图

四、敦煌市2017—2020年土壤有机质分布概况

(一)敦煌市2017年土壤有机质分布概况

2017年,敦煌市耕地土壤有机质平均值为9.42克/千克。从分布频率看,有机质含量主要集中在五级(≤10.0克/千克),面积占比达78.69%。

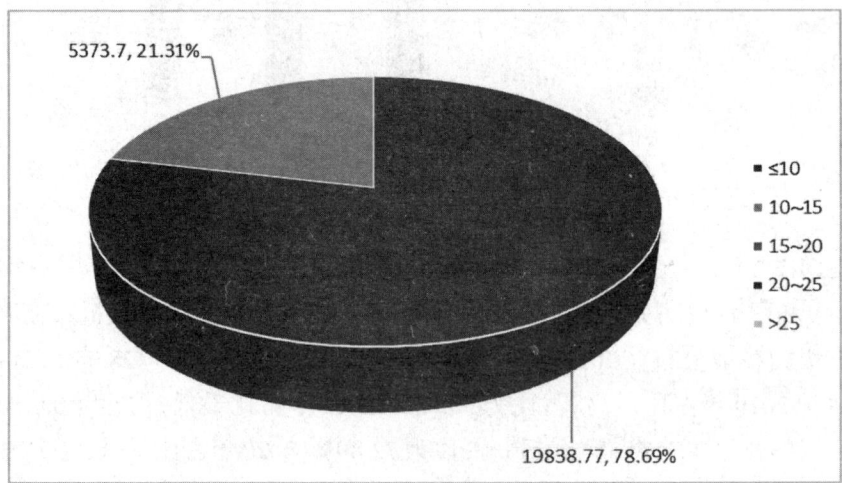

图4-12 敦煌市2017年土壤有机质含量各等级面积与比例(单位:公顷)

表4-10 敦煌市2017年各镇有机质等级分布面积与比例

镇名称	≤10 克/千克	比例	10~15 克/千克	比例	15~20 克/千克	比例	20~25 克/千克	比例	>25 克/千克	比例	总计
	公顷	%	公顷	%	公顷	%	公顷	%	公顷	%	公顷
郭家堡镇	2557.62	83.40	509.00	16.60	0.00	0.00	0.00	0.00	0.00	0.00	3066.62
黄渠镇	2336.25	69.06	1046.51	30.94	0.00	0.00	0.00	0.00	0.00	0.00	3382.76
莫高镇	850.42	28.51	2132.32	71.49	0.00	0.00	0.00	0.00	0.00	0.00	2982.74
七里镇	2186.55	98.23	39.46	1.77	0.00	0.00	0.00	0.00	0.00	0.00	2226.01
肃州镇	4556.78	97.94	95.81	2.06	0.00	0.00	0.00	0.00	0.00	0.00	4652.59
阳关镇	1490.48	100.00	0.00	0.00	0.00	0.00	0.00	0.00	0.00	0.00	1490.48
月牙泉镇	1314.35	75.75	420.76	24.25	0.00	0.00	0.00	0.00	0.00	0.00	1735.11
转渠口镇	4546.32	80.09	1129.84	19.91	0.00	0.00	0.00	0.00	0.00	0.00	5676.16
总计	19838.77	78.69	5373.70	21.31	0.00	0.00	0.00	0.00	0.00	0.00	25212.47

(二)敦煌市2018年土壤有机质分布概况

2018年,敦煌市耕地土壤有机质平均值为11.15克/千克。从分布频率看,有机质含量主要集中在四级(10.0~15.0克/千克),面积占比达79.19%。

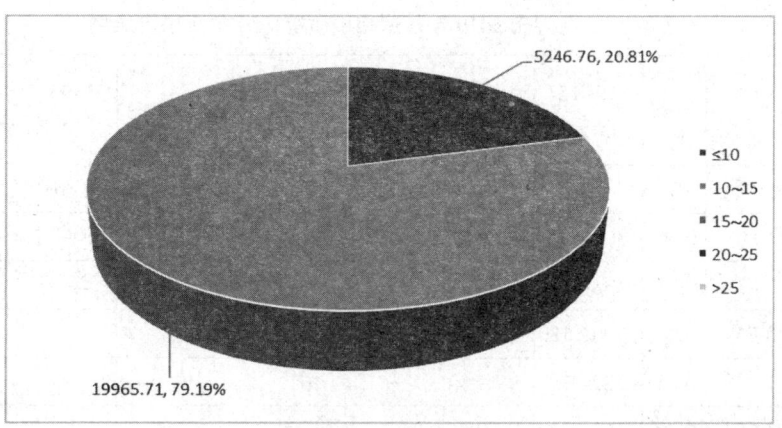

图4-13 敦煌市2018年土壤有机质含量各等级面积与比例(单位:公顷)

表4-11 敦煌市2018年各镇有机质等级分布面积与比例

镇名称	≤10 克/千克	比例	10~15 克/千克	比例	15~20 克/千克	比例	20~25 克/千克	比例	>25 克/千克	比例	总计
	公顷	%	公顷	%	公顷	%	公顷	%	公顷	%	公顷
郭家堡镇	1471.36	47.98	1595.26	52.02	0.00	0.00	0.00	0.00	0.00	0.00	3066.62
黄渠镇	0.76	0.02	3382.00	99.98	0.00	0.00	0.00	0.00	0.00	0.00	3382.76
莫高镇	574.20	19.25	2408.54	80.75	0.00	0.00	0.00	0.00	0.00	0.00	2982.74
七里镇	3.55	0.16	2222.46	99.84	0.00	0.00	0.00	0.00	0.00	0.00	2226.01
肃州镇	3.35	0.07	4649.24	99.93	0.00	0.00	0.00	0.00	0.00	0.00	4652.59
阳关镇	638.93	42.87	851.55	57.13	0.00	0.00	0.00	0.00	0.00	0.00	1490.48
月牙泉镇	1.20	0.07	1733.91	99.93	0.00	0.00	0.00	0.00	0.00	0.00	1735.11
转渠口镇	2553.41	44.98	3122.75	55.02	0.00	0.00	0.00	0.00	0.00	0.00	5676.16
总计	5246.76	20.81	19965.71	79.19	0.00	0.00	0.00	0.00	0.00	0.00	25212.47

(三)敦煌市2019年土壤有机质分布概况

2019年,敦煌市耕地土壤有机质平均值为12.23克/千克。从分布频率看,有机质含量主要集中在四级(10.0~15.0克/千克),面积占比达99.97%。

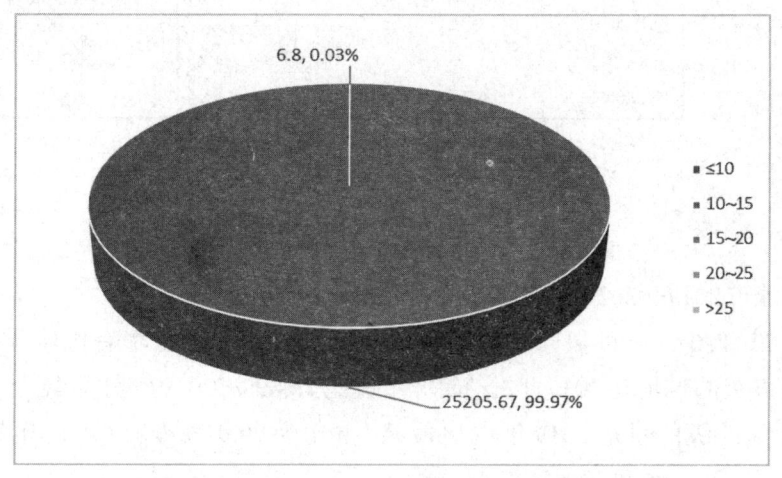

图4-14 敦煌市2019年土壤有机质含量各等级面积与比例(单位:公顷)

表 4-12 敦煌市 2019 年各镇有机质等级分布面积与比例

镇名称	≤10 克/千克 公顷	比例 %	10~15 克/千克 公顷	比例 %	15~20 克/千克 公顷	比例 %	20~25 克/千克 公顷	比例 %	>25 克/千克 公顷	比例 %	总计 公顷
郭家堡镇	1.80	0.06	3064.82	99.94	—	—	—	—	—	—	3066.62
黄渠镇	0.42	0.01	3382.34	99.99	—	—	—	—	—	—	3382.76
莫高镇	0.56	0.02	2982.18	99.98	—	—	—	—	—	—	2982.74
七里镇	1.22	0.05	2224.79	99.95	—	—	—	—	—	—	2226.01
肃州镇	1.15	0.02	4651.44	99.98	—	—	—	—	—	—	4652.59
阳关镇	—	—	1490.48	100.00	—	—	—	—	—	—	1490.48
月牙泉镇	0.44	0.03	1734.67	99.97	—	—	—	—	—	—	1735.11
转渠口镇	1.21	0.02	5674.95	99.98	—	—	—	—	—	—	5676.16
总计	6.80	0.03	25205.67	99.97	—	—	—	—	—	—	25212.47

（四）敦煌市 2020 年土壤有机质分布概况

2020 年，在 39 个检测土壤样本中，38.46% 的样本耕层土壤有机质的含量在五级（≤10.0 克/千克），土壤有机质含量在四级（10.0~20.0 克/千克）的样本数占 61.54%，没有一级、二级、三级分布。这表明，敦煌市耕层土壤有机质含量较低。

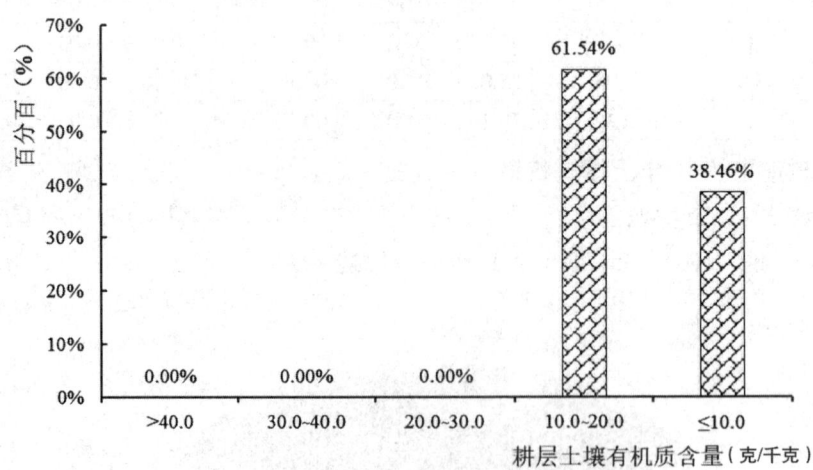

图 4-15 敦煌市 2020 年耕层有机质含量分布

（五）敦煌市 2017—2020 年土壤有机质分布概况对比分析

由表 4-13 和图 4-16 可知，2017 年到 2020 年，敦煌市耕地土壤有机质分布概况为：有机质含量为五级的耕地在 2017 年分布最多，占比 78.69%，2019 年分布最少，占比 0.03%；有机质含量为四级的耕地 2019 年占比最高，占比为 99.97%，2017 年占比最低，占比为 21.31%；没有一级、二级和三级分布。

表 4-13　敦煌市 2017—2020 年土壤有机质含量分布比例

年份/分布	五级 比例,%	四级 比例,%	三级 比例,%	二级 比例,%	一级 比例,%	总计
2017年	78.69	21.31	0	0	0	100
2018年	20.81	79.19	0	0	0	100
2019年	0.03	99.97	0	0	0	100
2020年	38.46	61.54	0	0	0	100

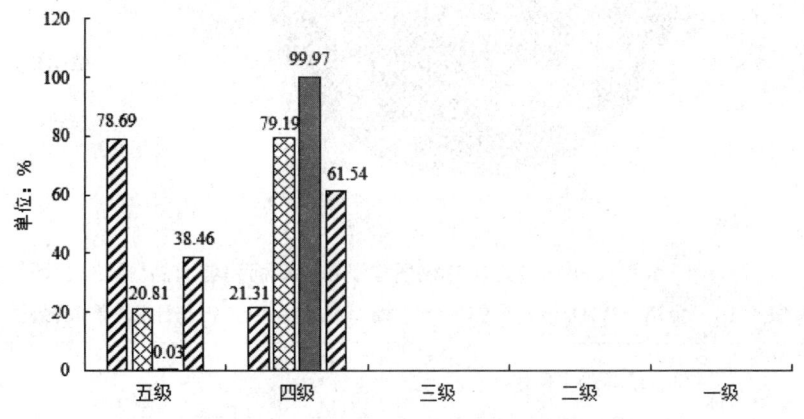

图 4-16　敦煌市 2017—2020 年土壤有机质含量分布比例图

五、金塔县 2017—2020 年土壤有机质分布概况

(一)金塔县 2017 年土壤有机质分布概况

2017年，金塔县耕地土壤有机质平均值为9.58克/千克。从分布频率看，有机质含量主要集中在四级(10~15克/千克)和五级(≤10克/千克)，面积占比分别为36.06%、66.81%。

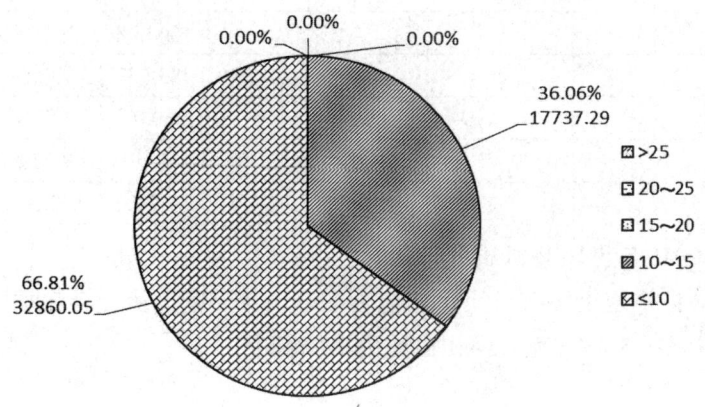

图 4-17　金塔县 2017 年土壤有机质含量各等级面积与比例(单位:公顷)

(二)金塔县2018年土壤有机质分布概况

2018年,金塔县耕地土壤有机质平均值为11.82克/千克。从分布频率看,有机质含量全部集中在四级(10~15克/千克)。

图4-18 金塔县2018年土壤有机质含量各等级面积与比例(单位:公顷)

表4-14 金塔县2018年各乡镇耕地土壤有机质等级分布与比例(单位:公顷)

等级分布/乡镇名称	>25克/千克		20~25克/千克		15~20克/千克		10~15克/千克		≤10克/千克	
	面积	比例	面积	比例	面积	比例	面积	比例	面积	比例
大庄子镇							4995.79	10.16%		
鼎新镇							4776.36	9.71%		
东坝镇							7171.83	14.58%		
古城乡							6576.83	13.37%		
航天镇							4208.51	8.56%		
金塔镇							6368.77	12.95%		
三合乡							4664.48	9.48%		
西坝镇							4895.37	9.95%		
羊井子湾							969.02	1.97%		
中东镇							4560.19	9.27%		
总计							49187.2	100.00%		

(三)金塔县2019年土壤有机质分布概况

2019年,金塔县耕地土壤有机质平均值为13.51克/千克。从分布频率看,有机质含量主要集中在四级(10~15克/千克),面积占比为94.38%。

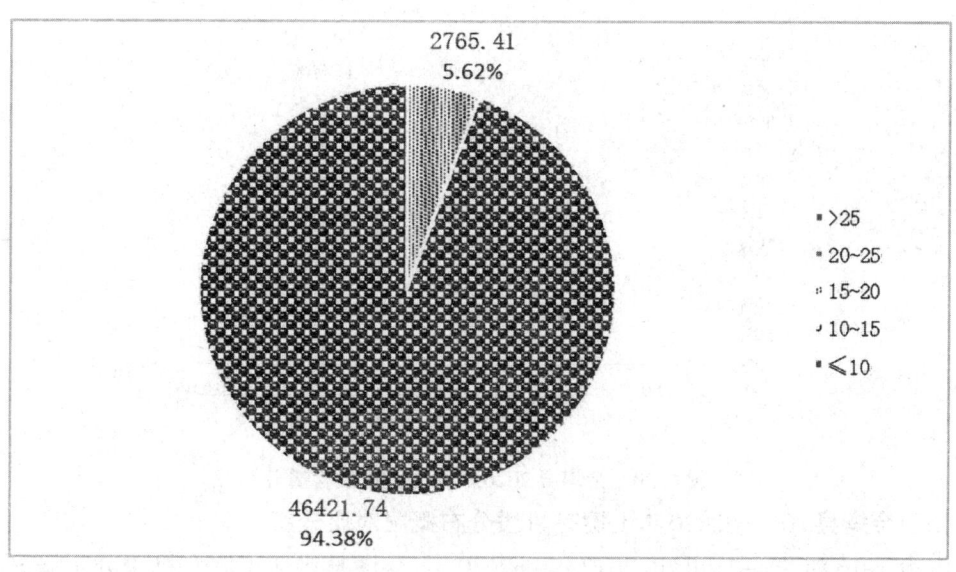

图4-19 金塔县2019年土壤有机质含量各等级面积与比例(单位:公顷)

表4-15 金塔县2019年各乡镇耕地土壤有机质等级分布与比例(单位:公顷)

等级分布/乡镇名称	>25 克/千克		20~25 克/千克		15~20 克/千克		10~15 克/千克		≤10 克/千克	
	面积	比例	面积	比例	面积	比例	面积	比例	面积	比例
大庄子镇	0	0	0	0	0	0	4995.79	10.16%	0	0
鼎新镇	0	0	0	0	21.63	0.04%	4754.73	9.67%	0	0
东坝镇	0	0	0	0	0	0	7171.83	14.58%	0	0
古城乡	0	0	0	0	0	0	6576.83	13.37%	0	0
航天镇	0	0	0	0	2743.78	5.58%	1464.73	2.98%	0	0
金塔镇	0	0	0	0	0	0	6368.77	12.95%	0	0
三合乡	0	0	0	0	0	0	4664.48	9.48%	0	0
西坝镇	0	0	0	0	0	0	4895.37	9.95%	0	0
羊井子湾	0	0	0	0	0	0	969.02	1.97%	0	0
中东镇	0	0	0	0	0	0	4560.19	9.27%	0	0
总计	0	0	0	0	2765.41	5.62%	46421.74	94.38%	0	0

(四)金塔县2020年土壤有机质分布概况

2020年,在69个检测土壤样本中,8.70%的样本耕层土壤有机质的含量分布在五级(≤10.0克/千克),土壤有机质含量在四级(10.0~20.0克/千克)的样本数占89.86%,分布在三级(20~30克/千克)的样本数占的比例只有1.45%,这表明,金塔县耕层土壤有机质含量比较低。

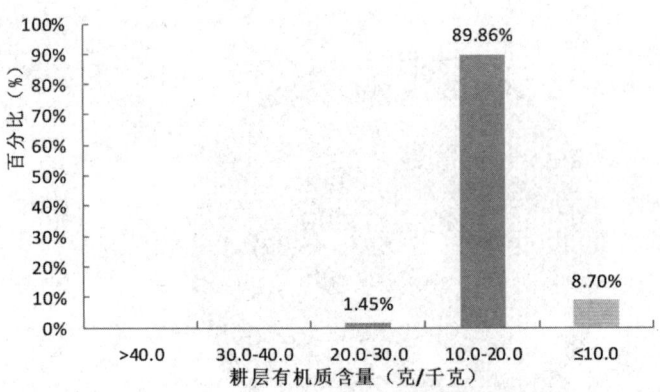

图 4-20 金塔县 2020 年耕层有机质含量分布

(五) 金塔县 2017—2020 年土壤有机质分布概况对比分析

由表 4-16 和图 4-21 可知，2017 年到 2020 年，金塔县耕地土壤有机质分布概况为：有机质含量为五级的耕地只分布于 2017 年和 2020 年，2017 年占比为 65.81%，2020 年占比为 8.70%；有机质含量为四级的耕地 2018 年占比最高，占比为 100.00%，2017 年占比最低，占比为 34.19%；有机质含量为三级的耕地只分布于 2019 年和 2020 年，2019 年占比为 5.62%，2020 年占比为 1.45%；没有一级和二级分布。

表 4-16 金塔县 2017—2020 年土壤有机质含量分布比例

年份/分布	五级 比例,%	四级 比例,%	三级 比例,%	二级 比例,%	一级 比例,%	总计
2017 年	65.81	34.19	0	0	0	100
2018 年	0	100.00	0	0	0	100
2019 年	0	94.38	5.62	0	0	100
2020 年	8.70	89.86	1.45	0	0	100

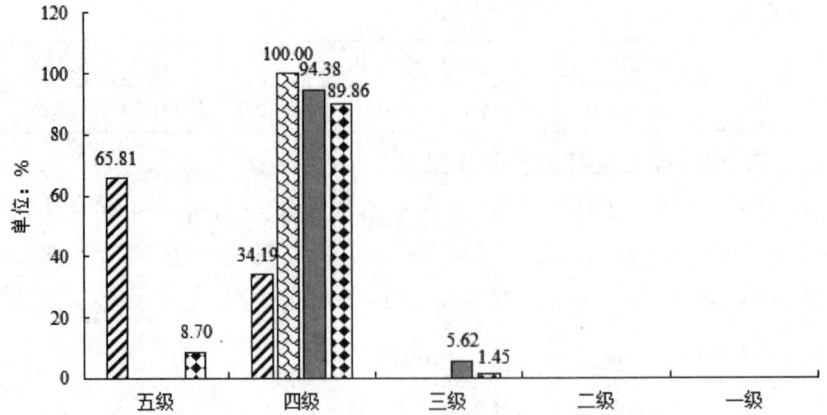

图 4-21 金塔县 2017—2020 年土壤有机质含量分布比例图

六、瓜州县2017—2020年土壤有机质分布概况

(一)瓜州县2017年土壤有机质分布概况

2017年,瓜州县耕地土壤有机质平均值为10.92克/千克。从分布频率看,有机质含量主要集中在三级(10~15克/千克),面积占比达76%。

从等级分布看,有机质为三级的耕地面积为40 422.94公顷,占全县耕地的75.87%,主要分布在南岔镇和西湖乡,面积分别为9 457.21公顷和9 353.72公顷,占全乡镇耕地比例分别为99.55%和80.89%;有机质为四级的耕地面积为12 853.79公顷,占全县耕地的24.13%,主要分布在西湖乡和腰站子东乡族乡,面积分别为2 210.30公顷和2 651.28公顷,占全乡镇耕地比例分别为19.11%和97.94%;没有一级、二级和五级分布。

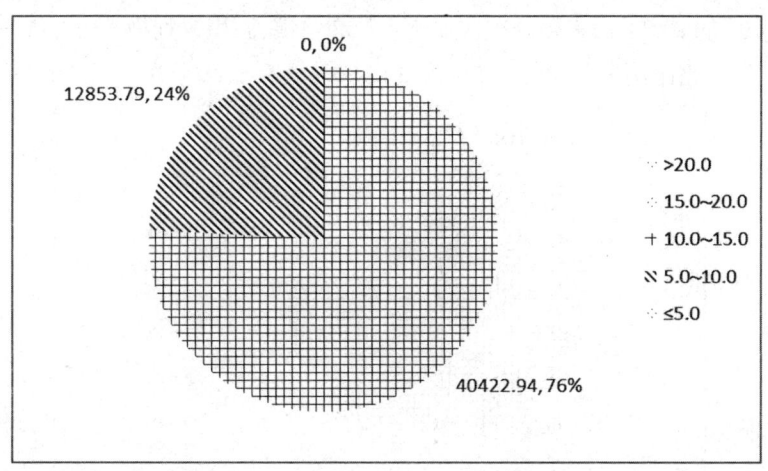

图4-22 瓜州县2017年土壤有机质含量各等级面积与比例(单位:公顷)

表4-17 瓜州县2017年各乡镇土壤有机质各等级分布(单位:公顷)

乡镇名称/等级	>20.0 克/千克	15.0~20.0 克/千克	10.0~15.0 克/千克	5.0~10.0 克/千克	≤5.0 克/千克	总计
布隆吉乡	0	0	1728.50	707.87	0	2436.37
瓜州乡	0	0	19444.79	33.40	0	5414.11
广至藏族乡	0	0	0	839.69	0	839.69
河东乡	0	0	3157.49	959.43	0	4116.92
梁湖乡	0	0	333.44	1741.99	0	2075.43
南岔镇	0	0	9457.21	42.76	0	9499.97
七墩回族东乡族乡	0	0	458.07	173.70	0	631.77
三道沟镇	0	0	4492.74	7.05	0	4499.79
沙河回族乡	0	0	48.98	1994.79	0	2043.77
双塔乡	0	0	1919.06	1491.53	0	3410.59
锁阳城镇	0	0	4037.37	0	0	4037.37
西湖乡	0	0	9353.72	2210.30	0	11564.02
腰站子东乡族乡	0	0	55.65	2651.28	0	2706.93
总计	0	0	54487.02	12853.79	0	53276.73

(二)瓜州县2018年土壤有机质分布概况

2018年,瓜州县耕地土壤有机质平均值为13.34克/千克。从分布频率看,有机质含量主要集中在三级(10~15克/千克),面积占比达65.77%。

从等级分布看,有机质为一级的耕地面积为120.96公顷,占全县耕地的0.23%,分布在布隆吉乡,面积为120.96公顷,占全乡耕地比例为4.96%;有机质为二级的耕地面积为12 344.3公顷,占全县耕地的23.17%,主要分布在布隆吉乡、沙河回族乡、双塔乡和腰站子东乡族乡,面积分别为2 314.89公顷、2 043.69公顷、3 410.59公顷和2 592.02公顷,占全乡耕地比例分别为95.01%、99.9961%、100%和95.75%;有机质为三级的耕地面积为35 037.66公顷,占全县耕地的65.77%,主要分布在南岔镇和西湖乡,面积分别为7 376.55公顷和11 376.62公顷,占全乡镇耕地比例分别为77.65%和98.38%;有机质为四级的耕地面积为5 773.81公顷,占全县耕地的10.84%,主要分布在瓜州乡和南岔镇,面积分别为2 557.35公顷和2 123.42公顷,占全乡镇耕地比例分别为47.23%和22.35%;没有五级分布。

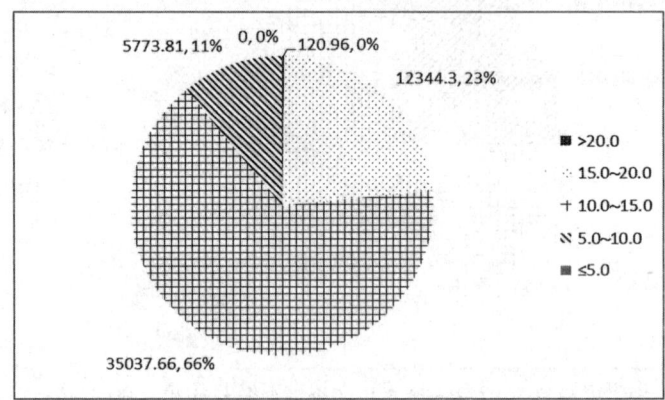

图4-23 瓜州县2018年土壤有机质含量各等级面积与比例(单位:公顷)

表4-18 瓜州县2018年各乡镇土壤有机质各等级分布(单位:公顷)

乡镇名称/质量等级	>20.0 克/千克	15.0~20.0 克/千克	10.0~15.0 克/千克	5.0~10.0 克/千克	≤5.0 克/千克	总计
布隆吉乡	120.96	2314.89	0.52			2436.37
瓜州乡			2860.65	2557.35		5414.11
广至藏族乡				839.69		839.69
河东乡		1360.16	2691.82	65.30		4116.92
梁湖乡			2071.39	0.08		2075.43
南岔镇			7376.55	2123.42		9499.97
七墩回族东乡族乡			631.77			631.77
三道沟镇		63.70	4436.09			4499.79
沙河回族乡		2043.69		0.08		2043.77
双塔乡		3410.59				3410.59
锁阳城镇		559.25	3478.12			4037.37
西湖乡			11376.62	187.40		11564.02
腰站子东乡族乡		2592.02	114.13	0.49		2706.93
总计	120.96	12344.30	35037.66	5773.81	0	53276.73

(三)瓜州县2019年土壤有机质分布概况

瓜州县耕地土壤有机质平均值为15.11克/千克。从分布频率看,有机质含量主要集中在四级(10~15克/千克),面积占比达43.61%。

从等级分布看,有机质为二级的耕地面积为2 274.12公顷,占全县耕地的4.27%,主要分布在布隆吉乡和锁阳城镇,面积分别为1 053.18公顷和1 078.10公顷,占全乡镇耕地比例分别为43.23%和26.70%;有机质为三级的耕地面积为20 326.55公顷,占全县耕地的38.15%,主要分布在河东镇和南岔镇,面积分别为2 902.43公顷和3 233.16公顷,占全镇耕地比例分别为70.50%和34.03%;有机质为四级的耕地面积为23 233公顷,占全县耕地的43.61%,主要分布在西湖镇,面积为7 770.41公顷,占全镇耕地比例为67.19%;有机质为五级的耕地面积为7 442.41公顷,占全县耕地的13.97%,主要分布在瓜州镇和西湖镇,面积分别为1 716.17公顷和2 214.02公顷,占全镇耕地比例分别为31.70%和19.15%;没有一级分布。

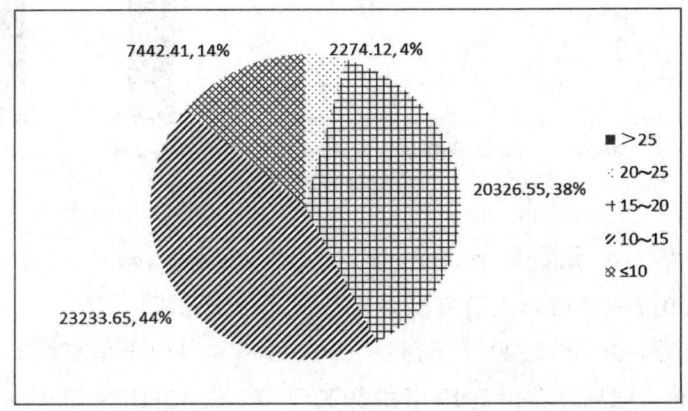

图4-24 瓜州县2019年土壤有机质含量各等级面积与比例(单位:公顷)

表4-19 瓜州县2019年各乡镇土壤有机质各等级分布(单位:公顷)

乡镇名称/质量等级	>25 克/千克	20~25 克/千克	15~20 克/千克	10~15 克/千克	≤10 克/千克	总计
布隆吉乡		1053.18	1258.37	124.82		2436.37
瓜州镇			583.11	3118.72	1716.17	5418.00
广至藏族乡				54.96	784.73	839.69
河东镇		124.07	2902.43	1024.86	65.63	4116.99
梁湖乡			605.32	1415.43	50.72	2071.47
南岔镇			3233.16	4286.81	1980.00	9499.97
七墩回族东乡族乡				0.86	630.91	631.77
三道沟镇			2101.34	2398.45		4499.79
沙河回族乡			1247.54	796.16	0.07	2043.77
双塔镇		1.22	2226.95	1182.42		3410.59
锁阳城镇		1078.10	2079.46	879.81		4037.37
西湖镇		17.39	1562.20	7770.41	2214.02	11564.02
腰站子东乡族镇		0.16	2526.67	179.94	0.16	2706.93
总计	0	2274.12	20326.55	23233.65	7442.41	53276.73

(四)瓜州县2020年土壤有机质分布概况

2020年,在82个检测土壤样本中,56.25%的样本耕层土壤有机质的含量在四级(10.0~20.0克/千克),土壤有机质含量在五级(≤10.0克/千克)的样本数占42.50%,分布在三级(20.0~30.0克/千克)的样本数占的比例只有0.25%,这表明,瓜州县耕层土壤有机质含量比较低。

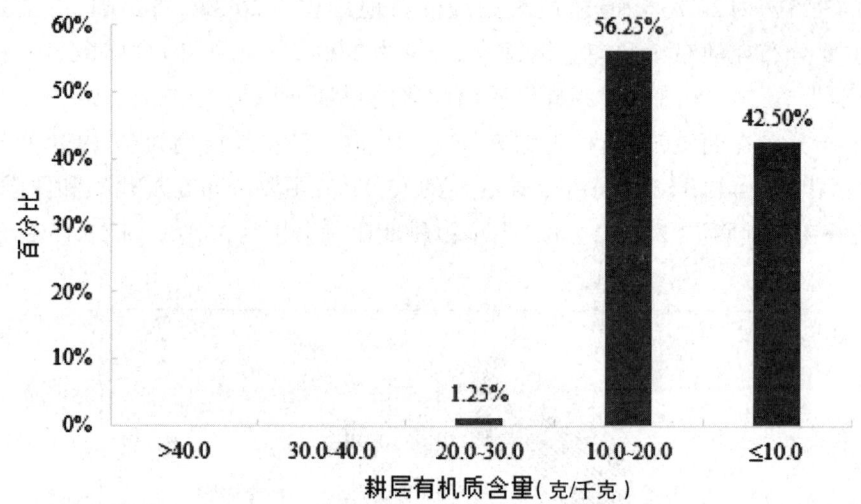

图4-25　瓜州县2020年耕层有机质含量分布

(五)瓜州县2017—2020年土壤有机质分布概况对比分析

由表4-20和图4-26可知,2017年到2020年,瓜州县耕地土壤有机质分布概况为:有机质含量为五级的耕地只分布于2019年和2020年,2019年占比为13.97%,2020年占比为42.50%;有机质含量为四级的耕地2020年占比最高,占比为56.25%,2018年占比最低,占比为10.84%;有机质含量为三级的耕地2017年占比最高,占比为75.87%,2020年占比最低,占比为1.25%,呈下降趋势;有机质含量为二级的耕地只分布于2018年和2019年,2018年占比为23.17%,2019年占比为4.27%;有机质含量为一级的耕地只分布于2018年,占比为0.23%。

表4-20　瓜州县2017—2020年土壤有机质含量分布比例

年份/分布	五级	四级	三级	二级	一级	总计
	比例,%	比例,%	比例,%	比例,%	比例,%	
2017年	0	24.13	75.87	0	0	100
2018年	0	10.84	65.77	23.17	0.23	100
2019年	13.97	43.61	38.15	4.27	0	100
2020年	42.50	56.25	1.25	0	0	100

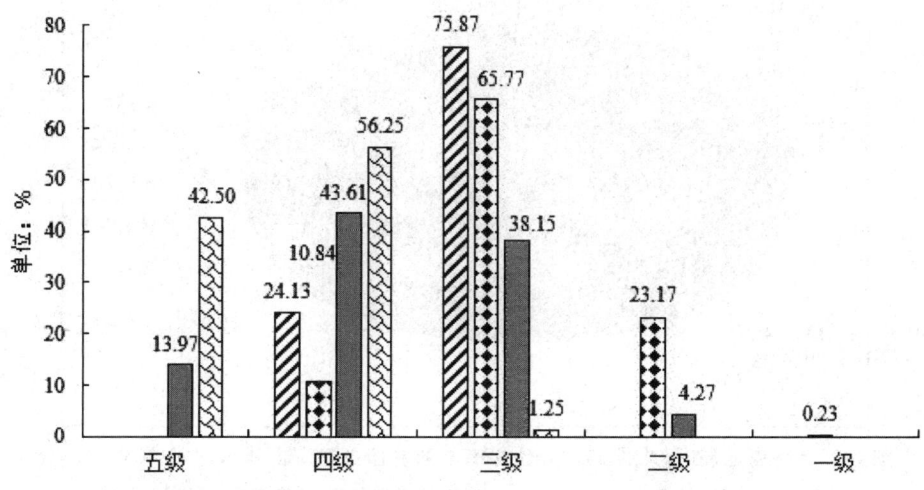

图 4-26 瓜州县 2017—2020 年土壤有机质含量分布比例图

七、肃北县 2017—2020 年土壤有机质分布概况

(一)肃北县、阿克塞县 2017 年土壤有机质分布概况

2017年,阿克塞县耕地土壤有机质平均值为14.33克/千克,全部集中在四级(10.0~15.0克/千克);肃北县耕地土壤有机质平均值为15.51克/千克,全部集中在三级(15.0~20.0克/千克)。

从分布频率看,阿克塞县、肃北县有机质含量主要集中在三级(15.0~20.0克/千克),面积占比达80.19%。

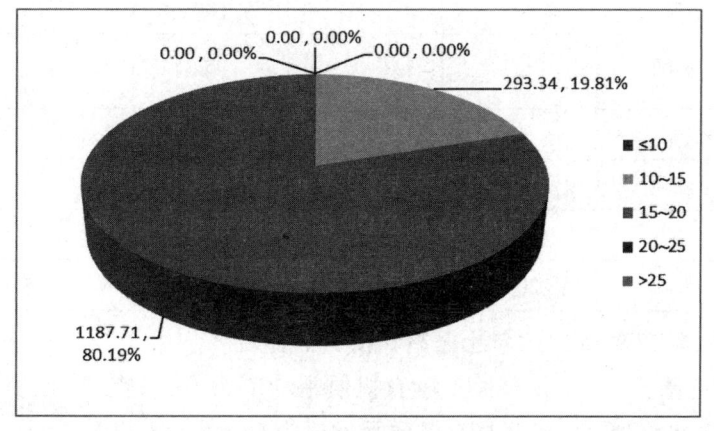

图 4-27 阿克塞县、肃北县 2017 年土壤有机质含量各等级面积与比例(单位:公顷)

(二)肃北县、阿克塞县 2018 年土壤有机质分布概况

2018年,阿克塞县、肃北县耕地土壤有机质平均值为14.93克/千克。从分布频率看,有机质含量主要集中在三级(15.0~20.0克/千克),面积占比达75.62%。

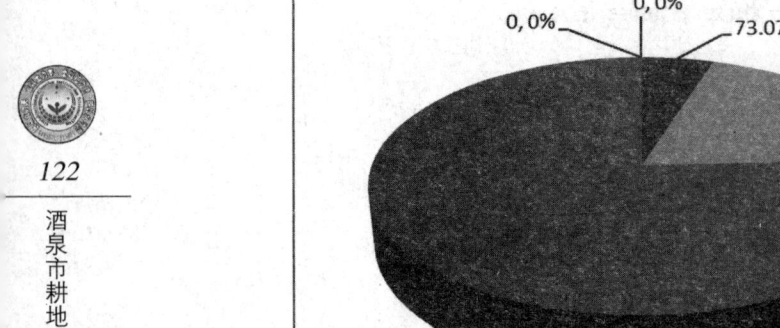

图4-28 阿克塞县、肃北县2018年土壤有机质含量各等级面积与比例（单位：公顷）

表4-21 阿克塞县、肃北县2018年各乡镇有机质等级分布面积与比例

县名称		阿克塞县		肃北县		总计
乡镇名称		阿克旗乡	红柳湾镇	党城湾镇	石包城乡	
≤10克/千克	公顷	0	73.07	0	0	73.07
比例	%	0	100	0	0	4.93
10~15克/千克	公顷	220.27	0	0	67.71	287.98
比例	%	100	0	0	40.9	19.44
15~20克/千克	公顷	0	0	1022.14	97.84	1119.98
比例	%	0	0	100	59.1	75.62
20~25克/千克	公顷	0	0	0	0	0
比例	%	0	0	0	0	0
>25克/千克	公顷	0	0	0	0	0
比例	%	0	0	0	0	0
总计	公顷	220.27	73.07	1022.14	165.55	1481.03

（三）肃北县、阿克塞县2019年土壤有机质分布概况

2019年，阿克塞县、肃北县耕地土壤有机质平均值为16.46克/千克，其中阿克塞县有机质平均值为12.08克/千克，肃北县有机质平均值为17.42克/千克。

从分布频率看，阿克塞县、肃北县有机质含量主要集中在三级（15.0~20.0克/千克），面积占比达69.02%，其中，阿克塞县有机质均分布在四级（10.0~15.0克/千克）。

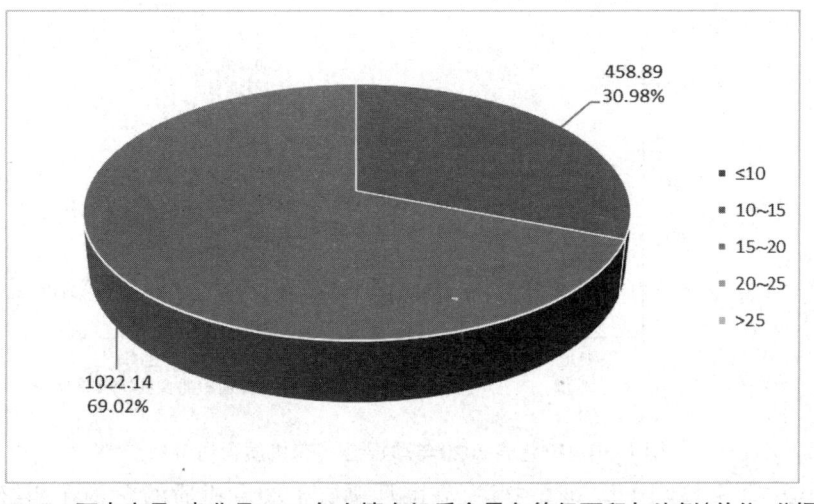

图4-29 阿克塞县、肃北县2019年土壤有机质含量各等级面积与比例（单位：公顷）

表4-22 阿克塞县、肃北县2019年各乡镇有机质等级分布面积与比例

县名称		阿克塞县		肃北县		总计
乡镇名称		阿克旗乡	红柳湾镇	党城湾镇	石包城乡	
≤10克/千克	公顷	—	—	—	—	—
比例	%	—	—	—	—	—
10~15克/千克	公顷	220.27	73.07		165.55	458.89
比例	%	100	100		100	30.98
15~20克/千克	公顷	—	—	1022.14	—	1022.14
比例	%	—	—	100	—	69.02
20~25克/千克	公顷	—	—	—	—	—
比例	%	—	—	—	—	—
>25克/千克	公顷	—	—	—	—	—
比例	%	—	—	—	—	—
总计	公顷	220.27	73.07	1022.14	165.55	1481.03

（四）肃北县、阿克塞县2020年土壤有机质分布概况

2020年，在1个检测土壤样本中，肃北县的耕层土壤有机质的含量分布在四级（10.0~20.0克/千克）。这表明，肃北县耕层土壤有机质含量较低。

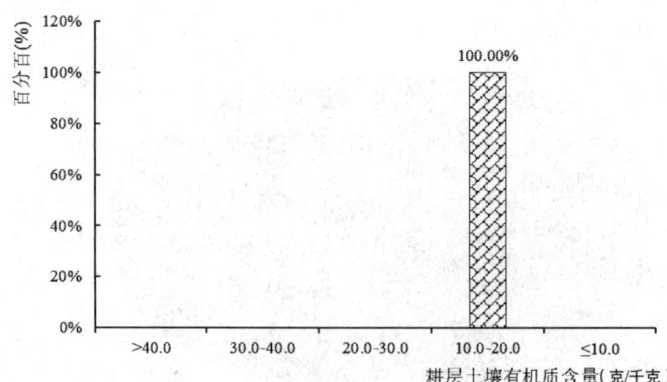

图 4-30　肃北县 2020 年耕层土壤有机质含量分布

2020年,在1个检测土壤样本中,阿克塞县耕层土壤有机质的含量在四级(10.0~20.0克/千克)。这表明,阿克塞县耕层土壤有机质含量比较低。

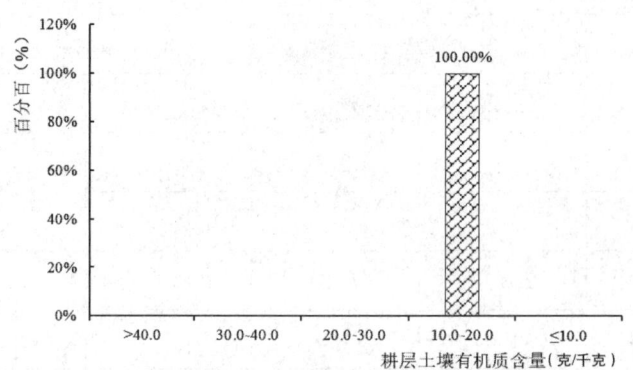

图 4-31　阿克塞县 2020 年耕层土壤有机质含量分布

(五)肃北县、阿克塞县 2017—2020 年土壤有机质分布概况对比分析

肃北县和阿克塞县耕地面积较少,且分别只有一个样点,分布概况详见各年度分析。

第二节　土 壤 全 氮

土壤中的氮元素可分为有机氮和无机氮,两者之和称为全氮,有机氮在耕作等一系列条件下,经过土壤微生物的矿化作用,转化为无机氮供作物吸收利用,氮元素充足时,植物可合成较多的蛋白质,促进细胞的分裂和增长,因此植物叶面积增长快,能有更多的叶面积用来进行光合作用。

一、酒泉市2017—2020年土壤全氮含量变化分析

表4-23　酒泉市2017—2020年土壤全氮含量平均值（单位：克/千克）

区域	2017年	2018年	2019年	2020年
肃州区	/	1.06	1.00	1.03
玉门市	0.77	0.82	0.85	0.76
敦煌市	0.59	0.65	0.74	0.71
金塔县	0.59	0.54	0.82	0.66
瓜州县	0.93	0.84	0.83	0.70
肃北县	/	0.96	1.12	1.13
阿克塞县	/	0.32	0.85	0.51
平均值	0.72	0.74	0.89	0.79

如表4-23和图4-32所示，2017—2020年，肃州区全氮含量2018—2020年呈下降趋势，平均值相近；玉门市全氮含量平均值2017—2019年呈上升趋势，2020年全氮含量下降至0.76克/千克，与2017年相近；敦煌市全氮含量平均值呈上升趋势，2019年全氮含量最高，为0.74克/千克；金塔县全氮含量平均值呈上升趋势，2019年全氮含量最高，为0.82克/千克；瓜州县全氮含量平均值呈下降趋势，2017年全氮含量最高，为0.93克/千克，2020年全氮含量最低，为0.70克/千克；肃北县全氮含量平均值2018—2020年呈上升趋势，2020年全氮含量最高，为1.13克/千克；阿克塞县全氮含量平均值2018—2020年呈上升趋势，2019年全氮含量最高，为0.85克/千克。

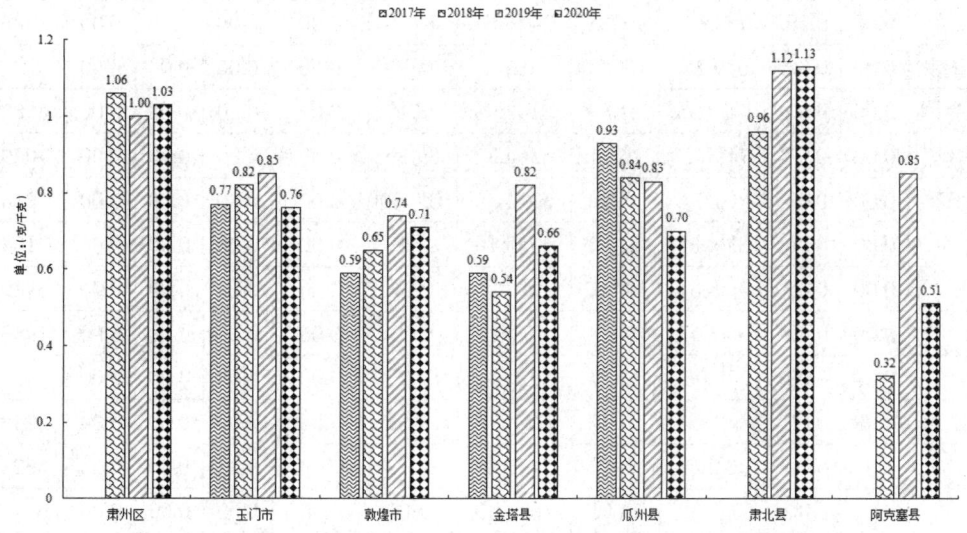

图4-32　酒泉市2017—2020年土壤全氮含量平均值变化图

二、肃州区2018—2020年土壤全氮分布概况

(一)肃州区2018年土壤全氮分布概况

2018年,肃州区耕地土壤全氮平均值为1.06克/千克。从分布频率看,全氮含量主要集中在三级(1.0~1.5克/千克),面积占比达62.05%。

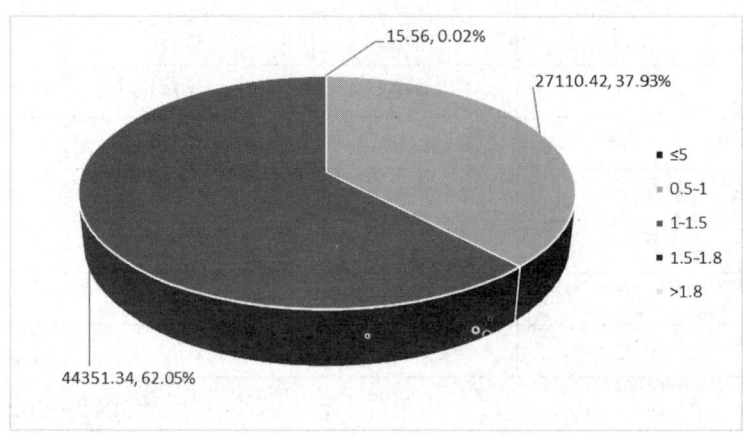

图4-33 肃州区2018年土壤全氮含量各等级面积与比例(单位:公顷)

表4-24 肃州区2018年各乡镇全氮等级分布面积与比例

乡镇名称	≤0.5 公顷	比例 %	0.5~1.0 公顷	比例 %	1.0~1.5 公顷	比例 %	1.5~1.8 公顷	比例 %	>1.8 公顷	比例 %	总计 公顷
东洞镇	0.00	0.00	2952.95	100.00	0.00	0.00	0.00	0.00	0.00	0.00	2952.95
丰乐镇	0.00	0.00	38.37	1.19	3180.11	98.81	0.00	0.00	0.00	0.00	3218.48
果园镇	0.00	0.00	0.00	0.00	4707.97	100.00	0.00	0.00	0.00	0.00	4707.97
铧尖镇	0.00	0.00	750.32	23.25	2476.64	76.75	0.00	0.00	0.00	0.00	3226.96
黄泥堡乡	0.00	0.00	619.27	100.00	0.00	0.00	0.00	0.00	0.00	0.00	619.27
金佛寺镇	0.00	0.00	1439.85	21.87	5142.96	78.13	0.00	0.00	0.00	0.00	6582.81
清水镇	0.00	0.00	715.53	10.11	6364.22	89.89	0.00	0.00	0.00	0.00	7079.75
泉湖镇	0.00	0.00	0.00	0.00	3816.36	100.00	0.00	0.00	0.00	0.00	3816.36
三墩镇	0.00	0.00	1064.62	14.82	6120.16	85.18	0.00	0.00	0.00	0.00	7184.78
上坝镇	0.00	0.00	6989.61	100.00	0.00	0.00	0.00	0.00	0.00	0.00	6989.61
西洞镇	0.00	0.00	1943.22	100.00	0.03	0.00	0.00	0.00	0.00	0.00	1943.25
西峰镇	0.00	0.00	379.06	15.77	2024.47	84.23	0.00	0.00	0.00	0.00	2403.53
下河清镇	0.00	0.00	1894.44	84.37	351.00	15.63	0.00	0.00	0.00	0.00	2245.44
银达镇	0.00	0.00	0.00	0.00	5612.89	99.72	15.56	0.28	0.00	0.00	5628.45
总寨镇	0.00	0.00	5052.32	74.91	1692.30	25.09	0.00	0.00	0.00	0.00	6744.62
农林场	0.00	0.00	3270.86	53.33	2862.23	46.67	0.00	0.00	0.00	0.00	6133.09
总计	0.00	0.00	27110.42	37.93	44351.34	62.05	15.56	0.02	0.00	0.00	71477.32

(二)肃州区2019年土壤全氮分布概况

2019年,肃州区耕地土壤全氮平均值为1.0克/千克。从分布频率看,全氮含量主要集中在四级(0.5~1.0克/千克),面积占比达55.68%。

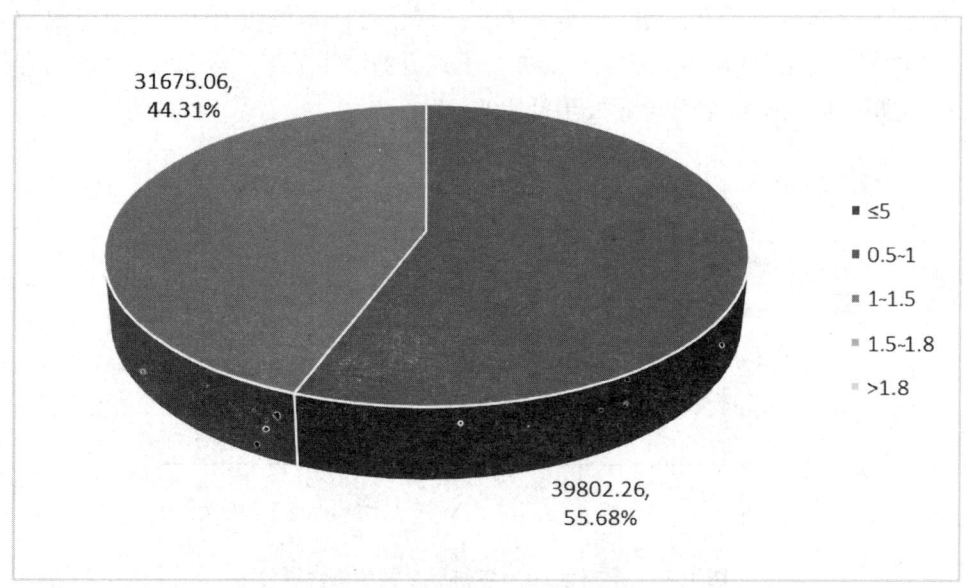

图4-34 肃州区2019年土壤全氮含量各等级面积与比例(单位:公顷)

表4-25 肃州区2019年各乡镇全氮等级分布面积与比例

乡镇名称	≤0.5 公顷	比例 %	0.5~1.0 公顷	比例 %	1.0~1.5 公顷	比例 %	1.5~1.8 公顷	比例 %	>1.8 公顷	比例 %	总计 公顷
东洞镇	-	-	2952.95	100.00	-	-	-	-	-	-	2952.95
丰乐镇	-	-	-	-	3218.48	100.00	-	-	-	-	3218.48
果园镇	-	-	1977.83	42.01	2730.14	57.99	-	-	-	-	4707.97
铧尖镇	-	-	1678.48	52.01	1548.48	47.99	-	-	-	-	3226.96
黄泥堡乡	-	-	619.27	100.00	-	-	-	-	-	-	619.27
金佛寺镇	-	-	375.90	5.71	6206.91	94.29	-	-	-	-	6582.81
清水镇	-	-	5219.74	73.73	1860.01	26.27	-	-	-	-	7079.75
泉湖镇	-	-	205.44	5.38	3610.92	94.62	-	-	-	-	3816.36
三墩镇	-	-	2618.87	36.45	4565.91	63.55	-	-	-	-	7184.78
上坝镇	-	-	6989.61	100.00	-	-	-	-	-	-	6989.61
西洞镇	-	-	1943.25	100.00	-	-	-	-	-	-	1943.25
西峰镇	-	-	1847.06	76.85	556.47	23.15	-	-	-	-	2403.53
下河清镇	-	-	2245.44	100.00	-	-	-	-	-	-	2245.44
银达镇	-	-	472.47	8.39	5155.98	91.61	-	-	-	-	5628.45
总寨镇	-	-	6536.39	96.91	208.23	3.09	-	-	-	-	6744.62
农林场	-	-	4119.56	67.17	2013.53	32.83	-	-	-	-	6133.09
总计	-	-	39802.26	55.69	31675.06	44.31	-	-	-	-	71477.32

(三)肃州区2020年土壤全氮分布概况

根据对肃州区119个样品的分析检测,其2020年耕层土壤全氮含量的平均值为1.03克/千克。在119个检测土壤样本中,7.56%的样本耕层土壤全氮的含量在二级(1.50~2.0克/千克);土壤全氮含量在三级(1.25~1.50克/千克)的样本数占10.92%,四级(1.00~1.25克/千克)的样本数占31.93%,五级(≤1.00克/千克)的比例占到了49.59%,一级没有分布。这表明,肃州区耕层土壤全氮含量处于低水平。

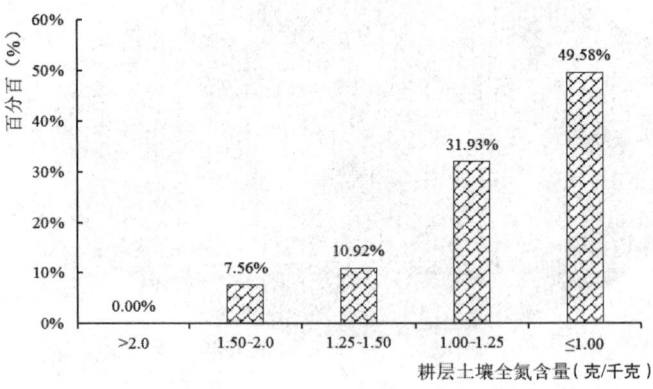

图4-35 肃州区2020年耕层土壤全氮含量分布

(四)肃州区2018—2020年土壤全氮分布概况对比分析

由表4-26和图4-35可知,2018年到2020年,肃州区耕地土壤全氮分布概况为:全氮含量为五级的耕地只在2020年分布,占比为49.58%;全氮含量为四级的耕地2019年占比最高,占比为55.69%,2020年占比最低,占比为31.93%;全氮含量为三级的耕地分布呈下降趋势,2018年分布最多,为62.05%,2020年降低至10.92%;全氮含量为二级的耕地2020年占比最高,为7.56%,2019年没有分布;全氮含量为一级的耕地没有分布。

表4-26 肃州区2018—2020年土壤全氮含量分布比例

年份/分布	五级 比例,%	四级 比例,%	三级 比例,%	二级 比例,%	一级 比例,%	总计
2018年	0	37.93	62.05	0.02	0	100
2019年	0	55.69	44.31	0	0	100
2020年	49.58	31.93	10.92	7.56	0	100

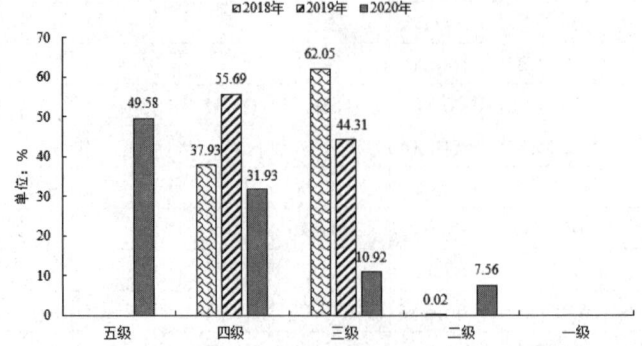

图4-36 肃州区2018—2020年土壤全氮含量分布比例图

三、玉门市2017—2020年土壤全氮分布概况

(一)玉门市2017年土壤全氮分布概况

2017年,玉门市耕地土壤全氮平均值为0.77克/千克。从分布频率看,全氮含量主要集中在四级(0.5~1.0克/千克),面积占比达87.07%。

从等级分布看,全氮为三级的耕地面积为2 851.34公顷,占全市耕地的4.88%,主要分布在赤金镇,面积为1 318.00公顷,占全镇耕地22.77%;全氮为四级的耕地面积为50 862.58公顷,占全市耕地的87.07%,主要分布在花海镇、黄闸湾乡、下西号乡,面积分别为14 185.56公顷、9 361.68公顷和10 153.31公顷,分别占全乡镇耕地100%、100%和100%;全氮为五级的耕地面积为4 702.64公顷,占全市耕地的8.05%,主要分布在柳湖乡和小金湾乡,面积分别为2 121.51公顷和1 128.69公顷,分别占全乡耕地100%和100%;没有一级和二级分布。

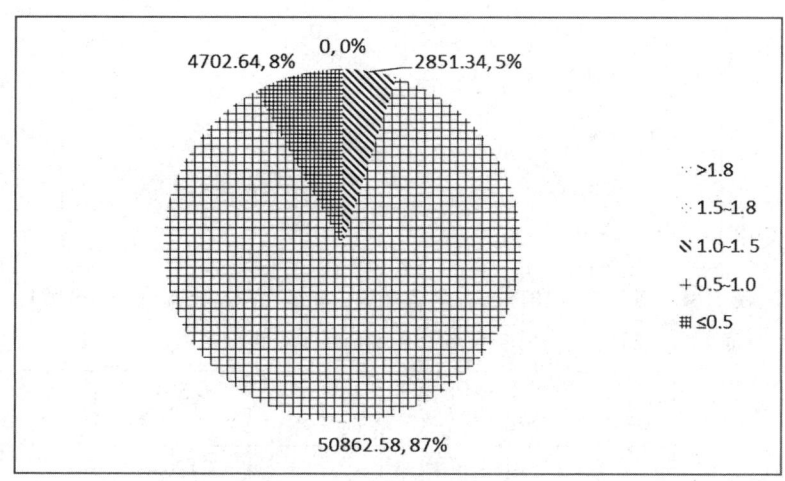

图4-37 玉门市2017年土壤全氮含量各等级面积与比例(单位:公顷)

表4-27 玉门市2017年各乡镇土壤全氮各等级分布(单位:公顷)

乡镇名称/质量等级	>1.8 克/千克	1.5~1.8 克/千克	1.0~1.5 克/千克	0.5~1.0 克/千克	≤0.5 克/千克	总计
昌马乡	0	0	478.50	2711.91	0	3190.41
赤金镇	0	0	1318.00	3828.44	642.76	5789.20
花海镇	0	0	0	14185.56	0	14185.56
黄闸湾乡	0	0	0	9361.68	0	9361.68
柳河乡	0	0	0	6970.70	808.25	7778.95
柳湖乡	0	0	0	0	2121.51	2121.51
清泉乡	0	0	292.31	1537.67	0	1829.98
下西号乡	0	0	0	10153.31	0	10153.31
小金湾乡	0	0	0	0	1128.69	1128.69
玉门东镇	0	0	0	0	1.43	1.43
玉门镇	0	0	762.53	2113.31	0	2875.84
总计	0	0	2851.34	50862.58	4702.64	58416.56

(二)玉门市2018年土壤全氮分布概况

2018年,玉门市耕地土壤全氮平均值为0.82克/千克。从分布频率看,全氮含量主要集中在四级(0.5~1.0克/千克),面积占比达94.74%。

从等级分布看,全氮为三级的耕地面积为3 072.77公顷,占全市耕地的5.26%,主要分布在赤金镇,面积为2 557.81公顷,占全镇耕地44.18%;全氮为四级的耕地面积为55 342.68公顷,占全市耕地的94.74%,主要分布在花海镇、黄闸湾乡、下西号乡,面积分别为14 185.56公顷、9 361.68公顷和10 153.31公顷,分别占全乡镇耕地100%、100%和100%;全氮为五级的耕地面积为1.11公顷,占全市耕地的0.0019%,主要分布在赤金镇,面积为0.51公顷,占全镇耕地0.01%;没有一级和二级分布。

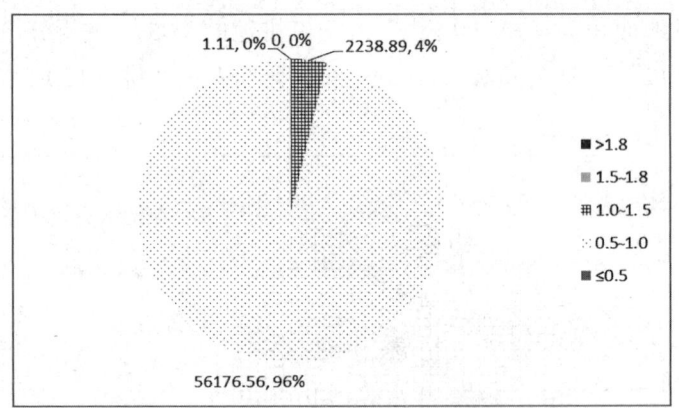

图4-38　玉门市2018年土壤全氮含量各等级面积与比例(单位:公顷)

表4-28　玉门市2018年各乡镇土壤全氮各等级分布表(单位:公顷)

乡镇名称/质量等级	>1.8 克/千克	1.5~1.8 克/千克	1.0~1.5 克/千克	0.5~1.0 克/千克	≤0.5 克/千克	总计
昌马乡				3190.41		3190.41
赤金镇			2557.81	3230.88	0.51	5789.20
花海镇				14185.56		14185.56
黄闸湾乡				9361.68		9361.68
柳河乡				7778.57	0.38	7778.95
柳湖乡				2121.51		2121.51
清泉乡			514.96	1315.02		1829.98
下西号乡				10153.31		10153.31
小金湾乡				1128.47	0.22	1128.69
玉门东镇				1.43		1.43
玉门镇				2875.84		2875.84
总计	0	0	3072.77	55342.68	1.11	58416.56

(三)玉门市2019年土壤全氮分布概况

2019年,玉门市耕地土壤全氮平均值为0.85克/千克。从分布频率看,全氮含量主要集中在四级（0.5~1.0克/千克），面积占比达87.64%。

从等级分布看，全氮为三级的耕地面积为7 220.66公顷，占全市耕地的12.36%，主要分布在昌马镇和赤金镇，面积分别为2 928.53公顷和4 226.17公顷，分别占全镇耕地的91.79%和73.00%；全氮为四级的耕地面积为51 195.80公顷，占全市耕地的87.64%，主要分布在花海镇、黄闸湾镇、柳河镇和下西号镇，面积分别为14 185.56公顷、9 361.68公顷、7 778.95公顷和10 153.31公顷，分别占全镇耕地的100%、100%、100%和100%；全氮为五级的耕地面积为0.1公顷，占全市耕地的0.0002%，分布在小金湾乡，占全乡耕地的0.0089%；没有一级和二级分布。

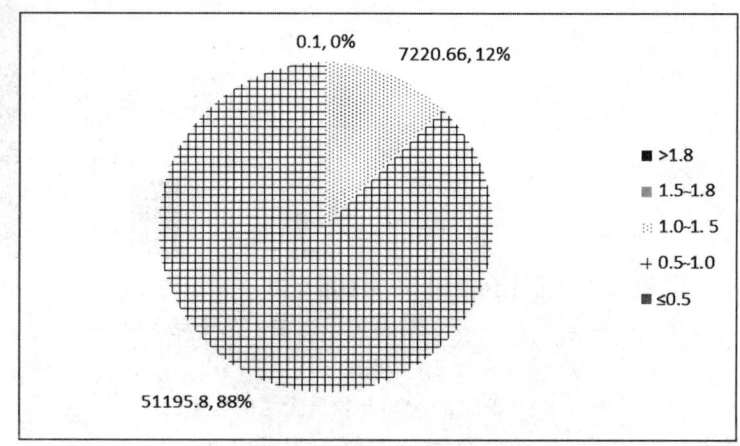

图4-39　玉门市2019年土壤全氮含量各等级面积与比例（单位：公顷）

表4-29　玉门市2019年各乡镇土壤全氮各等级分布（单位：公顷）

乡镇名称/等级	>1.8 克/千克	1.5~1.8 克/千克	1.0~1.5 克/千克	0.5~1.0 克/千克	≤0.5 克/千克	总计
昌马镇	0	0	2928.53	261.88	0	3190.41
赤金镇	0	0	4226.17	1563.03	0	5789.20
花海镇	0	0	0	14185.56	0	14185.56
黄闸湾镇	0	0	0	9361.68	0	9361.68
柳河镇	0	0	0	7778.95	0	7778.95
柳湖镇	0	0	0	2121.51	0	2121.51
清泉乡	0	0	65.96	1764.02	0	1829.98
下西号镇	0	0	0	10153.31	0	10153.31
小金湾乡	0	0	0	1128.59	0.1	1128.69
玉门东镇	0	0	0	1.43	0	1.43
玉门镇	0	0	0	2875.84	0	2875.84
总计	0	0	7220.66	51195.8	0.1	58416.56

(四)玉门市2020年土壤全氮分布概况

2020年,在82个检测土壤样本中,2.44%的土壤样本全氮含量在三级(1.25~1.50克/千克),17.07%的土壤样本全氮含量在四级(1.00~1.25克/千克),80.49%的土壤样本全氮含量分布在五级(≤1.00克/千克),玉门市耕层土壤全氮含量比较低。

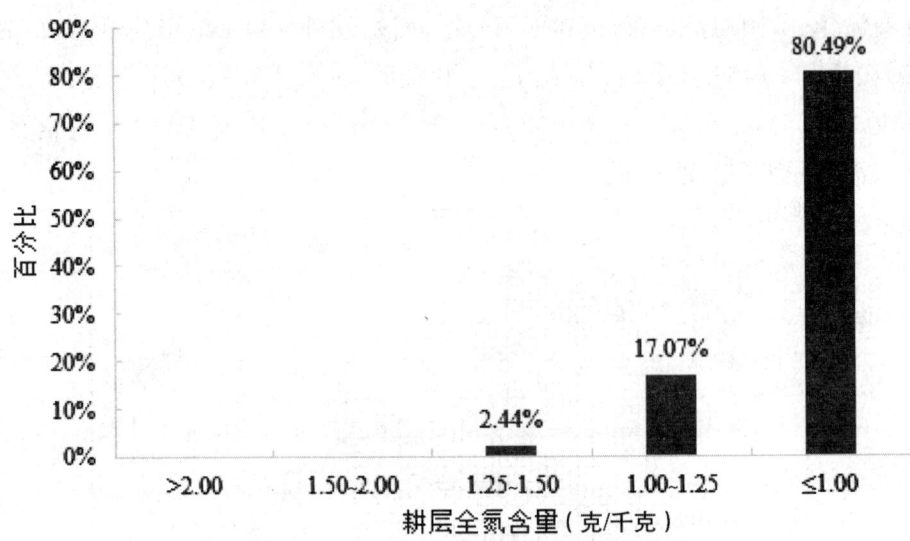

图4-40　玉门市2020年耕层全氮的含量分布

(五)玉门市2017—2020年土壤全氮分布概况对比分析

由表4-30和图4-41可知,2017年到2020年,玉门市耕地土壤全氮分布概况为:全氮含量为五级的耕地在2018年和2019年分布很少,在2020年分布最多,占比为80.49%;全氮含量为四级的耕地2018年占比最高,占比为94.74%,2020年占比最低,占比为17.07%;全氮含量为三级的耕地分布在2019年分布最多,为12.36%;全氮含量为一级和二级的耕地没有分布。

表4-30　玉门市2017—2020年土壤全氮含量分布比例

年份/分布	五级 比例,%	四级 比例,%	三级 比例,%	二级 比例,%	一级 比例,%	总计
2017年	8.05	87.07	4.88	0	0	100
2018年	0.0019	94.74	5.26	0	0	100
2019年	0.0002	87.64	12.36	0	0	100
2020年	80.49	17.07	2.44	0	0	100

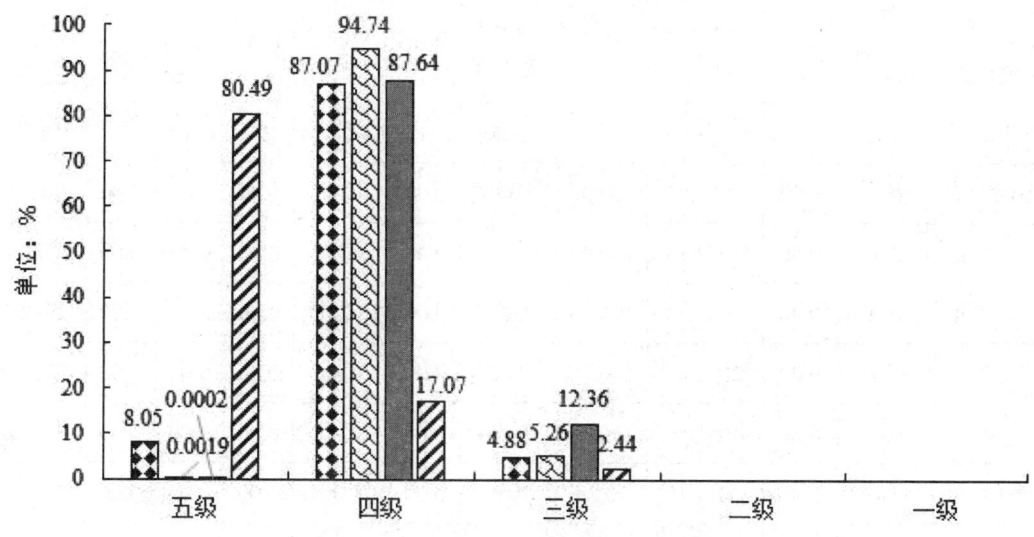

图 4-41　玉门市 2017—2020 年土壤全氮含量分布比例图

四、敦煌市 2017—2020 年土壤全氮分布概况

(一)敦煌市 2017 年土壤全氮分布概况

2017 年,敦煌市耕地土壤全氮平均值为 0.59 克/千克。从分布频率看,全氮含量主要集中在四级(0.50~1.0 克/千克),面积占比达 98.25%。

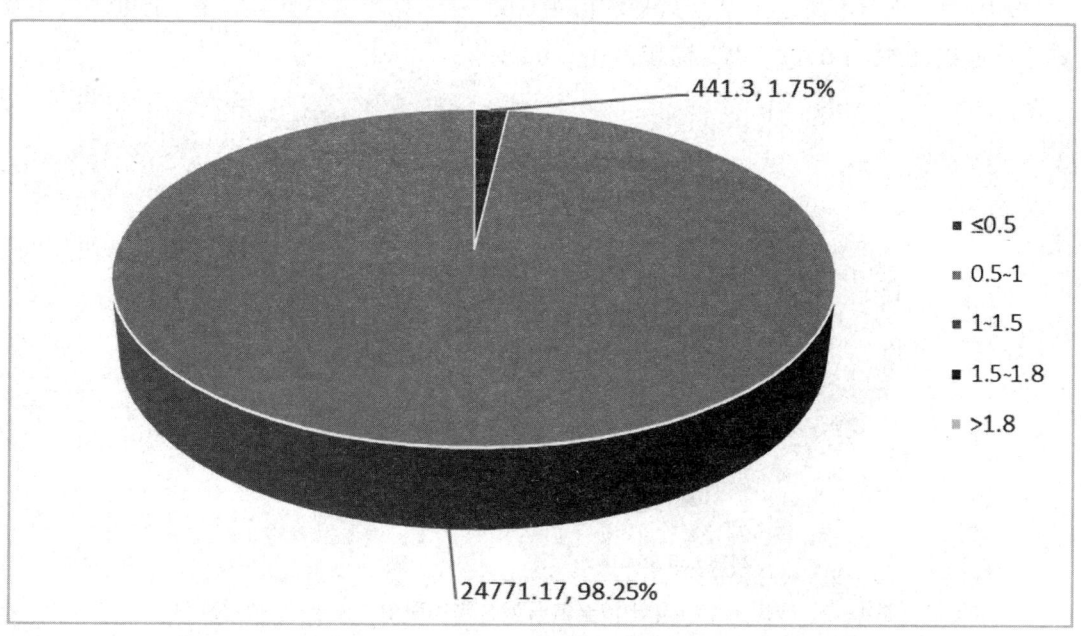

图 4-42　敦煌市 2017 年土壤全氮含量各等级面积与比例(单位:公顷)

表 4-31　敦煌市 2017 年各镇全氮等级分布面积与比例

镇名称	≤0.5 克/千克		比例	0.5~1.0 克/千克	比例	1.0~1.5 克/千克	比例	1.5~1.8 克/千克	比例	>1.8 克/千克	比例	总计
	公顷		%	公顷	%	公顷	%	公顷	%	公顷	%	公顷
郭家堡镇	0.00		0.00	3066.62	100.00	0.00	0.00	0.00	0.00	0.00	0.00	3066.62
黄渠镇	0.00		0.00	3382.76	100.00	0.00	0.00	0.00	0.00	0.00	0.00	3382.76
莫高镇	0.00		0.00	2982.74	100.00	0.00	0.00	0.00	0.00	0.00	0.00	2982.74
七里镇	0.00		0.00	2226.01	100.00	0.00	0.00	0.00	0.00	0.00	0.00	2226.01
肃州镇	0.00		0.00	4652.59	100.00	0.00	0.00	0.00	0.00	0.00	0.00	4652.59
阳关镇	441.30		29.61	1049.18	70.39	0.00	0.00	0.00	0.00	0.00	0.00	1490.48
月牙泉镇	0.00		0.00	1735.11	100.00	0.00	0.00	0.00	0.00	0.00	0.00	1735.11
转渠口镇	0.00		0.00	5676.16	100.00	0.00	0.00	0.00	0.00	0.00	0.00	5676.16
总计	441.30		1.75	24771.17	98.25	0.00	0.00	0.00	0.00	0.00	0.00	25212.47

(二)敦煌市 2018 年土壤全氮分布概况

2018 年,敦煌市耕地土壤全氮平均值为 0.65 克/千克。从分布频率看,全氮含量主要集中在四级(0.50~1.0 克/千克),面积占比达 95.81%。

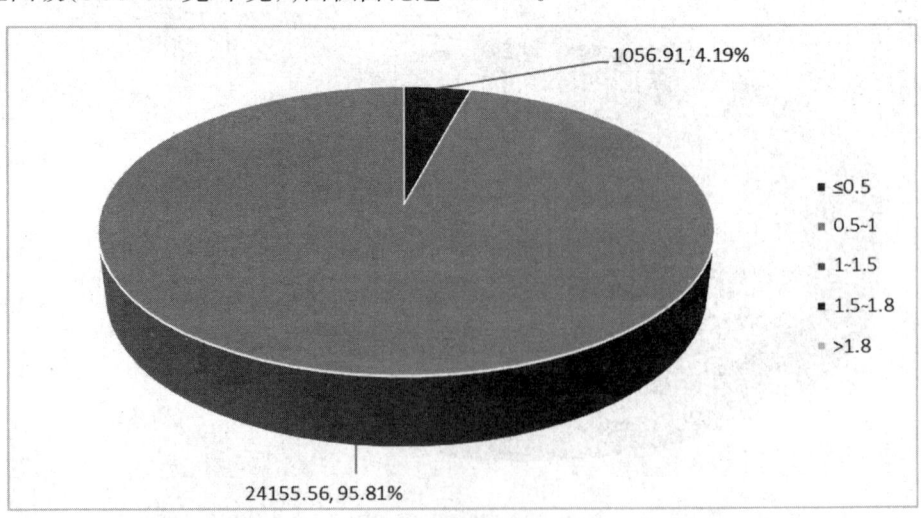

图 4-43　敦煌市 2018 年土壤全氮含量各等级面积与比例(单位:公顷)

表4-32 敦煌市2018年各镇全氮等级分布面积与比例

镇名称	≤0.5克/千克	比例	0.5~1.0克/千克	比例	1.0~1.5克/千克	比例	1.5~1.8克/千克	比例	>1.8克/千克	比例	总计
	公顷	%	公顷	%	公顷	%	公顷	%	公顷	%	公顷
郭家堡镇	0.00	0.00	3066.62	100.00	0.00	0.00	0.00	0.00	0.00	0.00	3066.62
黄渠镇	0.00	0.00	3382.76	100.00	0.00	0.00	0.00	0.00	0.00	0.00	3382.76
莫高镇	0.00	0.00	2982.74	100.00	0.00	0.00	0.00	0.00	0.00	0.00	2982.74
七里镇	0.00	0.00	2226.01	100.00	0.00	0.00	0.00	0.00	0.00	0.00	2226.01
肃州镇	0.00	0.00	4652.59	100.00	0.00	0.00	0.00	0.00	0.00	0.00	4652.59
阳关镇	1056.91	70.91	433.57	29.09	0.00	0.00	0.00	0.00	0.00	0.00	1490.48
月牙泉镇	0.00	0.00	1735.11	100.00	0.00	0.00	0.00	0.00	0.00	0.00	1735.11
转渠口镇	0.00	0.00	5676.16	100.00	0.00	0.00	0.00	0.00	0.00	0.00	5676.16
总计	1056.91	4.19	24155.56	95.81	0.00	0.00	0.00	0.00	0.00	0.00	25212.47

（三）敦煌市2019年土壤全氮分布概况

2019年，敦煌市耕地土壤全氮平均值为0.74克/千克。从分布频率看，全氮含量全部集中在四级（0.50~1.0克/千克），其中转口渠镇全氮含量在四级（0.50~1.0克/千克）的面积最大，为5 676.16公顷，占敦煌市耕地总面积的22.51%；阳关镇全氮含量在四级（0.50~1.0克/千克）的面积最小，为1 490.48公顷，占敦煌市耕地总面积的5.91%。

表4-33 敦煌市2019年各镇全氮等级分布面积与比例

镇名称	≤0.5克/千克	比例	0.5~1.0克/千克	比例	1.0~1.5克/千克	比例	1.5~1.8克/千克	比例	>1.8克/千克	比例	总计
	公顷	%	公顷	%	公顷	%	公顷	%	公顷	%	公顷
郭家堡镇	—	—	3066.62	12.16	—	—	—	—	—	—	3066.62
黄渠镇	—	—	3382.76	13.42	—	—	—	—	—	—	3382.76
莫高镇	—	—	2982.74	11.83	—	—	—	—	—	—	2982.74
七里镇	—	—	2226.01	8.83	—	—	—	—	—	—	2226.01
肃州镇	—	—	4652.59	18.45	—	—	—	—	—	—	4652.59
阳关镇	—	—	1490.48	5.91	—	—	—	—	—	—	1490.48
月牙泉镇	—	—	1735.11	6.88	—	—	—	—	—	—	1735.11
转渠口镇	—	—	5676.16	22.51	—	—	—	—	—	—	5676.16
总计	—	—	25212.47	100.00	—	—	—	—	—	—	25212.47

(四)敦煌市2020年土壤全氮分布概况

2020年,在39个检测土壤样本中,耕层土壤全氮含量分布在五级(≤1.0克/千克)的样本数占敦煌市总样本数的97.44%,这表明,敦煌市耕层土壤全氮含量处于较低水平。

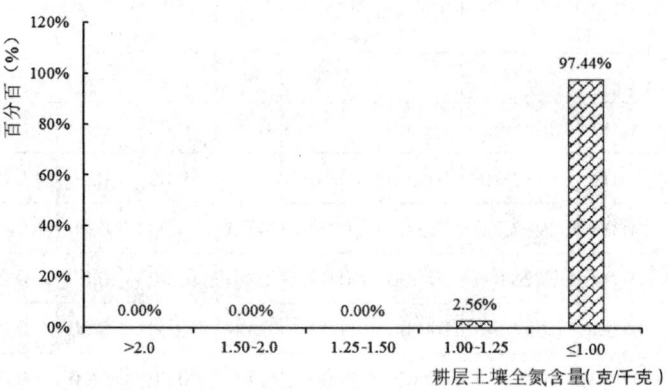

图4-44 敦煌市2020年耕层全氮的含量分布

(五)敦煌市2017—2020年土壤全氮分布概况对比分析

由表4-34和图4-45可知,2017年到2020年,敦煌市耕地土壤全氮分布概况为:全氮含量为五级的耕地在2020年分布最多,占比为97.44%,2017年和2018年分布较少,2019年没有分布;全氮含量为四级的耕地在2017年和2018年占比接近100%,2019年占比为100%,2020年占比仅为2.56%;全氮含量为一级、二级和三级的耕地没有分布。

表4-34 敦煌市2017—2020年土壤全氮含量分布比例

年份/分布	五级 比例,%	四级 比例,%	三级 比例,%	二级 比例,%	一级 比例,%	总计
2017年	1.75	98.25	0	0	0	100
2018年	4.19	95.81	0	0	0	100
2019年	0	100.00	0	0	0	100
2020年	97.44	2.56	0	0	0	100

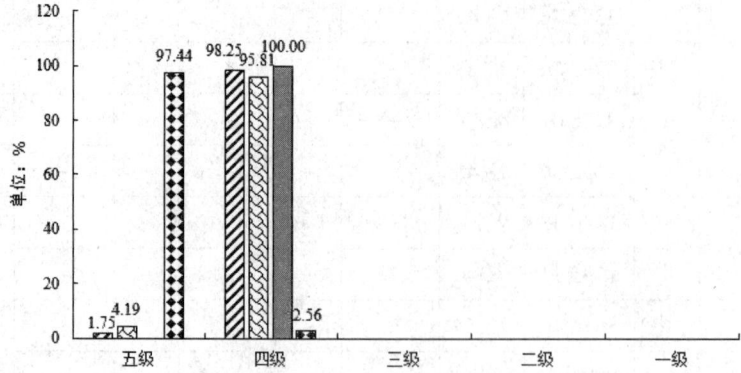

图4-45 敦煌市2017—2020年土壤全氮含量分布比例图

五、金塔县2017—2020年土壤全氮分布概况

(一)金塔县2017年土壤全氮分布概况

2017年,金塔县耕地土壤全氮平均值为0.59克/千克。从分布频率看,全氮含量主要集中在0.5~1.0克/千克,面积占比达96.13%。

表4-35 金塔县2017年各乡镇耕地土壤全氮等级分布与比例(单位:公顷)

乡镇名称/等级分布	>1.8 克/千克		1.5~1.8 克/千克		1.0~1.5 克/千克		0.5~1.0 克/千克		≤0.5 克/千克	
	面积	比例	面积	比例	面积	比例	面积	比例	面积	比例
大庄子乡							4995.79	10.16%	4693.16	9.54%
鼎新镇							4776.36	9.71%	1223.15	2.49%
东坝镇							6944.78	14.12%	227.05	0.46%
古城乡							6576.83	13.37%	4158.71	8.45%
航天镇							4208.51	8.56%	1577.67	3.21%
金塔镇							5555.19	11.29%	813.58	1.65%
三合乡							4616.98	9.39%	47.50	0.10%
西坝乡							4526.86	9.20%	370.71	0.75%
羊井子湾							890.26	1.81%	78.76	0.16%
中东镇							4192.65	8.52%	367.54	0.75%
总计							47284.20	96.13%	1905.10	3.87%

(二)金塔县2018年土壤全氮分布概况

2018年,金塔县耕地土壤全氮平均值为0.54克/千克。从分布频率看,全氮含量主要集中在四级(0.5~1.0克/千克),面积占比达100.00%。

表4-36 金塔县2018年各乡镇耕地土壤全氮等级分布与比例(单位:公顷)

乡镇名称/等级分布	>1.8 克/千克		1.5~1.8 克/千克		1.0~1.5 克/千克		0.5~1.0 克/千克		≤0.5 克/千克	
	面积	比例	面积	比例	面积	比例	面积	比例	面积	比例
大庄子镇							4995.79	10.16%		
鼎新镇							4776.36	9.71%		
东坝镇							7171.83	14.58%		
古城乡							6576.83	13.37%		
航天镇							4208.51	8.56%		
金塔镇							6368.77	12.95%		
三合乡							4664.48	9.48%		
西坝镇							4895.37	9.95%		
羊井子湾							969.02	1.97%		
中东镇							4560.19	9.27%		
总计							49187.2	100.00%		

(三)金塔县2019年土壤全氮分布概况

2019年,金塔县耕地土壤全氮平均值为0.82克/千克。从分布频率看,全氮含量主要集中在四级(0.5~1.0克/千克),面积占比达100.00%。

表4-37 金塔县2019年各乡镇耕地土壤全氮等级分布与比例(单位:公顷)

乡镇名称/等级分布	>1.8 克/千克		1.5~1.8 克/千克		1.0~1.5 克/千克		0.5~1.0 克/千克		≤0.5克/千克	
	面积	比例	面积	比例	面积	比例	面积	比例	面积	比例
大庄子镇	0	0	0	0	0	0	4995.79	10.16%	0	0
鼎新镇	0	0	0	0	0	0	4776.36	9.71%	0	0
东坝镇	0	0	0	0	0	0	7171.83	14.58%	0	0
古城乡	0	0	0	0	0	0	6576.83	13.37%	0	0
航天镇	0	0	0	0	0	0	4208.51	8.56%	0	0
金塔镇	0	0	0	0	0	0	6368.77	12.95%	0	0
三合乡	0	0	0	0	0	0	4664.48	9.48%	0	0
西坝镇	0	0	0	0	0	0	4895.37	9.95%	0	0
羊井子湾	0	0	0	0	0	0	969.02	1.97%	0	0
中东镇	0	0	0	0	0	0	4560.19	9.27%	0	0
总计	0	0	0	0	0	0	49187.15	100.00%	0	0

(四)金塔县2020年土壤全氮分布概况

2020年,在金塔69个检测土壤样本中,1.45%的土壤样本全氮含量在四级(1.25~1.50克/千克,98.55%的土壤样本的全氮含量分布在五级(≤1.0克/千克),金塔县耕层土壤全氮含量较低。

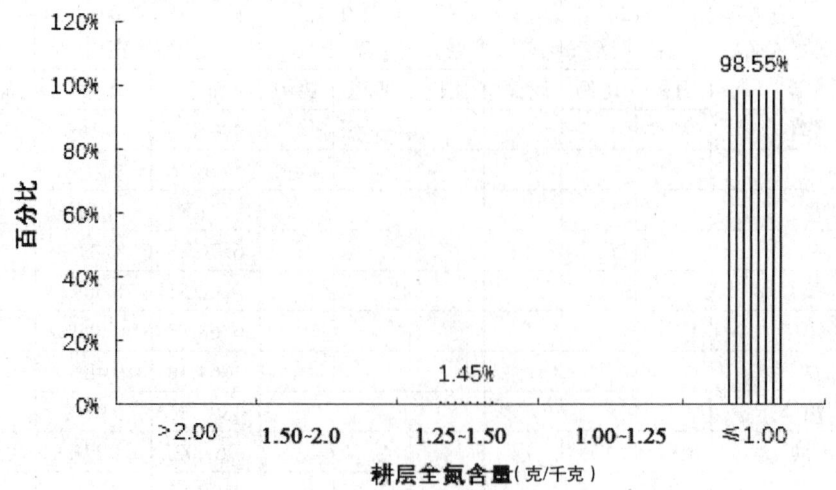

图4-46 金塔县2020年耕层全氮的含量分布

(五)金塔县2017—2020年土壤全氮分布概况对比分析

由表4-38和图4-47可知,2017年到2020年,金塔县耕地土壤全氮分布概况为:全氮含量为五级的耕地在2017年分布最少,占比为3.87%,在2020年分布较多,为98.55%,2018年和2019年没有分布;全氮含量为四级的耕地2017年占比为96.13%,2018年和2019年占比为100.00%,2020年没有分布;全氮含量为三级的耕地只分布于2020年,占比为1.45%;全氮含量为一级和二级的耕地没有分布。

表4-38 金塔县2017—2020年土壤全氮含量分布比例

年份/分布	五级 比例,%	四级 比例,%	三级 比例,%	二级 比例,%	一级 比例,%	总计
2017年	3.87	96.13	0	0	0	100
2018年	0	100.00	0	0	0	100
2019年	0	100.00	0	0	0	100
2020年	98.55	0	1.45	0	0	100

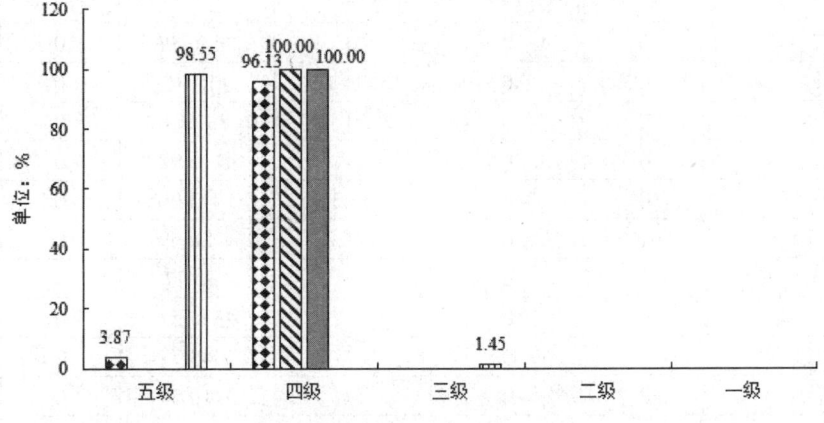

图4-47 金塔县2017—2020年土壤全氮含量分布比例图

六、瓜州县2017—2020年土壤全氮分布概况

(一)瓜州县2017年土壤全氮分布概况

2017年,瓜州县耕地土壤全氮平均值为0.93克/千克。从分布频率看,全氮含量主要集中在四级(0.5~1.0克/千克),面积占比达51%。

从等级分布看,全氮为三级的耕地面积为26 145.72公顷,占全县耕地的49.08%,主要分布在南岔镇和西湖乡,面积分别为8 171.28公顷和8 385.16公顷,分别占全乡镇耕地86.01%和72.51%;全氮为四级的耕地面积为26 890.21公顷,占全县耕地的50.47%,主要分布在河东乡、三道沟镇和双塔乡,面积分别为4 116.92公顷、4 334.57公顷和3 410.59公顷,分别占全乡镇耕地100%、96.33%和100%;全氮为五级的耕地面积为240.8公顷,占全县耕地的0.45%,全部分布在锁阳城镇;没有一级和二级分布。

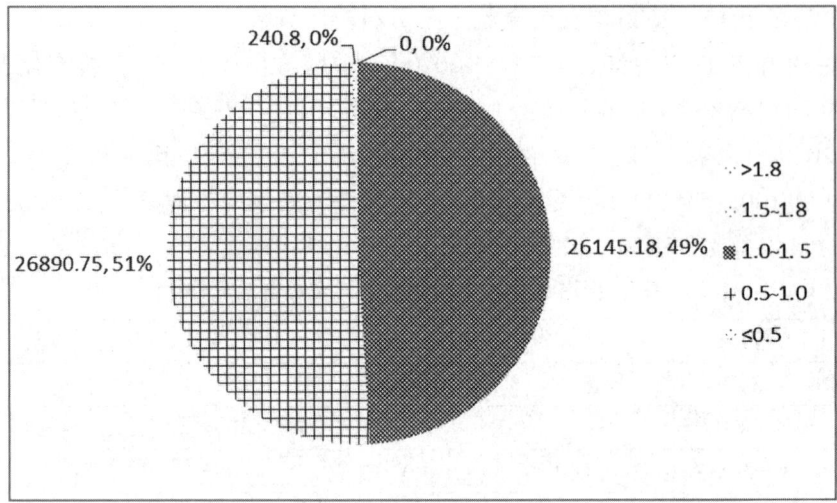

图4-48 瓜州县2017年土壤全氮含量各等级面积与比例(单位:公顷)

表4-39 瓜州县2017年各乡镇土壤全氮各等级分布表(单位:公顷)

乡镇名称/等级	>1.8 克/千克	1.5~1.8 克/千克	1.0~1.5 克/千克	0.5~1.0 克/千克	≤0.5 克/千克	总计
布隆吉乡	0	0	0	2436.37	0	2436.37
瓜州乡	0	0	5294.12	119.99	0	5414.11
广至藏族乡	0	0	0	839.69	0	839.69
河东乡	0	0	0	4116.92	0	4116.92
梁湖乡	0	0	333.37	1742.06	0	2075.43
南岔镇	0	0	8171.28	1328.69	0	9499.97
七墩回族东乡族乡	0	0	0	631.77	0	631.77
三道沟镇	0	0	165.22	4334.57	0	4499.79
沙河回族乡	0	0	0	2043.77	0	2043.77
双塔乡	0	0	0	3410.59	0	3410.59
锁阳城镇	0	0	3796.57	0	240.8	4037.37
西湖乡	0	0	8385.16	3178.86	0	11564.02
腰站子东乡族乡	0	0	0	2706.93	0	2706.93
总计	0	0	26145.72	26890.21	240.8	53276.73

(二)瓜州县2018年土壤全氮分布概况

2018年,瓜州县耕地土壤全氮平均值为0.84克/千克。从分布频率看,全氮含量主要集中在四级(0.5~1.0克/千克),面积占比达83%。

从等级分布看,全氮为三级的耕地面积为9 079.76公顷,占全县耕地的17.04%,主要分布在布隆吉乡、沙河回族乡和双塔乡,面积分别为2 178公顷、2 043.69公顷和3 021.27公顷,分别占全乡镇耕地89.40%、99.9961%和88.58%;

全氮为四级的耕地面积为44 196.97公顷,占全县耕地的82.96%,主要分布在南岔镇和西湖乡,面积分别为9 499.2公顷和11 527.63公顷,分别占全乡镇耕地99.9919%和99.69%;没有一级、二级和五级分布。

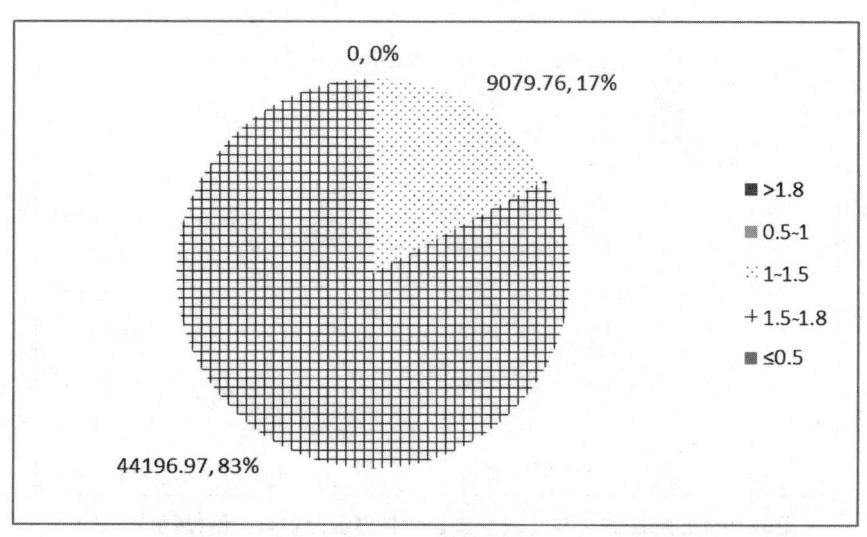

图 4-49 瓜州县2018年土壤全氮含量各等级面积与比例（单位：公顷）

表 4-40 瓜州县2018年各乡镇土壤全氮各等级分布表（单位：公顷）

乡镇名称/质量等级	>1.8 克/千克	1.5~1.8 克/千克	1.0~1.5 克/千克	0.5~1.0 克/千克	≤0.5 克/千克	总计
布隆吉乡			2178	258.37		2436.37
瓜州乡			0.09	5417.91		5418.00
广至藏族乡				839.69		839.69
河东乡			520.61	3596.67		4117.28
梁湖乡				2071.47		2071.47
南岔镇			0.77	9499.20		9499.97
七墩回族东乡族乡				631.77		631.77
三道沟镇				4499.79		4499.79
沙河回族乡			2043.69	0.08		2043.77
双塔乡			3021.27	389.32		3410.59
锁阳城镇			370.84	3666.53		4037.37
西湖乡			36.39	11527.63		11564.02
腰站子东乡族乡			908.1	1798.54		2706.64
总计	0	0	9079.76	44196.97	0	53276.73

（三）瓜州县2019年土壤全氮分布概况

2019年，瓜州县耕地土壤全氮平均值为0.83克/千克。从分布频率看，全氮含量主要集中在四级（0.5~1.0克/千克），面积占比达95.57%。

从等级分布看，全氮为三级的耕地面积为2 232.15公顷，占全县耕地的4.19%，主要分布在锁阳城镇，面积为1 527.74公顷，占全镇耕地37.84%；全氮为四级的耕地面积为50 916.46公顷，占全县耕地的95.57%，主要分布在瓜州镇和西湖镇，面积分别为5 417.99公顷和11 527.78公顷，分别占全镇耕地100%和99.69%；全氮为五级的耕地面积为128.12公顷，占全县耕地的0.24%，全部分布在七墩回族东乡族乡，占全乡耕地20.28%；没有一级和二级分布。

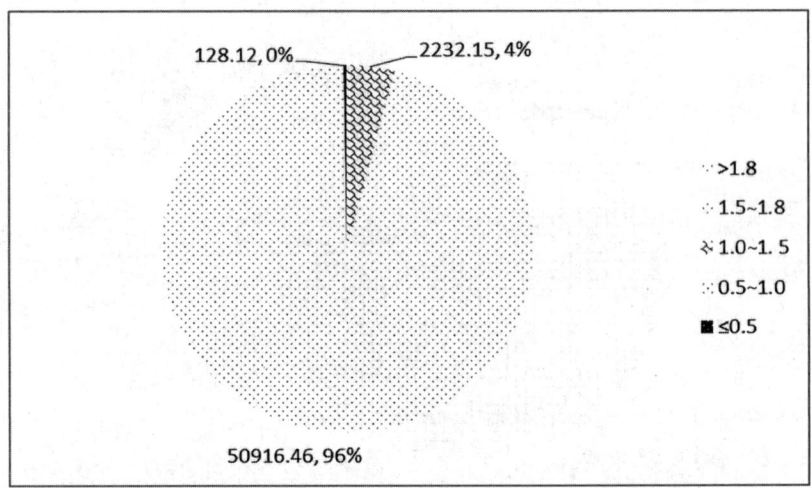

图4-50　瓜州县2019年土壤全氮含量各等级面积与比例（单位：公顷）

表4-41　瓜州县2019年各乡镇土壤全氮各等级分布（单位：公顷）

乡镇名称/质量等级	>1.8 克/千克	1.5~1.8 克/千克	1.0~1.5 克/千克	0.5~1.0 克/千克	≤0.5 克/千克	总计
布隆吉乡			667.8	1768.57		2436.37
瓜州镇			0.01	5417.99		5418
广至藏族乡				839.69		839.69
河东镇			0.09	4116.9		4116.99
梁湖乡				2071.47		2071.47
南岔镇			0.27	9499.7		9499.97
七墩回族东乡族乡				503.65	128.12	631.77
三道沟镇				4499.79		4499.79
沙河回族乡				2043.77		2043.77
双塔镇				3410.59		3410.59
锁阳城镇			1527.74	2509.63		4037.37
西湖镇			36.24	11527.78		11564.02
腰站子东乡族镇				2706.93		2706.93
总计	0	0	2232.15	50916.46	128.12	53276.73

（四）瓜州县2020年土壤全氮分布概况

2020年，在80个检测土壤样本中，1.25%的土壤样本全氮含量在二级（1.50~2.00克/千克），10.00%的土壤样本全氮含量在四级（1.00~1.25克/千克），88.75%的土壤样本全氮含量分布在五级（≤1.00克/千克），瓜州县耕层土壤全氮含量较低。

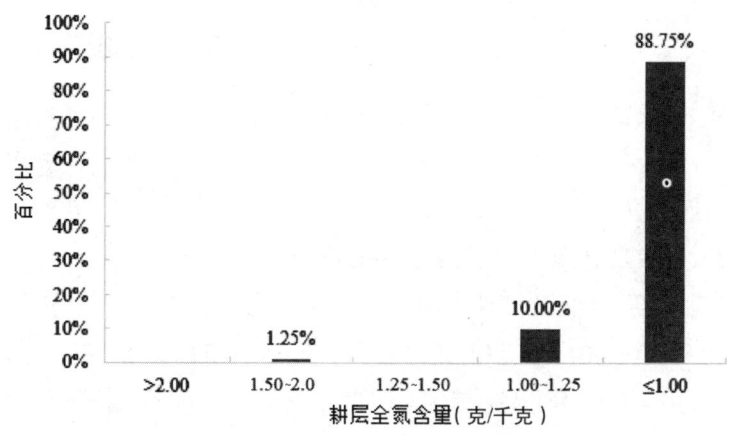

图 4-51　瓜州县 2020 年耕层全氮含量分布

(五) 瓜州县 2017—2020 年土壤全氮分布概况对比分析

由表 4-42 和图 4-52 可知，2017 年到 2020 年，瓜州县耕地土壤全氮分布概况为：全氮含量为五级的耕地在 2020 年分布最多，占比为 88.75%，在 2018 年没有分布；全氮含量为四级的耕地 2019 年占比最高，占比为 95.57%，2020 年占比最低，占比为 10.00%；全氮含量为三级的耕地在 2017—2020 年呈下降趋势，2017 年分布最多，为 49.08%，2020 年没有分布；全氮含量为二级的耕地只分布于 2020 年，占比为 1.25%；全氮含量为一级的耕地没有分布。

表 4-42　瓜州县 2017—2020 年土壤全氮含量分布比例

年份/分布	五级 比例,%	四级 比例,%	三级 比例,%	二级 比例,%	一级 比例,%	总计
2017 年	0.45	50.47	49.08	0	0	100
2018 年	0	82.96	17.04	0	0	100
2019 年	0.24	95.57	4.19	0	0	100
2020 年	88.75	10.00	0	1.25	0	100

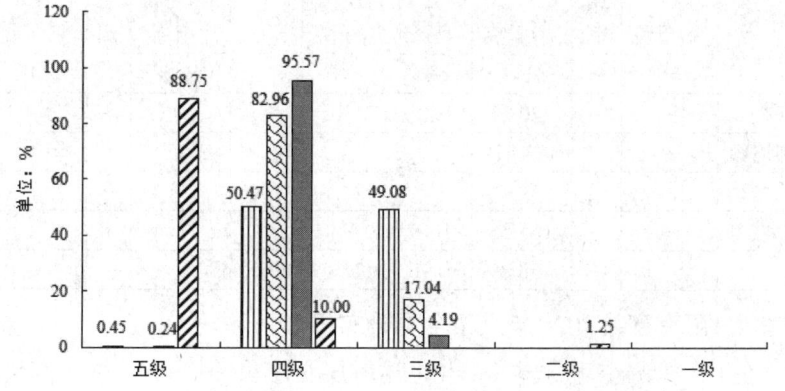

图 4-52　瓜州县 2017—2020 年土壤全氮含量分布比例图

七、肃北县、阿克塞县2018—2020年土壤全氮分布概况

(一)肃北县、阿克塞县2018年土壤全氮分布概况

2018年,阿克塞县、肃北县耕地土壤全氮平均值为0.84克/千克。从分布频率看,全氮含量全部集中在四级(0.50~1.0克/千克)。

(二)肃北县、阿克塞县2019年土壤全氮分布概况

2019年,阿克塞县、肃北县耕地土壤全氮平均值为1.07克/千克。从分布频率看,全氮含量主要分布在三级(1.00~1.5克/千克),面积占比达69.02%。阿克塞县土壤全氮平均值为0.85克/千克,均分布0.50~1.0克/千克;在肃北县耕地土壤全氮平均值为1.12克/千克,全氮含量在四级(0.50~1.0克/千克)的面积占肃北县耕地总面积的13.94%。分布在三级(1.00~1.5克/千克)的面积占肃北县耕地总面积的86.06%。

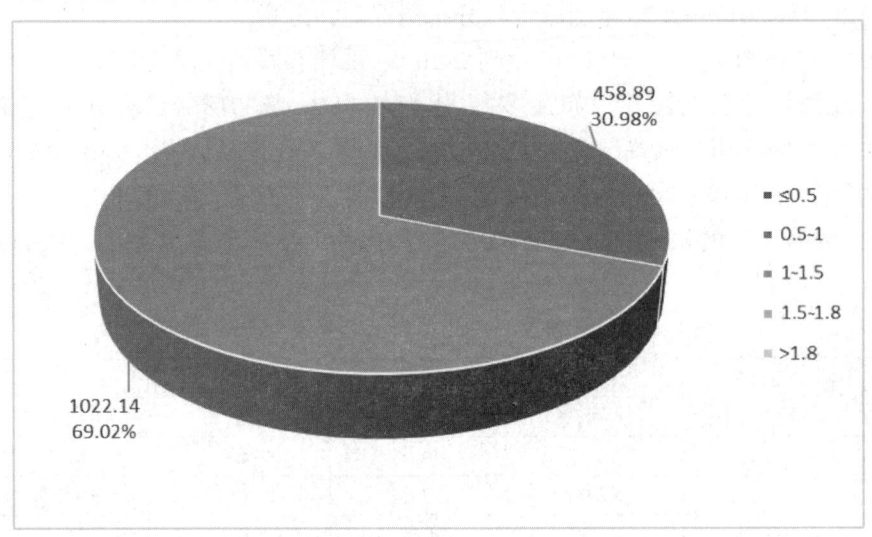

图4-52 阿克塞县、肃北县2019年土壤全氮含量各等级面积与比例(单位:公顷)

表4-43 阿克塞县、肃北县2019年各乡镇全氮等级分布面积与比例

县名称	乡镇名称	≤0.5 克/千克	比例	0.5~1.0 克/千克	比例	1.0~1.5 克/千克	比例	1.5~1.8 克/千克	比例	>1.8 克/千克	比例	总计
		公顷	%	公顷	%	公顷	%	公顷	%	公顷	%	公顷
阿克塞县	阿克旗乡	-	-	220.27	100	-	-					220.27
	红柳湾镇	-	-	73.07	100	-	-					73.07
肃北县	党城湾镇					1022.14	100					1022.14
	石包城乡	-	-	165.55	100							165.55
总计		-	-	458.89	30.98	1022.14	69.02	-	-	-	-	1481.03

(三)肃北县、阿克塞县2020年土壤全氮分布概况

2020年,在1个检测土壤样本中,肃北县耕层土壤全氮含量分布在四级(1.0~1.25克/千克),这表明,肃北县耕层土壤全氮含量处于较低水平。

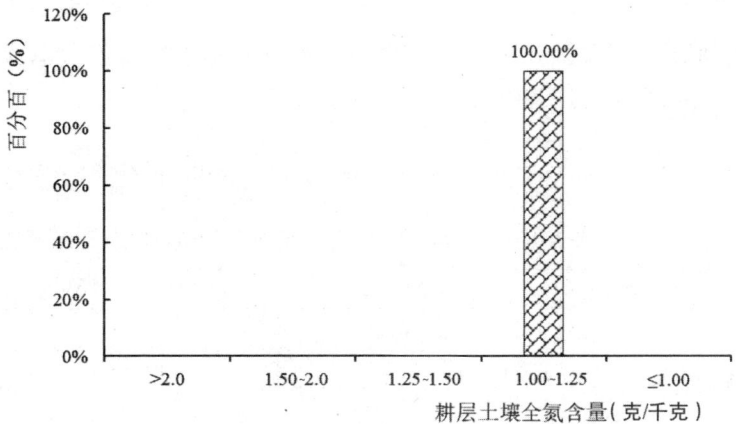

图4-54　肃北县2020年耕层土壤全氮的含量分布

2020年,根据对阿克塞县1个样品的分析检测,其土壤全氮含量为0.51毫克/千克,土壤全氮含量比2017年减少了0.18克/千克。在1个检测土壤样本中,阿克塞县耕层土壤全氮含量分布在五级(≤1.00克/千克)。

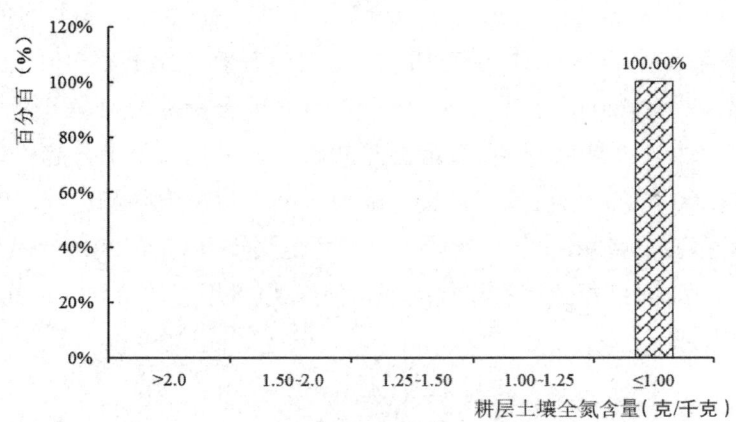

图4-55　阿克塞县2020年耕层土壤全氮的含量分布

(四)肃北县、阿克塞县2018—2020年土壤全氮分布概况对比分析

肃北县和阿克塞县耕地面积较少,且分别只有一个样点,分布概况详见各年度分析。

第三节　土壤有效磷

磷是植物生长发育的必需营养元素之一,能够促进各种代谢正常进行。土壤有效磷,是指土壤中可被植物吸收利用的磷的总称。它包括全部水溶性磷、部分吸附态磷、一部分微溶性的无机磷和易矿化的有机磷等,只是后二者需要经过一定的转化过程后方能被植物直接吸收。土壤中有效磷含量与全磷含量之间虽不是直线相关,但当土壤全磷含量低于0.03%时,土壤往往表现缺少有效磷。土壤有效磷是土壤磷素养分供应水平高低的指标,土壤磷素含量高低在一定程度反映了土壤中磷素的贮量和供应能力。

一、酒泉市2017—2020年土壤有效磷含量变化分析

表4-44　酒泉市2017—2020年土壤有效磷含量平均值(单位:毫克/千克)

区域	2017年	2018年	2019年	2020年
肃州区	18.16	26.30	23.87	31.11
玉门市	12.50	18.22	20.08	17.74
敦煌市	12.13	22.70	21.12	27.89
金塔县	19.18	28.44	27.10	44.00
瓜州县	29.88	24.69	23.11	25.29
肃北县	18.40	21.17	28.48	22.40
阿克塞县	16.80	21.17	17.30	17.51
平均值	18.15	23.24	23.01	26.56

如表4-44和图4-56所示,2017—2020年,肃州区有效磷含量平均值呈上升趋势,2020年有效磷含量最高,为31.11毫克/千克;玉门市有效磷含量平均值呈上升趋势,2019年有效磷含量最高,为20.08毫克/千克;敦煌市有效磷含量平均值呈上升趋势,2020年有效磷含量最高,为27.89毫克/千克;金塔县有效磷含量平均值呈上升趋势,2020年有效磷含量最高,为44.00毫克/千克;瓜州县有效磷含量平均值呈下降趋势,2019年有效磷含量最低,为23.11毫克/千克;肃北县有效磷含量平均值呈上升趋势,2019年有效磷含量最高,为28.48毫克/千克;阿克塞县有效磷含量平均值在2018年有效磷含量最高,为21.17毫克/千克,其余三年含量相近。

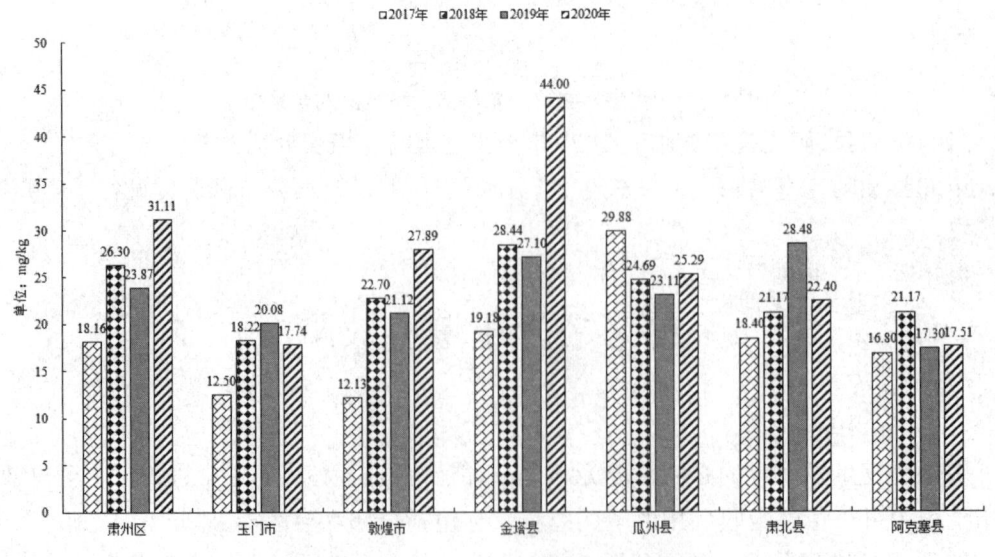

图4-56　酒泉市2017—2020年土壤有效磷含量平均值变化图

二、肃州区 2017—2020 年土壤有效磷分布概况

(一)肃州区 2017 年土壤有效磷分布概况

2017年,肃州区耕地土壤有效磷平均值为18.16毫克/千克。从分布频率看,有效磷含量主要集中在四级(10~20毫克/千克),面积占比达83.17%。

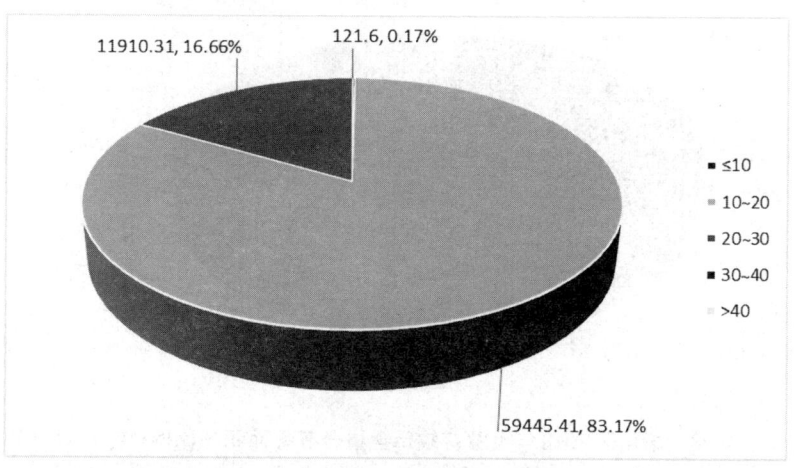

图4-57 肃州区2017年土壤有效磷含量各等级面积与比例(单位:公顷)

表4-45 肃州区2017年各乡镇有效磷等级分布面积与比例

乡镇名称	≤10 毫克/千克	比例	10~20 毫克/千克	比例	20~30 毫克/千克	比例	30~40 毫克/千克	比例	>40 毫克/千克	比例	总计
	公顷	%	公顷	%	公顷	%	公顷	%	公顷	%	公顷
东洞镇	10.82	0.37	2208.18	74.78	733.95	24.85	0	0	0	0	2952.95
丰乐镇	0	0.00	2611.97	81.16	606.51	18.84	0	0	0	0	3218.48
果园镇	0	0.00	3341.76	70.98	1366.21	29.02	0	0	0	0	4707.97
铧尖镇	0	0.00	2580.04	79.95	646.92	20.05	0	0	0	0	3226.96
黄泥堡乡	0	0.00	587.46	94.86	31.81	5.14	0	0	0	0	619.27
金佛寺镇	85.23	1.29	5990.31	91.00	507.27	7.71	0	0	0	0	6582.81
清水镇	0	0	5423.41	76.60	1656.34	23.40	0	0	0	0	7079.75
泉湖镇	0	0.00	3517.25	92.16	299.11	7.84	0	0	0	0	3816.36
三墩镇	0	0.00	5831.56	81.17	1353.22	18.83	0	0	0	0	7184.78
上坝镇	0	0.00	6324.1	90.48	665.51	9.52	0	0	0	0	6989.61
西洞镇	0	0.00	1715.91	88.30	227.34	11.70	0	0	0	0	1943.25
西峰镇	0	0.00	2320.96	96.56	82.57	3.44	0	0	0	0	2403.53
下河清镇	4.5	0.20	2199.2	97.94	41.74	1.86	0	0	0	0	2245.44
银达镇	3.09	0.05	4144.84	73.64	1480.52	26.30	0	0	0	0	5628.45
总寨镇	0	0.00	6308.52	93.53	436.1	6.47	0	0	0	0	6744.62
农林场	17.96	0.29	4339.94	70.76	1775.19	28.94	0	0	0	0	6133.09
总计	121.6	0.17	59445.41	83.17	11910.31	16.66	0	0	0	0	71477.32

(二)肃州区2018年土壤有效磷分布概况

2018年,肃州区耕地土壤有效磷平均值为26.30毫克/千克。从分布频率看,有效磷含量主要集中在三级(20~30毫克/千克),面积占比达47.21%。

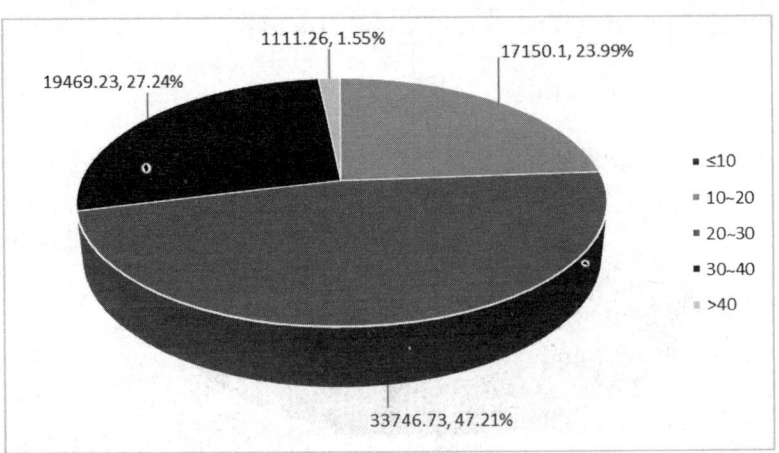

图4-58 肃州区2018年土壤有效磷含量各等级面积与比例(单位:公顷)

表4-46 肃州区2018年各乡镇有效磷等级分布面积与比例

乡镇名称	≤10 毫克/千克	比例	10~20 毫克/千克	比例	20~30 毫克/千克	比例	30~40 毫克/千克	比例	>40 毫克/千克	比例	总计
	公顷	%	公顷	%	公顷	%	公顷	%	公顷	%	公顷
东洞镇	0.00	0.00	2036.00	68.95	916.95	31.05	0.00	0.00	0.00	0.00	2952.95
丰乐镇	0.00	0.00	0.00	0.00	1060.18	32.94	2158.30	67.06	0.00	0.00	3218.48
果园镇	0.00	0.00	0.12	0.00	161.62	3.43	4403.59	93.53	142.64	3.03	4707.97
铧尖镇	0.00	0.00	786.16	24.36	1655.28	51.30	755.46	23.41	30.06	0.93	3226.96
黄泥堡乡	0.00	0.00	0.00	0.00	619.27	100.00	0.00	0.00	0.00	0.00	619.27
金佛寺镇	0.00	0.00	2173.71	33.02	3284.87	49.90	1124.23	17.08	0.00	0.00	6582.81
清水镇	0.00	0.00	0.00	0.00	4214.51	59.53	2865.24	40.47	0.00	0.00	7079.75
泉湖镇	0.00	0.00	837.18	21.94	1433.60	37.56	1545.58	40.50	0.00	0.00	3816.36
三墩镇	0.00	0.00	712.96	9.92	5963.81	83.01	508.01	7.07	0.00	0.00	7184.78
上坝镇	0.00	0.00	6692.22	95.75	297.39	4.25	0.00	0.00	0.00	0.00	6989.61
西洞镇	0.00	0.00	0.03	0.00	1943.22	100.00	0.00	0.00	0.00	0.00	1943.25
西峰镇	0.00	0.00	0.00	0.00	848.41	35.30	1555.12	64.70	0.00	0.00	2403.53
下河清镇	0.00	0.00	945.23	42.10	1300.21	57.90	0.00	0.00	0.00	0.00	2245.44
银达镇	0.00	0.00	687.66	12.22	2566.82	45.60	1884.61	33.48	489.36	8.69	5628.45
总寨镇	0.00	0.00	307.69	4.56	4951.13	73.41	1309.06	19.41	176.74	2.62	6744.62
农林场	0.00	0.00	1971.14	32.14	2529.46	41.24	1360.03	22.18	272.46	4.44	6133.09
总计	0.00	0.00	17150.10	23.99	33746.73	47.21	19469.23	27.24	1111.26	1.55	71477.32

（三）肃州区2019年土壤有效磷分布概况

2019年，肃州区耕地土壤有效磷平均值为23.87毫克/千克。从分布频率看，有效磷含量主要集中在三级（20~30毫克/千克），面积占比达68.11%。

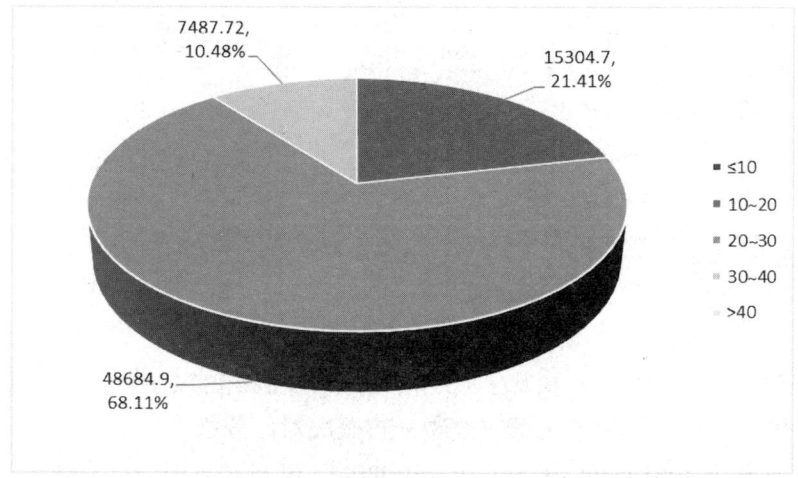

图4-59　肃州区2019年土壤有效磷含量各等级面积与比例（单位：公顷）

表4-47　肃州区2019年各乡镇有效磷等级分布面积与比例

乡镇名称	≤10 毫克/千克	比例	10~20 毫克/千克	比例	20~30 毫克/千克	比例	30~40 毫克/千克	比例	>40 毫克/千克	比例	总计
	公顷	%	公顷	%	公顷	%	公顷	%	公顷	%	公顷
东洞镇	—	—	2193.72	74.29	759.23	25.71	—	—	—	—	2952.95
丰乐镇	—	—	—	—	3218.48	100.00	—	—	—	—	3218.48
果园镇	—	—	0.08	0.00	3440.51	73.08	1267.38	26.92	—	—	4707.97
铧尖镇	—	—	587.90	18.22	2630.00	81.50	9.06	0.28	—	—	3226.96
黄泥堡乡	—	—	—	—	619.27	100.00	—	—	—	—	619.27
金佛寺镇	—	—	1251.80	19.02	5331.01	80.98	—	—	—	—	6582.81
清水镇	—	—	—	—	7079.75	100.00	—	—	—	—	7079.75
泉湖镇	—	—	—	—	851.55	22.31	2964.81	77.69	—	—	3816.36
三墩镇	—	—	—	—	6806.99	94.74	377.79	5.26	—	—	7184.78
上坝镇	—	—	6989.61	100.00	—	—	—	—	—	—	6989.61
西洞镇	—	—	—	—	1943.25	100.00	—	—	—	—	1943.25
西峰镇	—	—	—	—	2350.62	97.80	52.91	2.20	—	—	2403.53
下河清镇	—	—	—	—	2245.44	100.00	—	—	—	—	2245.44
银达镇	—	—	—	—	3673.42	65.27	1955.03	34.73	—	—	5628.45
总寨镇	—	—	3016.68	44.73	3687.93	54.68	40.01	0.59	—	—	6744.62
农林场	—	—	1264.91	20.62	4047.45	65.99	820.73	13.38	—	—	6133.09
总计	—	—	15304.70	21.41	48684.90	68.11	7487.72	10.48	—	—	71477.32

（四）肃州区2020年土壤有效磷分布概况

根据对肃州区119个样品的分析检测，其2020年耕层土壤有效磷含量分布在一级（>

40毫克/千克)的占 16.81%,含量为二级(25.0~40.0毫克/千克)的样本数占 49.58%,含量为三级(15.0~20.0毫克/千克)的样本数占 29.41%,含量为四级(6.0~15.0毫克/千克)的样本数仅占 4.20%,五级没有分布。这表明,肃州区耕层土壤有效磷含量处于较高水平。

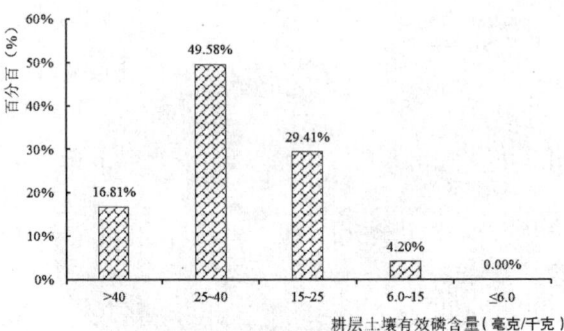

图 4-60　肃州区 2020 年耕层土壤有效磷含量分布

(五)肃州区 2017—2020 年土壤有效磷分布概况对比分析

由表 4-48 和图 4-61 可知,从 2017 年到 2020 年,肃州区耕地土壤有效磷分布概况为:有效磷含量为五级的耕地只在 2017 年分布,占比为 0.17%;有效磷含量为四级的耕地分布呈下降趋势,2017 年占比最高,占比为 83.17%,2020 年占比最低,占比为 4.20%;有效磷含量为三级的耕地分布呈上升趋势,2019 年分布最多,占比为 68.11%,2020 年降低至 29.41%;有效磷含量为二级的耕地 2020 年占比最高,为 49.58%,2017 年没有分布;有效磷含量为一级的耕地分布在 2018 年和 2020 年,2018 年占比为 1.55%,2020 年占比为 16.81%。

表 4-48　肃州区 2017—2020 年土壤有效磷含量分布比例

年份/分布	五级 比例,%	四级 比例,%	三级 比例,%	二级 比例,%	一级 比例,%	总计
2017年	0.17	83.17	16.66	0	0	100
2018年	0	23.99	47.21	27.24	1.55	100
2019年	0	21.41	68.11	10.48	0	100
2020年	0	4.20	29.41	49.58	16.81	100

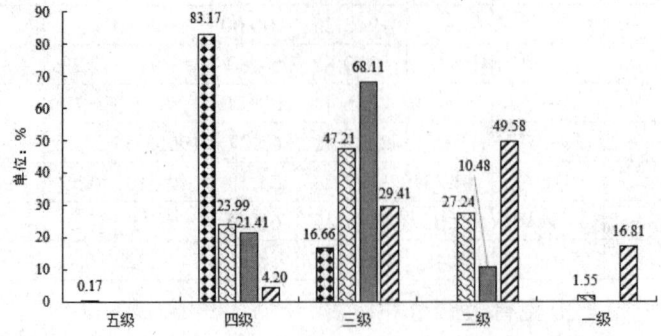

图 4-61　肃州区 2017—2020 年土壤有效磷含量分布比例图

三、玉门市2017—2020年土壤有效磷分布概况

(一)玉门市2017年土壤有效磷分布概况

2017年,玉门市耕地土壤有效磷平均值为12.50毫克/千克。从分布频率看,有效磷含量主要集中在四级(10~20毫克/千克),面积占比达88%。

从等级分布看,有效磷为三级的耕地面积为243.34公顷,占全市耕地的0.42%,分布在赤金镇,面积为243.34公顷,占全镇耕地4.20%;有效磷为四级的耕地面积为51 090.5公顷,占全市耕地的87.46%,主要分布在花海镇、黄闸湾乡和下西号乡,面积分别为13 324.11公顷、9 361.68公顷和9 057.94公顷,分别占全乡镇耕地93.93%、100%和89.21%;有效磷为五级的耕地面积为7082.72公顷,占全市耕地的12.12%,主要在柳湖乡,分布面积为2 121.51公顷,占全乡耕地100%;没有一级和二级分布。

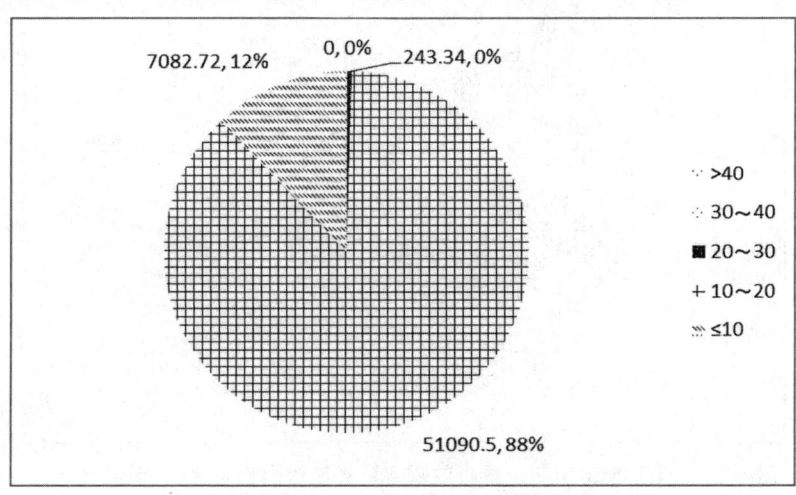

图4-62 玉门市2017年土壤有效磷含量各等级面积与比例(单位:公顷)

表4-49 玉门市2017年各乡镇土壤有效磷各等级分布表(单位:公顷)

乡镇名称/质量等级	>40 毫克/千克	30~40 毫克/千克	20~30 毫克/千克	10~20 毫克/千克	≤10 毫克/千克	总计
昌马乡	0	0	0	3190.41	0	3190.41
赤金镇	0	0	243.34	4042.75	1503.11	5789.2
花海镇	0	0	0	13324.11	861.45	14185.56
黄闸湾乡	0	0	0	9361.68	0	9361.68
柳河乡	0	0	0	7778.95	0	7778.95
柳湖乡	0	0	0	0	2121.51	2121.51
清泉乡	0	0	0	1458.82	371.16	1829.98
下西号乡	0	0	0	9057.94	1095.37	10153.31
小金湾乡	0	0	0	0	1128.69	1128.69
玉门东镇	0	0	0	0	1.43	1.43
玉门镇	0	0	0	2875.84	0	2875.84
总计	0	0	243.34	51090.5	7082.72	58416.56

(二)玉门市2018年土壤有效磷分布概况

2018年,玉门市耕地土壤有效磷平均值为18.22毫克/千克。从分布频率看,有效磷含量主要集中在四级(10~20毫克/千克),面积占比达83%。

从等级分布看,有效磷为三级的耕地面积为10 182.70公顷,占全市耕地的17.43%,主要分布在柳河乡,面积为4 377.74公顷,占全乡耕地56.28%;有效磷为四级的耕地面积为48 225.79公顷,占全市耕地的82.55%,主要分布在花海镇和下西号乡,面积分别为12 541.72公顷和10 146.29公顷,分别占全乡镇耕地88.41%和99.93%;有效磷为五级的耕地面积为8.07公顷,占全市耕地的0.01%,主要分布在下西号乡,面积为7.02公顷,占全乡耕地0.07%;没有一级和二级分布。

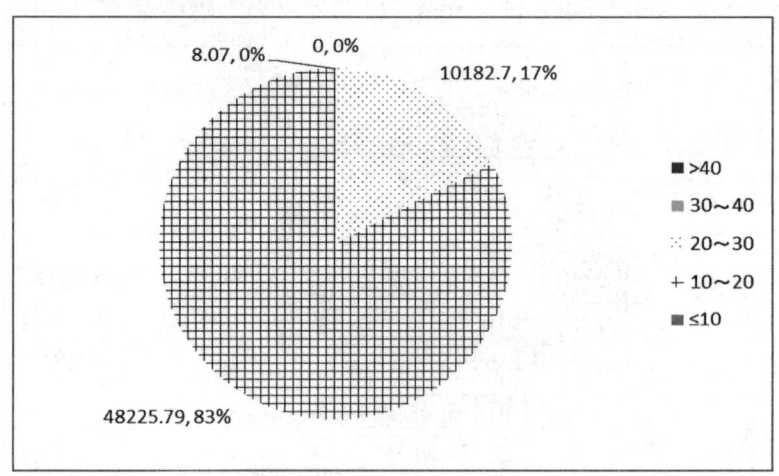

图4-63 玉门市2018年土壤有效磷含量各等级面积与比例(单位:公顷)

表4-50 玉门市2018年各乡镇土壤有效磷各等级分布(单位:公顷)

乡镇名称/质量等级	>40 毫克/千克	30~40 毫克/千克	20~30 毫克/千克	10~20 毫克/千克	≤10 毫克/千克	总计
昌马乡			2928.06	262.35		3190.41
赤金镇			0.35	5788.17	0.68	5789.2
花海镇			1643.84	12541.72		14185.56
黄闸湾乡			1151.16	8210.52		9361.68
柳河乡			4377.74	3401.21		7778.95
柳湖乡				2121.51		2121.51
清泉乡			81.55	1748.28	0.15	1829.98
下西号乡				10146.29	7.02	10153.31
小金湾乡				1128.47	0.22	1128.69
玉门东镇				1.43		1.43
玉门镇				2875.84		2875.84
总计	0	0	10182.7	48225.79	8.07	58416.56

(三)玉门市2019年土壤有效磷分布概况

2019年,玉门市耕地土壤有效磷平均值为20.08毫克/千克。从分布频率看,有效磷含量主要集中在四级(10~20毫克/千克),面积占比达54.85%。

从等级分布看,有效磷为三级的耕地面积为26 376.77公顷,占全市耕地的45.15%,主要分布在赤金镇和花海镇,面积分别为5 651.98公顷和6 817.06公顷,分别占全镇耕地的97.63%和48.06%;

有效磷为四级的耕地面积为32 039.70公顷,占全市耕地的54.85%,主要分布在花海镇、黄闸湾镇和下西号镇,面积分别为7 368.50公顷、6 902.08公顷和7 058.42公顷,分别占全镇耕地的51.94%、73.73%和69.52%;

有效磷为五级的耕地面积为0.1公顷,占全市耕地的0.0002%,分布在小金湾乡,占全乡耕地的0.0089%;

没有一级和二级分布。

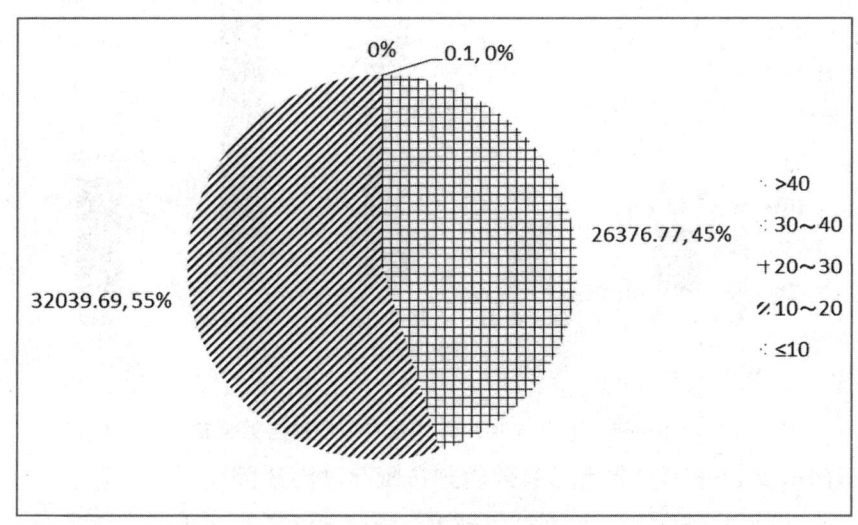

图4-64 玉门市2019年土壤有效磷含量各等级面积与比例(单位:公顷)

表4-51 玉门市2019年各乡镇土壤有效磷各等级分布(单位:公顷)

乡镇名称/等级	>40 毫克/千克	30~40 毫克/千克	20~30 毫克/千克	10~20 毫克/千克	≤10 毫克/千克	总计
昌马镇	0	0	3190.27	0.14	0	3190.41
赤金镇	0	0	5651.98	137.22	0	5789.2
花海镇	0	0	6817.06	7368.5	0	14185.56
黄闸湾镇	0	0	2459.6	6902.08	0	9361.68
柳河镇	0	0	3291.36	4487.59	0	7778.95
柳湖镇	0	0	85.37	2036.14	0	2121.51
清泉乡	0	0	754.38	1075.6	0	1829.98
下西号镇	0	0	3094.89	7058.42	0	10153.31

续表

小金湾乡	0	0	1030.43	98.16	0.10	1128.69
玉门东镇	0	0	1.43	0	0	1.43
玉门镇	0	0	0	2875.84	0	2875.84
总计	0	0	26376.77	32039.69	0.10	58416.56

(四)玉门市2020年土壤有效磷分布概况

2020年,在82个检测土壤样本中,土壤有效磷含量分布在一级(>40毫克/千克)的占7.32%,分布在五级(≤6.0毫克/千克)的占13.41%。

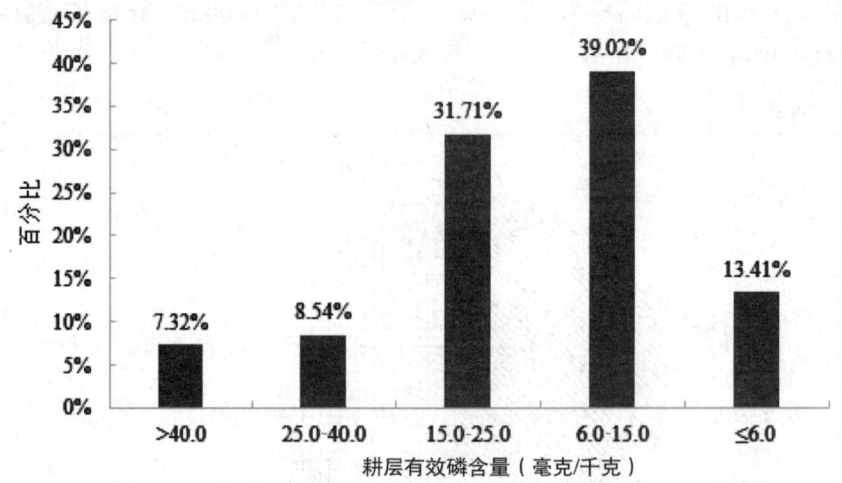

图4-65 玉门市2020年耕层有效磷的含量分布

(五)玉门市2017—2020年土壤有效磷分布概况对比分析

由表4-52和图4-66可知,从2017年到2020年,玉门市耕地土壤有效磷分布概况为:有效磷含量为五级的耕地在2018年和2019年分布很少,2017年占比为12.12%,2020年占比为13.41%;有效磷含量为四级的耕地分布呈下降趋势,2017年占比最高,占比为87.46%,2020年占比最低,占比为39.02%;有效磷含量为三级的耕地分布呈上升趋势,2019年分布最多,占比为45.15%;有效磷含量为二级的耕地只分布于2020年,占比为8.54%;有效磷含量为一级的耕地只分布于2020年,占比为7.32%。

表4-52 玉门市2017—2020年土壤有效磷含量分布比例

年份/分布	五级 比例,%	四级 比例,%	三级 比例,%	二级 比例,%	一级 比例,%	总计
2017年	12.12	87.46	0.42	0	0	100
2018年	0.01	82.55	17.43	0	0	100
2019年	0.0002	54.85	45.15	0	0	100
2020年	13.41	39.02	31.71	8.54	7.32	100

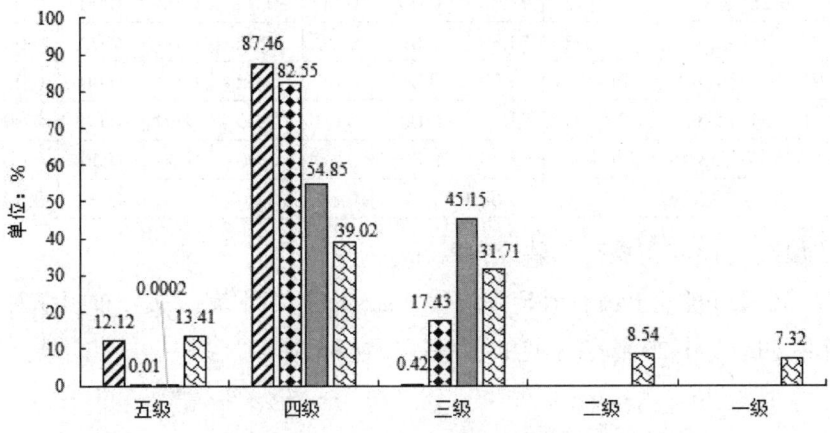

图 4-66　玉门市 2017—2020 年土壤有效磷含量分布比例图

四、敦煌市 2017—2020 年土壤有效磷分布概况

(一)敦煌市 2017 年土壤有效磷分布概况

2017 年,敦煌市耕地土壤有效磷平均值为 12.13 毫克/千克。从分布频率看,有效磷含量主要集中在四级(10~20 毫克/千克),面积占比达 76.68%。

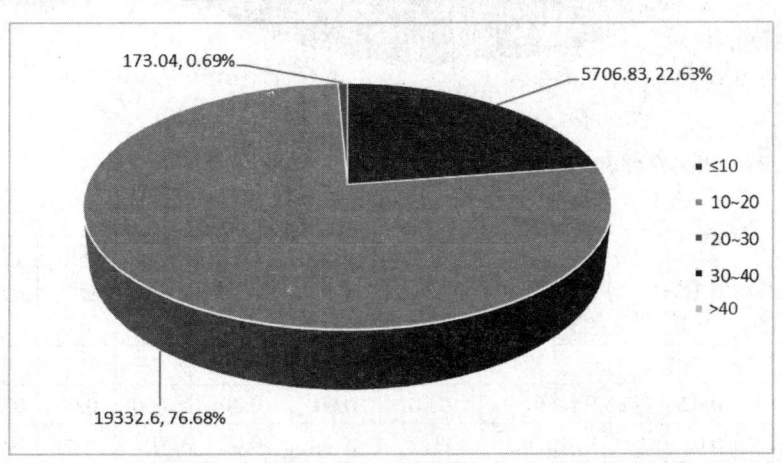

图 4-67　敦煌市 2017 年土壤有效磷含量各等级面积与比例(单位:公顷)

表 4-53　敦煌市 2017 年各镇有效磷等级分布面积与比例

镇名称	≤10 毫克/千克	比例	10~20 毫克/千克	比例	20~30 毫克/千克	比例	30~40 毫克/千克	比例	>40 毫克/千克	比例	总计
	公顷	%	公顷	%	公顷	%	公顷	%	公顷	%	公顷
郭家堡镇	608.29	19.84	2458.33	80.16	0.00	0.00	0.00	0.00	0.00	0.00	3066.62
黄渠镇	14.94	0.44	3367.82	99.56	0.00	0.00	0.00	0.00	0.00	0.00	3382.76
莫高镇	263.37	8.83	2558.90	85.79	160.47	5.38	0.00	0.00	0.00	0.00	2982.74

续表

七里镇	186.88	8.40	2039.13	91.60	0.00	0.00	0.00	0.00	0.00	0.00	2226.01
肃州镇	1235.00	26.54	3413.91	73.38	3.68	0.08	0.00	0.00	0.00	0.00	4652.59
阳关镇	1041.79	69.90	448.69	30.10	0.00	0.00	0.00	0.00	0.00	0.00	1490.48
月牙泉镇	457.84	26.39	1277.27	73.61	0.00	0.00	0.00	0.00	0.00	0.00	1735.11
转渠口镇	1898.72	33.45	3768.55	66.39	8.89	0.16	0.00	0.00	0.00	0.00	5676.16
总计	5706.83	22.63	19332.60	76.68	173.04	0.69	0.00	0.00	0.00	0.00	25212.47

(二)敦煌市2018年土壤有效磷分布概况

2018年,敦煌市耕地土壤有效磷平均值为22.70毫克/千克。从分布频率看,有效磷含量主要集中在四级(10~20毫克/千克),面积占比达55.58%。

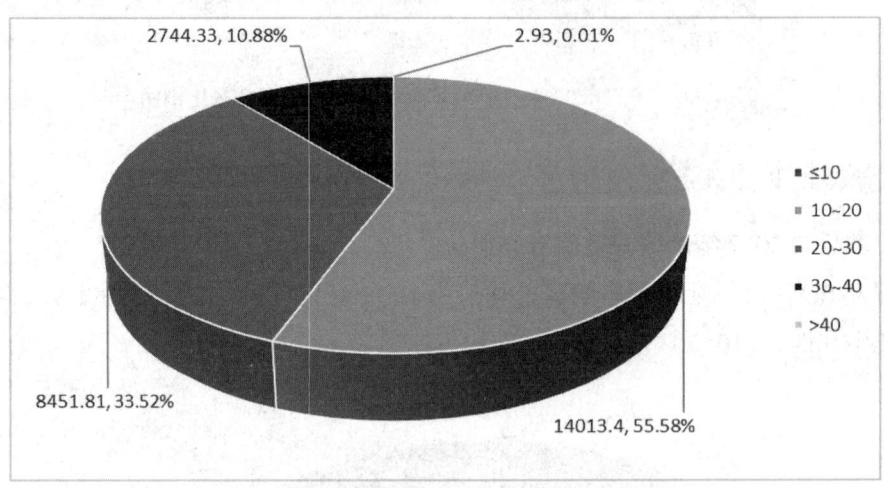

图4-68 敦煌市2018年土壤有效磷含量各等级面积与比例(单位:公顷)

表4-54 敦煌市2018年各镇有效磷等级分布面积与比例

镇名称	≤10 毫克/千克	比例	10~20 毫克/千克	比例	20~30 毫克/千克	比例	30~40 毫克/千克	比例	>40 毫克/千克	比例	总计
	公顷	%	公顷	%	公顷	%	公顷	%	公顷	%	公顷
郭家堡镇	0.67	0.02	3065.95	99.98	0.00	0.00	0.00	0.00	0.00	0.00	3066.62
黄渠镇	0.25	0.01	2000.97	59.15	1381.54	40.84	0.00	0.00	0.00	0.00	3382.76
莫高镇	0.75	0.03	2725.97	91.39	256.02	8.58	0.00	0.00	0.00	0.00	2982.74
七里镇	0.08	0.00	3.70	0.17	191.72	8.61	2030.51	91.22	0.00	0.00	2226.01
肃州镇	0.32	0.01	659.85	14.18	3666.41	78.80	326.01	7.01	0.00	0.00	4652.59
阳关镇	0.00	0.00	0.00	0.00	1490.48	100.00	0.00	0.00	0.00	0.00	1490.48
月牙泉镇	0.32	0.02	36.41	2.10	1310.57	75.53	387.81	22.35	0.00	0.00	1735.11
转渠口镇	0.54	0.01	5520.55	97.26	155.07	2.73	0.00	0.00	0.00	0.00	5676.16
总计	2.93	0.01	14013.40	55.58	8451.81	33.52	2744.33	10.88	0.00	0.00	25212.47

(三)敦煌市2019年土壤有效磷分布概况

2019年,敦煌市耕地土壤有效磷平均值为21.12毫克/千克。从分布频率看,有效磷含量主要集中在三级(20~30毫克/千克),面积占比达81.44%。

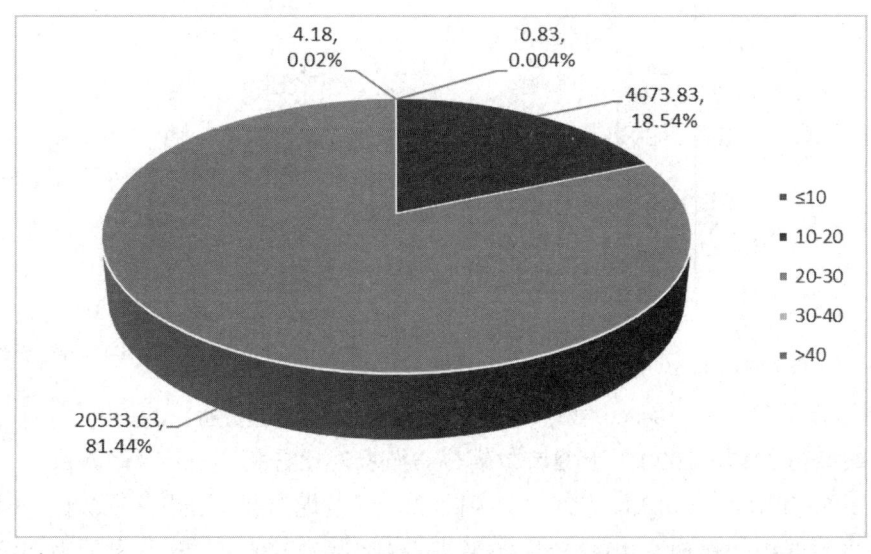

图4-69 敦煌市2019年土壤有效磷含量各等级面积与比例(单位:公顷)

表4-55 敦煌市2019年各镇有效磷等级分布面积与比例

镇名称	≤10毫克/千克	比例	10~20毫克/千克	比例	20~30毫克/千克	比例	30~40毫克/千克	比例	>40毫克/千克	比例	总计
	公顷	%	公顷	%	公顷	%	公顷	%	公顷	%	公顷
郭家堡镇	0.15	0.005	1967.85	64.17	1098.62	35.83	—	—	—	—	3066.62
黄渠镇	0.07	0.002	2.26	0.07	3380.43	99.93	—	—	—	—	3382.76
莫高镇	0.18	0.006	1735.55	58.19	1247.01	41.81	—	—	—	—	2982.74
七里镇	0.08	0.004	691.49	31.06	1531.70	68.81	2.74	0.12	—	—	2226.01
肃州镇	0.08	0.002	148.23	3.19	4503.09	96.79	1.19	0.03	—	—	4652.59
阳关镇	—	—	—	—	1490.48	100.00	—	—	—	—	1490.48
月牙泉镇	0.11	0.006	101.99	5.88	1632.76	94.10	0.25	0.01	—	—	1735.11
转渠口镇	0.16	0.003	26.46	0.47	5649.54	99.53	—	—	—	—	5676.16
总计	0.83	0.003	4673.83	18.54	20533.63	81.44	4.18	0.02	—	—	25212.47

(四)敦煌市2020年土壤有效磷分布概况

2020年,在39个检测土壤样本中,耕层土壤有效磷含量分布在一级(>40毫克/千克)的占20.51%,含量在二级(25.0~40.0毫克/千克)的样本数占23.08%,在三级(15.0~20.0毫克/千克)的样本数占20.51%,四级(6.0~15.0毫克/千克)的样本数占28.21%,这表明,敦煌市耕层土壤有效磷含量处于较高水平。

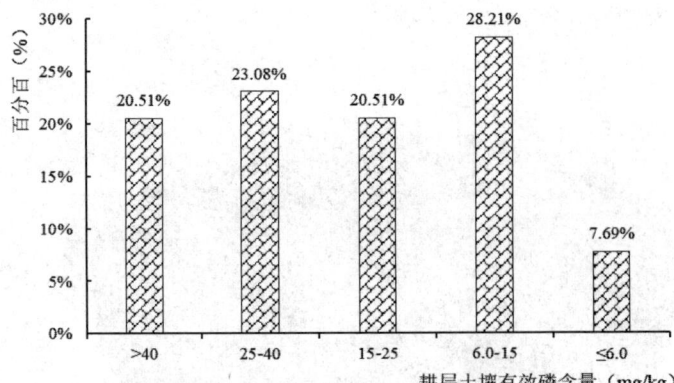

图4-70 敦煌市2020年耕层有效磷的含量分布

(五)敦煌市2017—2020年土壤有效磷分布概况对比分析

由表4-56和图4-71可知,从2017年到2020年,敦煌市耕地土壤有效磷分布概况为:有效磷含量为五级的耕地在2017年分布最多,占比为22.63%;有效磷含量为四级的耕地分布呈下降趋势,2017年占比最高,占比为76.68%,2019年占比最低,占比为18.54%;有效磷含量为三级的耕地在2019年分布最多,占比为81.44%,2017年分布最少,占比为0.69%;有效磷含量为二级的耕地2019年占比最少,为0.02%,2017年没有分布;有效磷含量为一级的耕地只分布在2020年,占比为20.51%。

表4-56 敦煌市2017—2020年土壤有效磷含量分布比例

年份/分布	五级 比例,%	四级 比例,%	三级 比例,%	二级 比例,%	一级 比例,%	总计
2017年	22.63	76.68	0.69	0	0	100
2018年	0.01	55.58	33.52	10.88	0	100
2019年	0.003	18.54	81.44	0.02	0	100
2020年	7.69	28.21	20.51	23.08	20.51	100

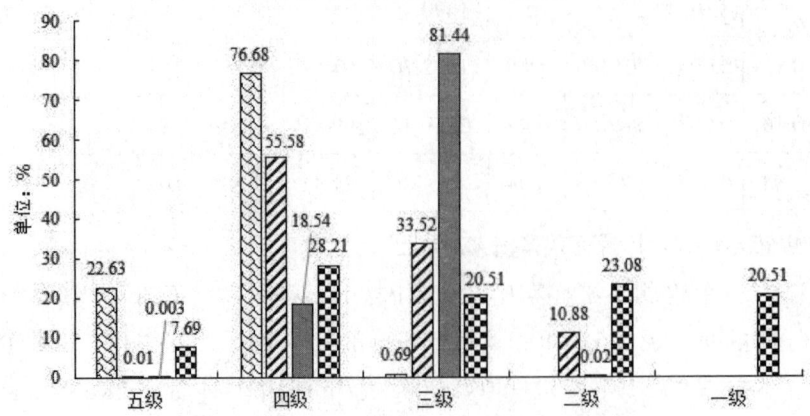

图4-71 敦煌市2017—2020年土壤有效磷含量分布比例图

五、金塔县2017—2020年土壤有效磷分布概况

(一)金塔县2017年土壤有效磷分布概况

2017年,金塔县耕地土壤有效磷平均值为19.18毫克/千克,从分布频率看,有效磷含量集中分布在四级(10~20毫克/千克),占比达64.81%。

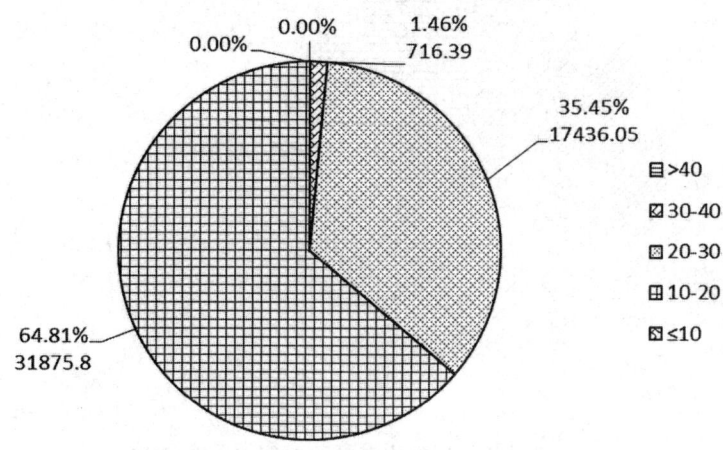

图4-72 金塔县2017年土壤有效磷含量各等级面积与比例(单位:公顷)

表4-57 金塔县2017年各乡镇耕地土壤有效磷等级分布与比例(单位:公顷)

乡镇名称/等级分布	>40 毫克/千克		30~40 毫克/千克		20~30 毫克/千克		10~20 毫克/千克		≤10 毫克/千克	
	面积	比例	面积	比例	面积	比例	面积	比例	面积	比例
大庄子乡					1285.98	2.61%	3709.81	7.54%	4693.16	9.54%
鼎新镇			25.78	0.05%	3234.55	6.58%	1516.03	3.08%	1223.15	2.49%
东坝镇					1367.06	2.78%	5922.5	12.04%	227.05	0.46%
古城乡			17.64	0.04%	2100.37	4.27%	4668.24	9.49%	4158.71	8.45%
航天镇			154.31	0.31%	2464.56	5.01%	1827.97	3.72%	1577.67	3.21%
金塔镇			518.66	1.05%	3315.36	6.74%	2679.64	5.45%	813.58	1.65%
三合乡					1533.15	3.12%	3240.89	6.59%	47.5	0.10%
西坝乡					649.62	1.32%	4266.91	8.67%	370.71	0.75%
羊井子湾					510.23	1.04%	458.79	0.93%	78.76	0.16%
中东镇					975.17	1.98%	3585.02	7.29%	367.54	0.75%
总计			716.39	1.46%	17436.1	35.45%	31875.8	64.81%	1905.1	3.87%

(二)金塔县2018年土壤有效磷分布概况

2018年,金塔县耕地土壤有效磷平均值为28.44毫克/千克。从分布频率看,有效磷含量集中分布在三级(20~30毫克/千克),占比达51.12%。

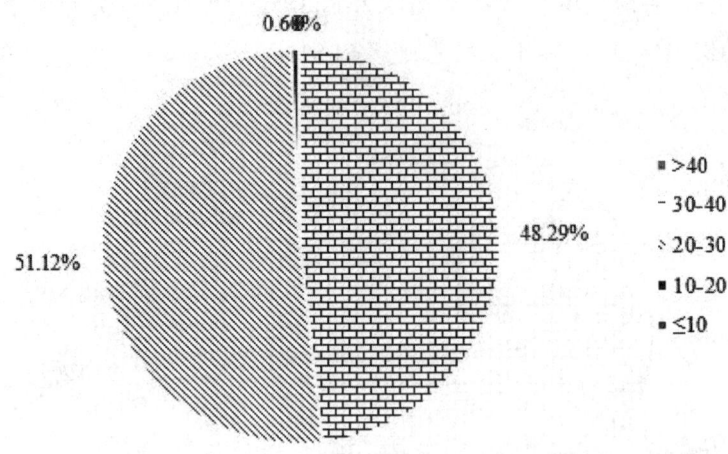

图4-73　金塔县2018年土壤有效磷含量各等级比例

表4-58　金塔县2018年各乡镇耕地土壤有效磷等级分布与比例(单位:公顷)

乡镇名称/等级分布	>40 毫克/千克		30~40 毫克/千克		20~30 毫克/千克		10~20 毫克/千克		≤10 毫克/千克	
	面积	比例	面积	比例	面积	比例	面积	比例	面积	比例
大庄子镇			4429.46	9.01%	566.33	1.15%				
鼎新镇			3931.92	7.99%	844.44	1.72%				
东坝镇			7008.79	14.25%	163.04	0.33%				
古城乡			3120.93	6.35%	3455.9	7.03%				
航天镇			1957.82	3.98%	2250.69	4.58%				
金塔镇			42.84	0.09%	6325.93	12.86%				
三合乡			2726.92	5.54%	1937.56	3.94%				
西坝镇					4602.2	9.36%	293.15	0.60%		
羊井子湾					969.02	1.97%				
中东镇			531.5	1.08%	4028.69	8.19%				
总计			23750.2	48.29%	25143.8	51.12%	293.15	0.60%		

(三)金塔县2019年土壤有效磷分布概况

2019年,金塔县耕地土壤有效磷平均值为27.10毫克/千克。从分布频率看,有效磷含量集中分布在三级(20~30毫克/千克),占比为81.15%。

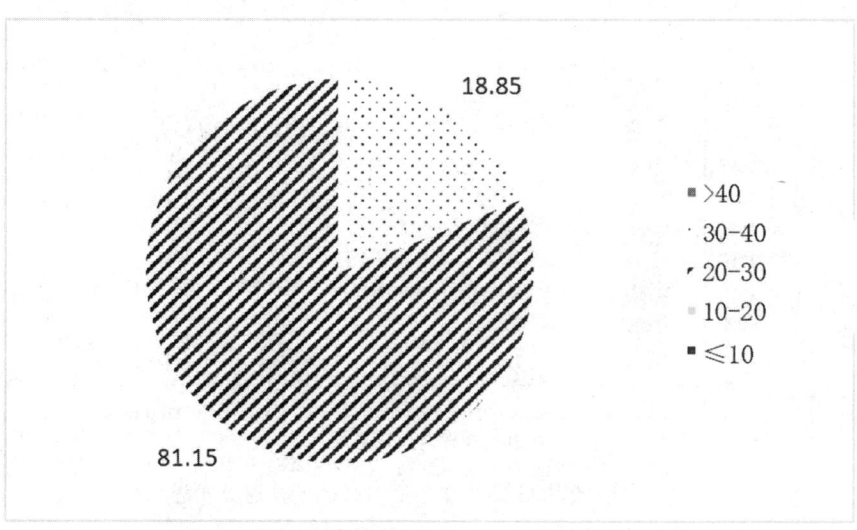

图4-74 金塔县2019年土壤有效磷含量各等级比例(单位:%)

表4-59 金塔县2019年各乡镇耕地土壤有效磷等级分布与比例(单位:公顷)

乡镇名称/等级分布	>40 毫克/千克		30~40 毫克/千克		20~30 毫克/千克		10~20 毫克/千克		≤10 毫克/千克	
	面积	比例	面积	比例	面积	比例	面积	比例	面积	比例
大庄子镇	0	0	0	0	4995.79	10.16%	0	0	0	0
鼎新镇	0	0	0	0	4776.36	9.71%	0	0	0	0
东坝镇	0	0	20.49	0.04%	7151.34	14.54%	0	0	0	0
古城乡	0	0	1400.61	2.85%	5176.22	10.52%	0	0	0	0
航天镇	0	0	0	0.00%	4208.51	8.56%	0	0	0	0
金塔镇	0	0	5069.97	10.31%	1298.8	2.64%	0	0	0	0
三合乡	0	0	2028.06	4.12%	2636.42	5.36%	0	0	0	0
西坝镇	0	0	0	0.00%	4895.37	9.95%	0	0	0	0
羊井子湾	0	0	435.85	0.89%	533.17	1.08%	0	0	0	0
中东镇	0	0	317.87	0.65%	4242.32	8.62%	0	0	0	0
总计	0	0	9272.85	18.85%	39914.3	81.15%	0	0	0	0

(四)金塔县2020年土壤有效磷分布概况

2020年,在69个检测土壤样本中,土壤有效磷含量主要分布在一级(>40毫克/千克),占比为44.93%。

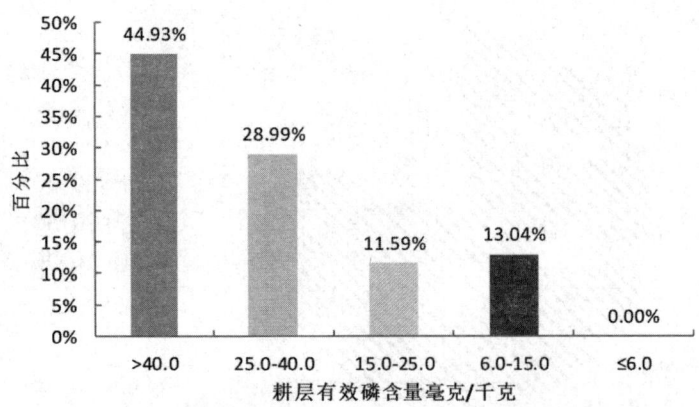

图 4-75　金塔县 2020 年耕层有效磷的含量分布

(五) 金塔县 2017—2020 年土壤有效磷分布概况对比分析

由表 4-60 和图 4-76 可知,从 2017 年到 2020 年,金塔县耕地土壤有效磷分布概况为:有效磷含量为五级的耕地只在 2017 年分布,占比为 3.87%;有效磷含量为四级的耕地在 2017 年占比最高,占比为 64.81%,2018 年占比最低,占比为 0.60%,2019 年没有分布;有效磷含量为三级的耕地在 2019 年分布最多,占比为 81.15%,2020 年占比为 11.59%;有效磷含量为二级的耕地 2018 年占比最高,为 48.29%;有效磷含量为一级的耕地只分布在 2020 年,占比为 44.93%。

表 4-60　金塔县 2017—2020 年土壤有效磷含量分布比例

年份/分布	五级 比例,%	四级 比例,%	三级 比例,%	二级 比例,%	一级 比例,%	总计
2017 年	3.87	64.81	35.45	1.46	0	100
2018 年	0	0.60	51.12	48.29	0	100
2019 年	0	0	81.15	18.85	0	100
2020 年	0	13.04	11.59	28.99	44.93	100

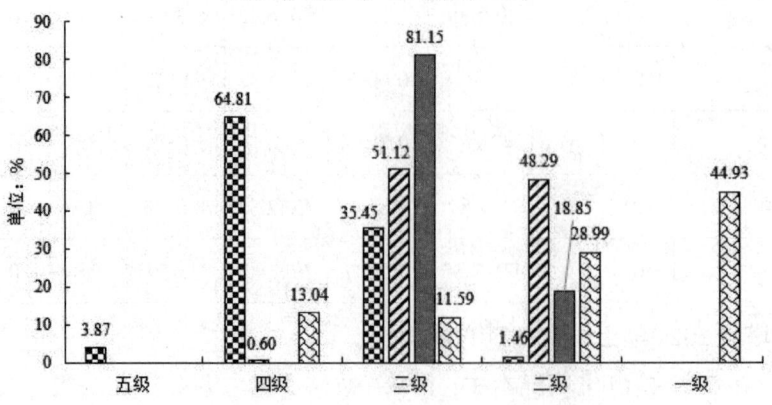

图 4-91　金塔县 2017—2020 年土壤有效磷含量分布比例图

六、瓜州县2017—2020年土壤有效磷分布概况

(一)瓜州县2017年土壤有效磷分布概况

2017年瓜州县耕地土壤有效磷平均值为29.88毫克/千克。从分布频率看,有效磷含量主要集中在三级(20~30毫克/千克),面积占比达38.42%。

从等级分布看,有效磷为一级的耕地面积为1 799.98公顷,占全县耕地的3.38%,主要分布在南岔镇,面积为1 799.07公顷,占全镇耕地18.94%;有效磷为二级的耕地面积为12 267.86公顷,占全县耕地的23.03%,主要分布在南岔镇和西湖乡,面积分别为5 894.79和4 176.03公顷,分别占全乡镇耕地62.05%和36.11%;有效磷为三级的耕地面积为20 468.54公顷,占全县耕地的38.42%,主要分布在瓜州乡、三道沟镇和西湖乡,面积分别为3 271.8公顷、3 679.53公顷和3 852.12公顷,分别占全乡镇耕地60.43%、81.77%和33.31%;有效磷为四级的耕地面积为18 740.35公顷,占全县耕地的35.18%,主要分布在西湖乡和腰站子东乡族乡,面积分别为3 535.87公顷和2 705.89公顷,分别占全乡耕地30.58%和99.96%;没有五级分布。

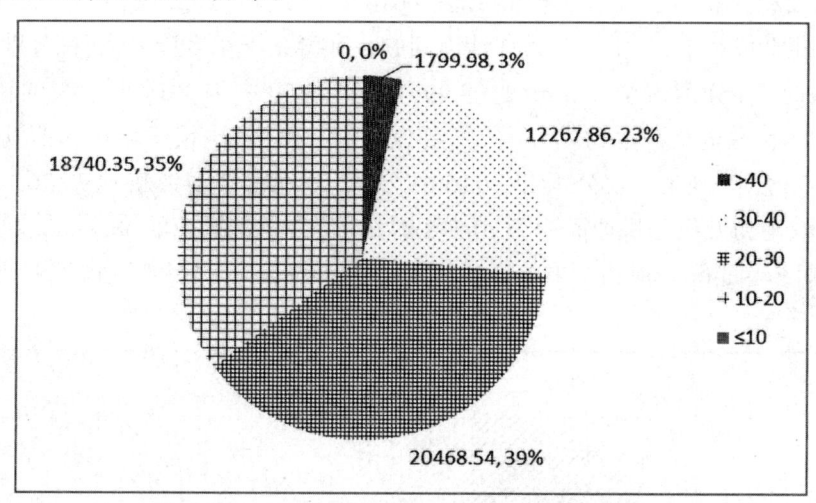

图4-77 瓜州县2017年土壤有效磷含量各等级面积与比例(单位:公顷)

表4-61 瓜州县2017年各乡镇土壤有效磷各等级分布(单位:公顷)

乡镇名称/等级	>40 毫克/千克	30~40 毫克/千克	20~30 毫克/千克	10~20 毫克/千克	≤10 毫克/千克	总计
布隆吉乡	0	0	455.88	1980.49	0	2436.37
瓜州乡	0.91	2141.4	3271.8	0	0	5414.11
广至藏族乡	0	0	93.09	746.6	0	839.69
河东乡	0	0	2039.25	2077.67	0	4116.92
梁湖乡	0	50.38	282.99	1742.06	0	2075.43
南岔镇	1799.07	5894.79	1756	50.11	0	9499.97

						续表
七墩回族东乡族乡	0	0	485.83	145.94	0	631.77
三道沟镇	0	2.63	3679.53	817.63	0	4499.79
沙河回族乡	0	0	0	2043.77	0	2043.77
双塔乡	0	0	1756.14	1654.45	0	3410.59
锁阳城镇		2.63	2794.87	1239.87	0	4037.37
西湖乡	0	4176.03	3852.12	3535.87	0	11564.02
腰站子东乡族乡	0	0	1.04	2705.89	0	2706.93
总计	1799.98	12267.86	20468.54	18740.35	0	53276.73

（二）瓜州县2018年土壤有效磷分布概况

2018年，瓜州县耕地土壤有效磷平均值为24.69毫克/千克。从分布频率看，有效磷含量主要集中在三级（20~30毫克/千克），面积占比达48%。

从等级分布看，有效磷为一级的耕地面积为0.13公顷，占全县耕地的0.0002%，分布在南岔镇，面积为0.13公顷，占全镇耕地0.0014%；有效磷为二级的耕地面积为7 215公顷，占全县耕地的13.54%，主要分布在沙河回族乡和腰站子东乡族乡，面积分别为2 043.69和2 530.68公顷，分别占全乡镇耕地99.9961%和93.50%；有效磷为三级的耕地面积为25 522.73公顷，占全县耕地的47.91%，主要分布在三道沟镇、锁阳城镇和西湖乡，面积分别为4 488.98公顷、4 036.82公顷和5 215.68公顷，分别占全乡镇耕地99.76%、99.99%和45.10%；有效磷为四级的耕地面积为20 538.87公顷，占全县耕地的38.55%，主要分布在南岔镇和西湖乡，面积分别为7 774.61公顷和6 345.99公顷，分别占全乡耕地81.84%和54.88%；没有五级分布。

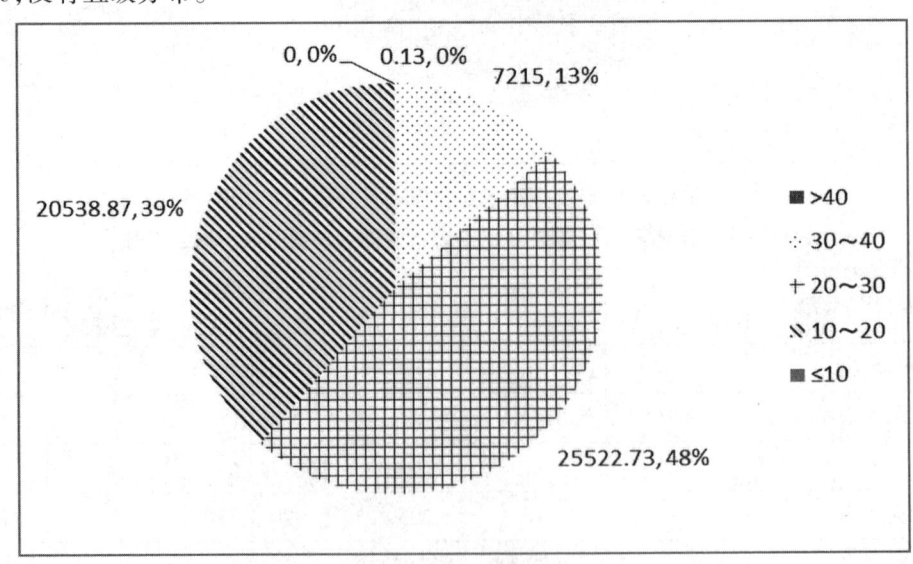

图4-78　瓜州县2018年土壤有效磷含量各等级面积与比例（单位：公顷）

表4-62　瓜州县2018年各乡镇土壤有效磷各等级分布（单位：公顷）

乡镇名称/质量等级	>40毫克/千克	30~40毫克/千克	20~30毫克/千克	10~20毫克/千克	≤10毫克/千克	总计
布隆吉乡		636.16	1799.86	0.35		2436.37
瓜州乡		0.09		5417.91		5418
广至藏族乡				839.69		839.69
河东乡		1662.23	2346.46	108.59		4117.28
梁湖乡			2021	50.47		2071.47
南岔镇	0.13	0.45	1724.78	7774.61		9499.97
七墩回族东乡族乡			631.77			631.77
三道沟镇			10.81	4488.98		4499.79
沙河回族乡		2043.69		0.08		2043.77
双塔乡		328.54	3082.05			3410.59
锁阳城镇			4036.82	0.55		4037.37
西湖乡		2.35	5215.68	6345.99		11564.02
腰站子东乡族乡		2530.68	175.33	0.63		2706.64
总计	0.13	7215	25522.73	20538.87	0	53276.73

（三）瓜州县2019年土壤有效磷分布概况

2019年，瓜州县耕地土壤有效磷平均值为23.11毫克/千克。从分布频率看，有效磷含量主要集中在三级（20~30毫克/千克），面积占比达82.21%。

从等级分布看，有效磷为一级的耕地面积为0.06公顷，占全县耕地的0.0001%，全部分布在南岔镇，占全镇耕地0.0006%；有效磷为二级的耕地面积为2 271.57公顷，占全县耕地的4.26%，主要分布在梁湖乡和西湖镇，面积分别为1 369.18和895.09公顷，分别占全乡耕地的66.10%和7.74%；有效磷为三级的耕地面积为43 796.78公顷，占全县耕地的82.21%，主要分布在南岔镇和西湖镇，面积分别为9 493.15公顷和10 441.71公顷，分别占全乡镇耕地99.93%和90.29%；有效磷为四级的耕地面积为7 208.32公顷，占全县耕地的13.53%，主要分布在河东镇和三道沟镇，面积分别为4 116.99公顷和4 499.79公顷，分别占全乡镇耕地62.43%和62.35%；没有五级分布。

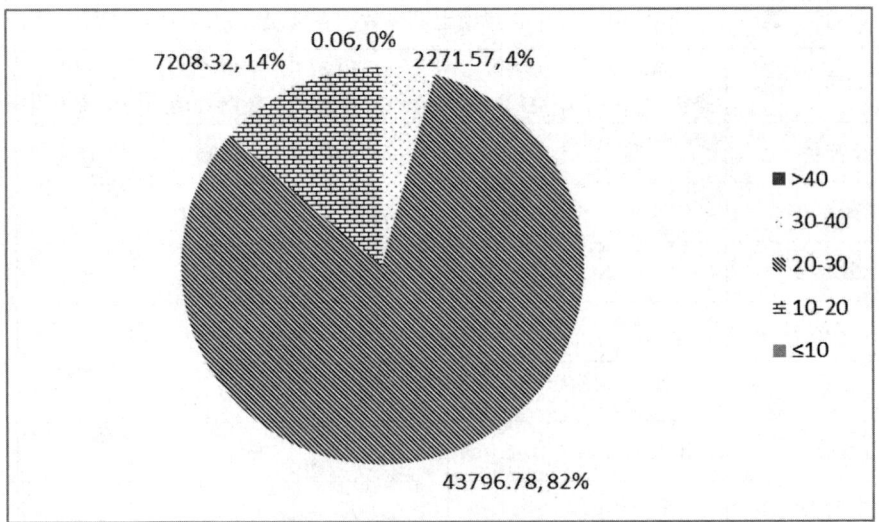

图4-78 瓜州县2019年土壤有效磷含量各等级面积与比例(单位:公顷)

表4-63 瓜州县2019年各乡镇土壤有效磷各等级分布(单位:公顷)

乡镇名称/质量等级	>40 毫克/千克	30~40 毫克/千克	20~30 毫克/千克	10~20 毫克/千克	≤10 毫克/千克	总计
布隆吉乡		0.07	1464.63	971.67		2436.37
瓜州镇		0.01	5417.92	0.07		5418
广至藏族乡			839.69			839.69
河东镇		0.28	1546.56	2570.15		4116.99
梁湖乡		1369.18	702.26	0.03		2071.47
南岔镇	0.06	6.63	9493.15	0.13		9499.97
七墩回族东乡族乡			0.1	631.67		631.77
三道沟镇			1694.19	2805.6		4499.79
沙河回族乡			2043.7	0.07		2043.77
双塔镇			3410.59			3410.59
锁阳城镇			4037.24	0.13		4037.37
西湖镇		895.09	10441.71	227.22		11564.02
腰站子东乡族镇		0.31	2705.04	1.58		2706.93
总计	0.06	2271.57	43796.78	7208.32	0	53276.73

(四)瓜州县2020年土壤有效磷分布概况

2020年,在80个检测土壤样本中,土壤有效磷含量分布在一级(>40毫克/千克)的占15.00%,分布在五级(≥6.0毫克/千克)的占1.25%。

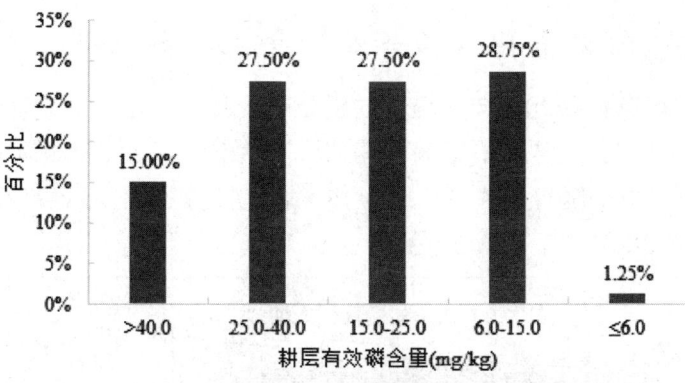

图 4-80　瓜州县 2020 年耕层有效磷的含量分布

(五) 瓜州县 2017—2020 年土壤有效磷分布概况对比分析

由表 4-64 和图 4-81 可知,从 2017 年到 2020 年,瓜州县耕地土壤有效磷分布概况为:有效磷含量为五级的耕地只在 2020 年分布,占比为 15.00%;有效磷含量为四级的耕地在 2018 年占比最高,占比为 38.55%,2019 年占比最低,占比为 13.53%;有效磷含量为三级的耕地在 2019 年分布最多,占比为 82.21%;有效磷含量为二级的耕地 2020 年占比最高,为 28.75%,2019 年占比最低,为 4.26%;有效磷含量为一级的耕地分布均较少。

表 4-64　瓜州县 2017—2020 年土壤有效磷含量分布比例

年份/分布	五级 比例,%	四级 比例,%	三级 比例,%	二级 比例,%	一级 比例,%	总计
2017年	0	35.18	38.42	23.03	3.38	100
2018年	0	38.55	47.91	13.54	0.0002	100
2019年	0	13.53	82.21	4.26	0.0001	100
2020年	15.00	27.50	27.50	28.75	1.25	100

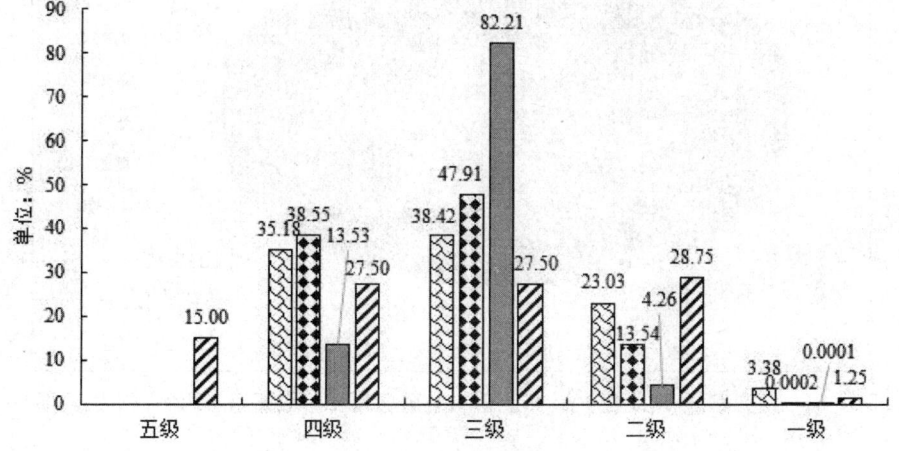

图 4-97　瓜州县 2017—2020 年土壤有效磷含量分布比例图

七、肃北县、阿克塞县2017—2020年土壤有效磷分布概况

（一）肃北县、阿克塞县2017年土壤有效磷分布概况

2017年，阿克塞县耕地土壤有效磷平均值为16.8毫克/千克，全部集中在10.0~20.0毫克/千克。肃北县耕地土壤有效磷平均值为18.4毫克/千克，从分布频率看，有效磷含量主要集中在四级（10~20毫克/千克），面积占比达98.08%。

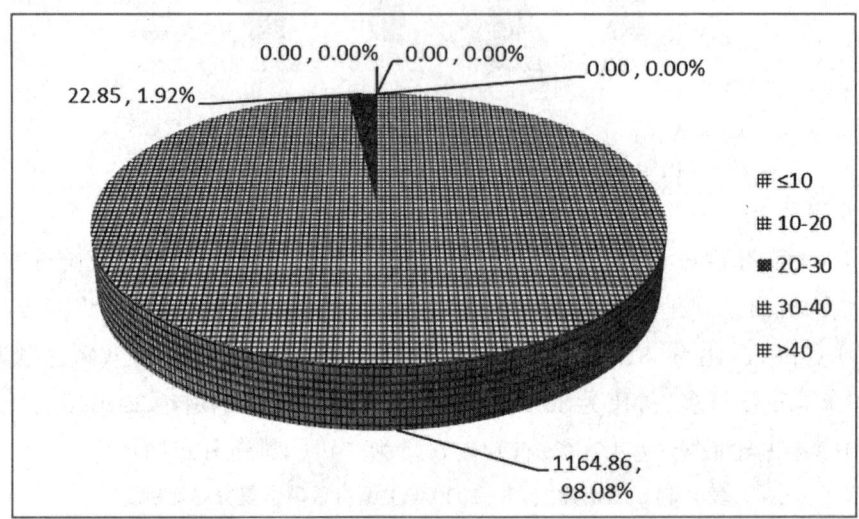

图4-82　肃北县2017年土壤有效磷含量各等级面积与比例（单位：公顷）

（二）肃北县、阿克塞县2018年土壤有效磷分布概况

2018年，阿克塞县、肃北县耕地土壤有效磷平均值为21.17毫克/千克。从分布频率看，有效磷含量主要集中在四级（10~20毫克/千克），面积占比达73.95%。

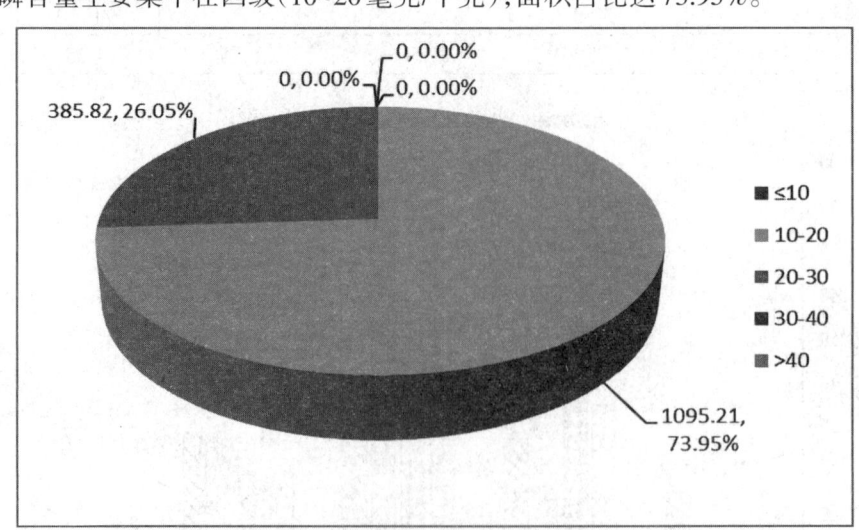

图4-83　阿克塞县、肃北县2018年土壤有效磷含量各等级面积与比例（单位：公顷）

表4-65　阿克塞县、肃北县2018年各乡镇有效磷等级分布面积与比例

县名称	乡镇名称	≤10毫克/千克	比例	10~20毫克/千克	比例	20~30毫克/千克	比例	30~40毫克/千克	比例	>40毫克/千克	比例	总计
		公顷	%	公顷	%	公顷	%	公顷	%	公顷	%	公顷
阿克塞县	阿克旗乡	0.00	0.00	0.00	0.00	220.27	100.00	0.00	0.00	0.00	0.00	220.27
	红柳湾镇	0.00	0.00	73.07	100.00	0.00	0.00	0.00	0.00	0.00	0.00	73.07
肃北县	党城湾镇	0.00	0.00	1022.14	100.00	0.00	0.00	0.00	0.00	0.00	0.00	1022.14
	石包城乡	0.00	0.00	0.00	0.00	165.55	100.00	0.00	0.00	0.00	0.00	165.55
总计		0.00	0.00	1095.21	73.95	385.82	26.05	0.00	0.00	0.00	0.00	1481.03

（三）肃北县、阿克塞县2019年土壤有效磷分布概况

2019年，阿克塞县、肃北县耕地土壤有效磷平均值为22.89毫克/千克。从分布频率看，有效磷含量主要集中在三级（20~30毫克/千克），面积占比达95.07%。其中，阿克塞县有效磷含量的平均值为17.3毫克/千克，有效磷在四级（10.0~20.0毫克/千克）的耕地面积占阿克塞县耕地总面积的24.91%，在三级（20.0~30.0毫克/千克）的耕地面积占阿克塞县耕地总面积的75.09%；肃北县有效磷含量均分布在三级（20.0~30.0毫克/千克）。

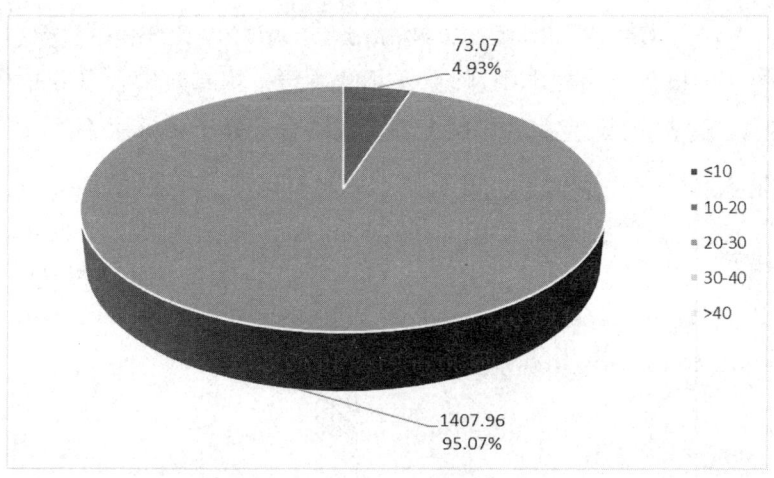

图4-84　阿克塞县、肃北县2019年土壤有效磷含量各等级面积与比例（单位：公顷）

表4-66　阿克塞县、肃北县2019年各乡镇有效磷等级分布面积与比例

县名称	乡镇名称	≤10毫克/千克	比例	10~20毫克/千克	比例	20~30毫克/千克	比例	30~40毫克/千克	比例	>40毫克/千克	比例	总计
		公顷	%	公顷	%	公顷	%	公顷	%	公顷	%	公顷
阿克塞县	阿克旗乡	—	—	—	—	220.27	100.00	—	—	—	—	220.27
	红柳湾镇	—	—	73.07	100.00	—	—	—	—	—	—	73.07
肃北县	党城湾镇	—	—	—	—	1022.14	100.00	—	—	—	—	1022.14
	石包城乡	—	—	—	—	165.55	100.00	—	—	—	—	165.55
总计					4.93	1407.96	95.07					1481.03

(四)肃北县、阿克塞县2020年土壤有效磷分布概况

2020年,在1个检测土壤样本中,肃北县耕层土壤有效磷含量分布在三级(15.0~25.0毫克/千克)。这表明,肃北县耕层土壤有效磷含量处于中等水平。

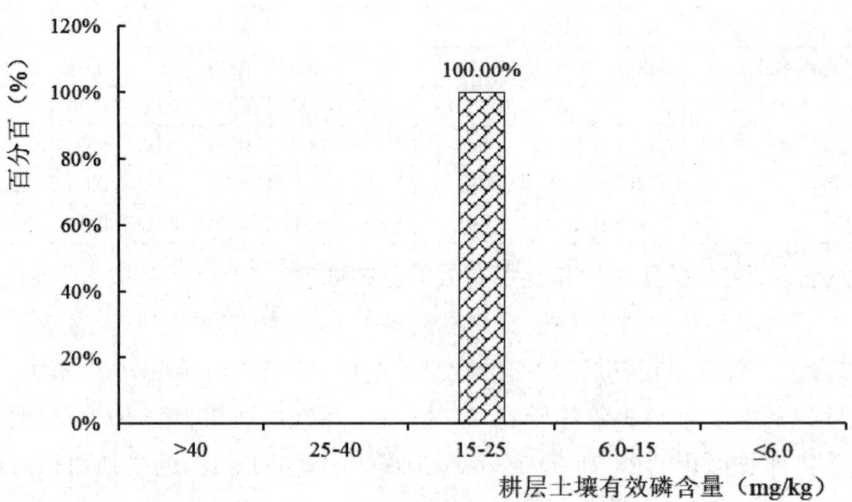

图4-85　肃北县2020年耕层土壤有效磷的含量分布

2020年,在1个检测土壤样本中,阿克塞县的耕层土壤有效磷含量分布在三级(15.0~25.0毫克/千克)。这表明,阿克塞县耕层土壤有效磷含量处于中等水平。

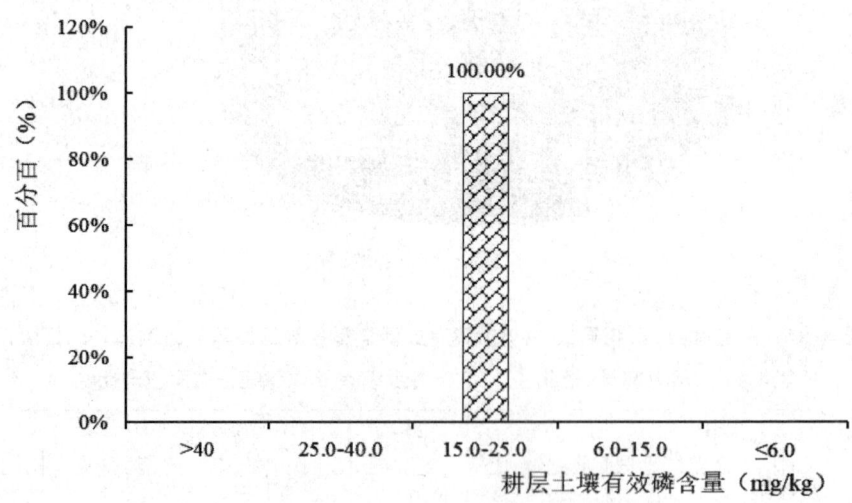

图4-86　阿克塞县2020年耕层土壤有效磷的含量分布

(五)肃北县、阿克塞县2017—2020年土壤有效磷分布概况对比分析

肃北县和阿克塞县耕地面积较少,且分别只有一个样点,分布概况详见各年度分析。

第四节　土壤速效钾

速效钾,是指土壤中易被作物吸收利用的钾素,包括土壤溶液钾及土壤交换性钾。速效钾占土壤全钾量的0.1%~2%。其中土壤溶液钾占速效钾的1%~2%,由于其所占比例很低,常将其计入交换钾。速效钾含量是表征土壤钾素供应状况的重要指标之一。

一、酒泉市2017—2020年土壤速效钾含量变化分析

表4-67　酒泉市2017—2020年土壤速效钾含量平均值(单位:毫克/千克)

区域	2017年	2018年	2019年	2020年
肃州区	154.18	167.53	164.26	199.00
玉门市	109.15	153.00	151.69	127.99
敦煌市	108.29	161.09	179.77	157.00
金塔县	121.18	132.07	150.90	148.00
瓜州县	115.78	168.01	171.94	189.26
肃北县	145.50	168.11	182.84	177.00
阿克塞县	155.75	168.11	165.00	165.00
平均值	129.98	159.70	166.63	166.18

如表4-67和图4-104所示,2017—2020年,肃州区速效钾含量平均值呈上升趋势,2019年速效钾含量最高,为199.00毫克/千克;玉门市速效钾含量平均值2018—2020年呈下降趋势,2017年速效钾含量最低,为109.15毫克/千克;敦煌市速效钾含量平均值呈上升趋势,2019年速效钾含量最高,为179.77毫克/千克;金塔县速效钾含量平均值呈上升趋势,2019年速效钾含量最高,为150.90毫克/千克;瓜州县速效钾含量平均值呈上升趋势,2020年速效钾含量最高,为189.26毫克/千克;肃北县速效钾含量平均值呈下降趋势,2019年速效钾含量最高,为182.84毫克/千克;阿克塞县速效钾含量平均值呈上升趋势,2017年速效钾含量最低,为155.75毫克/千克,2019年与2020年含量一致,为165.00毫克/千克。

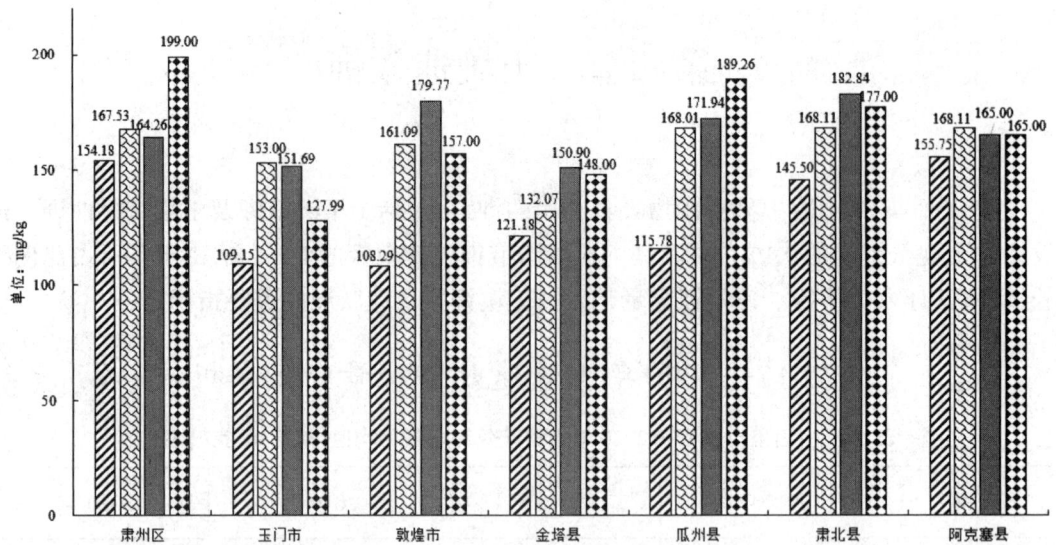

图4-87 酒泉市2017—2020年土壤速效钾含量平均值变化图

二、肃州区2017—2020年土壤速效钾分布概况

(一)肃州区2017年土壤速效钾分布概况

2017年,肃州区耕地土壤速效钾平均值为154.18毫克/千克。从分布频率看,速效钾含量主要集中在三级(150~200毫克/千克),面积占比达62.76%。

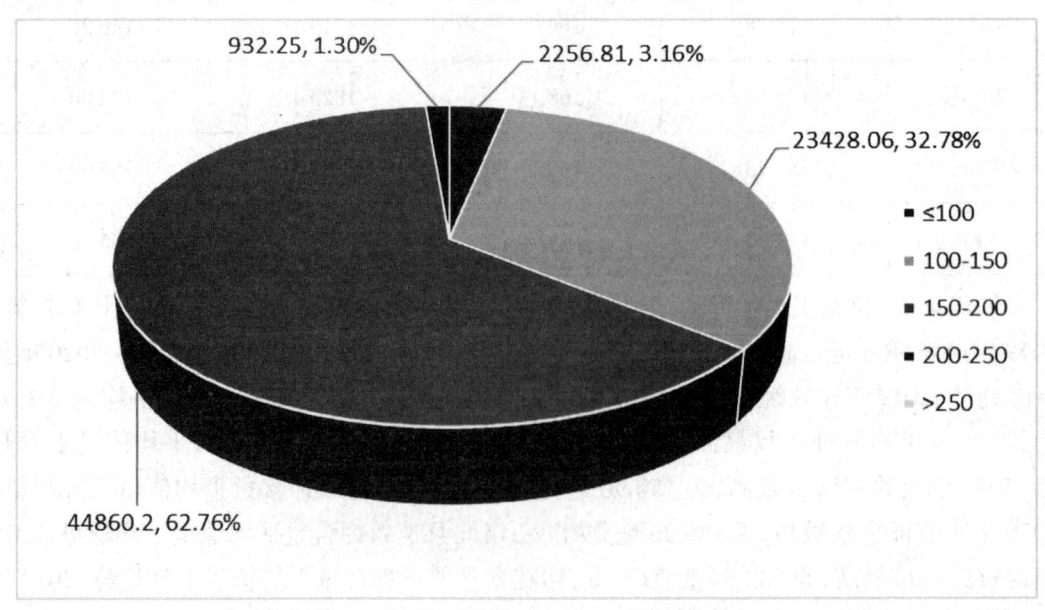

图4-88 肃州区2017年土壤速效钾含量各等级面积与比例(单位:公顷)

表4-68 肃州区2017年各乡镇速效钾等级分布面积与比例

乡镇名称	≤100 毫克/千克	比例	100~150 毫克/千克	比例	150~200 毫克/千克	比例	200~250 毫克/千克	比例	>250 毫克/千克	比例	总计
	公顷	%	公顷	%	公顷	%	公顷	%	公顷	%	公顷
东洞镇	79.62	2.70	554.28	18.77	2280.22	77.22	38.83	1.31	0	0	2952.95
丰乐镇	222.28	6.91	1204.34	37.42	1773.21	55.09	18.65	0.58	0	0	3218.48
果园镇	0	0	1313.26	27.89	3390.36	72.01	4.35	0.09	0	0	4707.97
铧尖镇	39.62	1.23	523.46	16.22	2662.46	82.51	1.42	0.04	0	0	3226.96
黄泥堡乡	0	0	185.2	29.91	430.22	69.47	3.85	0.62	0	0	619.27
金佛寺镇	648.53	9.85	3103.06	47.14	2796.71	42.49	34.51	0.52	0	0	6582.81
清水镇	325.89	4.60	2194.98	31.00	4517.76	63.81	41.12	0.58	0	0	7079.75
泉湖镇	0	0.00	1200.61	31.46	2523.49	66.12	92.26	2.42	0	0	3816.36
三墩镇	64.46	0.90	3033.35	42.22	4084.31	56.85	2.66	0.04	0	0	7184.78
上坝镇	321.49	4.60	3605.02	51.58	2938.88	42.05	124.22	1.78	0	0	6989.61
西洞镇	0	0	415.73	21.39	1476.49	75.98	51.03	2.63	0	0	1943.25
西峰镇	0	0	896.56	37.30	1506.97	62.70	0	0	0	0	2403.53
下河清镇	4.5	0.20	97.18	4.33	2119.66	94.40	24.1	1.07	0	0	2245.44
银达镇	31.85	0.57	2079.87	36.95	3509.38	62.35	7.35	0.13	0	0	5628.45
总寨镇	384.28	5.70	1744.01	25.86	4163.67	61.73	452.66	6.71	0	0	6744.62
农林场	134.29	2.19	1277.15	20.82	4686.41	76.41	35.24	0.57	0	0	6133.09
总计	2256.81	3.16	23428.06	32.78	44860.2	62.76	932.25	1.30	0	0	71477.32

(二)肃州区2018年土壤速效钾分布概况

2018年,肃州区耕地土壤速效钾平均值为167.53毫克/千克。从分布频率看,速效钾含量主要集中在三级(150~200毫克/千克),面积占比达51.16%。

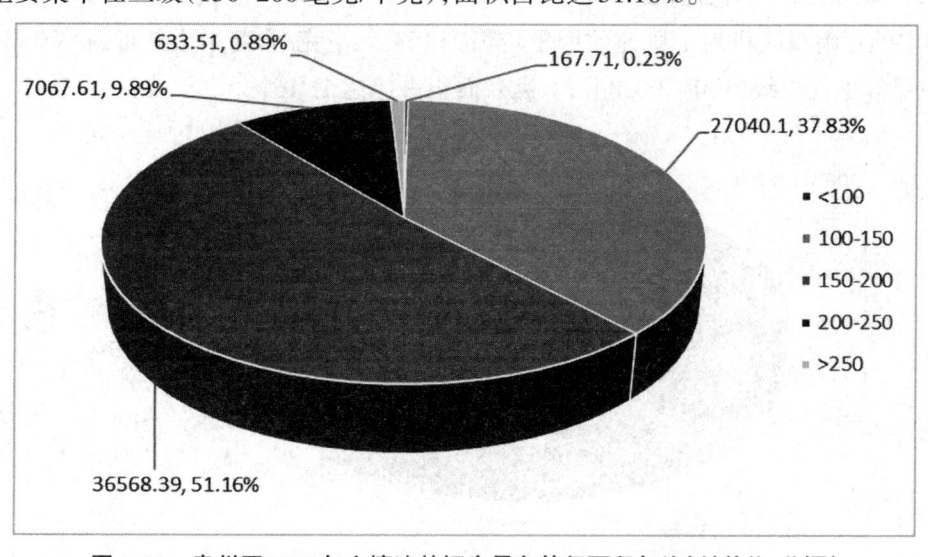

图4-89 肃州区2018年土壤速效钾含量各等级面积与比例(单位:公顷)

表 4-69 肃州区 2018 年各乡镇速效钾等级分布面积与比例

乡镇名称	<100 毫克/千克	比例	100~150 毫克/千克	比例	150~200 毫克/千克	比例	200~250 毫克/千克	比例	>250 毫克/千克	比例	总计
	公顷	%	公顷	%	公顷	%	公顷	%	公顷	%	公顷
东洞镇	0.00	0.00	0.00	0.00	1613.70	54.65	1339.25	45.35	0.00	0.00	2952.95
丰乐镇	0.00	0.00	677.86	21.06	2520.08	78.30	20.54	0.64	0.00	0.00	3218.48
果园镇	0.00	0.00	3131.32	66.51	1576.65	33.49	0.00	0.00	0.00	0.00	4707.97
铧尖镇	0.00	0.00	87.84	2.72	1485.33	46.03	1325.91	41.09	327.88	10.16	3226.96
黄泥堡乡	0.00	0.00	0.00	0.00	368.16	59.45	251.11	40.55	0.00	0.00	619.27
金佛寺镇	0.00	0.00	863.52	13.12	5419.00	82.32	300.29	4.56	0.00	0.00	6582.81
清水镇	167.71	2.37	5316.97	75.10	1588.79	22.44	6.28	0.09	0.00	0.00	7079.75
泉湖镇	0.00	0.00	2914.87	76.38	859.41	22.52	42.08	1.10	0.00	0.00	3816.36
三墩镇	0.00	0.00	55.62	0.77	5278.77	73.47	1571.41	21.87	278.98	3.88	7184.78
上坝镇	0.00	0.00	3052.13	43.67	3780.65	54.09	156.83	2.24	0.00	0.00	6989.61
西洞镇	0.00	0.00	124.58	6.41	1288.21	66.29	521.17	26.82	9.29	0.48	1943.25
西峰镇	0.00	0.00	1958.66	81.49	444.87	18.51	0.00	0.00	0.00	0.00	2403.53
下河清镇	0.00	0.00	2122.36	94.52	123.08	5.48	0.00	0.00	0.00	0.00	2245.44
银达镇	0.00	0.00	2414.84	42.90	2983.07	53.00	230.54	4.10	0.00	0.00	5628.45
总寨镇	0.00	0.00	1945.97	28.85	4282.32	63.49	498.97	7.40	17.36	0.26	6744.62
农林场	0.00	0.00	2373.56	38.70	2956.30	48.20	803.23	13.10	0.00	0.00	6133.09
总计	167.71	0.23	27040.10	37.83	36568.39	51.16	7067.61	9.89	633.51	0.89	71477.32

(三)肃州区 2019 年土壤速效钾分布概况

2019 年,肃州区耕地土壤速效钾平均值为 164.26 毫克/千克。从分布频率看,速效钾含量主要集中在三级(150~200 毫克/千克),面积占比达 51.16%。

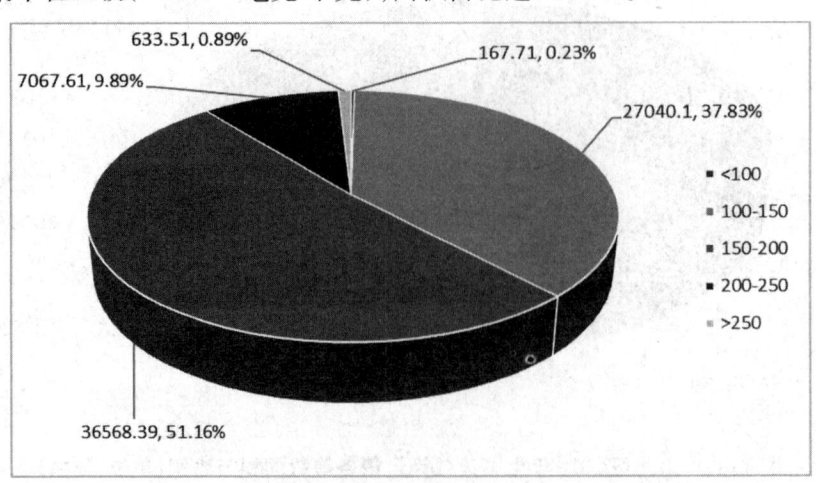

图 4-90 肃州区 2019 年土壤速效钾含量各等级面积与比例(单位:公顷)

表4-70 肃州区2019年各乡镇速效钾等级分布面积与比例

乡镇名称	<100 毫克/千克 公顷	比例 %	100~150 毫克/千克 公顷	比例 %	150~200 毫克/千克 公顷	比例 %	200~250 毫克/千克 公顷	比例 %	>250 毫克/千克 公顷	比例 %	总计 公顷
东洞镇	—	—	—	—	2952.95	100.00	—	—	—	—	2952.95
丰乐镇	—	—	0.02	0.00	3218.46	100.00	—	—	—	—	3218.48
果园镇	—	—	4648.98	98.75	58.99	1.25	—	—	—	—	4707.97
铧尖镇	—	—	—	—	3226.96	100.00	—	—	—	—	3226.96
黄泥堡乡	—	—	—	—	619.27	100.00	—	—	—	—	619.27
金佛寺镇	—	—	—	—	6533.43	99.25	49.38	0.75	—	—	6582.81
清水镇	—	—	547.57	7.73	6532.18	92.27	—	—	—	—	7079.75
泉湖镇	—	—	590.19	15.46	3226.17	84.54	—	—	—	—	3816.36
三墩镇	—	—	43.97	0.61	7140.81	99.39	—	—	—	—	7184.78
上坝镇	—	—	—	—	6989.61	100.00	—	—	—	—	6989.61
西洞镇	—	—	—	—	1943.25	100.00	—	—	—	—	1943.25
西峰镇	—	—	1098.64	45.71	1304.89	54.29	—	—	—	—	2403.53
下河清镇	—	—	54.08	2.41	2191.36	97.59	—	—	—	—	2245.44
银达镇	—	—	5351.06	95.07	277.39	4.93	—	—	—	—	5628.45
总寨镇	—	—	—	—	6744.62	100.00	—	—	—	—	6744.62
农林场	—	—	2155.83	35.15	3977.26	64.85	—	—	—	—	6133.09
总计	—	—	14490.34	20.27	56937.60	79.66	49.38	0.07	—	—	71477.32

（六）肃州区2020年土壤速效钾分布概况

根据对肃州区119个样品的分析检测，其2020年耕层土壤有效磷含量分布在一级（>300毫克/千克）的占13.45%，含量在二级（250~300毫克/千克）之间的样本数占5.04%，含量在三级（200~250毫克/千克）的样本数占14.29%，含量在四级（150~200毫克/千克）的样本数占36.13%，在五级（≤150毫克/千克）的样本数仅占31.09%。这表明，肃州区耕层土壤有效磷含量处于较低水平。

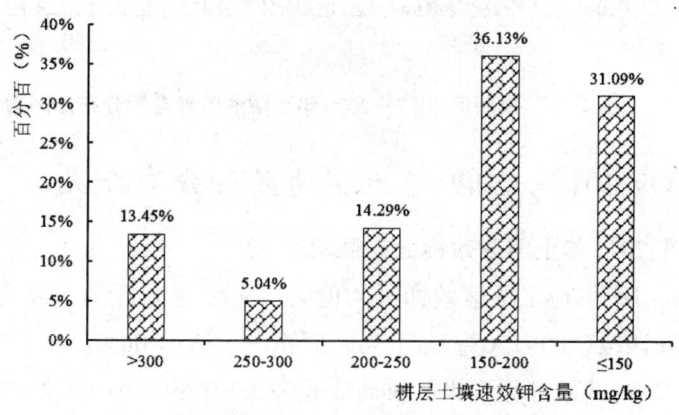

图4-91 肃州区2020年耕层土壤速效钾含量分布

(五)肃州区2017—2020年土壤速效钾分布概况对比分析

由表4-71和图4-92可知,从2017年到2020年,肃州区耕地土壤速效钾分布概况为:速效钾含量为五级的耕地分布在2020年较多,为31.09%,2019年没有分布;速效钾含量为四级的耕地2019年占比最少,占比为20.27%,其余三年占比相近;速效钾含量为三级的耕地2019年分布最多,占比为79.66%,2020年最少,为14.29%;速效钾含量为二级的耕地2018年占比最高,为9.89%;速效钾含量为一级的耕地分布在2018年和2020年,2018年占比为10.89%,2020年占比为13.45%。

表4-71 肃州区2017—2020年土壤速效钾含量分布比例

年份/分布	五级 比例,%	四级 比例,%	三级 比例,%	二级 比例,%	一级 比例,%	总计
2017年	3.16	32.78	62.76	1.30	0	100
2018年	0.23	37.83	51.16	9.89	0.89	100
2019年	0	20.27	79.66	0.07	0	100
2020年	31.09	36.13	14.29	5.04	13.45	100

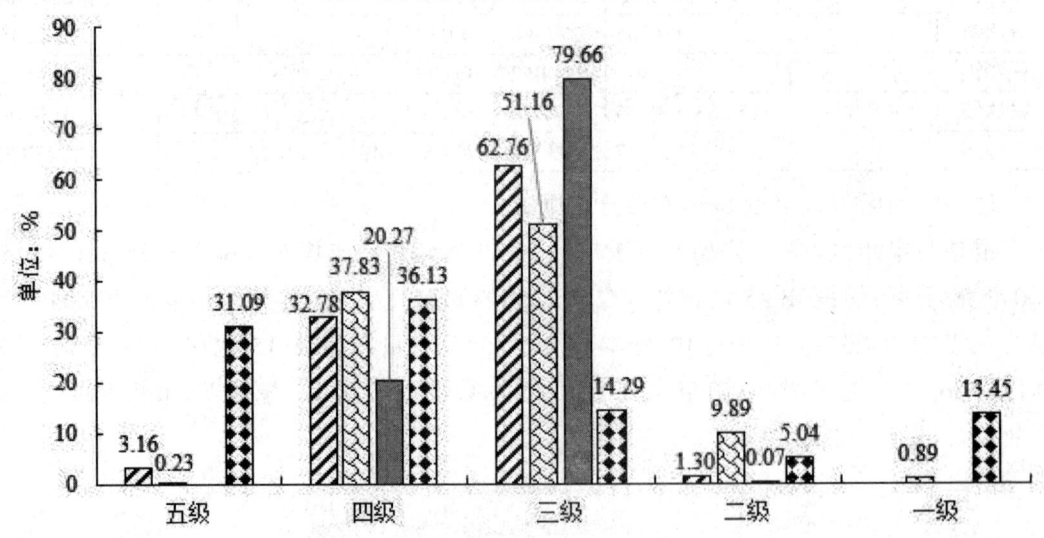

图4-92 肃州区2017—2020年土壤速效钾含量分布比例图

二、玉门市2017—2020年土壤速效钾分布概况

(一)玉门市2017年土壤速效钾分布概况

2017年,玉门市耕地土壤速效钾平均值为109.15毫克/千克。从分布频率看,速效钾含量主要集中在四级(100~150毫克/千克),面积占比达61.06%。

从等级分布看,速效钾为三级的耕地面积为2 391.69公顷,占全市耕地的4.09%,主要分布在赤金镇,面积为1 921.88公顷,占全乡耕地33.20%;速效钾为四级的耕地面积为35 669.5

公顷,占全市耕地的61.06%,主要分布在花海镇和黄闸湾乡,面积分别为13611.41和7968.19公顷,分别占全乡镇耕地95.95%和85.11%;速效钾为五级的耕地面积20355.37公顷,占全市耕地的34.85%,主要分布在柳河乡和下西号乡,面积分别为5596.23公顷和9170.69公顷,分别占全乡镇耕地71.94%和90.32%;没有一级和二级分布。

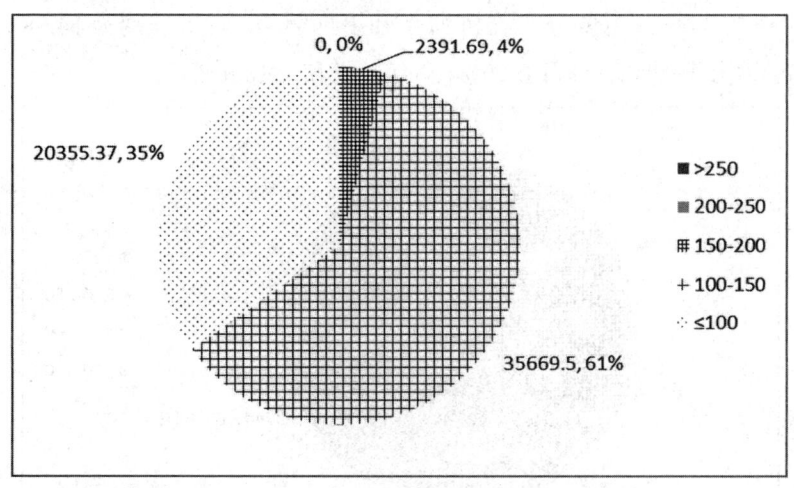

图4-93　玉门市2017年土壤速效钾含量各等级面积与比例(单位:公顷)

表4-72　玉门市2017年各乡镇土壤速效钾各等级分布表(单位:公顷)

乡镇名称/质量等级	>250 毫克/千克	200~250 毫克/千克	150~200 毫克/千克	100~150 毫克/千克	≤100 毫克/千克	总计
昌马乡				2639.05	551.36	3190.41
赤金镇			1921.88	3224.56	642.76	5789.2
花海镇				13611.41	574.15	14185.56
黄闸湾乡				7968.19	1393.49	9361.68
柳河乡				2182.72	5596.23	7778.95
柳湖乡				2121.51		2121.51
清泉乡				1537.67	292.31	1829.98
下西号乡			469.81	512.81	9170.69	10153.31
小金湾乡					1128.69	1128.69
玉门东镇					1.43	1.43
玉门镇				1871.58	1004.26	2875.84
总计	0	0	2391.69	35669.5	20355.37	58416.56

(二)玉门市2018年土壤速效钾分布概况

2018年,玉门市耕地土壤速效钾平均值为153.00毫克/千克。从分布频率看,速效钾含量主要集中在四级(100~150毫克/千克),面积占比达64%。

从等级分布看,速效钾为三级的耕地面积为 37 442.81 公顷,占全市耕地的 64.10%,主要分布在花海镇,面积为 12 665.41 公顷,占全镇耕地 89.28%;速效钾为四级的耕地面积为 20 940.3 公顷,占全市耕地的 35.85%,主要分布在黄闸湾乡和柳河乡,面积分别为 6 136.75 和 7 057.26 公顷,分别占全乡耕地 65.55% 和 90.72%;速效钾为五级的耕地面积 33.45 公顷,占全市耕地的 0.06%,主要分布在柳河乡和下西号乡,面积分别为 14.88 公顷和 16.39 公顷,分别占全乡镇耕地 0.19% 和 0.16%;没有一级和二级分布。

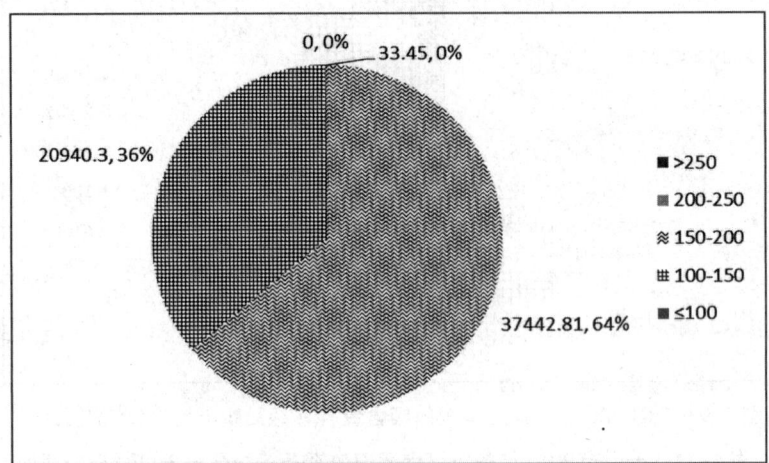

图 4-94 玉门市 2018 年土壤速效钾含量各等级面积与比例(单位:公顷)

表 4-73 玉门市 2018 年各乡镇土壤速效钾各等级分布表(单位:公顷)

乡镇名称/质量等级	>250 毫克/千克	200~250 毫克/千克	150~200 毫克/千克	100~150 毫克/千克	≤100 毫克/千克	总计
昌马乡			3188.74	1.52	0.15	3190.41
赤金镇			5744.21	44.48	0.51	5789.2
花海镇			12665.41	1520.1	0.05	14185.56
黄闸湾乡			3223.96	6136.75	0.97	9361.68
柳河乡			706.81	7057.26	14.88	7778.95
柳湖乡			2121.51			2121.51
清泉乡			1829.37	0.43	0.18	1829.98
下西号乡			7130.05	3006.87	16.39	10153.31
小金湾乡			593.66	534.81	0.22	1128.69
玉门东镇			1.43			1.43
玉门镇			237.66	2638.08	0.1	2875.84
总计	0	0	37442.81	20940.3	33.45	58416.56

(三)玉门市 2019 年土壤速效钾分布概况

2019 年,玉门市耕地土壤速效钾平均值为 151.69 毫克/千克。从分布频率看,速效钾含量主要集中在三级(150~200毫克/千克),面积占比达51.58%。

从等级分布看,速效钾为三级的耕地面积为30132公顷,占全市耕地的51.58%,主要分布在花海镇,面积为10 408.93公顷,占全镇耕地的73.38%;速效钾为四级的耕地面积为28 284.5公顷,占全市耕地的48.42%,主要分布在黄闸湾镇、柳河镇和下西号镇,面积分别为6 875.85公顷、7 623.95公顷和5118.71公顷,分别占全镇耕地的73.45%、98.01%和50.41%;速效钾为五级的耕地面积为0.05公顷,分布在柳河镇,占全镇耕地的0.0006%;没有一级和二级分布。

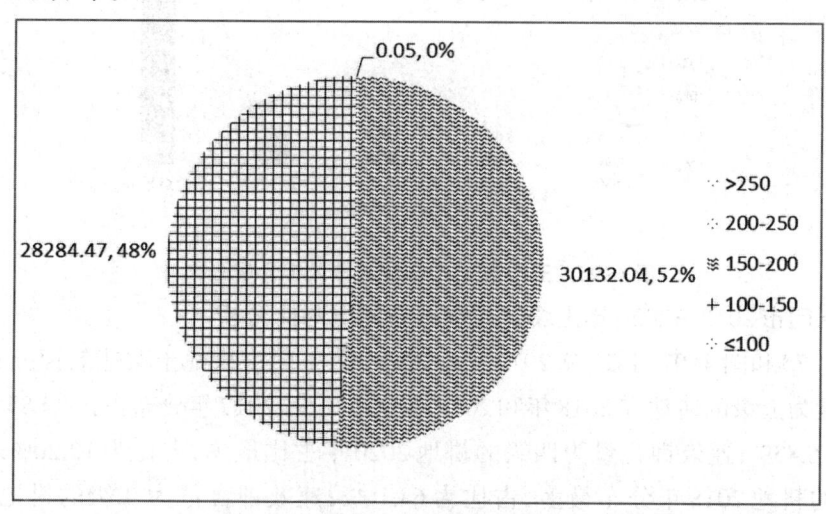

图4-95　玉门市2019年土壤速效钾含量各等级面积与比例(单位:公顷)

表4-74　玉门市2019年各乡镇土壤速效钾各等级分布(单位:公顷)

乡镇名称/等级	>250 毫克/千克	200~250 毫克/千克	150~200 毫克/千克	100~150 毫克/千克	≤100 毫克/千克	总计
昌马镇	0	0	3190.16	0.25	0	3190.41
赤金镇	0	0	5784.06	5.14	0	5789.20
花海镇	0	0	10408.93	3776.63	0	14185.56
黄闸湾镇	0	0	2485.83	6875.85	0	9361.68
柳河镇	0	0	154.95	7623.95	0.05	7778.95
柳湖镇	0	0	123.16	1998.35	0	2121.51
清泉乡	0	0	1829.93	0.05	0	1829.98
下西号镇	0	0	5034.6	5118.71	0	10153.31
小金湾乡	0	0	1118.58	10.11	0	1128.69
玉门东镇	0	0	1.43	0	0	1.43
玉门镇	0	0	0.41	2875.43	0	2875.84
总计	0	0	30132.04	28284.47	0.05	58416.56

(四)玉门市2020年土壤速效钾分布概况

2020年,在82个检测土壤样本中,玉门市有70%以上的采样点数的速效钾含量在五级(≤150毫克/千克)。可见,玉门市的速效钾含量较低。

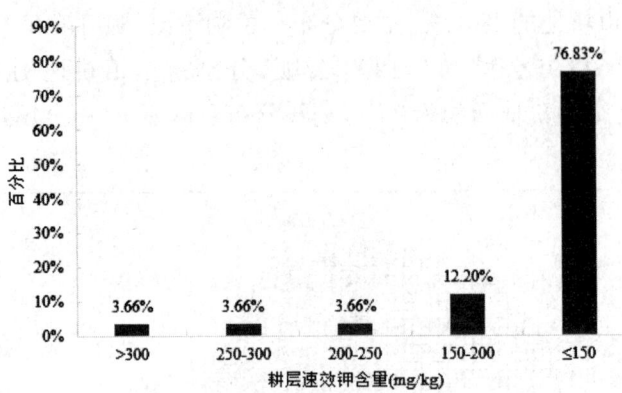

图4-96 玉门市2020年耕层速效钾含量分布

(五)玉门市2017—2020年土壤速效钾分布概况对比分析

由表4-75和图4-97可知,从2017年到2020年,玉门市耕地土壤速效钾分布概况为:速效钾含量为五级的耕地在2018年和2019年分布很少,2017年分布占比34.85%,2020年分布占比76.83%;速效钾含量为四级的耕地2020年占比最少,占比为12.20%;速效钾含量为三级的耕地2018年分布最多,占比为64.10%;速效钾含量为二级的耕地只分布在2020年,占比为3.66%;速效钾含量为一级的耕地只分布在2020年,占比为3.66%。

表4-75 玉门市2017—2020年土壤速效钾含量分布比例

年份/分布	五级 比例,%	四级 比例,%	三级 比例,%	二级 比例,%	一级 比例,%	总计
2017年	34.85	61.06	4.09	0	0	100
2018年	0.06	35.85	64.10	0	0	100
2019年	0.0006	48.42	51.58	0	0	100
2020年	76.83	12.20	3.66	3.66	3.66	100

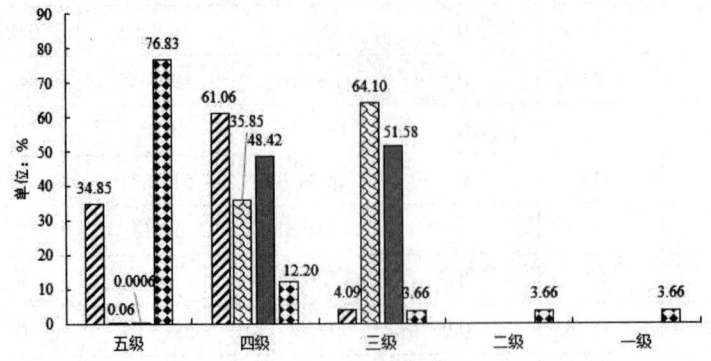

图4-97 玉门市2017—2020年土壤速效钾含量分布比例图

四、敦煌市2017—2020年土壤速效钾分布概况

(一)敦煌市2017年土壤速效钾分布概况

2017年,敦煌市耕地土壤速效钾平均值为108.29毫克/千克。从分布频率看,速效钾含量主要集中在四级(100~150毫克/千克),面积占比达78.23%。

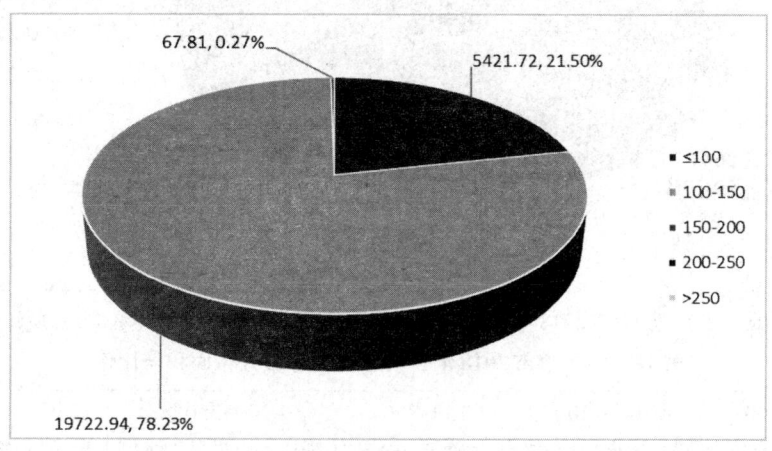

图4-98 敦煌市2017年土壤速效钾含量各等级面积与比例(单位:公顷)

表4-76 敦煌市2017年各镇速效钾等级分布面积与比例

镇名称	≤100毫克/千克	比例	100~150毫克/千克	比例	150~200毫克/千克	比例	200~250毫克/千克	比例	>250毫克/千克	比例	总计
	公顷	%	公顷	%	公顷	%	公顷	%	公顷	%	公顷
郭家堡镇	147.76	4.82	2918.86	95.18	0.00	0.00	0.00	0.00	0.00	0.00	3066.62
黄渠镇	644.31	19.05	2738.45	80.95	0.00	0.00	0.00	0.00	0.00	0.00	3382.76
莫高镇	193.22	6.48	2789.52	93.52	0.00	0.00	0.00	0.00	0.00	0.00	2982.74
七里镇	1371.92	61.63	854.09	38.37	0.00	0.00	0.00	0.00	0.00	0.00	2226.01
肃州镇	1105.67	23.76	3544.51	76.18	2.41	0.05	0.00	0.00	0.00	0.00	4652.59
阳关镇	1489.52	99.94	0.96	0.06	0.00	0.00	0.00	0.00	0.00	0.00	1490.48
月牙泉镇	447.93	25.82	1287.18	74.18	0.00	0.00	0.00	0.00	0.00	0.00	1735.11
转渠口镇	21.39	0.38	5589.37	98.47	65.40	1.15	0.00	0.00	0.00	0.00	5676.16
总计	5421.72	21.50	19722.94	78.23	67.81	0.27	0.00	0.00	0.00	0.00	25212.47

(二)敦煌市2018年土壤速效钾分布概况

2018年,敦煌市耕地土壤速效钾平均值为161.09毫克/千克。从分布频率看,速效钾含量主要集中在四级(100~150毫克/千克),面积占比达93.77%。

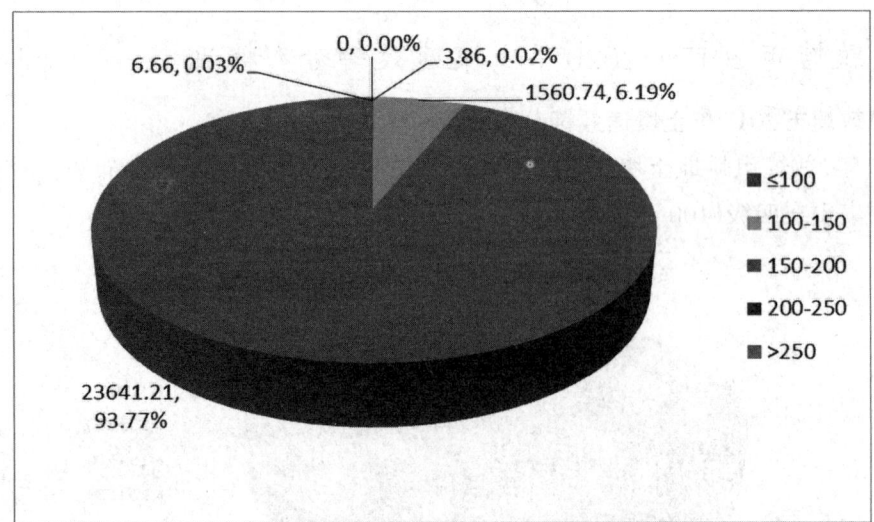

图4-99 敦煌市2018年土壤速效钾含量各等级面积与比例(单位:公顷)

表4-77 敦煌市2018年各镇速效钾等级分布面积与比例

镇名称	≤100 毫克/千克	比例	100~150 毫克/千克	比例	150~200 毫克/千克	比例	200~250 毫克/千克	比例	>250 毫克/千克	比例	总计
	公顷	%	公顷	%	公顷	%	公顷	%	公顷	%	公顷
郭家堡镇	0.28	0.01	215.76	7.04	2850.58	92.96	0.00	0.00	0.00	0.00	3066.62
黄渠镇	0.00	0.00	1.05	0.03	3381.71	99.97	0.00	0.00	0.00	0.00	3382.76
莫高镇	0.20	0.01	44.39	1.49	2938.15	98.51	0.00	0.00	0.00	0.00	2982.74
七里镇	2.40	0.11	39.77	1.79	2183.84	98.11	0.00	0.00	0.00	0.00	2226.01
肃州镇	0.63	0.01	3.31	0.07	4641.99	99.77	6.66	0.14	0.00	0.00	4652.59
阳关镇	0.00	0.00	0.00	0.00	1490.48	100.00	0.00	0.00	0.00	0.00	1490.48
月牙泉镇	0.26	0.01	1254.02	72.27	480.83	27.71	0.00	0.00	0.00	0.00	1735.11
转渠口镇	0.09	0.00	2.44	0.04	5673.63	99.96	0.00	0.00	0.00	0.00	5676.16
总计	3.86	0.02	1560.74	6.19	23641.21	93.77	6.66	0.03	0.00	0.00	25212.47

(三)敦煌市2019年土壤速效钾分布概况

2019年,敦煌市耕地土壤速效钾平均值为179.77毫克/千克。从分布频率看,速效钾含量主要集中在三级(150~200毫克/千克),面积占比达99.97%。

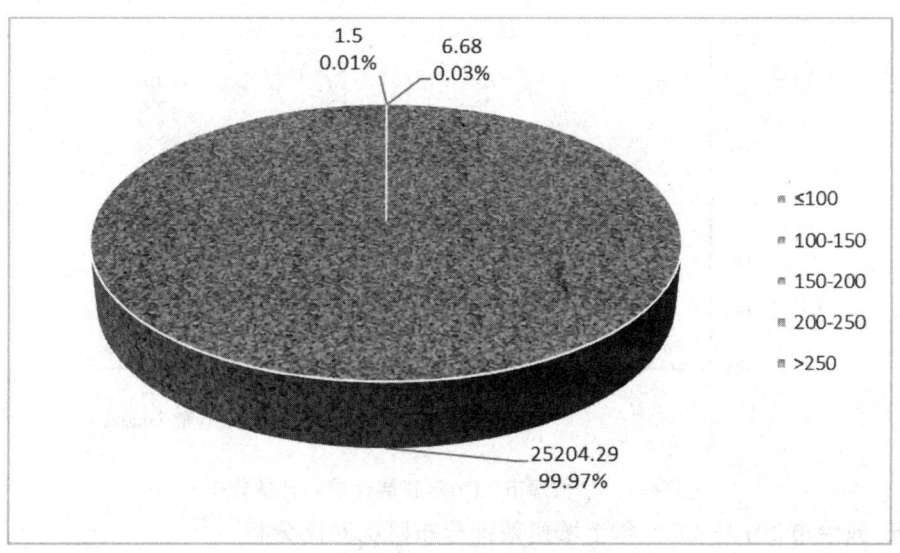

图4-100 敦煌市2019年土壤速效钾含量各等级面积与比例（单位：公顷）

表4-78 敦煌市2019年各镇速效钾等级分布面积与比例

镇名称	≤100 毫克/千克	比例	100~150 毫克/千克	比例	150~200 毫克/千克	比例	200~250 毫克/千克	比例	>250 毫克/千克	比例	总计
	公顷	%	公顷	%	公顷	%	公顷	%	公顷	%	公顷
郭家堡镇	0.12	0.004	1.03	0.03	3065.47	99.96	—	—	—	—	3066.62
黄渠镇	—	—	0.42	0.01	3382.34	99.99	—	—	—	—	3382.76
莫高镇	—	—	1.12	0.04	2981.62	99.96	—	—	—	—	2982.74
七里镇	0.96	0.043	0.38	0.02	2224.67	99.94	—	—	—	—	2226.01
肃州镇	0.41	0.009	0.83	0.02	4651.35	99.97	—	—	—	—	4652.59
阳关镇	—	—	—	—	1490.48	100.00	—	—	—	—	1490.48
月牙泉镇	0.01	0.001	1.93	0.11	1733.17	99.89	—	—	—	—	1735.11
转渠口镇	—	—	0.97	0.02	5675.19	99.98	—	—	—	—	5676.16
总计	1.5	0.006	6.68	0.03	25204.29	99.97	—	—	—	—	25212.47

（四）敦煌市2020年土壤速效钾分布概况

2020年，在39个检测土壤样本中，敦煌市耕层土壤有效磷含量分布在二级（250~300毫克/千克）的样本数占2.56%，三级（200~250毫克/千克）的样本数占15.38%，四级（150~200毫克/千克）的样本数占33.33%，五级（≤150毫克/千克）的样本数仅占48.72%。这表明，敦煌市耕层土壤有效磷含量处于较低水平。

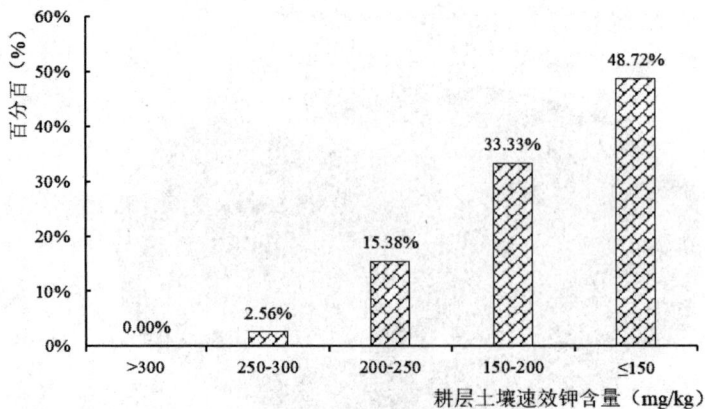

图 4-101 敦煌市 2020 年耕层速效钾含量分布

(五)敦煌市 2017—2020 年土壤速效钾分布概况对比分析

由表 4-79 和图 4-102 可知,从 2017 年到 2020 年,敦煌市耕地土壤速效钾分布概况为:速效钾含量为五级的耕地在 2018 年和 2019 年分布很少,2017 年分布占比 20.50%,2020 年分布占比 48.72%;速效钾含量为四级的耕地 201 年占比最多,占比为 78.23%,2019 年占比最少,占比为 0.03%;速效钾含量为三级的耕地 2019 年分布最多,占比为 99.97%;速效钾含量为二级的耕地只分布在 2018 年和 2020 年;速效钾含量为一级的耕地没有分布。

表 4-79 敦煌市 2017—2020 年土壤速效钾含量分布比例

年份/分布	五级 比例,%	四级 比例,%	三级 比例,%	二级 比例,%	一级 比例,%	总计
2017年	21.50	78.23	0.27	0	0	100
2018年	0.02	6.19	93.77	0.03	0	100
2019年	0.006	0.03	99.97	0	0	100
2020年	48.72	33.33	15.38	2.56	0	100

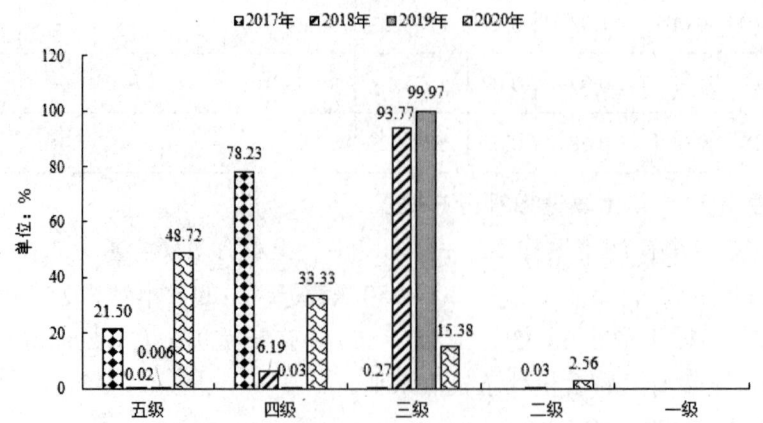

图 4-102 敦煌市 2017—2020 年土壤速效钾含量分布比例图

五、金塔县2017—2020年土壤速效钾分布概况

(一)金塔县2017年土壤速效钾分布概况

2017年,金塔县耕地土壤速效钾平均值为121.18毫克/千克。从分布频率看,速效钾含量主要集中在四级(100~150毫克/千克),面积占比达89.09%。

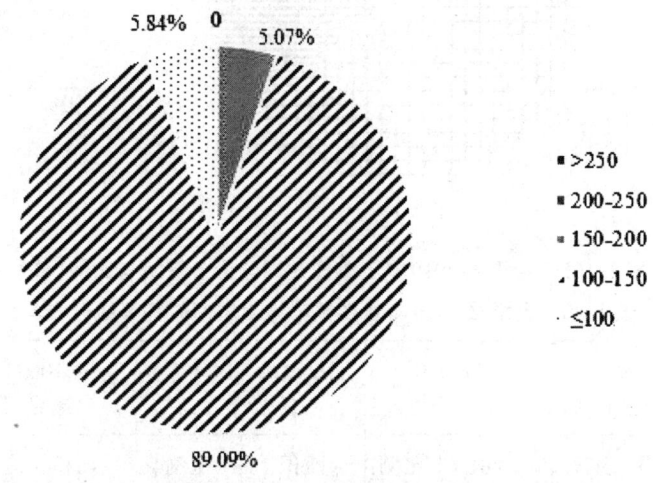

图4-103　金塔县2017年土壤速效钾含量各等级比例

(二)金塔县2018年土壤速效钾分布概况

2018年,金塔县耕地土壤速效钾平均值为132.07毫克/千克。从分布频率看,速效钾含量主要集中在四级(100~150毫克/千克),面积占比达80.70%。

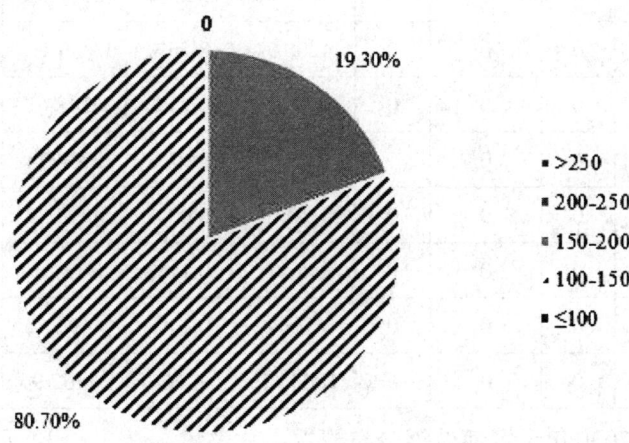

图4-104　金塔县2018年土壤速效钾含量各等级与比例

(三)金塔县2019年土壤速效钾分布概况

2019年,金塔县耕地土壤速效钾平均值为150.90毫克/千克。从分布频率看,速效钾含量集中于四级(100~150毫克/千克)和三级(150~200毫克/千克),面积占比达63.34%与36.66%。

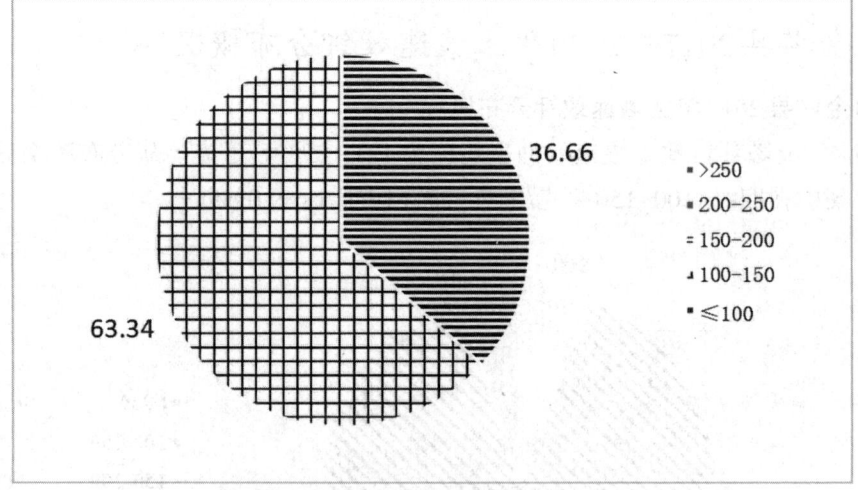

图4-105 金塔县2019年土壤速效钾含量各等级与比例(单位:%)

表4-80 金塔县2019年各乡镇耕地土壤速效钾等级分布与比例

等级 名称	>250 毫克/千克		200~250 毫克/千克		150~200 毫克/千克		100~150 毫克/千克		≤100 毫克/千克	
	面积	比例	面积	比例	面积	比例	面积	比例	面积	比例
大庄子镇	0	0	0	0	194.17	0.39%	4801.62	9.76%	0	0
鼎新镇	0	0	0	0	4776.36	9.71%	0	0.00%	0	0
东坝镇	0	0	0	0	3422.13	6.96%	3749.7	7.62%	0	0
古城乡	0	0	0	0	3259.98	6.63%	3316.85	6.74%	0	0
航天镇	0	0	0	0	4208.51	8.56%	0	0	0	0
金塔镇	0	0	0	0	120.12	0.24%	6248.65	12.70%	0	0
三合乡	0	0	0	0	1929.74	3.92%	2734.74	5.56%	0	0
西坝镇	0	0	0	0	0	0.00%	4895.37	9.95%	0	0
羊井子湾	0	0	0	0	55.51	0.11%	913.51	1.86%	0	0
中东镇	0	0	0	0	67.67	0.14%	4492.52	9.13%	0	0
总计	0	0	0	0	18034.19	36.66%	31152.96	63.34%	0	0

(四)金塔县2020年土壤速效钾分布概况

2020年,在69个检测土壤样本中,金塔县有47.83%的采样点数的速效钾含量在五级(≤150毫克/千克)。速效钾含量在一级(>300毫克/千克)的采样点数才占全部采样点数的1.45%。可见,金塔县的速效钾含量较低。

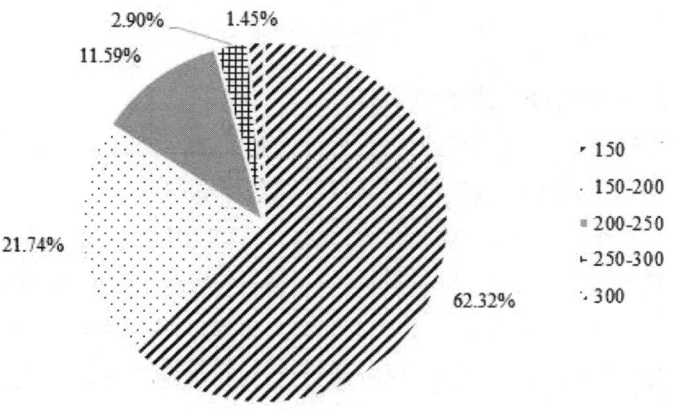

图 4-106　金塔县 2020 年耕层速效钾含量分布比例

(五) 金塔县 2017—2020 年土壤速效钾分布概况对比分析

由表 4-81 和图 4-107 可知,从 2017 年到 2020 年,金塔县耕地土壤速效钾分布概况为:速效钾含量为五级的耕地只分布在 2017 年和 2020 年;速效钾含量为四级的耕地 2017 年占比最多,占比为 89.09%,2020 年占比最少,占比为 21.74%;速效钾含量为三级的耕地 2019 年分布最多,占比为 36.66%,2017 年最少,为 5.07%;速效钾含量为二级的耕地只分布于 2020 年,占比为 2.90%;速效钾含量为一级的耕地只分布于 2020 年,占比为 1.45%。

表 4-81　金塔县 2017—2020 年土壤速效钾含量分布比例

年份/分布	五级 比例,%	四级 比例,%	三级 比例,%	二级 比例,%	一级 比例,%	总计
2017 年	5.84	89.09	5.07	0	0	100
2018 年	0	80.70	19.30	0	0	100
2019 年	0	63.34	36.66	0	0	100
2020 年	62.32	21.74	11.59	2.90	1.45	100

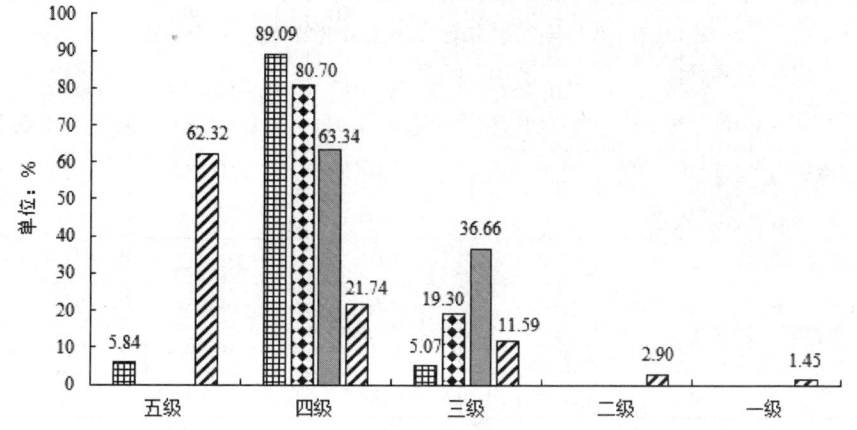

图 4-107　金塔县 2017—2020 年土壤速效钾含量分布比例图

六、瓜州县2017—2020年土壤速效钾分布概况

(一)瓜州县2017年土壤速效钾分布概况

2017年,瓜州县耕地土壤速效钾平均值为115.78毫克/千克。从分布频率看,速效钾含量主要集中在四级(100~150毫克/千克),面积占比达72.67%。

从等级分布看,速效钾为三级的耕地面积为1 448.02公顷,占全县耕地的2.72%,主要分布在西湖乡,面积为1 144.68公顷,占全乡耕地9.90%;速效钾为四级的耕地面积为38 716.14公顷,占全县耕地的72.67%,主要分布在南岔镇和西湖乡,面积分别为9 194.42公顷和8 707.31公顷,分别占全乡镇耕地96.78%和75.30%;速效钾为五级的耕地面积为13 112.57公顷,占全县耕地的24.61%,主要分布在沙河回族乡、双塔乡和腰站子东乡族乡,面积分别为2 043.77公顷、3 409.37公顷和2 278.55公顷,分别占全乡镇耕地100%、99.96%和84.17%;没有一级和二级分布。

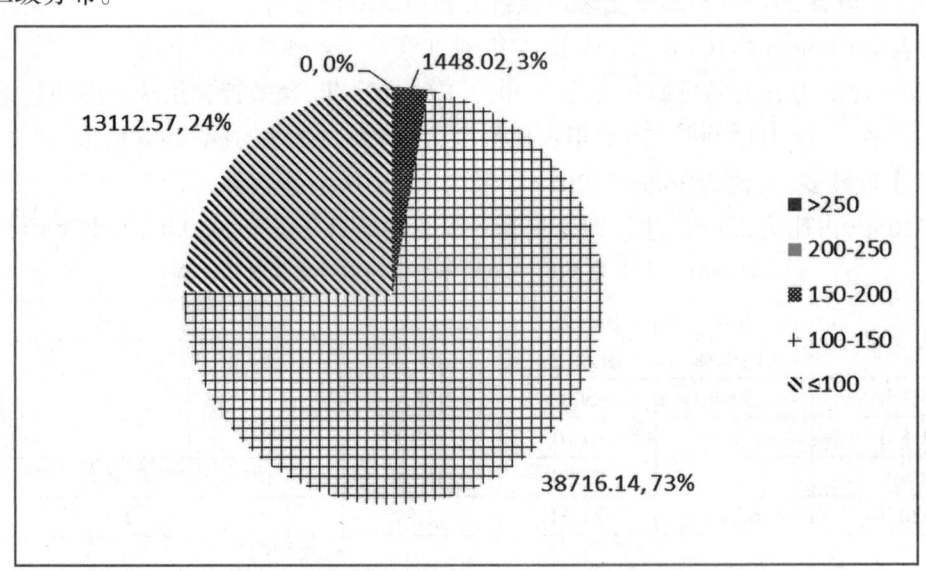

图4-108 瓜州县2017年土壤速效钾含量各等级面积与比例(单位:公顷)

表4-82 瓜州县2017年各乡镇土壤速效钾各等级分布

乡镇名称/等级	>250 毫克/千克	200~250 毫克/千克	150~200 毫克/千克	100~150 毫克/千克	≤100 毫克/千克	总计
布隆吉乡	0	0	0	1605.54	830.83	2436.37
瓜州乡	0	0	0.31	5413.8	0	5414.11
广至藏族乡	0	0	0	197.72	641.97	839.69
河东乡	0	0	0	4087.54	29.38	4116.92
梁湖乡	0	0	0	592.9	1482.53	2075.43
南岔镇	0	0	303.03	9194.42	2.52	9499.97
七墩回族东乡族乡	0	0	0	210.67	421.1	631.77

续表

三道沟镇	0	0	0	4492.92	6.87	4499.79
沙河回族乡	0	0	0	0	2043.77	2043.77
双塔乡	0	0	0	1.22	3409.37	3410.59
锁阳城镇	0	0	0	3783.72	253.65	4037.37
西湖乡	0	0	1144.68	8707.31	1712.03	11564.02
腰站子东乡族乡	0	0	0	428.38	2278.55	2706.93
总计	0	0	1448.02	38716.14	13112.57	53276.73

(二)瓜州县2018年土壤速效钾分布概况

2018年,瓜州县耕地土壤速效钾平均值为168.01毫克/千克。从分布频率看,速效钾含量主要集中在三级(150~200毫克/千克),面积占比达44.06%。

从等级分布看,速效钾为一级的耕地面积为552.25公顷,占全县耕地的1.04%,分布在双塔乡,面积为552.25公顷,占全乡耕地16.19%;速效钾为二级的耕地面积为7 023.91公顷,占全县耕地的13.18%,主要分布在双塔乡和锁阳城镇,面积分别为2 830.54和3 130.55公顷,分别占全乡镇耕地82.99%和77.54%;速效钾为三级的耕地面积为2 3476.32公顷,占全县耕地的44.06%,主要分布在南岔镇和西湖乡,面积分别为4 380.12公顷和5 999.13公顷,分别占全乡镇耕地46.11%和51.88%;速效钾为四级的耕地面积为22 040.92公顷,占全县耕地的41.37%,主要分布在瓜州乡、南岔镇和西湖乡,面积分别为5 383.43公顷、5 119.85公顷和5 382.35公顷,分别占全乡镇耕地99.36%、53.89%和46.54%;速效钾为五级的耕地面积为183.33公顷,占全县耕地的0.34%,主要分布在西湖乡0.015785168,面积为182.54公顷,占全乡耕地1.58%。

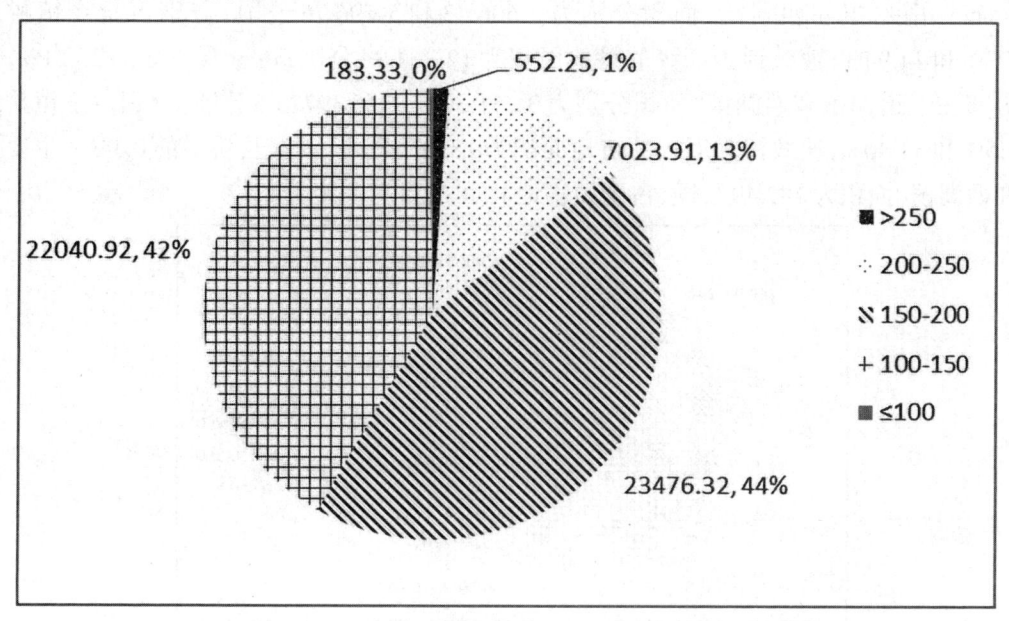

图4-109 瓜州县2018年土壤速效钾含量各等级面积与比例(单位:公顷)

表4-83 瓜州县2018年各乡镇土壤速效钾各等级分布（单位：公顷）

乡镇名称/质量等级	>250 毫克/千克	200~250 毫克/千克	150~200 毫克/千克	100~150 毫克/千克	≤100 毫克/千克	总计
布隆吉乡		1027.89	1407.96	0.37	0.15	2436.37
瓜州乡			34.57	5383.43		5418
广至藏族乡			792	47.69		839.69
河东乡			2280.96	1836.32		4117.28
梁湖乡			1976.53	94.86	0.08	2071.47
南岔镇			4380.12	5119.85		9499.97
七墩回族东乡族乡			282.29	349.42	0.06	631.77
三道沟镇			674.17	3825.62		4499.79
沙河回族乡		34.93	2008.76		0.08	2043.77
双塔乡	552.25	2830.54	27.8			3410.59
锁阳城镇		3130.55	906.02	0.8		4037.37
西湖乡			5999.13	5382.35	182.54	11564.02
腰站子东乡族乡			2706.01	0.21	0.42	2706.64
总计	552.25	7023.91	23476.32	22040.92	183.33	53276.73

（三）瓜州县2019年土壤速效钾分布概况

2019年，瓜州县耕地土壤速效钾平均值为171.94毫克/千克。从分布频率看，速效钾含量主要集中在三级（150~200毫克/千克），面积占比达64.54%。

从等级分布看，速效钾为二级的耕地面积为6 342.51公顷，占全县耕地的11.90%，主要分布在梁湖乡和西湖镇，面积分别为1 725.96公顷和2206.93公顷，分别占全乡耕地83.32%和19.08%；速效钾为三级的耕地面积为34 386.47公顷，占全县耕地的64.54%，主要分布在南岔镇和西湖镇，面积分别为7 606.33和5 196.75公顷，分别占全乡镇耕地80.07%和44.94%；速效钾为四级的耕地面积为12 364.94公顷，占全县耕地的23.21%，主要分布在三道沟镇和西湖镇，面积分别为3 251.30公顷和3977.85公顷，分别占全镇耕地72.25%和34.40%；速效钾为五级的耕地面积为182.81公顷，占全县耕地的0.34%，主要分布在西湖镇，面积为182.49公顷，占全镇耕地1.58%；没有一级分布。

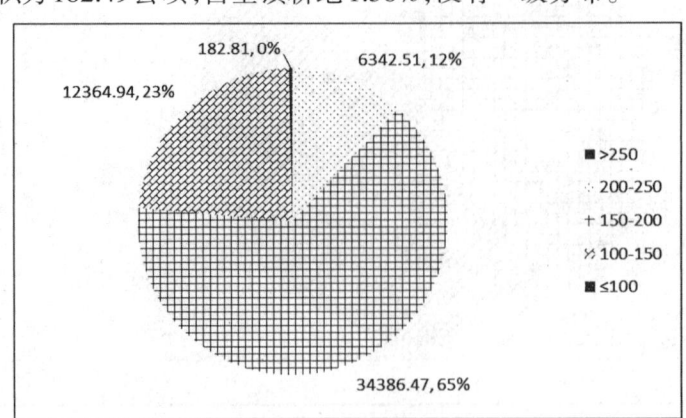

图4-110 瓜州县2019年土壤速效钾含量各等级面积与比例（单位：公顷）

表4-84　瓜州县2019年各乡镇土壤速效钾各等级分布表（单位：公顷）

乡镇名称/质量等级	>250毫克/千克	200~250毫克/千克	150~200毫克/千克	100~150毫克/千克	≤100毫克/千克	总计
布隆吉乡		70.4	2365.73	0.19	0.05	2436.37
瓜州镇			3070.06	2347.94		5418
广至藏族乡			839.69			839.69
河东镇		1.17	3745.22	370.6		4116.99
梁湖乡		1725.96	345.48		0.03	2071.47
南岔镇		35.9	7606.33	1857.74		9499.97
七墩回族东乡族乡			72.72	558.99	0.06	631.77
三道沟镇			1248.49	3251.3		4499.79
沙河回族乡		759.98	1283.72		0.07	2043.77
双塔镇		1.78	3408.81			3410.59
锁阳城镇		803.78	3233.34	0.25		4037.37
西湖镇		2206.93	5196.75	3977.85	182.49	11564.02
腰站子东乡族镇		736.61	1970.13	0.08	0.11	2706.93
总计	0	6342.51	34386.47	12364.94	182.81	53276.73

（四）瓜州县2020年土壤速效钾分布概况

2020年，在80个检测土壤样本中，瓜州县有45%以上的采样点数的速效钾含量在五级（≤150毫克/千克）。可见，瓜州县的速效钾含量较低。

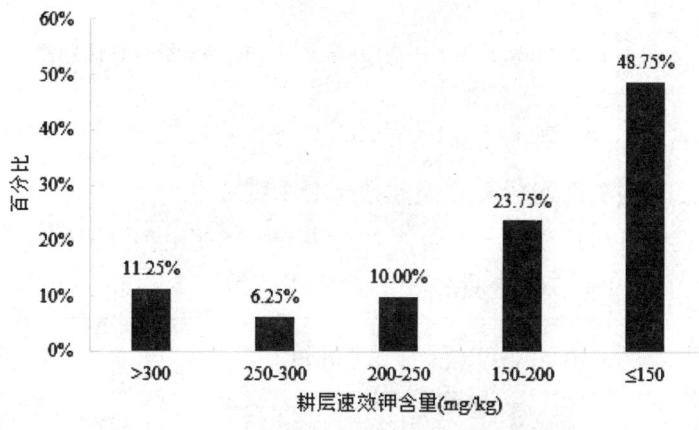

图4-111　瓜州县2020年耕层速效钾含量分布

（五）瓜州县2017—2020年土壤速效钾分布概况对比分析

由表4-85和图4-112可知，从2017年到2020年，瓜州县耕地土壤速效钾分布概况为：速效钾含量为五级的耕地分布在2020年最多，为48.75%，2018年和2019年占比为0.34%；速效钾含量为四级的耕地2017年占比最多，占比为72.67%，2019年占比最少，占比为23.21%；速效钾含量为三级的耕地2019年分布最多，占比为64.54%，2017年最少，为2.72%；速效钾含量为二级的耕地2018年占比最高，为13.18%，2017年没有分布；速效钾含量为一级的耕地分布在2018年和2020年，2018年占比为1.04%，2020年占比为11.25%。

表4-85　瓜州县2017—2020年土壤速效钾含量分布比例

年份/分布	五级 比例,%	四级 比例,%	三级 比例,%	二级 比例,%	一级 比例,%	总计
2017年	24.61	72.67	2.72	0	0	100
2018年	0.34	41.37	44.06	13.18	1.04	100
2019年	0.34	23.21	64.54	11.90	0	100
2020年	48.75	23.75	10.00	6.25	11.25	100

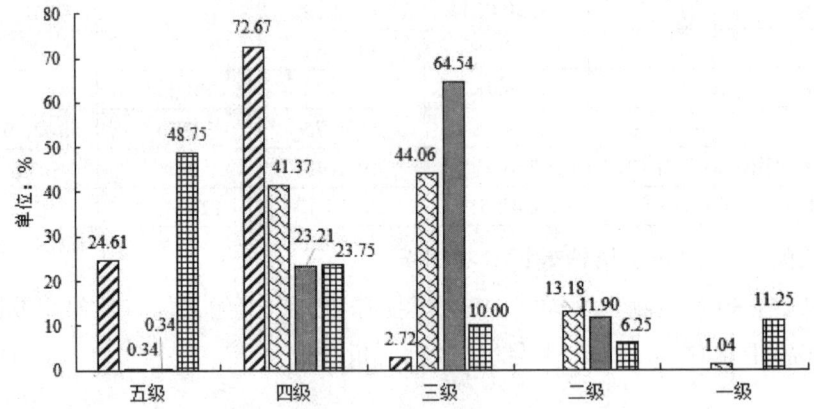

图4-112　瓜州县2017—2020年土壤速效钾含量分布比例图

七、肃北县、阿克塞县2017—2020年土壤速效钾分布概况

（一）肃北县、阿克塞县2017年土壤速效钾分布概况

2017年，阿克塞县耕地土壤速效钾平均值为155.75毫克/千克，从分布频率看，速效钾含量主要集中在三级（150~200毫克/千克），面积占比达72.56%。

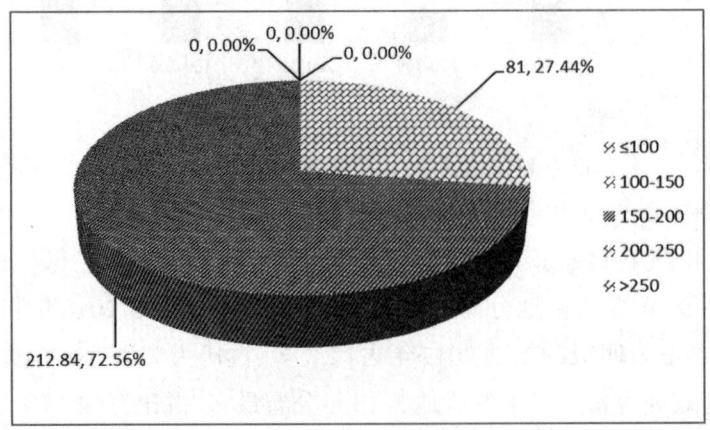

图4-113　阿克塞县2020年土壤速效钾含量各等级面积与比例（单位：公顷）

2017年，肃北县耕地土壤速效钾平均值为145.5毫克/千克，从分布频率看，速效钾含量主要集中在四级（100~150毫克/千克），面积占比达72.66%。

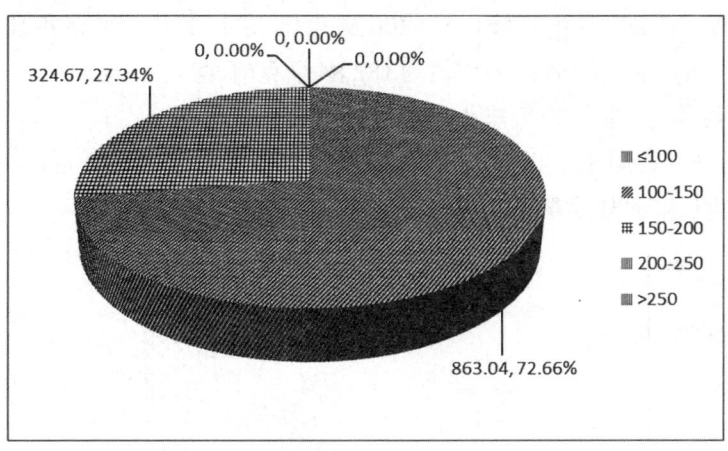

图4-114　肃北县2020年土壤速效钾含量各等级面积与比例（单位：公顷）

（二）肃北县、阿克塞县2018年土壤速效钾分布概况

2018年，阿克塞县、肃北县耕地土壤速效钾平均值为168.11毫克/千克；从分布频率看，速效钾含量主要集中在三级（150~200毫克/千克），面积占比达80.97%。

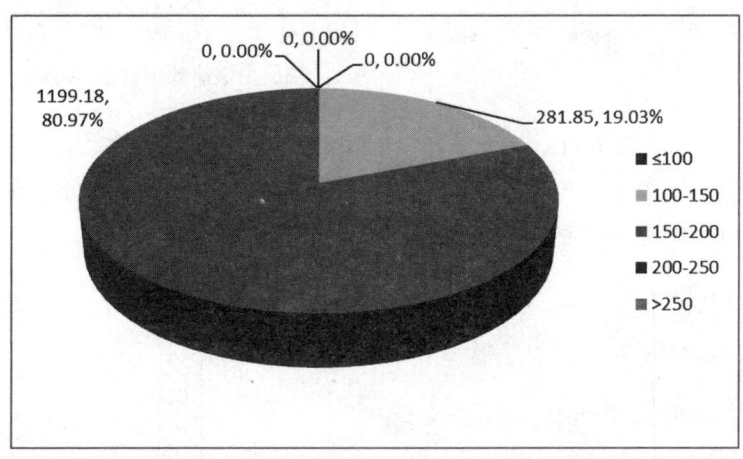

图4-115　阿克塞县、肃北县2020年土壤速效钾含量各等级面积与比例（单位：公顷）

表4-86　阿克塞县、肃北县2020年各乡镇速效钾等级分布面积与比例

县名称	乡镇名称	≤100 毫克/千克	比例	100~150 毫克/千克	比例	150~200 毫克/千克	比例	200~250 毫克/千克	比例	>250 毫克/千克	比例	总计
		公顷	%	公顷	%	公顷	%	公顷	%	公顷	%	公顷
阿克塞县	阿克旗乡	0.00	0.00	0.00	0.00	220.27	100.00	0.00	0.00	0.00	0.00	220.27
	红柳湾镇	0.00	0.00	73.07	100.00	0.00	0.00	0.00	0.00	0.00	0.00	73.07
肃北县	党城湾镇	0.00	0.00	208.78	20.43	813.36	79.57	0.00	0.00	0.00	0.00	1022.14
	石包城乡	0.00	0.00	0.00	0.00	165.55	100.00	0.00	0.00	0.00	0.00	165.55
	总计	0.00	0.00	281.85	19.03	1199.18	80.97	0.00	0.00	0.00	0.00	1481.03

(三)肃北县、阿克塞县2019年土壤速效钾分布概况

2019年,阿克塞县、肃北县耕地土壤速效钾平均值为179.31毫克/千克;从分布频率看,速效钾含量全部集中在三级(150~200毫克/千克),其中,阿克塞县速效钾平均值165.00毫克/千克;肃北县有效钾平均值为182.84毫克/千克。

(四)肃北县、阿克塞县2020年土壤速效钾分布概况

2020年,在1个检测土壤样本中,肃北县耕层土壤速效钾含量分布在四级(150~200毫克/千克),这表明,肃北县耕层土壤速效钾含量处于较低水平。

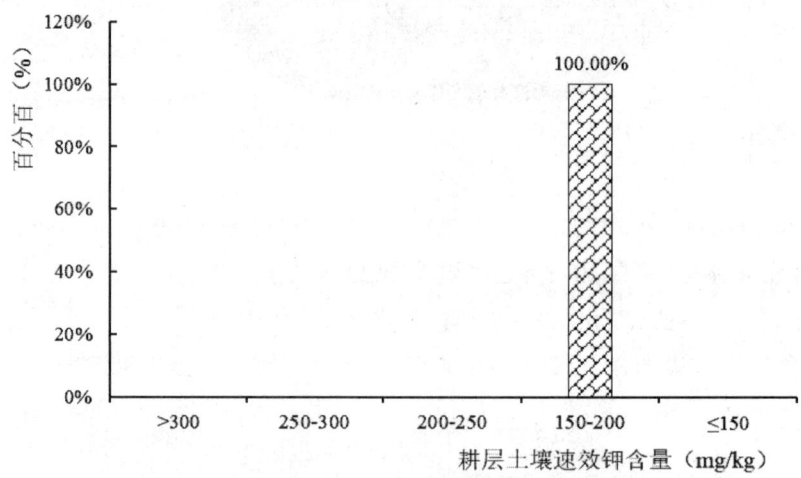

图4-116 肃北县2020年耕层土壤速效钾含量分布

2020年,在1个检测土壤样本中,阿克塞县耕层土壤速效钾含量分布在四级(150~200毫克/千克),可见,阿克塞县的耕层土壤速效钾含量较低。

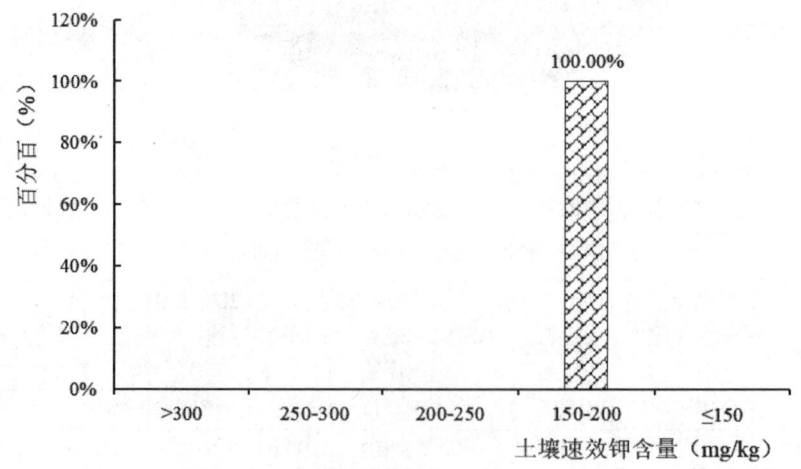

图4-117 阿克塞县2020年耕层速效钾含量分布

(五)肃北县、阿克塞县2017—2020年土壤速效钾分布概况对比分析

肃北县和阿克塞县耕地面积较少,且分别只有一个样点,分布概况详见各年度分析。

第五节 土壤营养元素调控措施

一、土壤有机质调控

土壤有机质是作物营养的主要来源之一,能促进作物的生长发育,改善土壤的物理性质,促进微生物和土壤生物的活动,促进土壤中营养元素的分解,提高土壤的保肥性和缓冲性。当土壤中有机质含量<10克/千克时,作物根系衰弱,作物早衰,防病抗逆机能减弱,土壤板结,化肥的负面影响加剧。

酒泉市水热条件较差,复种指数低,致使许多土壤有机质含量降低,肥力下降。随着农业生产的发展,绿色高产创建,高品质的农产品需求越来越大,维持和提高土壤有机质含量显得愈加重要。酒泉市常年温度较低,微生物的活性低,有机质的合成较慢,造成土壤有机质累积不易,因此即使是高产耕地,也需不断补充有机质。酒泉市地表植物有大量的生物量,为土壤提供了丰富的有机质来源。

一是在有机质含量丰富的地区,维持现有的有机物和化肥投入,保持现有有机质水平;二是在有机质含量较低的地区,通过复种绿肥、秸秆还田、增施有机肥等措施提高土壤有机质含量;三是通过测土配方施肥技术指导农户合理选择肥料种类、精准施肥数量、改进施肥方法,保证耕地土壤中养分的供需平衡,防止不平衡施肥造成的地力退化;四是在开展测土配方施肥工作的基础上,加大对商品有机肥的补贴力度,做到有机无机配合施用,既保证高产出,也实现耕地地力水平的持续提升;五是结合酒泉市实际,有针对性选择种植适宜的绿肥品种,既有效地利用耕地,又起到良好的养地作用;六是施用高质量农家肥,对农家肥实施高温堆沤处理,利用多种微生物的作用,将植物有机残体、矿质化、腐殖化和无害化,使各种复杂的有机态的养分,转化为可溶性养分和腐殖质;七是利用堆沤还田、过腹还田、直接还田等技术,选择适宜的秸秆还田技术模式,提升土壤有机质,培肥地力;八是转变观念,调整种植制度,示范推广粮-豆间作套种,绿肥复种技术,保证耕地休养生息,均衡利用耕地养分,从而提高耕地有机质含量。

二、土壤氮素调控

氮是作物体内许多重要有机化合物的成分,在多方面影响着作物的代谢过程和生长发育。当土壤中全氮含量<0.75克/千克时,作物从土壤中吸收的氮素不足,作物长势弱,分蘖或分枝减少,较老的叶片先退绿变黄,有时在茎,叶柄或老叶上出现紫色;严重缺氮时,植株矮小,下部叶片枯黄脱落;根系细长且稀少,花果少而种子小,产量下降且早熟。土壤供氮过量,则植株叶色浓绿,植株徒长,且贪青晚熟,易倒伏和病害侵袭,果蔬品质和耐贮存性降低。氮过量还会影响根系对钾、锌、硼、铁、铜、镁、钙吸收利用。过量的钾和磷

元素会影响氮的吸收;缺硼也不利于氮的吸收。不同的环境,不同的土壤中氮素含量不同,使作物在适宜的土壤氮素中生长,一般都用无机肥调控土壤中的氮素。

调节土壤氮素,主要依据土壤氮素含量、作物生长特性、肥料的特点、施肥方法等来确定施肥时期和施肥量。不同肥料的含氮量和氮素的释放速率以及根系对其的吸收利用水平是有差别的,如碳铵速效但利用率很低,硝态肥料根系吸收快,在多雨季节易流失。因此,强化氮肥高效管理技术,是实现减氮增效的有力手段,如需要快速见效且滴灌或冲施的时候以硝态氮肥为主,作物施用基肥以有机肥为主,辅以铵态氮肥,建议推广新型高效氮肥,有机无机配合等。肥料种类对氮素流失量的影响明显,土壤氮素浓度过饱和是导致氮素大量流失的最根本原因,减少化学氮肥施用量,采用深施等技术,可以有效降低氮素的损失,提高氮素利用率。

土壤中氮素过量,一般都是过量施用氮肥引起的,氮素过量会使作物的产量和质量下降,还增加了肥料的投入成本。施用氮肥一定要适时、适量,要与其他营养元素配合施用。防止土壤氮素过量应控制氮肥用量,分次施用;增施有机肥料,提高土壤的保肥能力,用有机肥吸附能力,提高土壤的缓冲性能减少肥害的发生。作物受害严重时,应立即把未吸收的肥料从施肥沟或穴中移出,以防肥害进一步加重;用水淋洗残留在土壤中的肥料,块表土晾干后,松土挥发土壤中的有害气体;对受害作物可喷施0.2%磷酸二氢钾,以促进根系和叶芽发育,恢复生机。

三、土壤磷素调控

磷是核酸的主要组成部分,也是酶的主要成分之一,能提高细胞的黏度,促进根系发育,加强对土壤水分的利用,提高作物的抗旱性。当土壤中有效磷(P_2O_5)含量<10毫克/千克时,作物从土壤中吸收的磷素不足,缺磷时作物植株矮小,叶片暗绿,苗期缺磷生长停滞,导致碳水化合物不能转移,幼苗紫红,作物中后期缺磷影响产量,表现为开花和成熟延迟、灌浆过程受阻、籽粒干瘪。土壤供磷过量,作物呼吸作用过强,根系生长过旺,生殖生长过快,繁殖器官过早发育,茎叶生长受抑制,产量降低,同时影响作物品质。另外,磷过量供给,会阻碍作物对硅的吸收,磷过量会影响根系对钾、锌、硼、铁、铜、镁的吸收利用。增施锌肥可以减少对磷的吸收,镁元素能够促进磷的吸收。调控土壤磷素一般用磷肥。

调节土壤有效磷,主要依据土壤有效磷含量、作物生长特性、肥料的特点、施肥方法等来确定施肥时期和施肥量。不同的磷肥其含磷量以及磷素的形态和作物对其的吸收程度不同。水溶性磷肥:易溶于水,肥效较快,适合于各种土壤、各种作物。枸溶性磷肥:不溶于水而溶于2%酸溶液,肥效较慢,在石灰性土壤中,与土壤的钙结合,向难溶性的磷酸盐方向转化,降低磷的有效性,因此适用于酸性土壤中。难溶性磷肥:溶于酸中,不溶于水,施入土壤后靠土壤中的酸使它慢慢溶解,才能变为作物能利用的形态,肥效很慢,但后效较长,适合于酸性土壤中作基肥使用。作物磷营养临界期一般都在生育早期,磷肥施用宜作基肥施入。

土壤中磷过量,一般都是过量施用磷肥,会使作物的产量和质量下降,增加了肥料的投入成本。施用磷肥要适量,要与其他营养元素配合施用。土壤中磷肥过剩,作物受肥害,造成植株吸收磷过量,吸氮不足,解决办法是适量增施氮肥、钾肥、锌肥补救。

四、土壤钾调控

钾是酶的活化剂,能促进光合作用、提高叶绿素含量、促进碳水化合物的代谢和运转,有利于蛋白质的合成,提高作物抗寒性、抗逆性、抗病和抗倒伏能力。当土壤中速效钾(K_2O)含量<50毫克/千克时,作物从土壤中吸收的钾素不足,缺钾时作物老叶尖端和边缘发黄,进而变褐色,渐次枯萎,但叶脉两侧和中部仍为绿色;组织柔软易倒伏,根系少而短,易早衰。调控土壤钾素一般用钾肥。

酒泉市土壤速效钾含量普遍不高,施用钾肥效果显著。调节土壤速效钾,主要根据土壤速效钾含量、作物生长特性、肥料的特点、施肥方法等来确定施肥时期和施肥量。常用钾肥大都能溶于水,肥效较快,并能被植物吸收,不易流失。钾肥施用适量时,能使作物茎秆长得健壮,防止倒伏,促进开花结实,增强抗旱、抗寒、抗病虫害能力。施用时期以基肥或早期追肥效果较好,因为作物的苗期往往是钾的临界期,对钾的反应十分敏感。喜钾作物如豆科作物、薯类作物和香蕉等经济作物增施钾肥,增产效果明显。对于忌氯作物烟草、糖类作物、果树应选用硫酸钾为好,对于纤维作物,氯化钾则比较适宜。由于硫酸钾成本偏高,在高效经济作物上可以选用硫酸钾,而对于一般的大田作物除少数对氯敏感的作物外,则宜用较便宜的氯化钾。

第五章 其他指标

第一节 土壤pH

土壤酸碱性是土壤的重要性质,是土壤一系列化学性状,特别是盐基状况的综合反映,对土壤微生物的活性、元素的溶解性及其存在形态等均具有显著影响,制约着土壤矿质元素的释放、固定、迁移及其有效性等,对土壤肥力、植物吸收养分及其生长发育均具有显著影响。

表 5-1　酒泉市2017—2020年土壤pH平均值

区域	2017年	2018年	2019年	2020年
肃州区	8.54	8.54	8.48	8.60
玉门市	8.44	8.51	8.43	8.49
敦煌市	8.05	8.46	8.44	8.85
金塔县	8.45	8.45	8.67	8.70
瓜州县	8.31	8.42	8.48	8.61
肃北县	8.24	8.18	8.38	8.48
阿克塞县	8.76	8.73	8.38	8.48
平均值	8.40	8.47	8.47	8.60

如表5-1和图5-1所示,2017—2020年,肃州区pH平均值在2020年最高,为8.60,2019年最低,为8.48;玉门市pH平均值四年间相差不大;敦煌市pH平均值呈上升趋势,2020年pH值最高,为8.85,2017年最低,为8.05;金塔县pH平均值呈上升趋势,2020年pH值最高,为8.70;瓜州县pH平均值呈上升趋势,2020年pH值含量最高,为8.61;肃北县pH平均值呈上升趋势,2020年pH值最高,为8.48;阿克塞县pH平均值呈降低趋势,2019年pH值最低,为8.38。

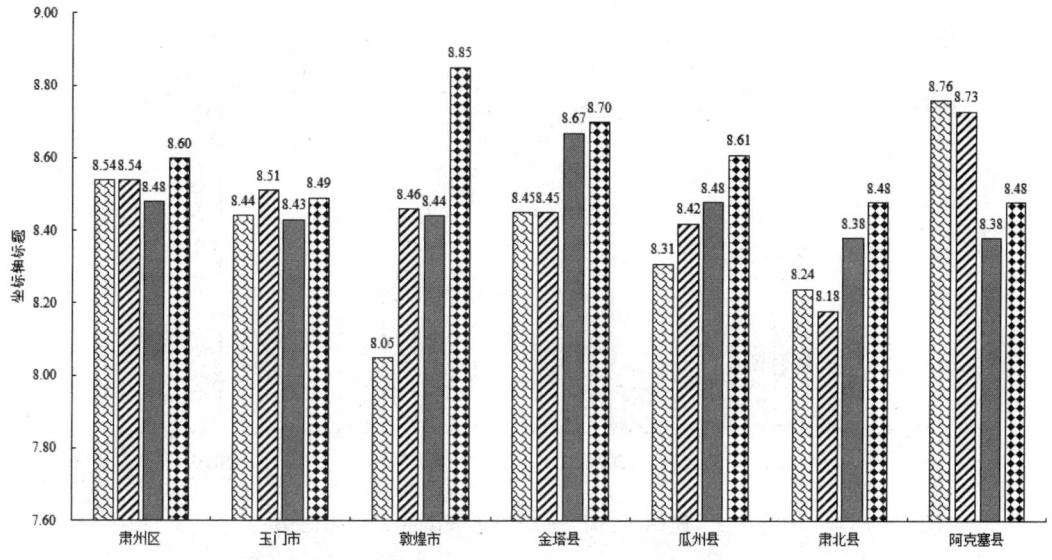

图 5-1 酒泉市 2017—2020 年土壤 pH 平均值变化图

第二节 灌溉能力

灌溉能力涉及灌溉设施、灌溉技术和灌溉方式等。灌溉能力直接影响农作物的长势和产量,对于在时间和空间降雨分布差异大的酒泉市耕地影响尤其明显。在降水量极少的干旱、半干旱地区,有些农业需要完全依靠灌溉才能存在。灌溉能够调节农田水分状况,增加土壤水分,满足作物对水分的需要,保证作物的高产稳产;能够改善田间农业生态气候条件,维持农业生态的良性循环。灌溉的作用除满足水分的需要、调节土壤温度、湿度、土壤空气和养分外,有些灌溉形式还可以培肥地力和冲洗盐碱,对耕地质量具有重要影响。

一、肃州区 2017—2020 年土壤灌溉能力

如表 5-2 和图 5-2 所示,2017—2020 年,肃州区灌溉能力相同,分为充分满足、满足和基本满足,占比分别为 14.06%、58.62% 和 27.33%;2020 年,肃州区灌溉能力为全部满足。

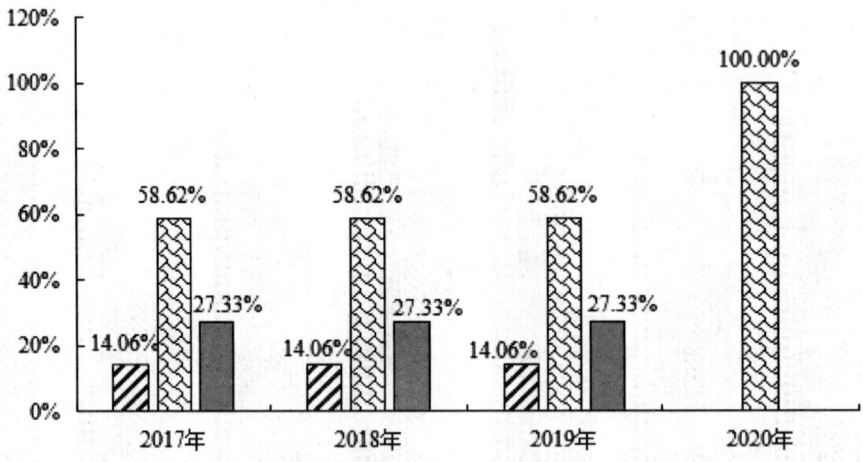

图 5-2　肃州区 2017—2020 年灌溉能力分布比例

二、玉门市 2017—2020 年土壤灌溉能力

如表 5-2 和图 5-3 所示，2017—2020 年，玉门市灌溉能力相同，分为满足和基本满足，占比分别为 3.99% 和 96.01%；2020 年，玉门市灌溉能力为全部基本满足。

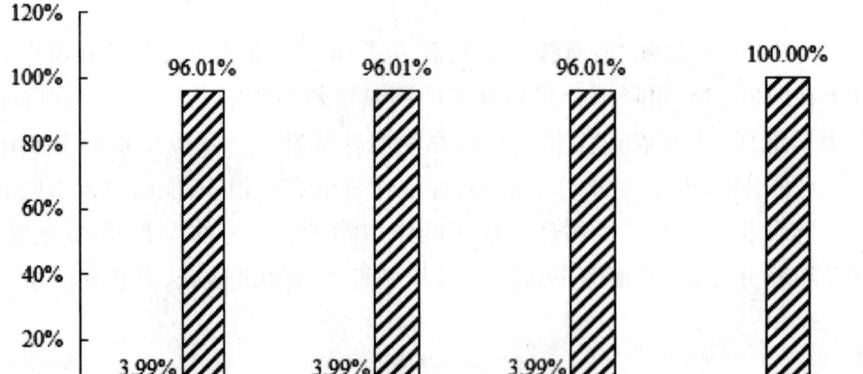

图 5-3　玉门市 2017—2020 年灌溉能力分布比例

三、敦煌市 2017—2020 年土壤灌溉能力

2017—2020 年，敦煌市耕地灌溉能力为全部充分满足。

四、金塔县2017—2020年土壤灌溉能力

如表5-2和图5-4所示，2017—2020年，金塔县灌溉能力相同，分为满足和基本满足，占比分别为87.84%和12.16%；2020年，金塔县灌溉能力为全部满足。

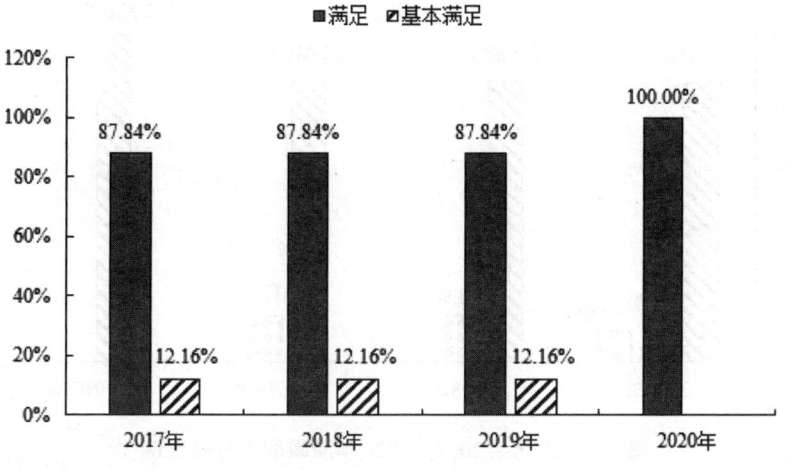

图5-4　金塔县2017—2020年灌溉能力分布比例

五、瓜州县2017—2020年土壤灌溉能力

如表5-2和图5-5所示，2017—2020年，瓜州县灌溉能力相同，分为满足和基本满足，占比分别为98.36%和1.64%；2020年，瓜州县灌溉能力为全部满足。

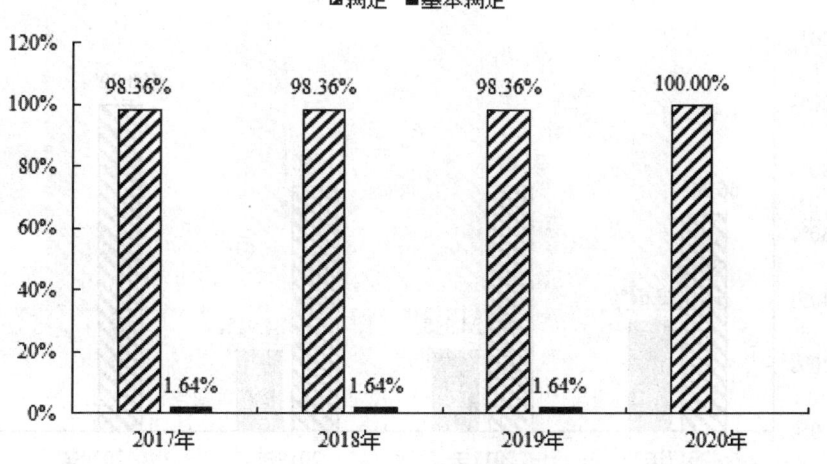

图5-5　瓜州县2017—2020年灌溉能力分布比例

六、肃北县2017—2020年土壤灌溉能力

如表5-2和图5-6所示，2017年，肃北县灌溉能力分为充分满足、满足和基本满足，占

比分别为85.48%、4.62%和9.90%；2018—2020年，肃北县灌溉能力相同，分为充分满足和满足，占比分别为86.06%和13.94%；2020年，肃北县灌溉能力为全部充分满足。

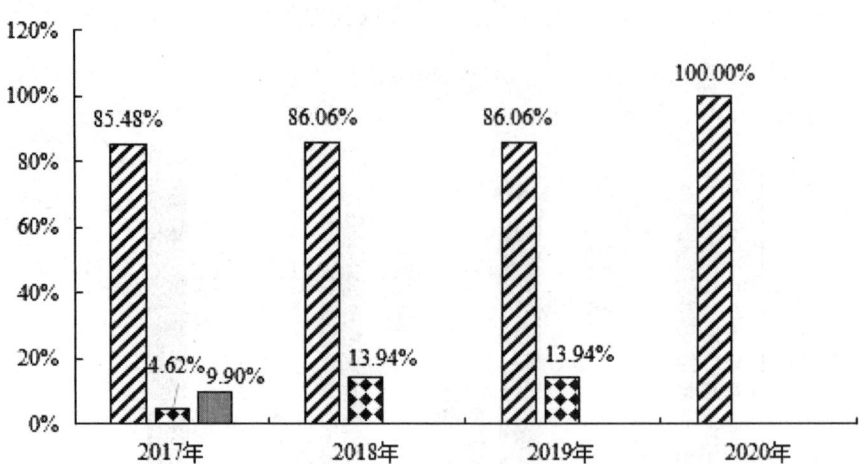

图5-6　肃北县2017—2020年灌溉能力分布比例

七、阿克塞县2017—2020年土壤灌溉能力

如表5-2和图5-7所示，2017年，阿克塞县灌溉能力分为充分满足和不满足，占比分别为66.36%和33.64%；2018—2020年，阿克塞县灌溉能力相同，分为充分满足和不满足，占比分别为75.09%和24.91%；2020年，阿克塞县灌溉能力为全部充分满足。

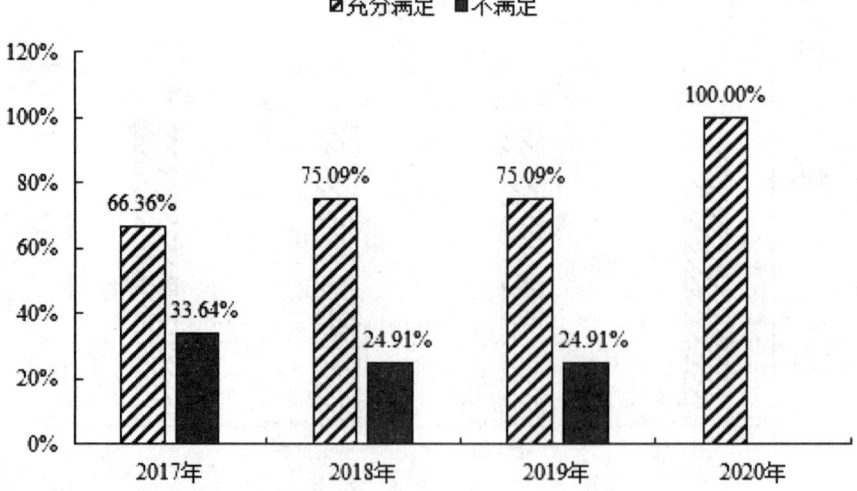

图5-7　阿克塞县2017—2020年灌溉能力分布比例

表 5-2　酒泉市2017—2020年耕地灌溉能力分布比例

年份	区域	肃州区	玉门市	敦煌市	金塔县	瓜州县	肃北县	阿克塞县
2017年	充分满足	14.06%		100.00%			85.48%	66.36%
	满足	58.62%	3.99%		87.84%	98.36%	4.62%	
	基本满足	27.33%	96.01%		12.16%	1.64%	9.90%	
	不满足							33.64%
2018年	充分满足	14.06%		100.00%			86.06%	75.09%
	满足	58.62%	3.99%		87.84%	98.36%	13.94%	
	基本满足	27.33%	96.01%		12.16%	1.64%		
	不满足							24.91%
2019年	充分满足	14.06%		100.00%			86.06%	75.09%
	满足	58.62%	3.99%		87.84%	98.36%	13.94%	
	基本满足	27.33%	96.01%		12.16%	1.64%		
2020年	不满足							24.91%
	充分满足			100.00%			100.00%	100.00%
	满足	100.00%			100.00%	100.00%		
	基本满足		100.00%					

第三节　排水能力

排水能力即排涝能力,涉及排水设施、排水技术和排水方式等。排水能力直接影响农作物的长势和产量,对于在时间和空间降雨分布差异大的酒泉市耕地影响尤其明显。在降水量大或者雨水过于集中的地区,健全田间排水系统则显得极为重要,当土壤水分过多时,旱田作物根系的生长及生理功能会受到严重的影响,进而影响地上部分生长发育,造成生理性损伤;长期在阴雨湿涝环境条件下,极易引发病虫害的发生和流行,因此,耕地排水能力的好坏对农业生产具有重大影响。

一、肃州区2017—2020年土壤排水能力

如表5-3和图5-8所示,2017—2020年,肃州区排水能力相同,分为充分满足和满足,占比分别为92.14%和7.86%;2020年,肃州区排水能力为全部充分满足。

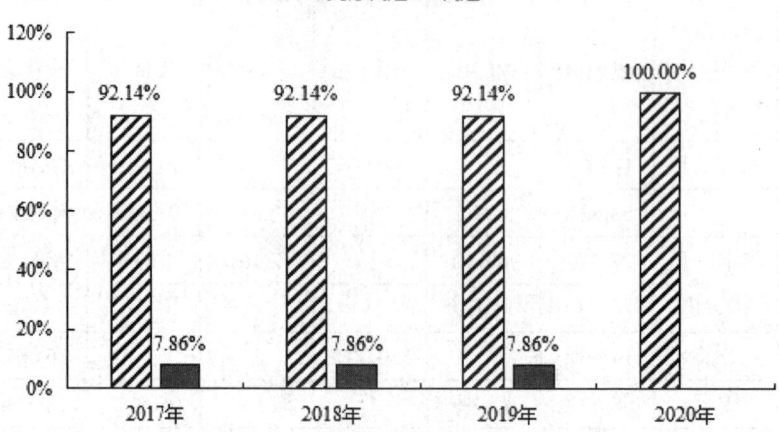

图 5-8　肃州区 2017—2020 年排水能力分布比例

二、玉门市 2017—2020 年土壤排水能力

如表 5-3 和图 5-9 所示，2017—2020 年，玉门市排水能力相同，分为满足和基本满足，占比分别为 3.63% 和 96.37%；2020 年，玉门市排水能力为全部基本满足。

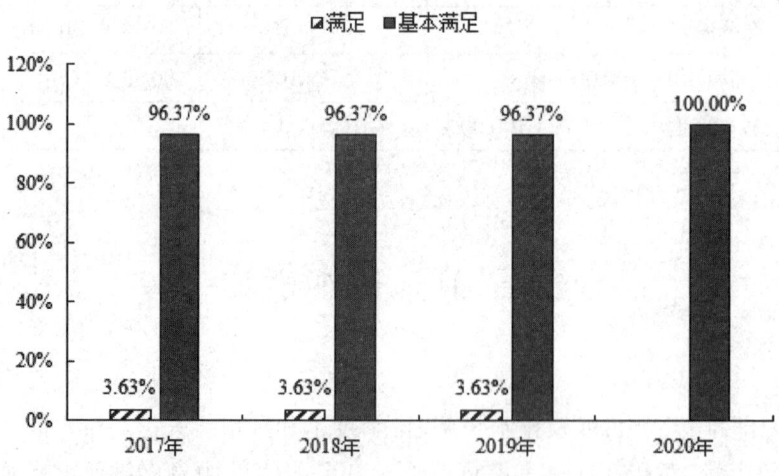

图 5-9　玉门市 2017—2020 年排水能力分布比例

三、敦煌市 2017—2020 年土壤排水能力

2017—2020 年，敦煌市耕地排水能力为全部基本满足。

四、金塔县 2017—2020 年土壤排水能力

如表 5-3 和图 5-10 所示，2017—2020 年，金塔县排水能力相同，分为充分满足、满足和基本满足，占比分别为 9.89%、88.97% 和 1.14%；2020 年，金塔县排水能力为全部满足。

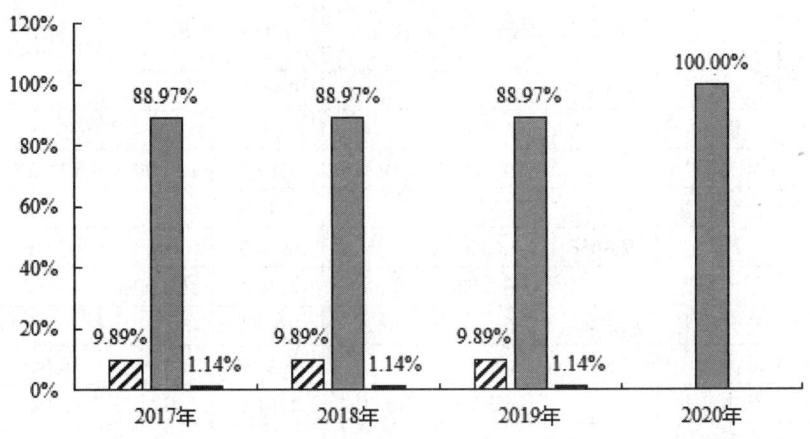

图 5-10　金塔县 2017—2020 年排水能力分布比例

五、瓜州县 2017—2020 年土壤排水能力

2017—2020 年，瓜州县耕地排水能力为全部基本满足。

六、肃北县 2017—2020 年土壤排水能力

如表 5-3 和图 5-11 所示，2017 年，肃北县排水能力相同，分为满足和基本满足，占比分别为 85.48% 和 14.52%；2018—2020 年，肃北县排水能力相同，分为满足和基本满足，占比分别为 86.06% 和 13.94%；2020 年，肃北县排水能力为全部满足。

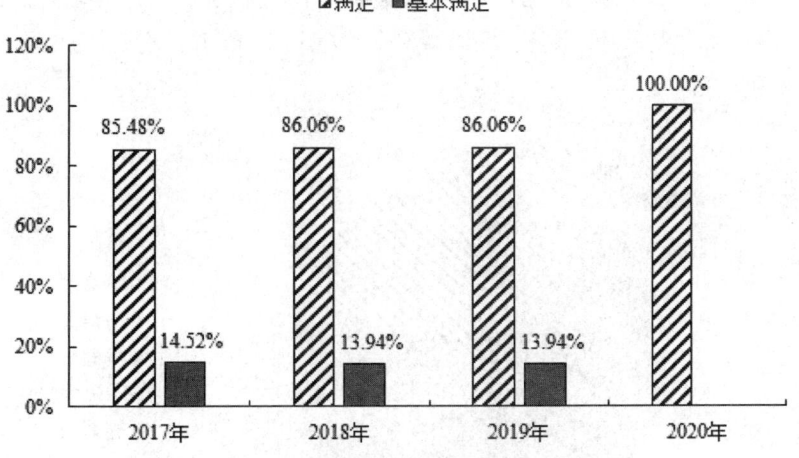

图 5-11　肃北县 2017—2020 年排水能力分布比例

七、阿克塞县 2017—2020 年土壤排水能力

2017—2020 年，阿克塞县耕地排水能力为全部基本满足。

表 5-3　酒泉市 2017—2020 年耕地灌溉能力分布比例

年份	区域	肃州区	玉门市	敦煌市	金塔县	瓜州县	肃北县	阿克塞县
2017年	充分满足	92.14%			9.89%			
	满足	7.86%	3.63%		88.97%		85.48%	
	基本满足		96.37%	100.00%	1.14%	100.00%	14.52%	100.00%
2018年	充分满足	92.14%			9.89%			
	满足	7.86%	3.63%		88.97%		86.06%	
	基本满足		96.37%	100.00%	1.14%	100.00%	13.94%	100.00%
2019年	充分满足	92.14%			9.89%			
	满足	7.86%	3.63%		88.97%		86.06%	
	基本满足		96.37%	100.00%	1.14%	100.00%	13.94%	100.00%
2020年	充分满足	100.00%		无				
	满足				100.00%		100.00%	
	基本满足		100.00%			100.00%		100.00%

第四节　剖面质地构型

一、肃州区 2017—2020 年土壤质地构型

如表 5-4 和图 5-12 所示,根据肃州区土壤质地构型状况,将质地构型分为 5 种,分别为:薄层型、海绵型、夹层型、上松下紧型和松散型,分布占比分别为 19.36%、68.45%、0.56%、7.28% 和 4.35%。

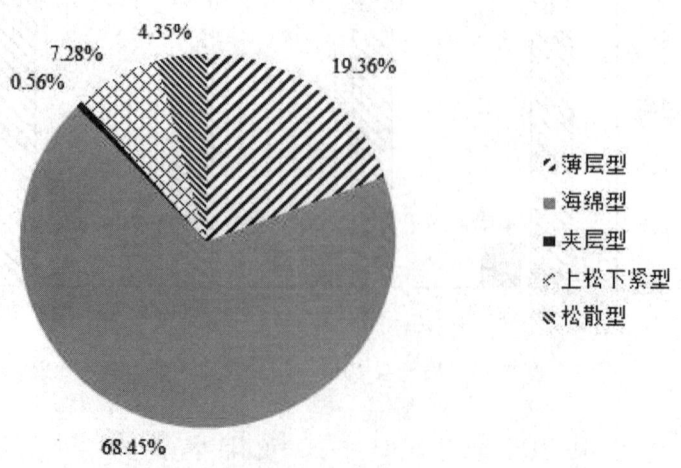

图 5-12　肃州区 2017—2020 年质地构型分布比例

二、玉门市2017—2020年土壤质地构型

如表5-4和图5-13所示,根据玉门市土壤质地构型状况,将质地构型分为5种,分别为:海绵型、夹层型、上松下紧型、上紧下松型和松散型,分布占比分别为22.97%、33.75%、27.68%、9.21%和6.39%。

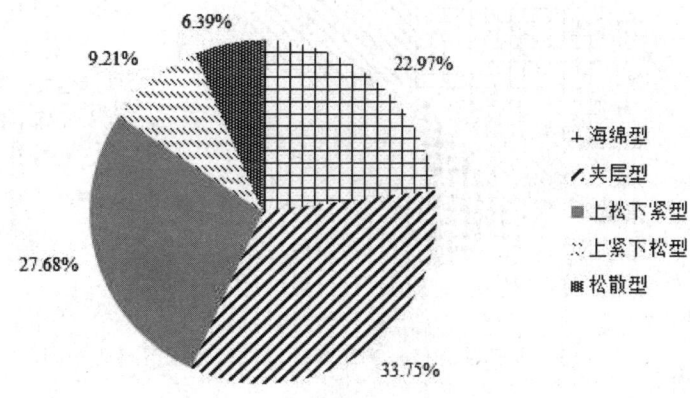

图5-13　玉门市2017—2020年土壤质地构型分布比例图

三、敦煌市2017—020年土壤质地构型

如表5-4和图5-14所示,根据敦煌市土壤质地构型状况,将质地构型分为5种,分别为:薄层型、海绵型、上松下紧型、上紧下松型和松散型,分布占比分别为5.80%、79.74%、2.05%、0.0035%和12.41%。

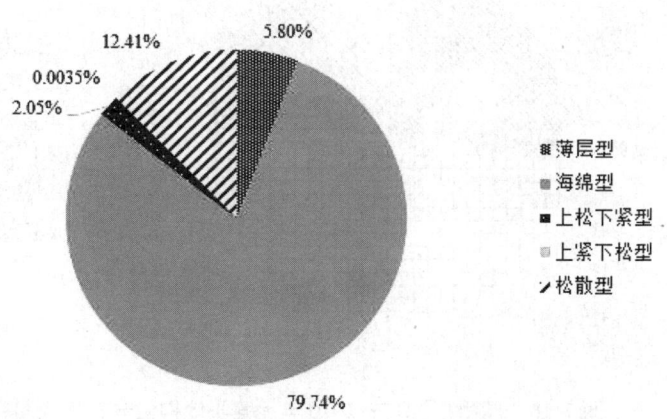

图5-14　敦煌市2017—2020年土壤质地构型分布比例图

四、金塔县2017—2020年土壤质地构型

如表5-4和图5-15所示,根据金塔县土壤质地构型状况,将质地构型分为7种,分别

为:薄层型、海绵型、夹层型、上松下紧型、上紧下松型、松散型和紧实型,分布占比分别为23.59%、24.80%、1.58%、9.99%、9.82%、30.13%和0.09%。

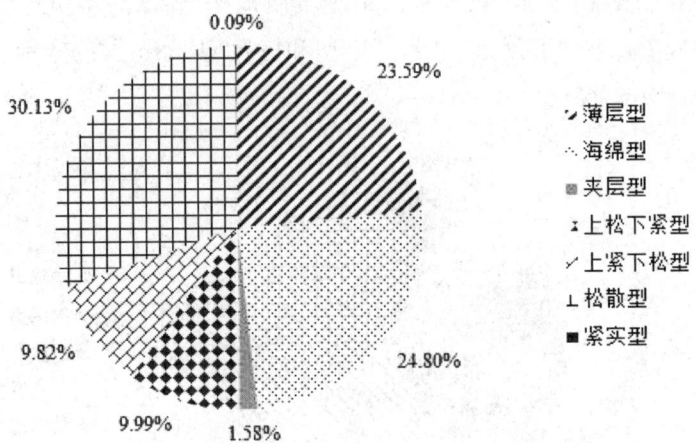

图 5-15　金塔县2017—2020年土壤质地构型分布比例图

五、瓜州县2017—2020年土壤质地构型

如表5-4和图5-16所示,根据瓜州县土壤质地构型状况,将质地构型分为6种,分别为:薄层型、夹层型、上松下紧型、上紧下松型、松散型和紧实型,分布占比分别为18.72%、54.24%、2.97%、21.54%、1.81%和0.75%。

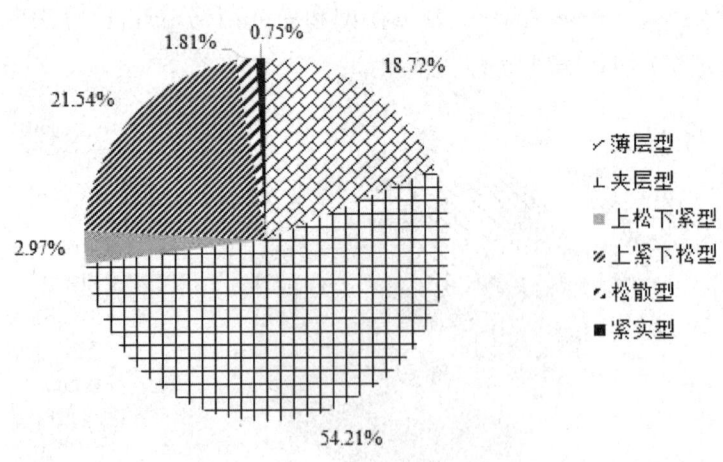

图 5-16　瓜州县2017—2020年土壤质地构型分布比例图

六、肃北县2017—2020年土壤质地构型

如表5-4和图5-17所示,根据肃北县土壤质地构型状况,将质地构型分为2种,分别为:薄层型和紧实型,分布占比分别为86.06%和13.94%。

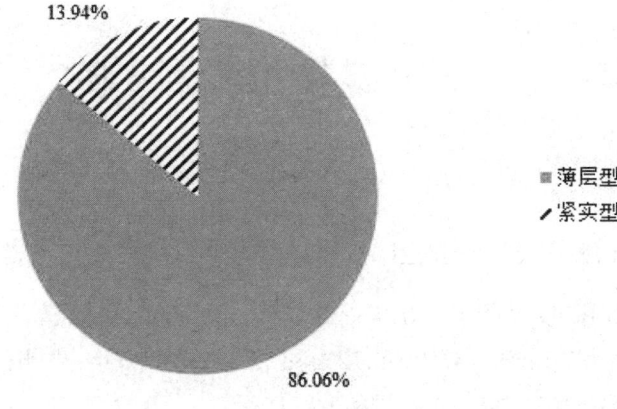

图5-17　肃北县2017—2020年土壤质地构型分布比例图

七、阿克塞县2017—2020年土壤质地构型

如表5-4和图5-18所示,根据阿克塞县质地构型状况,将质地构型分为2种,分别为:薄层型和松散型,分布占比分别为24.91%和75.09%。

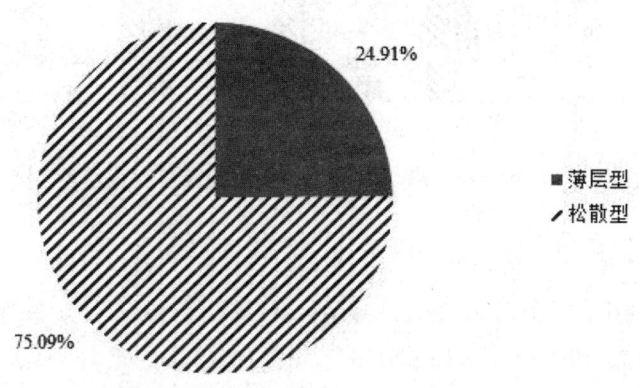

图5-18　阿克塞县2017—2020年土壤质地构型分布比例图

表5-4　酒泉市2017—2020年耕地质地构型分布比例

	薄层型	海绵型	夹层型	上松下紧型	上紧下松型	松散型	紧实型
肃州区	19.36%	68.45%	0.56%	7.28%		4.35%	
玉门市		22.97%	33.75%	27.68%	9.21%	6.39%	
敦煌市	5.80%	79.74%		2.05%	0.0035%	12.41%	
金塔县	23.59%	24.80%	1.58%	9.99%	9.82%	30.13%	0.09%
瓜州县	18.72%		54.21%	2.97%	21.54%	1.81%	0.75%
肃北县	86.06%						13.94%
阿克塞县	24.91%					75.09%	

第五节　障碍因素

一、肃州区2017—2020年土壤障碍因素

如表5-5和图5-19所示，2017—2019年，肃州区障碍因素分为无、瘠薄、盐碱和障碍层次，占比分别为7.14%、1.32%、35.72%和55.82%；2020年，肃州区障碍因素分为无、瘠薄和盐碱，占比分别为4.20%、78.99%和16.81%。

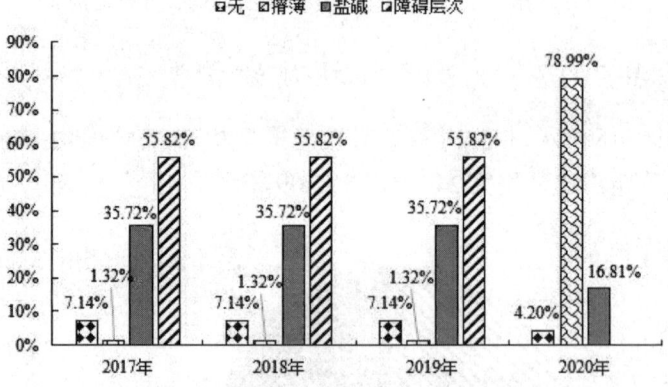

图5-19　肃州区2017—2020年障碍因素分布比例

二、玉门市2017—2020年土壤障碍因素

如表5-5和图5-20所示，2017—2019年，玉门市障碍因素分为无、瘠薄和盐碱，占比分别为8.64%、77.49%和13.87%；2020年，玉门市障碍因素分为无、瘠薄和盐碱，占比分别为7.32%、75.61%和17.07%。

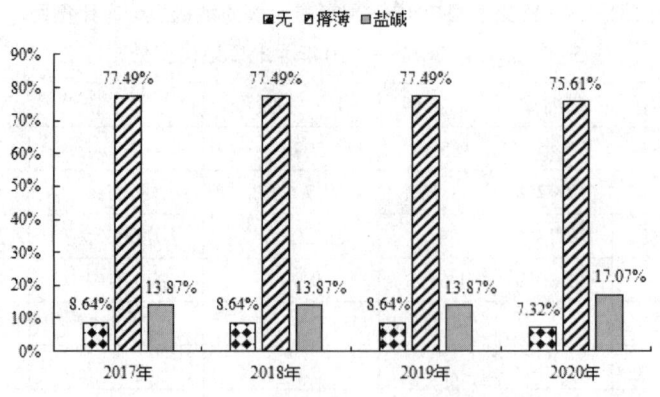

图5-20　玉门市2017—2020年障碍因素分布比例

三、敦煌市2017—2020年土壤障碍因素

2017—2020年,敦煌市土壤障碍因素均为无。

四、金塔县2017—2020年土壤障碍因素

如表5-5和图5-21所示,2017—2019年,金塔县障碍因素分为无和障碍层次,占比分别为88.98%和11.02%;2020年,金塔县障碍因素全部为无。

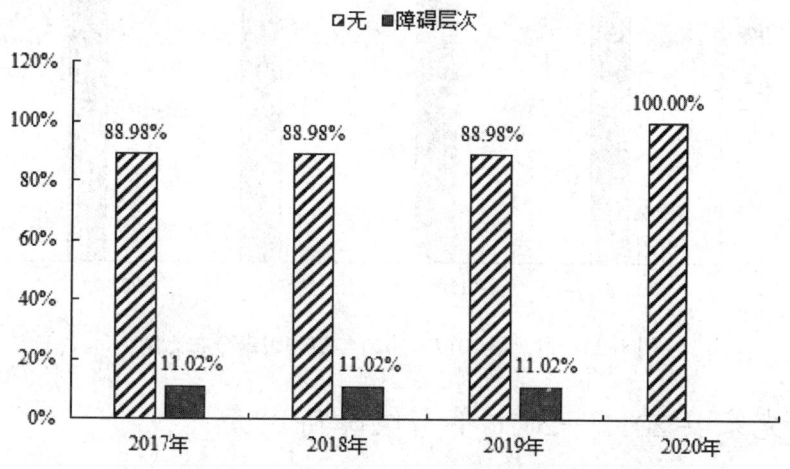

图5-21 金塔县2017—2020年障碍因素分布比例

五、瓜州县2017—2020年土壤障碍因素

如表5-5和图5-22所示,2017—2019年,瓜州县障碍因素分为瘠薄和盐碱,占比分别为0.51%和99.49%;2020年,瓜州县障碍因素全部为盐碱。

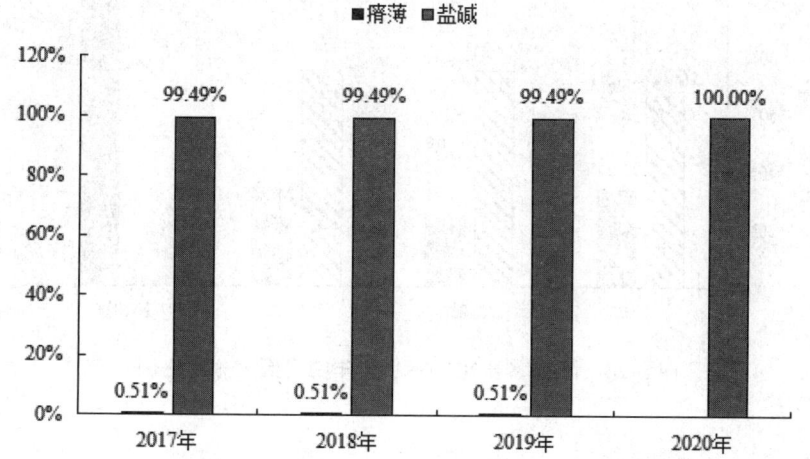

图5-22 瓜州县2017—2020年障碍因素分布比例

六、肃北县2017—2020年土壤障碍因素

如表5-5和图5-23所示,2017年,肃北县障碍因素分为无和盐碱,占比分别为9.90%和90.10%;2018—2020年,肃北县障碍因素全部为盐碱。

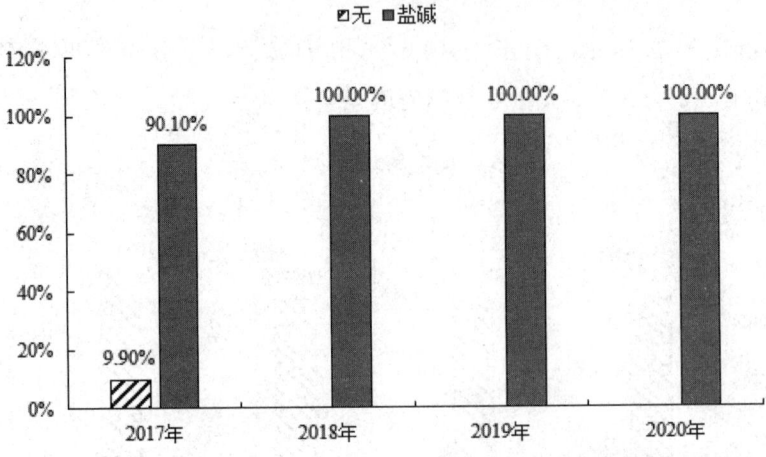

图5-23　肃北县2017—2020年障碍因素分布比例

七、阿克塞县2017—2020年土壤障碍因素

如表5-5和图5-24所示,2017年,阿克塞县障碍因素分为无和障碍层次,占比分别为66.36%和33.64%;2018—2019年,阿克塞县障碍因素分为无和障碍层次,占比分别为75.09%和24.91%;2020年,阿克塞县障碍因素全部为障碍层次。

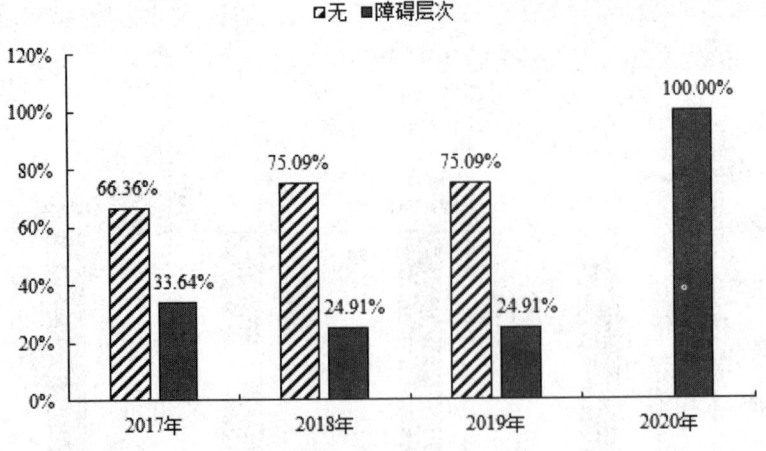

图5-24　阿克塞县2017—2020年障碍因素分布比例

表 5-5　酒泉市 2017—2020 年耕地障碍因素分布比例

年份	区域	肃州区	玉门市	敦煌市	金塔县	瓜州县	肃北县	阿克塞县
2017年	无	7.14%	8.64%	100%	88.98%		9.90%	66.36%
	瘠薄	1.32%	77.49%			0.51%		
	盐碱	35.72%	13.87%			99.49%	90.10%	
2018年	障碍层次	55.82%			11.02%			33.64%
	无	7.14%	8.64%	100%	88.98%			75.09%
	瘠薄	1.32%	77.49%			0.51%		
	盐碱	35.72%	13.87%			99.49%	100%	
2019年	障碍层次	55.82%			11.02%			24.91%
	无	7.14%	8.64%	100%	88.98%			75.09%
	瘠薄	1.32%	77.49%			0.51%		
	盐碱	35.72%	13.87%			99.49%	100%	
	障碍层次	55.82%			11.02%			24.91%
2020年	无	4.20%	7.32%	100%	100%			
	瘠薄	78.99%	75.61%					
	盐碱	16.81%	17.07%			100%	100%	
	障碍层次							100%

第六章　评价成果应用方向

2017—2020年,酒泉市耕地质量等级调查评价面积为259 051.26公顷,耕地质量等级由4.18提升至3.76,提高了0.42个等级;土壤有机质含量由13.11克/千克提升至13.59克/千克,提高了0.48克/千克;土壤全氮含量由0.72克/千克提升至0.79克/千克,提高了0.07克/千克;土壤有效磷含量由18.15毫克/千克提升至26.56毫克/千克,提高了8.41毫克/千克;土壤速效钾含量由129.98毫克/千克提升至166.18毫克/千克,提高了36.20毫克/千克。

由此可知酒泉市总体耕地等级在中等水平,各项土壤养分指标均有明显提升,对于接下来等进一步提升耕地质量,有以下几点建议:

(一)理清耕地监管责任,依靠法律法规,保障耕地监测调查有序开展

一是按照定点、定人、定责的"三定"原则,为现有的耕地质量等级调查点、耕地质量监测点、产地环境预警监测点等监测调查点所在田块树桩立牌,确定管理责任人,严明管理责任。

二是加强《农业法》《土地管理法》《基本农田保护条例》等法律法规的普及宣传教育工作。

(二)加强宣传,提高群众管护意识

对于后期管护,一是针对违法占用耕地监测调查点土地开发行为,追究相应的法律责任。加强管理、法律教育、媒体宣传、违法追责等多措并举,形成合力,保障耕地监测调查有序开展。

二是将项目管护与农村集体经济效益、农民切身利益相结合,增强群众参与管护的责任感和自觉性。

三是采取以工程养工程的管理办法。对泵站、渠道、道路实行"谁收益,谁管护"的管理机制,多渠道争取资金,用于损毁的工程维修、管护人员的奖励,确保工程的长期综合效益。

四是健全管护制度,强化管护措施。尽快将竣工的土地整理项目移交到当地政府,乡镇政府成立项目后续管护小组,实行巡回管理定期检查的管护制度。

五是建立奖惩机制明确管护目标和责任,坚持"谁承包、谁管护,谁损坏、谁赔偿"的原则,形成专业管护与群防群护相结合的良好局面。

(三)合理布局耕地利用方式,实现经济及环境效益最大化。

应坚持开展测土施肥,因土供肥,因作物施肥,充分发挥肥料的经济效益。在有条件的地方，要因土、因作物、因产量指标施肥。在施肥上，根据分阶段、有步骤的底肥和追肥相结合的原则施用化肥，使肥效发挥在作物的需肥临界期上。氮素肥料要分层深施；磷钾肥料要集中条深施，增施生物肥料。根据作物产量及土壤中有效养分含量进行配方施肥和平衡施肥相结合，做到大微结合、农化结合、缺补、丰减、匀施，为作物生长创造良好生长环境。

　　加强对高等地的保护，在保证耕地质量不破坏、不下降的基础上，合理开展农业生产，可通过增施有机肥、合理轮作，培肥土壤，提高保水保肥能力，发展现代灌溉技术，减少大水漫灌带来的危害，并将该部分耕地作为稳产的基本农田重点建设。坚持培肥改良，发展特色农业；加强对中低产田的改良，结合当地的气候特点，发展适合本区域的特色农业，可通过增施有机肥料，复种绿肥，提高土壤有机质含量。推广配方施肥，调整土壤养分比例，做到合理经济用肥。加强植保工作，稳步提高单位面积产量，努力建成高产稳产农田。

附录 评价相关文件及标准

1.1《耕地质量调查监测与评价办法》(农业部令2016年2号)

《耕地质量调查监测与评价办法》已经2016年5月3日农业部第4次常务会议审议通过,现予公布,自2016年8月1日起施行。

部长
2016年6月21日

耕地质量调查监测与评价办法

第一章 总则

第一条 为加强耕地质量调查监测与评价工作,根据《农业法》《农产品质量安全法》《基本农田保护条例》等法律法规,制定本办法。

第二条 本办法所称耕地质量,是指由耕地地力、土壤健康状况和田间基础设施构成的满足农产品持续产出和质量安全的能力。

第三条 农业部指导全国耕地质量调查监测体系建设。农业部所属相关耕地质量调查监测与保护机构(以下简称"农业部耕地质量监测机构")组织开展全国耕地质量调查监测与评价工作,指导地方开展耕地质量调查监测与评价工作。

县级以上地方人民政府农业主管部门所属相关耕地质量调查监测与保护机构(以下简称"地方耕地质量监测机构")负责本行政区域内耕地质量调查监测与评价具体工作。

第四条 耕地质量调查监测与保护机构(以下简称"耕地质量监测机构")应当具备开展耕地质量调查监测与评价工作的条件和能力。

各级人民政府农业主管部门应当加强耕地质量监测机构的能力建设,对从事耕地质量调查监测与评价工作的人员进行培训。

第五条 农业部负责制定并发布耕地质量调查监测与评价工作的相关技术标准和规范。

省级人民政府农业主管部门可以根据本地区实际情况,制定本行政区域内耕地质量调查监测与评价技术标准和规范。

第六条 各级人民政府农业主管部门应当加强耕地质量调查监测与评价数据的管理,保障数据的完整性、真实性和准确性。

农业部耕地质量监测机构对外提供调查监测与评价数据,须经农业部审核批准。地方耕地质量监测机构对外提供调查监测与评价数据,须经省级人民政府农业主管部门审核批准。

第七条 农业部和省级人民政府农业主管部门应当建立耕地质量信息发布制度。农业部负责发布全国耕地质量信息,省级人民政府农业主管部门负责发布本行政区域内耕地质量信息。

第二章 调查

第八条 耕地质量调查包括耕地质量普查、专项调查和应急调查。

第九条 耕地质量普查是以摸清耕地质量状况为目的,按照统一的技术规范,对全国耕地自下而上逐级实施现状调查、采样测试、数据统计、资料汇总、图件编制和成果验收的全面调查。

第十条 耕地质量普查由农业部根据农业生产发展需要,会同有关部门制定工作方案,经国务院批准后组织实施。

第十一条 耕地质量专项调查包括耕地质量等级调查、特定区域耕地质量调查、耕地质量特定指标调查和新增耕地质量调查。

第十二条 耕地质量等级调查是为评价耕地质量等级情况而实施的调查。

各级耕地质量监测机构负责组织本行政区域内耕地质量等级调查。

第十三条 特定区域耕地质量调查是在一定区域内实施的耕地质量及其相关情况的调查。

特定区域耕地质量调查由县级以上人民政府农业主管部门根据工作需要确定区域范围,报请同级人民政府同意后组织实施。

第十四条 条耕地质量特定指标调查是为了解耕地质量某些特定指标而实施的调查。

耕地质量特定指标调查由县级以上人民政府农业主管部门根据工作需要确定指标,报请同级人民政府同意后组织实施。

第十五条 条新增耕地质量调查是为了解新增耕地质量状况、农业生产基本条件和能力而实施的调查。

新增耕地质量调查与占补平衡补充耕地质量评价工作同步开展。

第十六条 耕地质量应急调查是因重大事故或突发事件,发生可能污染或破坏耕地质量的情况时实施的调查。

各级人民政府农业主管部门应当根据事故或突发事件性质,配合相关部门确定应急调查的范围和内容。

第三章 监测

第十七条 耕地质量监测是通过定点调查、田间试验、样品采集、分析化验、数据分析等工作,对耕地土壤理化性状、养分状况等质量变化开展的动态监测。

第十八条 以农业部耕地质量监测机构和地方耕地质量监测机构为主体,以相关科研教学单位的耕地质量监测站(点)为补充,构建覆盖面广、代表性强、功能完备的国家耕地质量监测网络。

第十九条 农业部根据全国主要耕地土壤亚类、行政区划和农业生产布局建设耕地质量区域监测站。

耕地质量区域监测站负责土壤样品的集中检测,并做好数据审核和信息传输工作。

第二十条 农业部耕地质量监测机构根据耕地土壤类型、种植制度和质量水平在全国布设国家耕地质量监测点。地方耕地质量监测机构根据需要布设本行政区域耕地质量监测点。

耕地质量监测点主要在粮食生产功能区、重要农产品生产保护区、耕地土壤污染区等区域布设,统一标识,建档立案。根据实际需要,可增加土壤墒情、肥料效应和产地环境等监测内容。

第二十一条 农业部耕地质量监测机构负责耕地质量区域监测站、国家耕地质量监测点的监管,收集、汇总、分析耕地质量监测数据,跟踪国内外耕地质量监测技术发展动态。

地方耕地质量监测机构负责本行政区域内耕地质量区域监测站、耕地质量监测点的具体管理,收集、汇总、分析耕地质量监测数据,协助农业部耕地质量监测机构开展耕地质量监测。

第二十二条 县级以上地方人民政府农业主管部门负责本行政区域内耕地质量监测点的设施保护工作。任何单位和个人不得损坏或擅自变动耕地质量监测点的设施及标志。

耕地质量监测点未经许可被占用或损坏的,应当根据有关规定对相关单位或个人实施处罚。

第二十三条 耕地质量监测点确需变更的,应当经设立监测点的农业主管部门审核批准,相关费用由申请变更单位或个人承担。

耕地质量监测机构应当及时补充耕地质量监测点,并补齐基本信息。

第四章 评价

第二十四条 耕地质量评价包括耕地质量等级评价、耕地质量监测评价、特定区域耕地质量评价、耕地质量特定指标评价、新增耕地质量评价和耕地质量应急调查评价。

第二十五条 各级耕地质量监测机构应当运用耕地质量调查和监测数据,对本行政区域内耕地质量等级情况进行评价。

农业部每5年发布一次全国耕地质量等级信息。

省级人民政府农业主管部门每5年发布一次本行政区域耕地质量等级信息,并报农业部备案。

第二十六条 各级耕地质量监测机构应当运用监测数据,对本行政区域内耕地质量主要性状变化情况进行评价。

年度耕地质量监测报告由农业部和省级人民政府农业主管部门发布。

第二十七条 各级耕地质量监测机构应当运用调查资料,根据需要对特定区域的耕地质量及其相关情况进行评价。

第二十八条 各级耕地质量监测机构应当运用调查资料,对耕地质量特定指标现状及变化趋势进行评价。

第二十九条 县级以上地方人民政府农业主管部门应当对新增耕地、占补平衡补充耕地开展耕地质量评价,并出具评价意见。

第三十条 各级耕地质量监测机构应当根据应急调查结果,配合相关部门对耕地污染或破坏的程度进行评价,提出修复治理的措施建议。

第五章 附则

第三十一条 本办法自2016年8月1日起施行。

1.2《耕地质量划分规范》(NY/T 2872-2015)

ICS 65.020.01
B 10

NY

中华人民共和国农业行业标准

NY/T 2872—2015

耕地质量划分规范

Specification for cultivated land quality division

2015-12-29 发布　　　　　　　　　　　　2016-04-01 实施

中华人民共和国农业部 发布

前　言

本标准按照 GB/T 1.1—2009 给出的规则起草。

本标准由农业部种植业管理司提出并归口。

本标准起草单位：全国农业技术推广服务中心、北京市土壤肥料工作站、中国农业科学院农业资源与农业区划研究所、山东省土壤肥料总站、江苏省耕地质量保护站、山西省土壤肥料工作站、华南农业大学、辽宁省土壤肥料总站、安徽省土壤肥料总站、成都土壤肥料测试中心、重庆市农业技术推广总站、陕西省土壤肥料工作站。

本标准主要起草人：辛景树、任意、赵永志、薛彦东、李涛、王绪奎、张藕珠、徐明岗、李永涛、李金凤、钱晓华、李昆、李伟、徐文华、李旭军、郑磊、胡良兵。

耕地质量划分规范

1 范围

本标准规定了耕地质量区域划分、指标确定、耕地质量划分流程等内容。

本标准适用于耕地质量划分,也适用于园地质量划分。

2 规范性引用文件

下列文件对于本文件的应用是必不可少的。凡是注日期的引用文件,仅注日期的版本适用于本文件。凡是不注日期的引用文件,其最新版本(包括所有的修改单)适用于本文件。

GB 15618　土壤环境质量标准

HJ/T 166　土壤环境监测技术规范

NY/T 1634　耕地地力调查与质量评价技术规程

NY/T 309　全国耕地类型区、耕地地力等级划分

3 术语和定义

下列术语和定义适用于本文件。

3.1

耕地　cultivated land

用于农作物种植的土地。

3.2

耕地质量　cultivated land quality

由耕地地力、土壤健康状况和田间基础设施构成的满足农产品持续产出和质量安全的能力。

3.3

耕地地力　cultivated land productivity

在当前管理水平下,由土壤立地条件、自然属性等相关要素构成的耕地生产能力。

3.4

土壤健康状况　soil health condition

耕地土壤中污染物等对生态系统和人体健康不产生不良或有害效应的程度,用清洁程度表示。

3.5

海拔高度　altitude

地面某个地点由海平面起算的高度。

3.6

地形部位　parts of the terrain

具有特定形态特征和成因的中小地貌单元。

3.7

田面坡度　surface slope

农田坡面与水平面的夹角度数。

3.8

土壤养分状况　soil nutrient status

土壤养分的数量、形态、分解、转化规律以及土壤的保肥、供肥性能。

3.9
土壤酸碱度 soil acidity
土壤溶液的酸碱性强弱程度,以 pH 表示。

3.10
土壤有机质 soil organic matter
土壤中形成的和外加入的所有动植物残体不同阶段的各种分解产物和合成产物的总称,包括高度腐解的腐殖物质、解剖结构尚可辨认的有机残体和各种微生物体。

3.11
土壤障碍因素 soil constraint factor
土体中妨碍农作物正常生长发育、对农产品产量和品质造成不良影响的因素。

3.12
土壤障碍层次 soil constraint layer
在耕层以下出现的阻碍根系伸展或影响水分渗透的层次。

3.13
农田林网化率 farmland shelter rate
农田四周的林带保护面积与农田总面积之比。

3.14
有效土层厚度 effective soil layer thickness
作物能够利用的母质层以上的土体总厚度或障碍层以上的土层厚度。

3.15
耕地土壤生物多样性 biodiversity of cultivated land
在一定时间和一定区域内耕地土壤生物物种、生物群落和功能的多样性及生态平衡状态。

3.16
耕层厚度 arable layer thickness
经耕种熟化而形成的土壤表土层厚度。

3.17
耕层质地 arable layer texture
耕层土壤颗粒的大小及其组合情况。

3.18
土壤盐渍化 soil salinization
土壤底层或地下水的盐分随毛管水上升到地表,水分散失后,使盐分积累在表层土壤中,当土壤含盐量过高时,形成的盐碱危害。

3.19
灌溉能力 irrigation capability
预期灌溉用水量在多年灌溉中能够得到满足的程度。

3.20
排水能力 drainage capability
为保证农作物正常生长,及时排除农田地表积水,有效控制和降低地下水位的能力。

4 耕地质量划分流程

4.1 耕地质量划分流程图

耕地质量划分流程见图1。

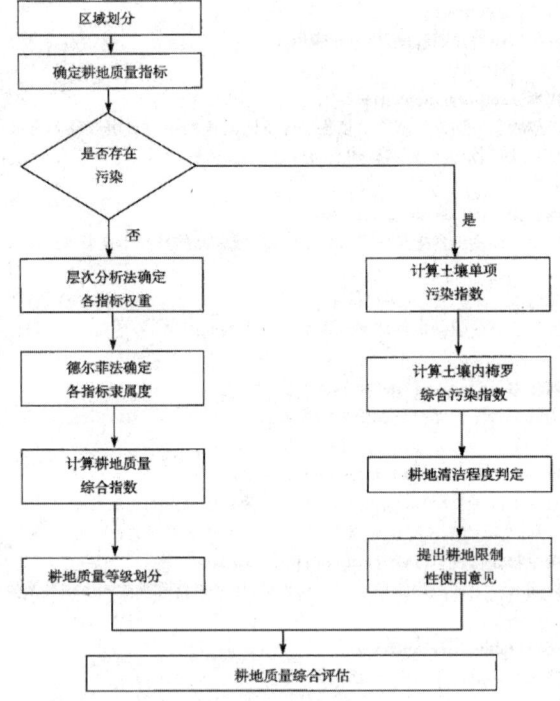

图 1 耕地质量划分流程

4.2 区域划分

根据全国综合农业区划,结合不同区域耕地特点,将全国耕地划分为东北区、内蒙古及长城沿线区、黄淮海区、黄土高原区、长江中下游区、西南区、华南区、甘新区、青藏区九大区域。各区涵盖的具体县(市、区、旗)名见附录A。

4.3 耕地质量指标

各区域耕地质量指标由基础性指标和区域补充性指标组成,其中,基础性指标包括地形部位、有效土层厚度、有机质、耕层质地、土壤养分状况、生物多样性、障碍因素、灌溉能力、排水能力、清洁程度10个指标。区域补充性指标包括耕层厚度、田面坡度、农田林网化程度、盐渍化程度、酸碱度、海拔高度等。各区域耕地质量划分指标见附录B。

4.4 确定各指标权重

按照 NY/T 1634 规定的层次分析法,建立目标层、准则层和指标层层次结构,构造判断矩阵。经层次单排序及其一致性检验,计算并确定所有指标对于耕地质量(目标层)相对重要性的排序权重值。

4.5 计算各指标隶属度

依据 NY/T 1634 规定的方法和附录B,对定性指标采用德尔菲法,直接给出相应的隶属度;对定量指标采用德尔菲法与隶属函数相结合的方法,确定各指标的隶属函数。将各指标值代入隶属函数计算,即可得到各指标的隶属度。

4.6 计算耕地质量综合指数

采用累加法按照式(1)计算耕地质量综合指数。

$$P = \sum(C_i \times F_i) \quad\quad\quad\quad\quad\quad\quad\quad\quad (1)$$

式中:

P ——耕地质量综合指数(Integrated Fertility Index);

C_i ——第 i 个评价指标的组合权重;

F_i ——第 i 个评价指标的隶属度。

4.7 等级划分

按从大到小的顺序,采用等距法将耕地质量划分为 10 个耕地质量等级。耕地质量综合指数越大,耕地质量水平越高。一等地耕地质量最高,十等地耕地质量最低。

各区域内耕地质量划分时,依据相应的耕地质量综合指数确定当地耕地质量等级范围,再划分耕地质量等级。

4.8 耕地清洁程度调查与评价

当耕地周边有污染源或存在污染的,应根据区域大小,加密耕地环境质量调查取样点密度,检测土壤污染物含量,进行耕地清洁程度评价。耕地土壤单项污染指标限值按照 GB 15618 的规定执行。按照 HJ/T 166 规定的方法,计算土壤单项污染指数和土壤内梅罗污染指数,并按内梅罗指数将耕地清洁程度划分为清洁、尚清洁、轻度污染、中度污染、重度污染。

4.9 耕地质量综合评估

依据耕地质量划分与耕地清洁程度调查评价结果,对耕地质量进行综合评估,查明影响耕地质量的主要障碍因子,提出有针对性的耕地培肥与土壤改良对策措施与建议。对判定为轻度污染、中度污染和重度污染的耕地,应明确耕地土壤主要污染物类型,提出耕地限制性使用意见和种植作物调整建议。

附 录 A
（规范性附录）
耕地质量划分区域范围

耕地质量划分区域范围见表 A.1。

表 A.1 耕地质量划分区域范围

一级农业区	二级农业区	县（市、旗、区）
（一）东北区	兴安岭林区	根河、额尔古纳、牙克石、鄂伦春、莫力达瓦、阿荣旗、扎兰屯、呼玛、爱辉、孙吴、逊克、伊春、嘉荫、铁力
	松嫩—三江平原农业区	嫩江、五大连池、北安、讷河、甘南、龙江、富裕、依安、克山、克东、拜泉、林甸、杜尔伯特、泰来、海伦、绥棱、庆安、绥化、望奎、青冈、明水、安达、兰西、肇东、肇州、肇源、呼兰、巴彦、木兰、通河、方正、延寿、尚志、宾县、阿城、双城、五常、依兰、汤原、桦川、桦南、勃利、七台河、集贤、宝贵、富锦、同江、抚远、饶河、绥滨、萝北、虎林、密山、鸡东、扎赉特、白城、镇赉、洮南、通榆、大安、乾安、扶余、前郭、长岭、农安、德惠、九台、榆树、双阳、舒兰、永吉、吉林市郊区、双辽、公主岭、梨树、伊通、辽源、东丰
	长白山地林农区	林口、穆棱、海林、宁安、东宁、绥芬河、敦化、安图、和龙、延吉、图们、汪清、珲春、辉南、梅河口、柳河、通化、集安、浑江、长白、靖宇、抚松、长白、蛟河、桦甸、磐石
	辽宁平原丘陵农林区	西丰、昌图、开原、铁岭、康平、法库、抚顺、清原、新宾、新民、辽中、本溪、桓仁、辽阳、灯塔、岫岩、东沟、凤城、宽甸、瓦房店、普兰店、金州、庄河、长海、盖州、营口、大洼、盘山、台安、海城、阜新、彰武、绥中、兴城、凌海、义县、北镇、黑山
（二）内蒙古及长城沿线区	内蒙古北部牧农区	陈巴尔虎、鄂温克、新巴尔虎左、新巴尔虎右、海拉尔、满洲里、东乌珠穆沁、西乌珠穆沁、锡林浩特、阿巴嘎、苏尼特左、正蓝、正镶白、镶黄、苏尼特右、二连浩特、四子王、达尔罕茂明安
	内蒙古中南部牧农区	科尔沁右前、突泉、乌兰浩特、科尔沁右中、科尔沁左中、扎鲁特、科尔沁、开鲁、奈曼、阿鲁科尔沁、敖汉、巴林左、巴林右、翁牛特、林西、克什克腾、多伦、太仆寺、察右后、察右中、化德、商都、达拉特、准格尔、东胜、伊金霍洛、围场、丰宁、沽源、康保、张北、商义、府谷、神木、榆林、横山、靖边、定边、盐池、红寺堡
	长城沿线农牧区	北票、朝阳、凌源、喀左、建昌、集宁、兴和、察右前、丰镇、凉城、卓资、武川、和林格尔、清水河、元宝山、松山、喀喇沁、宁城、土默特右、托克托、固阳、土默特左、隆化、滦平、兴隆、平泉、宽城、青龙、承德、万全、怀安、阳原、蔚县、宣化、涿鹿、怀来、赤城、崇礼、涞源、大同、右玉、左云、平鲁、朔城、山阴、怀仁、应县、浑源、灵丘、阳高、天镇、广灵、繁峙、宁武、神池、偏关、五寨、岢岚、静乐、岚县、方山、娄烦、古交、赛罕、回民、玉泉、新城、九原
（三）黄淮海区	燕山太行山山麓平原农业区	门头沟、海淀、丰台、朝阳、房山、大兴、通州、昌平、平谷、怀柔、密云、顺义、延庆、蓟县、抚宁、卢龙、昌黎、迁安、迁西、遵化、丰润、玉田、滦县、大厂、三河、香河、来水、涿州、高碑店、易县、定兴、容城、徐水、顺平、清苑、望都、曲阳、满城、望都、安国、藁县、赞皇、高邑、赵县、辛集、晋州、元氏、藁城、鹿泉、正定、灵寿、行唐、新乐、无极、深泽、临城、柏乡、隆尧、内丘、邢台、任县、沙河、南和、宁晋、邯郸、武安、永年、肥乡、成安、磁县、临漳、安阳、淇滨、林州、淇县、汤阴、浚县、辉县、卫辉、新乡、修武、获嘉、武陟、博爱、温县、沁阳、孟州、荥城、定州
	冀鲁豫低洼平原农业区	静海、宁河、武清、宝坻、乐亭、滦南、丰南、安次、固安、永清、霸州、文安、大城、雄县、安新、高阳、广阳、曹妃甸、任丘、河间、沧县、青县、黄骅、海兴、盐山、孟村、南皮、东光、泊头、吴桥、献县、阜宁、饶阳、深州、深州、武强、阜城、景县、武邑、桃城区、冀县、枣强、故城、新河、巨鹿、平乡、广宗、南宫、威县、临西、清河、鸡泽、曲周、馆陶、广平、大名、魏县、邱县、莘县、阳谷、东昌府、冠县、临清、茌平、东阿、东明、夏津、武城、平原、禹城、齐河、济阳、陵县、临邑、商河、宁津、乐陵、庆云、惠民、阳信、滨城、无棣、沾化、利津、垦利、广饶、博兴、高青、寿光、内黄、南乐、清丰、范县、台前、濮阳、滑县、长垣、原阳、延津、封丘

表 A.1（续）

一级农业区	二级农业区	县（市、旗、区）
（三）黄淮海区	黄淮平原农业区	梁园、睢阳、民权、睢县、宁陵、柘城、虞城、夏邑、永城、荥阳、兰考、杞县、祥符、通许、尉氏、中牟、新郑、扶沟、太康、西华、商水、淮阳、鹿邑、郸城、沈丘、项城、西平、遂平、上蔡、平舆、汝南、新蔡、正阳、许昌、长葛、鄢陵、临颍、郾城、舞阳、襄城、叶县、禹州、郏县、宝丰、息县、淮滨、嘉祥、金乡、鱼台、微山、梁山、郓城、巨野、东明、牡丹、定陶、成武、曹县、单县、临泉、界首、太和、阜阳、阜南、颍上、亳州、涡阳、利辛、蒙城、凤台、砀山、萧县、濉溪、宿州、灵璧、固镇、泗县、五河、怀远、蚌埠、丰县、沛县、铜山、邳州、睢宁、新沂、东海、赣榆、清浦、淮阴、涟水、灌云、灌南、沭阳、泗阳、宿迁、泗洪、响水、滨海
	山东丘陵农林区	荣成、文登、牟平、乳山、海阳、福山、栖霞、蓬莱、龙口、招远、莱州、莱阳、莱西、即墨、昌邑、寒亭、昌乐、平度、高密、胶州、黄岛、诸城、五莲、安丘、青州、临朐、历城、崂山、邹平、桓台、沂源、沂水、蒙阴、平邑、费县、沂南、兰陵、郯城、临沭、莒南、莒县、长青、平阴、肥城、宁阳、新泰、章丘、淄川、博山、临淄、周村、薛城、峄城、台儿庄、山亭、市中、东营、河口、潍城、寒亭、坊子、岱岳、东港、莱城、钢城、河东、罗庄、兰山、德城、张店、东平、兖州、曲阜、泗水、邹城、滕州、汶上
（四）黄土高原区	晋东豫西丘陵山地农林牧区	五台、盂县、寿阳、昔阳、和顺、左权、平定、榆社、沁源、沁县、武乡、襄垣、黎城、潞城、屯留、长治、长子、平顺、壶关、高平、陵川、阳城、沁水、泽州、安泽、垣曲、芮城、阜平、平阳、井陉、涉县、济源、巩义、登封、新密、鲁山、偃师、孟津、伊川、汝州、汝阳、新安、渑池、宜阳、陕州、灵宝、洛宁、栾川、卢氏
	汾渭谷地农业区	代县、原平、定襄、忻府、和曲、清徐、晋源、小店、杏花岭、迎泽、尖草坪、万柏林、榆次、太谷、祁县、平遥、介休、灵石、交城、文水、汾阳、孝义、霍州、洪洞、尧都、古县、浮山、翼城、襄汾、曲沃、侯马、新绛、稷山、河津、绛县、闻喜、万荣、夏县、盐湖、临猗、永济、韩城、澄城、白水、蒲城、大荔、耀州、渭南、临潼、蓝田、华州、华阴、潼关、长安、三原、泾阳、高陵、淳化、旬邑、彬县、长武、乾县、礼泉、兴平、武功、周至、户县、陈仓、麟游、陇县、千阳、风翔、岐山、扶风、眉县、合阳、富平、临渭、渭滨、秦都、金台、印台
	晋陕甘黄土丘陵沟壑牧林农区	河曲、保德、兴县、临县、离石、柳林、中阳、石楼、交口、汾西、隰县、永和、大宁、蒲县、吉县、乡宁、佳县、吴堡、米脂、绥德、子洲、清涧、延川、子长、安塞、吴起、宝塔、延长、甘泉、富县、宜川、黄龙、洛川、黄陵、宜君、西峰、庆城、环县、华池、合水、正宁、宁县、镇原、灵台、泾川、崆峒、崇信、华亭、原州、海原、西吉、泾源、隆德、同心、彭阳、志丹
	陇中青东丘陵农牧区	静宁、庄浪、张家川、清水、秦安、秦州、麦积、天水、甘谷、武山、漳县、靖远、平川、白银、会宁、安定、通渭、陇西、渭源、临洮、榆中、皋兰、临夏、和政、东乡、永靖、永登、积石山、民和、乐都、互助、化隆、循化、湟中、湟源、大通、尖扎、同仁、贵德、西宁市郊区、贵德
（五）长江中下游区	长江下游平原丘陵农畜水产区	崇明、宝山、浦东、奉贤、松江、金山、嘉定、青浦、吴县、吴江、江阴、张家港、常熟、太仓、昆山、丹徒、武进、扬中、金坛、宜兴、溧阳、高淳、溧水、句容、启东、海门、如东、南通、如皋、海安、东台、大丰、建湖、射阳、阜宁、邗江、江都、靖江、泰兴、仪征、高邮、宝应、兴化、盱眙、洪泽、金湖、淮安、江宁、浦口、六合、嘉善、南湖、秀洲、海盐、海宁、桐乡、吴兴、南浔、德清、上城、下城、江干、拱墅、西湖、滨江、萧山、余杭、越城、柯桥、上虞、慈溪、余姚、海曙、江东、江北、北仑、鄞州、定海、岱山、普陀、平湖、嵊泗、当涂、芜湖、繁昌、南陵、铜陵、庐江、无为、肥东、巢湖、含山、和县、枞阳、桐城、怀宁、望江、宿松、潜山、普陀、全椒、定远、凤阳、明光、来安、天长、长丰、霍邱、寿县、凤西、安庆、合肥、马鞍山
	鄂豫皖平原山地农林区	襄州、襄城、枣城、枣阳、老河口、曾都、随县、广水、大悟、红安、麻城、罗田、英山、平桥、浉河、罗山、光山、新县、固始、商城、潢川、内乡、镇平、邓州、新野、南召、方城、社旗、唐河、六安、金寨、霍山、舒城、岳西、潜山、太湖、宛城、卧龙、确山、泌阳、桐柏、淅川
	长江中游平原农业水产区	九江、彭泽、湖口、都昌、星子、德安、永修、瑞昌、鄱阳、乐平、万年、余干、余江、东乡、进贤、临川、南昌、丰城、清浦、高安、新余、安义、宜丰、蔡甸、东西湖、江南、黄陂、新洲、黄州、团风、浠水、蕲春、武穴、黄梅、安陆、云梦、应城、孝南、孝昌、汉川、黄陂、嘉鱼、鄂城、华容、梁子湖、掇刀、东宝、屈家岭、沙洋、钟祥、京山、宜城、天门、仙桃、潜江、洪湖、监利、石首、公安、松滋、沙市、江陵、当阳、枝江、临湘、岳阳、汨罗、湘阴、华容、南县、沅江、益阳、安乡、澧县、临澧、常德、汉寿、桃源、津市

6

NY/T 2872—2015

表 A.1（续）

一级农业区	二级农业区	县（市、旗、区）
（五）长江中下游区	江南丘陵山地农林区	东至、贵池、泾县、青阳、宣城、郎溪、广德、石台、黄山、宁国、旌德、绩溪、歙县、休宁、黟县、祁门、安吉、诸暨、临安、富阳、桐庐、建德、淳安、浦江、兰溪、金东、婺城、衢江、柯城、龙游、磐安、长兴、江山、常山、开化、义乌、东阳、永康、武义、婺源、德兴、玉山、广丰、上饶、铅山、横峰、弋阳、贵溪、金溪、资溪、南城、黎川、南丰、宜黄、崇仁、乐安、广昌、石城、宁都、兴国、瑞金、会昌、安远、于都、信丰、赣县、南康、新干、峡江、永丰、吉水、吉安、安福、莲花、永新、宁冈、泰和、万安、遂川、铜鼓、靖安、奉新、宜丰、上高、分宜、万载、宜春、修水、武宁、黄石市郊区、阳新、大冶、咸宁、赤壁、崇阳、通山、通城、平江、浏阳、醴陵、攸县、茶陵、湘潭、湘乡、株洲、桃江、安化、宁乡、新化、冷水江、涟源、双峰、邵东、新邵、邵阳、隆回、洞口、武冈、新宁、衡山、衡东、衡阳、祁东、祁阳、常宁、衡南、东安、永州、安仁、耒阳、永兴、长沙、望城、韶山
	浙闽丘陵山地林农区	嵊州、新昌、奉化、宁海、象山、天台、三门、临海、仙居、椒江、黄岩、路桥、温岭、玉环、永嘉、乐清、洞头、瑞安、平阳、文成、泰顺、缙云、丽水、莲都、青田、云和、遂昌、龙泉、庆元、浦城、松溪、政和、崇安、建阳、建瓯、光泽、邵武、顺昌、福鼎、柘荣、寿宁、福安、周宁、屏南、古田、霞浦、罗源、闽侯、闽清、永泰、建宁、泰宁、将乐、宁化、明溪、清流、永定、龙溪、大田、德化、永春、漳平、长汀、连城、永定、上杭、武平、龙潭、鹿城、瓯海、苍南、景宁
	南岭丘陵山地林农区	大余、全南、龙南、定南、寻乌、上犹、崇义、桂东、资兴、汝城、郴州、桂阳、嘉禾、临武、宜章、新田、宁远、道县、蓝山、江华、江永、双牌、炎陵、平远、蕉岭、梅县、兴宁、大埔、龙川、和平、连平、翁源、始兴、南雄、仁化、乐昌、乳源、连州、连南、连山、阳山、曲江、怀集、广宁、封开、富川、钟山、八步、昭平、蒙山、资源、全州、兴安、灌阳、灵川、龙胜、临桂、永福、阳朔、荔浦、平乐、恭城、金秀、象州、武宣、忻城、柳江、柳城、鹿寨、融水、融安、三江、罗城、宜山、上林
（六）西南区	秦岭大巴山林农区	西峡、淅川、洛南、商州、汉滨、汉台、丹凤、商南、山阳、柞水、镇安、宁陕、石泉、汉阴、紫阳、旬阳、白河、平利、岚皋、镇坪、佛坪、洋县、西乡、镇巴、城固、南郑、勉县、宁强、略阳、留坝、太白、凤县、两当、徽县、西和、礼县、岷县、宕昌、武都、文县、成县、康县、舟曲、北川、平武、青川、旺苍、南江、通江、万源、白沙、城口、巫溪、十堰市郊区、郧阳、郧西、竹溪、竹山、房县、丹江口、谷城、保康、南漳、神农架
	四川盆地农林区	巴州、平昌、宣汉、开江、大竹、渠县、邻水、通川、梁平、忠县、万州、开县、垫江、丰都、涪陵、南川、巴南、綦江、江北、长寿、合川、铜梁、壁山、大足、荣昌、永川、江津、潼南、苍溪、阆中、仪陇、南部、营山、蓬安、岳池、广安、武胜、西充、安岳、绵竹、德阳、中江、绵阳、江油、剑阁、梓潼、盐亭、三台、射洪、蓬溪、遂宁、什邡、广汉、彭州、新都、都江堰、郫县、温江、崇州、新津、大邑、邛崃、蒲江、彭山、眉山、青神、仁寿、井研、犍为、沐川、峨眉、夹江、洪雅、丹棱、宝兴、芦山、名山、天全、荥经、隆昌、乐至、安岳、简阳、资中、威远、富顺、泸县、合江、纳溪、江安、南溪、宜宾县、高县、长宁、双流、金堂、荣县、渝北、北碚、沙坪坝、九龙坡、大渡口
	渝鄂湘黔边境山地林农牧区	云阳、奉节、巫山、武隆、彭水、黔江、酉阳、秀山、石柱、远安、兴山、秭归、宜都、长阳、五峰、巴东、建始、利川、宣恩、鹤峰、咸丰、来凤、石门、慈利、龙山、桑植、张家界、永顺、保靖、古丈、花垣、吉首、泸溪、凤凰、沅陵、辰溪、溆浦、麻阳、芷江、新晃、洪江、会同、靖州、通道、绥宁、城步、沿河、德江、思南、印江、石阡、江口、松桃、万山、玉屏、道真、务川、正安、岑巩、镇远、施秉、三穗、台江、剑河、雷山、丹寨、天柱、锦屏、黎平、榕江、从江、凯里、三都、怀化
	黔桂高原山地林农牧区	绥阳、桐梓、习水、赤水、仁怀、遵义、湄潭、凤冈、余庆、瓮安、福泉、贵定、龙里、都匀、独山、平塘、惠水、长顺、罗甸、荔波、黄平、麻江、开阳、息烽、修文、清镇、平坝、普定、镇宁、关岭、紫云、金沙、黔西、大方、织金、纳雍、六枝、盘县、水城、晴隆、普安、兴仁、贞丰、兴义、安龙、册亨、望谟、古蔺、叙永、兴义、珙县、筠连、环江、南丹、天峨、凤山、东兰、巴马、都安、马山、乐业、凌云、田林、隆林、西林
	川滇高原山地农林牧区	米易、盐边、泸定、汉源、石棉、屏山、甘洛、越西、喜德、美姑、昭觉、雷波、金阳、布拖、普格、峨边、马边、金口河、冕宁、西昌、德昌、宁南、会东、会理、盐源、赫章、威宁、绥江、盐津、永善、大关、彝良、威信、镇雄、鲁甸、巧家、东川、会泽、宣威、沾益、富源、马龙、寻甸、嵩明、宜良、石林、陆良、师宗、罗平、富民、安宁、晋宁、呈贡、易门、峨山、江川、通海、华宁、澄江、弥勒、泸西、丘北、文山、砚山、永仁、大姚、姚安、南华、牟定、楚雄、双柏、禄丰、武定、禄劝、元谋、景东、鹤庆、剑川、洱源、云龙、永平、漾濞、大理、巍山、祥云、弥渡、南涧、保山、腾冲、昌蒗、永胜、华坪、泸水、西山、五华、盘龙、官渡、禄劝、古城、玉龙、昭阳、麒麟、红塔

表 A.1（续）

一级 农业区	二级 农业区	县（市、旗、区）
（七） 华南区	闽南粤中农林 水产区	长乐、平潭、福清、仙游、安溪、南安、惠安、晋江、同安、华安、长泰、龙海、南靖、平和、漳浦、云霄、东山、诏安、饶平、南澳、潮安、澄海、潮阳、丰顺、五华、普宁、惠来、揭西、陆丰、海丰、丰顺、五华、紫金、惠东、惠阳、博罗、番禺、花都、增城、从化、龙门、新丰、南海、三水、顺德、斗门、新会、鹤山、开平、台山、恩平、四会、高要、德庆、新兴、罗定、郁南、英德、佛冈
	粤西桂南 农林区	阳春、信宜、高州、电白、化州、廉江、吴川、苍梧、藤县、岑溪、桂平、贵港、玉州、北流、容县、陆川、博白、平南、宾阳、横县、邕宁、武鸣、隆安、天等、大新、扶绥、龙州、宁明、凭祥、灵山、浦北、合浦、防城、上思、平果、田东、田阳、德保、靖西、那坡
	滇南 农林区	广南、富宁、西畴、麻栗坡、马关、石屏、建水、开远、蒙自、个旧、屏边、河口、金平、元阳、红河、绿春、元江、新平、镇沅、景谷、墨江、江城、澜沧、西盟、孟连、景洪、勐海、勐腊、凤庆、云县、双江、耿马、沧源、永德、镇康、昌宁、施甸、龙陵、盈江、梁河、芒市、陇川、瑞丽、思茅、临翔、隆阳
	琼雷及南海 诸岛农林区	遂溪、雷州、徐闻、琼山、文昌、定安、澄迈、临高、琼海、屯昌、儋州、万宁、琼中、保亭、陵水、白沙、昌江、东方、乐东、崖州
（八） 甘新区	蒙宁甘 农牧区	乌达、海勃湾、五原、临河、杭锦后、磴口、乌拉特前、乌拉特中、乌拉特后、乌拉善左、阿拉善右、额济纳、杭锦、乌审、鄂托克、永宁、贺兰、平罗、灵武、青铜峡、中宁、沙坡头、凉州、古浪、景泰、民勤、永昌、金川、甘州、山丹、民乐、高台、临泽、嘉峪关、肃州、玉门、金塔、瓜州、敦煌、肃北、阿克塞、惠农、大武口、利通、兴庆、金凤、西夏
	北疆 农牧林区	阿勒泰、布尔津、吉木乃、哈巴河、福海、富蕴、青河、塔城、额敏、裕民、托里、和布克赛尔、乌苏、沙湾、伊宁、霍城、察布查尔、尼勒克、巩留、新源、特克斯、昭苏、奎屯、精河、博乐、温泉、木垒、奇台、吉木萨尔、阜康、来泉、昌吉、呼图壁、玛纳斯、乌鲁木齐市郊区、克拉玛依、石河子、巴里坤、伊吾
	南疆 农牧林区	哈密、鄯善、哈密、吐鲁番、托克逊、和静、和硕、焉耆、博湖、库尔勒、尉犁、轮台、且末、若羌、库车、沙雅、拜城、新和、温宿、阿克苏、阿瓦提、乌什、柯坪、喀什、疏附、疏勒、伽师、岳普湖、巴楚、麦盖提、莎车、英吉沙、泽普、叶城、塔什库尔干、阿合奇、阿图什、乌恰、阿克陶、皮山、墨玉、和田、洛浦、策勒、于田、民丰
（九） 青藏区	藏南 农牧区	吉隆、聂拉木、昂仁、定日、谢通门、拉孜、萨迦、定结、岗巴、白朗、江孜、南木林、仁布、康马、亚东、尼木、堆龙德庆、曲水、林周、达孜、墨竹工卡、浪卡子、贡嘎、扎囊、洛扎、乃东、琼结、桑日、曲松、措美、隆子、错那
	川藏林 农牧区	加查、朗县、工布江达、米林、墨脱、索县、边坝、洛隆、丁青、类乌齐、江达、波密、察隅、八宿、左贡、察雅、芒康、贡觉、贡山、福贡、维西、香格里拉、德钦、木里、白玉、巴塘、理塘、得荣、乡城、稻城、新龙、炉霍、道孚、丹巴、雅江、康定、九龙、金川、小金、马尔康、理县、汶川、黑水、茂县、松潘、九寨沟
	青甘 牧农区	合作、夏河、临潭、卓尼、迭部、碌曲、天祝、肃南、泽库、共和、贵南、兴海、同德、祁连、刚察、海晏、门源、天峻、乌兰、都兰、格尔木、河南、德令哈
	青藏 高寒地区	仲巴、萨嘎、普兰、扎达、噶尔、日土、革吉、改则、措勤、那曲、嘉黎、比如、聂荣、安多、班戈、申扎、巴青、双湖、当雄、玉树、称多、杂多、治多、曲麻莱、玛多、玛沁、甘德、达日、班玛、久治、石渠、德格、色达、甘孜、壤塘、阿坝、若尔盖、红原、玛曲

附 录 B
(规范性附录)
区域耕地质量划分指标

B.1 东北区耕地质量划分指标见表 B.1。

表 B.1 东北区耕地质量划分指标

指标	等级									
	一等	二等	三等	四等	五等	六等	七等	八等	九等	十等
地形部位	岗平地、宽谷漫岗地、河流二级阶地		岗平地、河谷阶地、漫岗缓坡地、台地			河漫滩、低阶地、漫岗缓坡地、山地下部		岗间洼地、河漫滩、低阶地、岗顶岗坡地		
有效土层厚度,cm	≥100				80~100		60~80	<60		
有机质,g/kg	≥20				15~25		10~20	<10		
耕层质地	中壤、重壤		沙壤、轻壤、中壤、重壤				沙壤、轻壤、黏土	沙土、黏土		
土壤养分状况	最佳水平				潜在缺乏			养分贫瘠		
生物多样性	丰富			一般				不丰富		
障碍因素	无障碍因素		较少或较轻,有轻度盐碱			较多或较重,或有钙积层、白浆层等障碍层次,犁底层浅薄		多或重,重度盐碱,或有砂砾层、砂漏层、潜育层等障碍层次		
灌溉能力	充分满足		满足				基本满足	不满足		
排水能力	充分满足		满足				基本满足	不满足		
清洁程度					清洁、尚清洁					
耕层厚度,cm	≥25		20~25			15~25		<15		
农田林网化程度	高			中				低		

注1:土壤养分状况根据耕地土壤类型、种植作物、土壤养分状况等情况综合评价后填写,生物多样性、农田林网化程度根据实际调查情况填写。
注2:对判定为轻度污染、中度污染和重度污染的耕地,应提出耕地限制性使用意见,采取有关措施进行耕地环境质量修复。

B.2 内蒙古及长城沿线区耕地质量划分指标见表 B.2。

表 B.2 内蒙古及长城沿线区耕地质量划分指标

指标	等级									
	一等	二等	三等	四等	五等	六等	七等	八等	九等	十等
地形部位	河流冲积平原的河漫滩、低阶地山前倾斜平原的中、下部				河流冲积平原的中阶地、河谷阶地、山前倾斜平原上部			河流冲积平原边缘地带、山前倾斜平原前缘、低山丘陵坡地		
有效土层厚度,cm	≥60				30~60			<30		
有机质,g/kg	≥12				8~15			<8		
耕层质地	中壤、轻壤				沙壤、轻壤、中壤、重壤			沙土、黏土		
土壤养分状况	最佳水平				潜在缺乏			养分贫瘠		
生物多样性	丰富、一般				一般、不丰富			不丰富		
障碍因素	无障碍因素,或有轻度盐碱、轻度沙化				轻度、中度盐碱、轻度沙化			沙化,中度、重度盐碱		
灌溉能力	充分满足、满足				满足、基本满足			基本满足、不满足		
排水能力	充分满足、满足				满足、基本满足			基本满足、不满足		
清洁程度					清洁、尚清洁					
农田林网化程度	高、中				中			低		
田面坡度,°	≤3				2~10			10~15		

注1:土壤养分状况根据耕地土壤类型、种植作物、土壤养分状况等情况综合评价后填写,生物多样性、农田林网化程度根据实际调查情况填写。
注2:对判定为轻度污染、中度污染和重度污染的耕地,应提出耕地限制性使用意见,采取有关措施进行耕地环境质量修复。

B.3 黄淮海区耕地质量划分指标见表 B.3。

表 B.3 黄淮海区耕地质量划分指标

指标	等级									
	一等	二等	三等	四等	五等	六等	七等	八等	九等	十等
地形部位	交接洼地、微斜平原、山前平原、缓平坡地、冲洪积扇			交接洼地、微斜平原、缓平坡地、平原高阶、丘陵下部、丘陵中部、河滩高地			滨海低平地、河滩高地、坡地上部、丘陵上部			
有效土层厚度,cm	≥100			60~100			<60			
有机质,g/kg	≥15			10~20			<12			
耕层质地	中壤、重壤、轻壤			沙土、沙壤、重壤、黏土			沙壤、黏土			
土壤养分状况	最佳水平			潜在缺乏			养分贫瘠			
生物多样性	丰富			一般			不丰富			
障碍因素	无			存在沙姜层、夹沙层、夹砾石层、黏化层、白浆层或黏盘层等			存在夹沙层、夹砾石层、黏化层或黏盘层等			
灌溉能力	充分满足			满足、基本满足			不满足			
排水能力	充分满足			满足、基本满足			不满足			
清洁程度	清洁、尚清洁									
耕层厚度,cm	≥20			15~20			<18			
盐渍化程度	无、轻度			轻度			中度、重度			
注1：土壤养分状况根据耕地土壤类型、种植作物、土壤养分状况等情况综合评价后填写，生物多样性根据实际调查情况填写。										
注2：对判定为轻度污染、中度污染和重度污染的耕地，应提出耕地限制性使用意见，采取有关措施进行耕地环境质量修复。										

B.4 黄土高原区耕地质量划分指标见表 B.4。

表 B.4 黄土高原区耕地质量划分指标

指标	等级									
	一等	二等	三等	四等	五等	六等	七等	八等	九等	十等
地形部位	河流一、二级阶地			河谷阶地、塬地、洪积扇中下部、涧地			河漫滩、梁面平地、缓坡地			梁、峁、坡地
有效土层厚度,cm	≥100						60~100			<60
有机质,g/kg	≥15			8~15						<10
耕层质地	中壤、轻壤			沙壤、轻壤、中壤					沙土、重壤、黏土	
土壤养分状况	最佳水平			潜在缺乏					养分贫瘠	
生物多样性	丰富、一般			一般、不丰富					不丰富	
障碍因素	无障碍因素			轻度、中度侵蚀					中度、重度侵蚀	
灌溉能力	充分满足			满足、基本满足			基本满足			不满足
排水能力	充分满足、满足			满足、基本满足			基本满足、不满足			不满足
清洁程度	清洁、尚清洁									
田面坡度,°	≤3			2~10			10~15			15~25
注1：土壤养分状况根据耕地土壤类型、种植作物、土壤养分状况等情况综合评价后填写，生物多样性根据实际调查情况填写。										
注2：对判定为轻度污染、中度污染和重度污染的耕地，应提出耕地限制性使用意见，采取有关措施进行耕地环境质量修复。										

B.5 长江中下游区耕地质量划分指标见表B.5。

表B.5 长江中下游区耕地质量划分指标

指标	等级									
	一等	二等	三等	四等	五等	六等	七等	八等	九等	十等
地形部位	宽谷盆地、平坝、低垮田、河湖冲、沉积平原、冲积海积平原、滨海平原、河流中下游平缓阶地		山间盆地、山间畈田、缓垮田、缓丘坡田、冲垄下部、下部田、河湖冲、沉积平原、冲积海积平原、滨海平原河流上游宽谷阶地、低丘坡田		河湖冲、沉积平原洼地、滨海平原洼地、新垦滩涂、河谷低阶地、丘陵低谷地、盆谷阶地、江河高阶地、缓岗地、丘陵中部、下部、冲垄上部田			封闭洼地、山间谷地、丘陵谷地、新垦滩涂、河谷阶地、高丘山地、山垄上冲田、丘陵上部		
有效土层厚度,cm	≥100				60～100			<60		
有机质,g/kg	≥24			18～40			10～30		<10	
耕层质地	中壤、重壤、轻壤			沙壤、轻壤、中壤、重壤、黏土				沙土、重壤、黏土		
土壤养分状况	最佳水平			潜在缺乏				养分贫瘠		
生物多样性	丰富			一般				不丰富		
障碍因素	100 cm 内无障碍因素或障碍层出现			50 cm～100 cm 内出现障碍层（潜育层、网纹层、白土层、黏化层、盐积层、焦砾层、砂砾层等），或其他障碍因素			50 cm 内出现障碍层（潜育层、白土层、网纹层、盐积层、黏化层、焦砾层、砂砾层、腐泥层、泥炭层等），或其他障碍因素			
灌溉能力	充分满足			满足			基本满足		不满足	
排水能力	充分满足			满足			基本满足		不满足	
清洁程度	清洁、尚清洁									
酸碱度	6.0～8.0				5.5～8.5		4.5～6.5、8.5～9.0		>9.0 或 <4.5	

注1：土壤养分状况根据耕地土壤类型、种植作物、土壤养分状况等情况综合评价后填写，生物多样性根据实际调查情况写。
注2：对判定为轻度污染、中度污染和重度污染三个等级的耕地，应提出耕地限制性使用意见，采取有关措施进行耕地环境质量修复。

B.6 西南区耕地质量划分指标见表B.6。

表B.6 西南区耕地质量划分指标

指标	等级									
	一等	二等	三等	四等	五等	六等	七等	八等	九等	十等
地形部位	宽谷盆地、平原阶地、河流阶地、丘陵坝区、台地、丘陵下部			河流阶地、丘陵坝区、台地、丘陵中、下部、山地中、下部			丘陵上部、山地上、中、下部			
有效土层厚度,cm	≥80			50～80			30～50		<30	
有机质,g/kg	≥25			20～30			15～20		10～15	<10
耕层质地	中壤、重壤			沙壤、轻壤、重壤、黏土			沙土、沙壤、黏土			
土壤养分状况	最佳水平			潜在缺乏			养分贫瘠			
生物多样性	丰富			一般						
障碍因素	无障碍层次			50 cm～100 cm 出现沙漏、黏盘、潜育层等障碍层			50 cm 以内出现沙漏、黏盘、潜育层等障碍层，或砾石含量大于10%			
灌溉能力	充分满足、满足			满足、基本满足			基本满足、不满足			
排水能力	充分满足、满足			满足、基本满足			基本满足、不满足			
清洁程度	清洁、尚清洁									
酸碱度	6.0～7.5			4.5～6.5、7.5～8.5				<4.5 或 >8.5		
海拔高度,m	≤1 600			800～2 000			>2 000			

注1：土壤养分状况根据耕地土壤类型、种植作物、土壤养分状况等情况综合评价后填写，生物多样性根据实际调查情况填写。
注2：对判定为轻度污染、中度污染和重度污染的耕地，应提出耕地限制性使用意见，采取有关措施进行耕地环境质量修复。

B.7 华南区耕地质量划分指标见表 B.7。

表 B.7 华南区耕地质量划分指标

指标	等级									
	一等	二等	三等	四等	五等	六等	七等	八等	九等	十等
地形部位	河口三角洲平原、峰林平原、河流冲积平原、宽谷冲积平原、宽谷阶地、平坝、丘陵缓坡			宽谷冲积平原、河流冲积平原的中上部、低丘坡麓、丘间谷地、滨海砂地、宽谷阶地、平坝、丘陵缓坡			低丘坡麓、丘间洼地、滨海地区、峰林谷地、沟谷地、山地坡下部	滨海地区、封闭洼地、丘陵低谷地、山间峡谷、峰林谷地、沟谷地、山地坡中部		
有效土层厚度, cm	≥100				60～100			<60		
有机质, g/kg	≥25			20～30			10～20	<10		
耕层质地	中壤、重壤				沙壤、轻壤、中壤		沙土、沙壤、重壤、黏土			
土壤养分状况	最佳水平				潜在缺乏			养分贫瘠		
生物多样性	丰富				一般			不丰富		
障碍因素	无障碍层次				侵蚀、沙化、酸化、瘠薄			盐渍化、酸化、渍潜		
灌溉能力	充分满足、满足				满足、基本满足			基本满足、不满足		
排水能力	充分满足、满足				满足、基本满足			基本满足、不满足		
清洁程度	清洁、尚清洁									
酸碱度	5.5～7.5			5.0～7.0			4.5～5.5、6.5～7.5	>7.5 或 <4.5		

注1：土壤养分状况根据耕地土壤类型、种植作物、土壤养分状况等情况综合评价后填写，生物多样性根据实际调查情况填写。
注2：对判定为轻度污染、中度污染和重度污染的耕地，应提出耕地限制性使用意见，采取有关措施进行耕地环境质量修复。

B.8 甘新区耕地质量划分指标见表 B.8。

表 B.8 甘新区耕地质量划分指标

指标	等级									
	一等	二等	三等	四等	五等	六等	七等	八等	九等	十等
地形部位	大河三角洲的上部、河流冲积平原的河漫滩、低阶、地山前平原的中、下部			泛滥河流的河间洼地、山前平原中部、上部、下切河流冲积平原的中阶地、大河三角洲中部					大河三角洲下游、河流冲积平原的边缘地带山前平原上部	
有效土层厚度, cm	≥100				60～100			<60		
有机质, g/kg	≥18			10～20			<15			
耕层质地	中壤、轻壤				沙壤、轻壤、重壤			沙土、重壤、黏土		
土壤养分状况	最佳水平				潜在缺乏			养分贫瘠		
生物多样性	丰富、一般				一般、不丰富			不丰富		
障碍因素	无			部分土体中含夹沙层、夹砾石层、部分沙化			含夹沙层、夹砾石层障碍层、沙化			
灌溉能力	充分满足、满足				满足、基本满足			基本满足、不满足		
排水能力	充分满足、满足				满足、基本满足			基本满足、不满足		
清洁程度	清洁、尚清洁									
农田林网化程度	高				中			低		
盐渍化程度	无、轻度				轻度、中度			中度、重度		

注1：土壤养分状况根据耕地土壤类型、种植作物、土壤养分状况等情况综合评价后填写，生物多样性、农田林网化程度根据实际调查情况填写。
注2：对判定为轻度污染、中度污染和重度污染的耕地，应提出耕地限制性使用意见，采取有关措施进行耕地环境质量修复。

B.9 青藏区耕地质量划分指标见表 B.9。

表 B.9 青藏区耕地质量划分指标

指标	等级									
	一等	二等	三等	四等	五等	六等	七等	八等	九等	十等
地形部位	河流低谷地、洪积扇前缘、台地			河流宽谷阶地、坡地、湖盆阶地、洪积扇中后部、坡积裙、起伏侵蚀高台地						
有效土层厚度,cm	≥50			>30					<30	
有机质,g/kg	20~40			10~30					<10	
耕层质地	中壤、轻壤			沙壤、轻壤、重壤					沙土、重壤、黏土	
土壤养分状况	最佳水平			潜在缺乏					养分贫瘠	
生物多样性	丰富			一般					不丰富	
障碍因素	无			50 cm 以下出现沙漏、黏盘、潜育层等障碍层					50 cm 以内出现沙漏、黏盘、潜育层障碍层、临界地下水位≤30 cm,砾石含量≥20%,盐化	
灌溉能力	充分满足			满足					基本满足	不满足
排水能力	充分满足			满足					基本满足	不满足
清洁程度	清洁、尚清洁									
海拔高度,m	<1 500 内陆灌(漠)淤土 2 800~3 000	1 500~2 500 内陆灌(漠)淤土 3 000~3 200	2 000~3 000	2 500~3 800				>3 800		

注 1:土壤养分状况根据耕地土壤类型、种植作物、土壤养分状况等情况综合评价后填写,生物多样性根据实际调查情况填写。

注 2:对判定为轻度污染、中度污染和重度污染的耕地,应提出耕地限制性使用意见,采取有关措施进行耕地环境质量修复。

ICS 13.080.01
B 10

中华人民共和国国家标准

GB/T 33469—2016

耕 地 质 量 等 级

Cultivated land quality grade

2016-12-30 发布　　　　　　　　　　　2016-12-30 实施

中华人民共和国国家质量监督检验检疫总局
中国国家标准化管理委员会　发布

目次

前言 .... Ⅲ
1 范围 1
2 规范性引用文件 1
3 术语和定义 1
4 耕地质量等级划分 3
　4.1 总则 3
　4.2 耕地质量等级划分流程 3
　4.3 耕地质量指标获取 4
　4.4 确定各指标权重 6
　4.5 计算各指标隶属度 8
　4.6 计算耕地质量综合指数 9
　4.7 区域耕地质量等级划分 9
　4.8 耕地清洁程度调查与评价 9
　4.9 耕地质量综合评估 9
附录 A（规范性附录） 耕地质量等级划分区域范围 11
附录 B（资料性附录） 区域耕地质量等级划分指标 16
附录 C（规范性附录） 土壤有机质的测定 25
附录 D（规范性附录） 土壤机械组成的测定 28
附录 E（规范性附录） 土壤容重的测定 35
附录 F（规范性附录） 土壤水溶性盐总量的测定 37
附录 G（规范性附录） 土壤氯离子含量的测定 40
附录 H（规范性附录） 土壤硫酸根离子含量的测定 42
附录 I（规范性附录） 土壤 pH 的测定 45
参考文献 48

前 言

本标准按照 GB/T 1.1—2009 给出的规则起草。

本标准由中华人民共和国农业部提出。

本标准由全国土壤质量标准化技术委员会(SAC/TC 404)归口。

本标准起草单位:全国农业技术推广服务中心、北京市土肥工作站、山东省土壤肥料总站、江苏省耕地质量与农业环境保护站、山西省土壤肥料工作站、华南农业大学。

本标准主要起草人:任意、曾衍德、何才文、谢建华、赵永志、仲鹭勍、薛彦东、陈明全、李涛、王绪奎、张藕珠、李永涛、郑磊、胡良兵、李荣、辛景树。

GB/T 33469—2016

耕地质量等级

1 范围

本标准规定了耕地质量区域划分、指标确定、耕地质量等级划分流程等内容。
本标准适用于各级行政区及特定区域内耕地质量等级划分。园地质量等级划分可参照执行。

2 规范性引用文件

下列文件对于本文件的应用是必不可少的。凡是注日期的引用文件，仅注日期的版本适用于本文件。凡是不注日期的引用文件，其最新版本（包括所有的修改单）适用于本文件。
GB 15618 土壤环境质量标准
GB 17296 中国土壤分类与代码
HJ/T 166 土壤环境监测技术规范

3 术语和定义

下列术语和定义适用于本文件。

3.1
耕地 cultivated land
用于农作物种植的土地。

3.2
耕地地力 cultivated land productivity
在当前管理水平下，由土壤立地条件、自然属性等相关要素构成的耕地生产能力。

3.3
土壤健康状况 soil health condition
土壤作为一个动态生命系统具有的维持其功能的持续能力，用清洁程度、生物多样性表示。
注：清洁程度反映了土壤受重金属、农药和农膜残留等有毒有害物质影响的程度；生物多样性反映了土壤生命力丰富程度。

3.4
地形部位 parts of the terrain
具有特定形态特征和成因的中小地貌单元。

3.5
田面坡度 field surface slope
农田坡面与水平面的夹角度数。

3.6
地下水埋深 ground-water table
潜水面至地表面的距离。

耕 地 质 量 等 级

1 范围

本标准规定了耕地质量区域划分、指标确定、耕地质量等级划分流程等内容。

本标准适用于各级行政区及特定区域内耕地质量等级划分。园地质量等级划分可参照执行。

2 规范性引用文件

下列文件对于本文件的应用是必不可少的。凡是注日期的引用文件,仅注日期的版本适用于本文件。凡是不注日期的引用文件,其最新版本(包括所有的修改单)适用于本文件。

GB 15618 土壤环境质量标准
GB 17296 中国土壤分类与代码
HJ/T 166 土壤环境监测技术规范

3 术语和定义

下列术语和定义适用于本文件。

3.1
耕地 cultivated land
用于农作物种植的土地。

3.2
耕地地力 cultivated land productivity
在当前管理水平下,由土壤立地条件、自然属性等相关要素构成的耕地生产能力。

3.3
土壤健康状况 soil health condition
土壤作为一个动态生命系统具有的维持其功能的持续能力,用清洁程度、生物多样性表示。

注:清洁程度反映了土壤受重金属、农药和农膜残留等有毒有害物质影响的程度;生物多样性反映了土壤生命力丰富程度。

3.4
地形部位 parts of the terrain
具有特定形态特征和成因的中小地貌单元。

3.5
田面坡度 field surface slope
农田坡面与水平面的夹角度数。

3.6
地下水埋深 ground-water table
潜水面至地表面的距离。

GB/T 33469—2016

耕地质量等级

1 范围

本标准规定了耕地质量区域划分、指标确定、耕地质量等级划分流程等内容。
本标准适用于各级行政区及特定区域内耕地质量等级划分。园地质量等级划分可参照执行。

2 规范性引用文件

下列文件对于本文件的应用是必不可少的。凡是注日期的引用文件，仅注日期的版本适用于本文件。凡是不注日期的引用文件，其最新版本（包括所有的修改单）适用于本文件。
GB 15618 土壤环境质量标准
GB 17296 中国土壤分类与代码
HJ/T 166 土壤环境监测技术规范

3 术语和定义

下列术语和定义适用于本文件。

3.1
耕地 cultivated land
用于农作物种植的土地。

3.2
耕地地力 cultivated land productivity
在当前管理水平下，由土壤立地条件、自然属性等相关要素构成的耕地生产能力。

3.3
土壤健康状况 soil health condition
土壤作为一个动态生命系统具有的维持其功能的持续能力，用清洁程度、生物多样性表示。
注：清洁程度反映了土壤受重金属、农药和农膜残留等有毒有害物质影响的程度；生物多样性反映了土壤生命力丰富程度。

3.4
地形部位 parts of the terrain
具有特定形态特征和成因的中小地貌单元。

3.5
田面坡度 field surface slope
农田坡面与水平面的夹角度数。

3.6
地下水埋深 ground-water table
潜水面至地表面的距离。

GB/T 33469—2016

3.7
土壤养分状况 soil nutrient status
土壤养分的数量、形态、分解、转化规律以及土壤的保肥、供肥性能。

3.8
土壤酸碱度 soil acidity and alkalinity
土壤溶液的酸碱性强弱程度，以 pH 值表示。

3.9
土壤有机质 soil organic matter
土壤中形成的和外加入的所有动植物残体不同阶段的各种分解产物和合成产物的总称，包括高度腐解的腐殖物质、解剖结构尚可辨认的有机残体和各种微生物体。

3.10
土壤障碍因素 soil constraint factor
土体中妨碍农作物正常生长发育、对农产品产量和品质造成不良影响的因素。

3.11
土壤障碍层次 soil constraint layer
在土壤剖面中出现的阻碍根系伸展、影响水分渗透的层次。

3.12
土壤盐渍化 soil salinization
土壤底层或地下水的易溶性盐分随毛管水上升到地表，水分散失后，使盐分积累在表层土壤中，当土壤含盐量过高时，形成的盐化危害。或受人类特殊活动影响，在使用高矿化度水进行灌溉及在干旱气候条件下没有排水功能、地下水位较浅的土壤上进行灌溉时产生的次生盐化危害。

3.13
土壤潜育化 gleyization
受地下水或渍水引起土壤处于饱和状态，呈强烈还原状态而形成蓝灰色潜育层的一种土壤形成过程。

3.14
有效土层厚度 effective soil layer thickness
作物能够利用的母质层以上的土体总厚度；当有障碍层时，为障碍层以上的土层厚度。

3.15
耕层厚度 plough layer thickness
经耕种熟化而形成的土壤表土层厚度。

3.16
耕层质地 plough layer texture
耕层土壤颗粒的大小及其组合情况。

3.17
土壤容重 soil bulk density
田间自然垒结状态下单位容积土体(包括土粒和孔隙)的质量或重量。

3.18
质地构型 soil texture profile
土壤剖面中不同质地层次的排列。

2

3.19

灌溉能力 irrigation capacity

预期灌溉用水量在多年灌溉中能够得到满足的程度。

3.20

排水能力 drainage capacity

为保证农作物正常生长,及时排除农田地表积水,有效控制和降低地下水位的能力。

3.21

农田林网化率 farmland shelter rate

农田四周的林带保护面积与农田总面积之比。

4 耕地质量等级划分

4.1 总则

4.1.1 概述

耕地质量等级划分是从农业生产角度出发,通过综合指数法对耕地地力、土壤健康状况和田间基础设施构成的满足农产品持续产出和质量安全的能力进行评价划分出的等级。

4.1.2 耕地质量区域划分

根据全国综合农业区划,结合不同区域耕地特点、土壤类型分布特征(见 GB 17296),将全国耕地划分为东北区、内蒙古及长城沿线区、黄淮海区、黄土高原区、长江中下游区、西南区、华南区、甘新区、青藏区等九大区域。各区涵盖的具体县(市、区、旗)名见附录A。

4.1.3 耕地质量指标

各区域耕地质量指标由基础性指标和区域补充性指标组成。其中,基础性指标包括地形部位、有效土层厚度、有机质含量、耕层质地、土壤容重、质地构型、土壤养分状况、生物多样性、清洁程度、障碍因素、灌溉能力、排水能力、农田林网化率等13个指标。区域补充性指标包括耕层厚度、田面坡度、盐渍化程度、地下水埋深、酸碱度、海拔高度等6个指标。各区域耕地质量划分指标见附录B。

4.1.4 耕地质量等级划分原则

耕地质量划分为10个耕地质量等级。耕地质量综合指数越大,耕地质量水平越高。一等地耕地质量最高,十等地耕地质量最低。

4.2 耕地质量等级划分流程

耕地质量等级划分流程见图1。

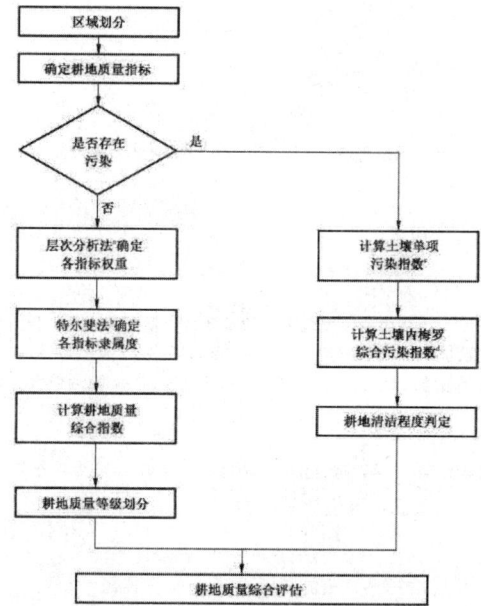

^a 层次分析法是将与决策总是有关的元素分解成目标、准则、方案等层次,在此基础之上进行定性和定量分析的决策方法。
^b 特尔斐法是采用背对背的通信方式征询专家小组成员的预测意见,经过几轮征询,使专家小组的预测意见趋于集中,最后做出符合发展趋势的预测结论。
^c 土壤单项污染指数是土壤污染物实测值与土壤污染物质量标准的比值。具体计算方法见 HJ/T 166。
^d 内梅罗综合污染指数反映了各污染物对土壤的作用,同时突出了高浓度污染物对土壤环境质量的影响。具体计算方法见 HJ/T 166。

图 1 耕地质量等级划分流程图

4.3 耕地质量指标获取

4.3.1 地形部位

指中小地貌单元。如河流及河谷冲积平原要区分出河床、河漫滩、一级阶地、二级阶地、高阶地等;山麓平原要区分出坡积裾、洪积锥、洪积扇(上、中、下)、扇间洼地、扇缘洼地等;黄土丘陵区要区分出塬、梁、峁等;低山丘陵与漫岗要区分为丘(岗)顶部、丘(岗)坡面、丘(岗)坡麓、丘(岗)间洼地;平原河网圩田要区分为易涝田、渍害田、良水田等;丘陵冲垄稻田按宽冲、窄冲、纵向分冲头、冲中部、冲尾、横向分冲、塝、岗田等;岩溶地貌要区分为石芽地、坡麓、峰丛洼地、溶蚀谷地、岩溶盆地(平原)等。各地应结合当地实际进行筛选,并使描述更加具体。

4.3.2 有效土层厚度

查阅第二次土壤普查资料并结合现场调查确定。

4.3.3 有机质含量

土壤有机质的测定方法见附录C。

4.3.4 耕层质地

土壤机械组成分为砂土、砂壤、轻壤、中壤、重壤、黏土等,测定方法见附录D。

4.3.5 土壤容重

土壤容重的测定方法见附录E。

4.3.6 质地构型

挖取土壤剖面,按1 m土体内不同质地土层的排列组合形式来确定。分为薄层型(红黄壤地区土体厚度<40 cm,其他地区<30 cm)、松散型(通体砂型)、紧实型(通体黏型)、夹层型(夹砂砾型、夹黏型、夹料姜型等)、上紧下松型(漏砂型)、上松下紧型(蒙金型)、海绵型(通体壤型)等几大类型。

4.3.7 土壤养分状况

根据土壤类型、种植作物、土壤物理、化学、生物性状综合确定,分为养分贫瘠、潜在缺乏、最佳水平和养分过量。

4.3.8 生物多样性

通过现场调查,结合专家经验综合确定,分为丰富、一般、不丰富。

4.3.9 清洁程度

按照HJ/T 166规定的方法确定。

4.3.10 障碍因素

按对植物生长构成障碍的类型来确定,如沙化、盐碱、侵蚀、潜育化及出现的障碍层次情况等。

4.3.11 灌溉能力

现场调查水源类型、位置、灌溉方式、灌水量,综合判断灌溉用水量在多年灌溉中能够得到满足的程度,分为充分满足、满足、基本满足、不满足。

4.3.12 排水能力

现场调查排水方式、排水设施现状等,综合判断农田保证作物正常生长,及时排除地表积水,有效控制和降低地下水位的能力,分为充分满足、满足、基本满足、不满足。

4.3.13 农田林网化率

现场调查农田四周林带保护面积及农田总面积,计算农田林网化率,综合判断农田林网化程度,分为高、中、低。

4.3.14 耕层厚度

在野外实际测量确定,单位统一为厘米,精确到小数点后1位。

4.3.15 田面坡度

实际测量农田坡面与水平面的夹角度数。

4.3.16 盐渍化程度

根据土壤水溶性含盐总量、氯化物盐含量、硫酸盐含量及农田出苗程度综合判定,分为无、轻度、中度、重度。土壤水溶性含盐总量的测定方法见附录F;土壤氯离子含量的测定方法见附录G;土壤硫酸根离子含量的测定方法见附录H。

4.3.17 地下水埋深

在查阅地下水埋藏及水文地质图表资料基础上填写,或结合野外调查,挖取土壤剖面,用洛阳铲打钻孔,观察地下水埋深。

4.3.18 酸碱度

土壤pH的测定方法见附录I。

4.3.19 海拔高度

采用GPS定位仪现场测定填写。

4.4 确定各指标权重

4.4.1 建立层次结构模型

按照层次分析法,建立目标层、准则层和指标层层次结构,用框图形式说明层次的递阶结构与因素的从属关系。当某个层次包含的因素较多时(如超过9个),可将该层次进一步划分为若干子层次。

4.4.2 构造判断矩阵

判断矩阵表示针对上一层次某因素,本层次与之有关因子之间相对重要性的比较。假定A层因素中a_k与下一层次中$B_1,B_2,\cdots,B_n$有联系,构造的判断矩阵一般形式见表1:

表 1 判断矩阵形式

a_k	B_1	B_2	$\cdots$	B_n
B_1	b_{11}	b_{12}	$\cdots$	b_{1n}
B_2	b_{21}	b_{22}	$\cdots$	b_{2n}
$\vdots$	$\vdots$	$\vdots$		$\vdots$
B_n	b_{n1}	b_{n2}	$\cdots$	b_{nn}

判断矩阵元素的值反映了人们对各因素相对重要性(或优劣、偏好、强度等)的认识,一般采用1~9及其倒数的标度方法。当相互比较因素的重要性能够用具有实际意义的比值说明时,判断矩阵相应元素的值则可以取这个比值。判断矩阵的元素标度及其含义见表2。

表2 判断矩阵标度及其含义

标度	含义
1	表示两个因素相比,具有同样重要性
3	表示两个因素相比,一个因素比另一个因素稍微重要
5	表示两个因素相比,一个因素比另一个因素明显重要
7	表示两个因素相比,一个因素比另一个因素强烈重要
9	表示两个因素相比,一个因素比另一个因素极端重要
2,4,6,8	上述两相邻判断的中值
倒数	因素i与j比较得判断b_{ij},则因素j与i比较的判断$b_{ji}=1/b_{ij}$

4.4.3 层次单排序及其一致性检验

建立比较矩阵后,就可以求出各个因素的权值。采取的方法是用和积法计算出各矩阵的最大特征根$\lambda_{\max}$及其对应的特征向量W,并用$CR=CI/RI$进行一致性检验。计算方法如下:

按式(1)将比较矩阵每一列正规化(以矩阵B为例)

$$\bar{b}_{ij} = \frac{b_{ij}}{\sum_{i=1}^{n} b_{ij}} \quad \cdots\cdots\cdots\cdots\cdots\cdots\cdots\cdots (1)$$

按式(2)每一列经正规化后的比较矩阵按行相加

$$\bar{W}_i = \sum_{j=1}^{n} \bar{b}_{ij} \quad \cdots\cdots\cdots\cdots\cdots\cdots\cdots\cdots\cdots\cdots (2)$$

按式(3)对向量

$$\bar{W} = [\bar{W}_1, \bar{W}_2 \ldots \bar{W}_n] \quad \cdots\cdots\cdots\cdots\cdots\cdots\cdots\cdots (3)$$

按式(4)正规化

$$W_i = \frac{\bar{W}_i}{\sum_{i=1}^{n} \bar{W}_i}, i=1,2,3\cdots,n \quad \cdots\cdots\cdots\cdots\cdots\cdots (4)$$

所得到的$W=[W_1,W_2,\cdots,W_n]^T$即为所求特征向量,也就是各个因素的权重值。

按式(5)计算比较矩阵最大特征根$\lambda_{\max}$

$$\lambda_{\max} = \sum_{i=1}^{n} \frac{(BW)_i}{nW_i}, i=1,2\cdots,n \quad \cdots\cdots\cdots\cdots\cdots (5)$$

式中$(BW)_i$表示向量BW的第i个元素。

一致性检验:首先计算一致性指标CI

$$CI = \frac{\lambda_{\max} - n}{n-1} \quad \cdots\cdots\cdots\cdots\cdots\cdots\cdots\cdots\cdots (6)$$

式中n为比较矩阵的阶,也即是因素的个数。

然后根据表3查找出随机一致性指标RI,由式(7)计算一致性比率CR,

$$CR = \frac{CI}{RI} \quad \cdots\cdots\cdots\cdots\cdots\cdots\cdots\cdots\cdots\cdots\cdots (7)$$

表 3　随机一致性指标 RI 的值

n	1	2	3	4	5	6	7	8	9	10	11
RI	0	0	0.58	0.90	1.12	1.24	1.32	1.41	1.45	1.49	1.51

当 $CR<0.1$ 就认为比较矩阵的不一致程度在容许范围内;否则应重新调整矩阵。

4.4.4　层次总排序

计算同一层次所有因素对于最高层(总目标)相对重要性的排序权值,称为层次总排序。这一过程是从最高层次到最低层次逐层进行的。若上一层次 A 包含 m 个因素 $A_1,A_2,\cdots\cdots,A_m$,其层次总排序权值分别为 $a_1,a_2,\cdots\cdots,a_m$,下一层次 B 包含 n 个因素 $B_1,B_2,\cdots\cdots,B_n$,它们对于因素 A_j 的层次单排序权值分别为 $b_{1j},b_{2j},\cdots\cdots,b_{nj}$,(当 B_k 与 A_j 无联系时,$b_{kj}=0$)此时 B 层次总排序权值由表 4 给出。

表 4　层次总排序的权值计算

层次 B	层次 A				B 层次总排序权值
	A_1	A_2	$\cdots$	A_m	
	a_1	a_2		a_m	
B_1	b_{11}	b_{12}	$\cdots$	b_{1m}	$\sum_{i=1}^{m}a_i b_{1i}$
B_2	b_{21}	b_{22}	$\cdots$	b_{2m}	$\sum_{j=1}^{m}a_j b_{2j}$
$\vdots$	$\vdots$	$\vdots$		$\vdots$	$\vdots$
B_n	b_{n1}	b_{n2}	$\cdots$	b_{nm}	$\sum_{j=1}^{m}a_j b_{nj}$

4.4.5　层次总排序的一致性检验

这一步骤也是从高到低逐层进行的。如果 B 层次某些因素对于 A_j 单排序的一致性指标为 CI_j,相应的平均随机一致性指标为 CR_j,则 B 层次总排序随机一致性比率用式(8)计算。

$$CR=\frac{\sum_{j=1}^{m}a_j CI_j}{\sum_{j=1}^{m}a_j RI_j} \quad\cdots\cdots\cdots\cdots\cdots\cdots\cdots(8)$$

类似地,当 $CR<0.1$ 时,认为层次总排序结果具有满意的一致性,否则需要重新调整判断矩阵的元素取值。

4.5　计算各指标隶属度

根据模糊数学的理论,将选定的评价指标与耕地质量之间的关系分为戒上型函数、戒下型函数、峰型函数、直线型函数以及概念型 5 种类型的隶属函数。

4.5.1　戒上型函数模型

适合这种函数模型的评价因子,其数值越大,相应的耕地质量水平越高,但到了某一临界值后,其对耕地质量的正贡献效果也趋于恒定(如有效土层厚度、有机质含量等)。

$$y_i = \begin{cases} 0, & u_i \leqslant u_t \\ 1/[1+a_i(u_i-c_i)^2], & u_t < u_i < c_i, (i=1,2,\cdots,m) \\ 1, & c_i \leqslant u_i \end{cases} \quad \cdots\cdots\cdots\cdots(9)$$

式(9)中，y_i 为第 i 个因子的隶属度；u_i 为样品实测值；c_i 为标准指标；a_i 为系数；u_t 为指标下限值。

4.5.2 戒下型函数模型

适合这种函数模型的评价因子，其数值越大，相应的耕地质量水平越低，但到了某一临界值后，其对耕地质量的负贡献效果也趋于恒定（如坡度等）。

$$y_i = \begin{cases} 0, & u_i \leqslant u_t \\ 1/[1+a_i(u_i-c_i)^2], & c_i < u_i < u_t, (i=1,2,\cdots,m) \\ 1, & u_i \leqslant c_i \end{cases} \quad \cdots\cdots\cdots\cdots(10)$$

式(10)中，u_t 为指标下限值。

4.5.3 峰型函数

适合这种函数模型的评价因子，其数值离一特定的范围距离越近，相应的耕地质量水平越高（如土壤 pH 等）。

$$y_i = \begin{cases} 0, & u_i > u_{t1} \text{ 或 } u_i < u_{t2} \\ 1/[1+a_i(u_i-c_i)^2], & u_{t1} < u_i < u_{t2} \\ 1, & u_i = c_i \end{cases} \quad \cdots\cdots\cdots\cdots(11)$$

式(11)中，u_{t1}、u_{t2} 分别为指标上、下限值。

4.5.4 直线型函数模型

适合这种函数模型的评价因子，其数值的大小与耕地质量水平呈直线关系（如坡度、灌溉能力）。

$$y_i = a_i u_i + b \quad \cdots\cdots\cdots\cdots(12)$$

式(12)中，a_i 为系数，b 为截距。

4.5.5 概念型指标

这类指标其性状是定性的、非数值性的，与耕地质量之间是一种非线性的关系，如地形部位、质地构型、质地等。这类因子不需要建立隶属函数模型。

4.5.6 隶属度的计算

对于数值型评价因子，依据附录 B，用特尔斐法对一组实测值评估出相应的一组隶属度，并根据这两组数据拟合隶属函数；也可以根据唯一差异原则，用田间试验的方法获得测试值与耕地质量的一组数据，用这组数据直接拟合隶属函数，求得隶属函数中各参数值。再将各评价因子的实测值带入隶属函数计算，即可得到各评价因子的隶属度。鉴于质地对耕地某些指标的影响，有机质应按不同质地类型分别拟合隶属函数。

对于概念型评价因子，依据附录 B，可采用特尔斐法直接给出隶属度。

4.6 计算耕地质量综合指数

采用累加法计算耕地质量综合指数。

GB/T 33469—2016

$$P = \sum(C_i \times F_i) \quad \cdots\cdots\cdots\cdots\cdots\cdots\cdots\cdots\cdots\cdots\cdots (13)$$

式中：
P——耕地质量综合指数（Integrated Fertility Index）；
C_i——第i个评价指标的组合权重；
F_i——第i个评价指标的隶属度。

4.7 区域耕地质量等级划分

按从大到小的顺序，在耕地质量综合指数曲线最高点到最低点间采用等距离法将耕地质量划分为10个耕地质量等级。耕地质量综合指数越大，耕地质量水平越高。一等地耕地质量最高，十等地耕地质量最低。

各区域内耕地质量划分时，依据相应的耕地质量综合指数确定当地耕地质量最高最低等级范围，再划分耕地质量等级。

4.8 耕地清洁程度调查与评价

耕地周边有污染源或存在污染的，应根据区域大小，加密耕地环境质量调查取样点密度，检测土壤污染物含量，进行耕地清洁程度评价。耕地土壤单项污染指标限值按照 GB 15618 的规定执行。按照HJ/T 166 规定的方法，计算土壤单项污染指数和土壤内梅罗综合污染指数，并按内梅罗指数将耕地清洁程度划分为清洁、尚清洁、轻度污染、中度污染、重度污染。

4.9 耕地质量综合评估

依据耕地质量划分与耕地清洁程度调查评价结果，对耕地质量进行综合评估，查明影响耕地质量的主要障碍因素，提出有针对性的耕地培肥与土壤改良对策措施与建议。对判定为轻度污染、中度污染和重度污染的耕地，应明确耕地土壤主要污染物类型，提出耕地限制性使用意见和种植作物调整建议。

附 录 A
(规范性附录)
耕地质量等级划分区域范围

表 A.1 耕地质量等级划分区域范围

一级农业区	二级农业区	县、市、旗、区
(一) 东北区	兴安岭林区	根河、额尔古纳、牙克石、鄂伦春、莫力达瓦、阿荣旗、扎兰屯、呼玛、爱辉、孙吴、逊克、伊春、嘉荫、铁力
	松嫩-三江平原农业区	嫩江、五大连池、北安、讷河、甘南、龙江、富裕、依安、克山、克东、拜泉、林甸、杜尔伯特、泰来、海伦、绥棱、庆安、绥化、望奎、青冈、明水、安达、兰西、肇东、肇州、肇源、呼兰、巴彦、木兰、通河、方正、延寿、尚志、宾县、阿城、双城、五常、依兰、汤原、桦川、桦南、勃利、七台河、集贤、宝清、富锦、同江、抚远、饶河、绥滨、萝北、虎林、密山、鸡东、扎赉特、白城、镇赉、洮南、通榆、大安、乾安、扶余、前郭、长岭、农安、德惠、九台、榆树、双阳、舒兰、永吉、吉林市郊区、双辽、公主岭、梨树、伊通、辽源、东丰
	长白山地林农区	林口、穆棱、海林、宁安、东宁、绥芬河、鸡西、敦化、安图、和龙、延吉、图们、珲春、辉南、梅河口、柳河、通化、集安、浑江、靖宇、抚松、长白、蛟河、桦甸、磐石
	辽宁平原丘陵农林区	西丰、昌图、开原、铁岭、康平、法库、抚顺、清原、新宾、新民、辽中、本溪、桓仁、辽阳、灯塔、岫岩、东港、凤城、宽甸、瓦房店、普兰店、金州、庄河、长海、盖州、营口、大洼、盘山、台安、海城、阜新、彰武、绥中、兴城、凌海、义县、北镇、黑山
(二) 内蒙古及长城沿线区	内蒙古北部牧农区	陈巴尔虎、鄂温克、新巴尔虎左、新巴尔虎右、海拉尔、满洲里、东乌珠穆沁、西乌珠穆沁、锡林浩特、阿巴嘎、苏尼特左、正蓝、正镶白、镶黄、苏尼特右、二连浩特、四子王、达尔罕茂明安
	内蒙古中南部牧农区	科尔沁右前、突泉、乌兰浩特、科尔沁右中、科尔沁左中、扎鲁特、科尔沁区、开鲁、奈曼、阿鲁科尔沁、敖汉、巴林左、巴林右、翁牛特、林西、克什克腾、多伦、太仆寺、察右后、察右中、化德、商都、达拉特、准格尔、东胜、伊金霍洛、围场、丰宁、沽源、康保、张北、尚义、府谷、神木、榆林、横山、靖边、定边、盐池、红寺堡
	长城沿线农牧区	北票、朝阳、凌源、喀左、建昌、集宁、兴和、察右前、丰镇、凉城、卓资、武川、和林格尔、清水河、元宝山、红山、松山、喀喇沁、宁城、土默特左、托克托、固阳、土默特右、隆化、滦平、兴隆、平泉、宽城、青龙、承德、万全、怀安、阳原、蔚县、宣化、涿鹿、怀来、赤城、崇礼、涞源、大同、右玉、左云、平鲁、朔城、山阴、怀仁、应县、浑源、灵丘、阳高、天镇、广灵、繁峙、宁武、神池、偏关、五寨、岢岚、静乐、岚县、方山、娄烦、古交、赛罕、回民、玉泉、新城、九原
(三) 黄淮海区	燕山太行山山麓平原农业区	门头沟、海淀、丰台、朝阳、房山、大兴、通州、昌平、平谷、怀柔、密云、顺义、延庆、蓟县、抚宁、卢龙、昌黎、迁安、迁西、遵化、丰润、玉田、滦县、大厂、三河、香河、涞水、涿州、高碑店、易县、定兴、容城、徐水、顺平、清苑、满城、望都、曲阳、唐县、博野、安国、蠡县、赞皇、高邑、赵县、辛集、晋州、元氏、藁城、鹿泉、正定、灵寿、行唐、新乐、无极、深泽、临城、柏乡、隆尧、内丘、邢台、任县、沙河、南和、宁晋、邯郸、武安、永年、肥乡、成安、磁县、临漳、安阳、淇滨、林州、淇县、汤阴、浚县、辉县、卫辉、新乡、修武、获嘉、武陟、博爱、温县、沁阳、孟州、栾城、定州

表 A.1（续）

一级农业区	二级农业区	县、市、旗、区
（三）黄淮海区	冀鲁豫低洼平原农业区	静海、宁河、武清、宝坻、乐亭、滦南、丰南、安次、固安、永清、霸州、文安、大城、雄县、安新、高阳、广阳、曹妃甸、任丘、河间、沧县、青县、黄骅、海兴、盐山、孟村、南皮、东光、泊头、吴桥、献县、肃宁、安平、饶阳、深州、武邑、阜城、景县、武邑、桃城区、冀州、枣强、故城、新河、巨鹿、平乡、广宗、南宫、威县、清河、临西、鸡泽、曲周、馆陶、广平、大名、魏县、邱县、莘县、阳谷、东昌府、冠县、临清、茌平、东阿、高唐、夏津、武城、平原、禹城、齐河、济阳、陵县、临邑、商河、宁津、乐陵、庆云、惠民、阳信、滨城、无棣、沾化、利津、垦利、广饶、博兴、高青、寿光、内黄、南乐、清丰、范县、台前、濮阳、滑县、长垣、原阳、延津、封丘
	黄淮平原农业区	梁园、睢阳区、民权、睢县、宁陵、柘城、虞城、夏邑、永城、荥阳、兰考、杞县、祥符、通许、尉氏、中牟、新郑、扶沟、太康、西华、商水、淮阳、鹿邑、郸城、沈丘、项城、西平、遂平、上蔡、平舆、汝南、新蔡、正阳、许昌、长葛、鄢陵、临颍、郾城、舞阳、襄城、叶县、禹州、郏县、宝丰、息县、淮滨、嘉祥、金乡、鱼台、微山、梁山、邹城、鄄城、巨野、东明、牡丹、定陶、成武、曹县、单县、临泉、界首、太和、颍东、颍州、阜南、颍上、亳州、涡阳、利辛、蒙城、毛集、潘集、砀山、萧县、濉溪、宿州、埇桥、灵璧、固镇、酒县、五河、怀远、蚌埠、淮上、丰县、沛县、铜山、邳州、睢宁、新沂、东海、赣榆、清浦、淮阴、涟水、灌云、灌南、沭阳、宿迁、泗洪、泗阳、响水、滨海
	山东丘陵农林区	荣成、文登、牟平、乳山、海阳、福山、栖霞、蓬莱、龙口、招远、莱州、莱阳、莱西、即墨、昌邑、寒亭、昌乐、平度、高密、胶州、黄岛、诸城、五莲、安丘、青州、临朐、历城、崂山、邹平、桓台、沂源、沂水、蒙阴、平邑、费县、沂南、兰陵、郯城、临沭、莒南、莒县、长青、平阴、肥城、宁阳、新泰、章丘、淄川、博山、临淄、周村、薛城、峄城、台儿庄、山亭、市中、东营、河口、潍城、寒亭、坊子、岱岳、环翠、南港、莱城、钢城、河东、罗庄、兰山、德城、张店、东平、兖州、曲阜、泗水、邹城、滕州、汶上
（四）黄土高原区	晋东豫西丘陵山地农林牧区	五台、孟县、寿阳、昔阳、和顺、左权、平定、榆社、沁源、沁县、武乡、襄垣、黎城、潞城、屯留、长治、长子、平顺、壶关、高平、陵川、阳城、沁水、泽州、安泽、垣曲、平陆、芮城、夏县、平山、井陉、涉县、济源、巩义、登封、新密、鲁山、偃师、孟津、伊川、汝州、新安、渑池、宜阳、陕州、灵宝、洛宁、栾川、卢氏
	汾渭谷地农业区	代县、原平、定襄、忻府、阳曲、清徐、晋源、小店、杏花岭、迎泽、尖草坪、万柏林、榆次、太谷、祁县、平遥、介休、灵石、交城、文水、汾阳、孝义、霍州、洪洞、尧都、古县、浮山、翼城、襄汾、曲沃、侯马、新绛、稷山、河津、绛县、闻喜、万荣、夏县、盐湖、临猗、永济、韩城、澄城、白水、蒲城、大荔、耀州、渭滨、临渭、蓝田、华州、华阴、潼关、长安、三原、泾阳、高陵、淳化、旬邑、彬县、长武、永寿、乾县、礼泉、兴平、武功、周至、户县、陈仓、麟游、陇县、千阳、凤翔、岐山、扶风、眉县、合阳、富平、临渭、渭城、秦都、金台、印台
	晋陕甘黄土丘陵沟壑牧林农区	河曲、保德、兴县、临县、离石、柳林、中阳、石楼、交口、隰县、永和、大宁、蒲县、吉县、乡宁、佳县、吴堡、米脂、绥德、子洲、清涧、延川、子长、安塞、吴起、宝塔、延长、甘泉、富县、宜川、黄龙、洛川、黄陵、宜君、西峰、庆城、环县、华池、合水、正宁、宁县、镇原、灵台、泾川、崆峒、崇信、华亭、原州、海原、西吉、泾源、隆德、同心、彭阳、志丹
	陇中青东丘陵农牧区	静宁、庄浪、张家川、清水、秦安、秦州、麦积、天水、甘谷、武山、漳县、靖远、平川、白银、会宁、安定、通渭、陇西、渭源、临洮、榆中、皋兰、永登、临夏、和政、东乡、广河、康乐、永靖、积石山、民和、乐都、互助、化隆、循化、湟中、湟源、大通、尖扎、同仁、贵德、西宁市郊区、贵德

表 A.1（续）

一级农业区	二级农业区	县、市、旗、区
（五）长江中下游区	长江下游平原丘陵农畜水产区	崇明、宝山、浦东、奉贤、松江、金山、嘉定、青浦、吴县、吴江、江阴、张家港、常熟、太仓、昆山、丹徒、武进、扬中、金坛、宜兴、溧阳、高淳、溧水、句容、启东、海门、如东、南通、如皋、海安、东台、大丰、建湖、射阳、阜宁、邳江、江都、靖江、泰兴、仪征、高邮、宝应、兴化、盱眙、洪泽、金湖、淮安、江宁、浦口、六合、嘉善、南浔、秀洲、海盐、海宁、桐乡、吴兴、南浔、德清、上城、下城、江干、拱墅、西湖、滨江、萧山、余杭、越城、柯桥、上虞、慈溪、余姚、海曙、江东、江北、北仑、镇海、鄞州、定海、岱山、普陀、平湖、嵊泗、当涂、芜湖、繁昌、南陵、铜陵、庐江、无为、肥东、巢湖、含山、和县、枞阳、桐城、怀宁、望江、宿松、滁州市辖区、全椒、定远、凤阳、明光、来安、天长、长丰、霍邱、寿县、肥西、安庆、合肥、马鞍山
	鄂豫皖平原山地农林区	襄州、襄城、樊城、枣阳、老河口、曾都、随县、广水、大悟、红安、麻城、罗田、英山、平桥、浉河、罗山、光山、新县、固始、商城、潢川、内乡、镇平、邓州、新野、南召、方城、社旗、唐河、六安、金寨、霍山、舒城、岳西、潜山、太湖、宛城区、卧龙、确山、泌阳、桐柏、浙川
	长江中游平原农业水产区	九江、彭泽、湖口、都昌、星子、德安、永修、瑞昌、鄱阳、乐平、万年、余干、余江、东乡、进贤、临川、南昌、丰城、清浦、高安、新余、安义、奉新、东西湖、汉南、黄陂、新洲、武汉市近效区、黄州、团风、浠水、蕲春、武穴、黄梅、龙感湖、陆安、云梦、应城、孝南、孝昌、汉川、黄陂、嘉鱼、摄刀、东宝、屈家岭、沙洋、钟祥、京山、宜城、天门、仙桃、潜江、洪湖、监利、石首、公安、松滋、荆州、沙市、江陵、当阳、枝江、临湘、岳阳、汨罗、湘阴、南县、沅江、安乡、澧县、临澧、常德、汉寿、桃源、津市
	江南丘陵山地农林区	东至、贵池、泾县、青阳、宣城、郎溪、广德、石台、黄山、宁国、旌德、绩溪、歙县、休宁、黟县、祁门、安吉、诸暨、临安、富阳、桐庐、建德、淳安、浦江、兰溪、金东、婺城、衢江、柯城、龙游、磐安、长兴、江山、常山、开化、义乌、东阳、永康、武义、婺源、德兴、玉山、广丰、上饶、铅山、横峰、弋阳、贵溪、金溪、资溪、南城、黎川、南丰、宜黄、崇仁、乐安、广昌、石城、宁都、兴国、瑞金、会昌、安远、于都、信丰、赣县、南康、新干、峡江、永丰、吉水、吉安、安福、莲花、永新、宁冈、泰和、万安、遂川、铜鼓、靖安、奉新、宜丰、上高、分宜、万载、宜春、修水、武宁、黄石市郊区、阳新、大冶、夏夏、梁子湖、鄂城、咸宁、赤壁、崇阳、通山、通城、平江、浏阳、醴陵、攸县、茶陵、湘潭、湘乡、株洲、桃江、安化、宁乡、新化、冷水江、涟源、双峰、邵东、新邵、邵阳、隆回、洞口、武冈、新宁、衡山、衡东、衡阳、祁东、祁阳、常宁、衡南、东安、永州、安仁、耒阳、永兴、长沙、望城、韶山、华容
	浙闽丘陵山地林农区	嵊州、新昌、奉化、宁海、象山、天台、三门、临海、仙居、椒江、黄岩、路桥、温岭、玉环、永嘉、乐清、洞头、瑞安、平阳、文成、泰顺、缙云、丽水、莲都、青田、云和、遂昌、龙泉、庆元、浦城、松溪、政和、崇安、建宁、建瓯、光泽、邵武、顺昌、福鼎、柘荣、寿宁、福安、周宁、屏南、古田、霞浦、罗源、闽侯、闽清、永泰、建宁、泰宁、将乐、宁化、明溪、沙县、清流、永定、龙海、大田、德化、永春、漳平、长汀、连城、永定、上杭、武平、龙湖、鹿城、瓯海、苍南、景宁
	南岭丘陵山地林农区	大余、全南、龙南、定南、寻乌、上犹、崇义、桂东、资兴、汝城、郴州、桂阳、嘉禾、临武、宜章、新田、宁远、道县、蓝山、江华、江永、双牌、平远、蕉岭、梅县、兴宁、大埔、龙川、和平、连平、翁源、始兴、南雄、仁化、乐昌、乳源、连州、连南、连山、阳山、曲江、怀集、广宁、封开、富川、钟山、八步、昭平、蒙山、资源、全州、兴安、灌阳、灵川、龙胜、临桂、永福、阳朔、荔浦、平乐、恭城、金秀、象州、武宣、忻城、柳江、柳城、鹿寨、融水、融安、三江、罗城、宜州、上林、平桂管理区、兴宾、合山、城中、柳北、柳南、鱼峰、象山、秀峰、叠彩、七星、雁山

表 A.1（续）

一级农业区	二级农业区	县、市、旗、区
（六）西南区	秦岭大巴山林农区	西峡、淅川、洛南、商州、丹凤、汉滨、汉台、丹凤、商南、山阳、柞水、镇安、宁陕、石泉、汉阴、紫阳、旬阳、白河、平利、岚皋、镇坪、佛坪、洋县、西乡、镇巴、城固、南郑、勉县、宁强、略阳、留坝、太白、凤县、西当、徽县、西和、礼县、岷县、宕昌、武都、文县、成县、康县、舟曲、北川、平武、青川、旺苍、南江、通江、万源、白沙口、巫溪、十堰市郊区、郧阳、郧西、竹溪、竹山、房县、丹江口、谷城、保康、南漳、神农架
	四川盆地农林区	巴州、平昌、宣汉、开江、大竹、渠县、邻水、通川、梁平、忠县、万州、开县、垫江、丰都、涪陵、南川、巴南、綦江、江北、长寿、合川、铜梁、璧山、大足、荣昌、永川、江津、潼南、苍溪、阆中、仪陇、南部、营山、蓬安、岳池、广安、武胜、西充、绵州、绵竹、德阳、中江、绵阳、江油、剑阁、梓潼、盐亭、三台、射洪、蓬溪、遂宁、什邡、广汉、彭州、新都、都江堰、郫县、温江、崇州、新津、大邑、邛崃、蒲江、彭山、眉山、青神、仁寿、井研、犍为、沐川、峨眉、夹江、洪雅、丹棱、宝兴、芦山、名山、天全、荥经、隆昌、乐至、安岳、简阳、资中、威远、富顺、泸县、合江、纳溪、江安、南溪、宜宾县、高县、长宁、双流、金堂、荣县、渝北、北碚、沙坪坝、九龙坡、大渡口
	渝鄂湘黔边境山地林农牧区	云阳、奉节、巫山、武隆、彭水、黔江、酉阳、秀山、石柱、远安、兴山、秭归、宜都、长阳、五峰、夷陵、宜昌市效区、恩施、巴东、建始、利川、宣恩、鹤峰、咸丰、来凤、石门、慈利、龙山、桑植、张家界、永顺、保靖、古丈、花垣、吉首、泸溪、凤凰、沅陵、辰溪、溆浦、麻阳、芷江、新晃、洪江、会同、靖州、通道、绥宁、城步、沿河、德江、思南、印江、石阡、江口、松桃、万山、玉屏、道真、务川、正安、岑巩、镇远、施秉、三穗、台江、剑河、雷山、丹寨、天柱、锦屏、黎平、榕江、从江、凯里、三都、怀化
	黔桂高原山地林农牧区	绥阳、桐梓、习水、赤水、仁怀、遵义、湘潭、凤冈、余庆、瓮安、福泉、贵定、龙里、都匀、独山、平塘、惠水、长顺、罗甸、荔波、黄平、麻江、开阳、息烽、修文、清镇、平坝、普定、镇宁、关岭、紫云、金沙、黔西、大方、织金、纳雍、六枝、盘县、水城、晴隆、普安、兴仁、贞丰、兴义、安龙、册亨、望谟、古蔺、叙永、兴文、珙县、筠连、环江、南丹、天峨、凤山、东兰、巴马、都安、马山、乐业、凌云、田林、隆林、西林、大化、金城江
	川滇高原山地农林牧区	米易、盐边、泸定、汉源、石棉、屏山、甘洛、越西、喜德、美姑、昭觉、雷波、金阳、布拖、普格、峨边、马边、金口河、冕宁、西昌、德昌、宁南、会东、会理、盐源、赫章、威宁、绥江、盐津、永善、大关、彝良、威信、镇雄、鲁甸、巧家、东川、会泽、宣威、沾益、富源、马龙、寻甸、嵩明、宜良、石林、陆良、师宗、罗平、富民、安宁、晋宁、呈贡、易门、峨山、江川、通海、华宁、澄江、弥勒、泸西、丘北、文山、砚山、双柏、大姚、姚安、南华、牟定、楚雄、玄武、禄丰、武定、禄劝、景东、鹤庆、剑川、洱源、云龙、永平、漾濞、大理、巍山、宾川、祥云、弥渡、南涧、保山、腾冲、宁蒗、永胜、华坪、泸水、兰坪、西山、五华、官渡、禄劝、古城、玉龙、昭阳、麒麟、红塔
（七）华南区	闽南粤中农林水产区	长乐、平潭、福清、仙游、安溪、南安、惠安、晋江、同安、华安、长泰、龙海、南靖、平和、漳浦、云霄、东山、诏安、饶平、南澳、潮安、澄海、潮阳、丰顺、五华、普宁、惠来、揭西、陆丰、海丰、丰顺、五华、紫金、惠东、惠阳、博罗、番禺、花都、增城、从化、龙门、新丰、南海、三水、顺德、斗门、新会、鹤山、开平、台山、恩平、四会、高要、德庆、新兴、罗定、郁南、英德、佛冈
	粤西桂南农林区	阳春、信宜、高州、电白、化州、廉江、吴川、苍梧、藤县、岑溪、桂平、贵港、玉林、北流、容县、陆川、博白、平南、宾阳、横县、邕宁、武鸣、隆安、天等、大新、扶绥、龙州、宁明、凭祥、灵山、浦北、合浦、防城、上思、果平、田东、田阳、德保、靖西、那坡、宁明、江南、青秀、西乡塘、邕宁、良庆、万秀、长洲、龙圩、海城、银海、铁山港、东兴、港口、钦南、钦北、港南、港北、覃塘、兴业、福绵管理区、玉东新区、右江、江州

表 A.1（续）

一级农业区	二级农业区	县、市、旗、区
（七）华南区	滇南农林区	广南、富宁、西畴、麻栗坡、马关、石屏、建水、开远、蒙自、个旧、屏边、河口、金平、元阳、红河、绿春、元江、新平、镇沅、景谷、墨江、江城、澜沧、西盟、孟连、景洪、勐海、勐腊、凤庆、云县、双江、耿马、沧源、永德、镇康、昌宁、施甸、龙陵、盈江、梁河、芒市、陇川、瑞丽、思茅、临翔、隆阳
	琼雷及南海诸岛农林区	遂溪、雷州、徐闻、琼山、文昌、定安、澄迈、临高、琼海、屯昌、儋州、万宁、琼中、保亭、陵水、白沙、昌江、东方、乐东、崖州
（八）甘新区	蒙宁甘农牧区	乌达、海勃湾、五原、临河、杭锦后、磴口、乌拉特前、乌拉特中、乌拉特后、阿拉善左、阿拉善右、额济纳、杭锦、乌审、鄂托克、永宁、贺兰、平罗、灵武、青铜峡、中宁、沙坡头、凉州、古浪、景泰、民勤、永昌、金川、甘州、山丹、民乐、高台、临泽、嘉峪关、肃州、玉门、金塔、瓜州、敦煌、肃北、阿克塞、惠农、大武口、利通、兴庆、金凤、西夏
	北疆农牧林区	阿勒泰、布尔津、吉木乃、哈巴河、福海、富蕴、青河、塔城、额敏、裕民、托里、和布克赛尔、乌苏、沙湾、伊宁、霍城、察布查尔、尼勒克、巩留、新源、特克斯、昭苏、奎屯、精河、博乐、温泉、木垒、奇台、吉木萨尔、阜康、米泉、昌吉、呼图壁、玛纳斯、乌鲁木齐市郊区、克拉玛依、奎屯、巴里坤、伊吾
	南疆农牧林区	鄯善、哈密、高昌、托克逊、和静、和硕、焉耆、博湖、库尔勒、尉犁、轮台、且末、若羌、库车、沙雅、拜城、新和、温宿、阿克苏、阿瓦提、乌什、柯坪、喀什、疏附、疏勒、伽师、岳普湖、巴楚、麦盖提、莎车、英吉沙、泽普、叶城、塔什库尔干、阿合奇、阿图什、乌恰、阿克陶、皮山、墨玉、和田、洛浦、策勒、于田、民丰
（九）青藏区	藏南农牧区	吉隆、聂拉木、昂仁、定日、谢通门、拉孜、萨迦、定结、岗巴、白朗、江孜、南木林、仁布、康马、亚东、尼木、堆龙德庆、曲水、林周、达孜、墨竹工卡、浪卡子、贡嘎、扎囊、洛扎、乃东、琼结、桑日、曲松、措美、隆子、错那
	川藏林农牧区	加查、朗县、工布江达、米林、墨脱、索县、边坝、洛隆、丁青、类乌齐、江达、波密、察隅、八宿、左贡、察雅、芒康、贡觉、贡山、福贡、维西、香格里拉、德钦、木里、白玉、巴塘、理塘、得荣、乡城、稻城、新龙、炉霍、道孚、丹巴、雅江、康定、九龙、金川、小金、马尔康、理县、汶川、黑水、茂县、松潘、九寨沟、巴宜、卡诺
	青甘牧农区	合作、夏河、临潭、卓尼、迭部、碌曲、天祝、肃南、泽库、共和、贵南、兴海、同德、祁连、刚察、海晏、门源、天峻、乌兰、都兰、格尔木、河南、德令哈
	青藏高寒地区	仲巴、萨嘎、普兰、扎达、噶尔、日土、革吉、改则、措勤、那曲、嘉黎、比如、聂荣、安多、班戈、申扎、巴青、双湖、当雄、玉树、称多、杂多、治多、曲麻莱、玛多、玛沁、甘德、达日、班玛、久治、石渠、德格、色达、甘孜、壤塘、阿坝、若尔盖、红原、玛曲、尼玛

附 录 B
（资料性附录）
区域耕地质量等级划分指标

表 B.1 东北区耕地质量等级划分指标

指标		等级									
		一等	二等	三等	四等	五等	六等	七等	八等	九等	十等
地形部位		岗平地、宽谷漫岗地、河流二级阶地			岗平地、河谷阶地、漫岗缓坡地、台地		河漫滩、低阶地、漫岗缓坡地、岗坡地、山地下部		岗间洼地、河漫滩、低阶地、岗顶岗坡地		
有效土层厚度/cm		≥100			80～100		60～80		<60		
有机质含量/(g/kg)		≥20			15～25		10～20		<10		
耕层质地		中壤、重壤、砂壤			砂壤、轻壤、中壤、重壤		砂壤、轻壤、黏土		砂土、黏土		
土壤容重		适中					偏轻或偏重				
质地构型		上松下紧型、海绵型			松散型、紧实型、夹黏型		夹砂型、上紧下松型、薄层型				
土壤养分状况		最佳水平			潜在缺乏或养分过量		养分贫瘠				
土壤健康状况	生物多样性	丰富			一般				不丰富		
	清洁程度	清洁、尚清洁									
障碍因素		无障碍因素			较少或较轻，有轻度盐碱		较多或较重、中度盐碱或钙积层、白浆层等障碍层次，耕层浅		多或重、重度盐碱、潜育化障碍或砂砾层、砂漏层等障碍层次		
灌溉能力		充分满足			满足		基本满足		不满足		
排水能力		充分满足			满足		基本满足		不满足		
农田林网化程度		高			中				低		
酸碱度		pH5.5～pH6.5			pH6.5～pH7.5		pH7.5～pH8.5		≥pH8.5、<pH5.5		
耕层厚度/cm		≥25			20～25		15～25		<15		

注：对判定为轻度污染、中度污染和重度污染的耕地，应提出耕地限制性使用意见，采取有关措施进行耕地环境质量修复。

表 B.2 内蒙古及长城沿线区耕地质量等级划分指标

指标		等级									
		一等	二等	三等	四等	五等	六等	七等	八等	九等	十等
地形部位		河流冲积平原的河漫滩、低阶地山前倾斜平原的中、下部				河流冲积平原的中阶地、河谷阶地、山前倾斜平原上部			河流冲积平原边缘地带、山前倾斜平原前缘、低山丘陵坡地		
有效土层厚度/cm		≥60				30～60			<30		
有机质含量/(g/kg)		≥12				8～15			<8		
耕层质地		中壤、轻壤				砂壤、轻壤、中壤、重壤			砂土、黏土		
土壤容重		适中							偏轻或偏重		
质地构型		上松下紧型、海绵型				松散型、紧实型、夹黏型			夹砂型、上紧下松型、薄层型		
土壤养分状况		最佳水平				潜在缺乏或养分过量			养分贫瘠		
土壤健康状况	生物多样性	丰富、一般				一般、不丰富			不丰富		
	清洁程度	清洁、尚清洁									
障碍因素		无障碍因素		轻度沙化、轻度盐碱			中度沙化、中度盐碱			重度沙化、重度盐碱		
灌溉能力		充分满足、满足				满足、基本满足			基本满足、不满足		
排水能力		充分满足、满足				满足、基本满足			基本满足、不满足		
农田林网化程度		高、中				中			低		
酸碱度		pH5.5～pH6.5、pH6.5～pH7.5				pH7.5～pH8.5			≥pH8.5、<pH5.5		
田面坡度/(°)		≤3				2～10			10～15		

注：对判定为轻度污染、中度污染和重度污染的耕地，应提出耕地限制性使用意见，采取有关措施进行耕地环境质量修复。

表 B.3 黄淮海区耕地质量等级划分指标

指标		等级									
		一等	二等	三等	四等	五等	六等	七等	八等	九等	十等
地形部位		交接洼地、微斜平原、山前平原、缓平坡地、冲洪积扇			交接洼地、微斜平地、缓平坡地、平原高阶、丘陵下部、丘陵中部、河滩高地			滨海低平地、河滩高地、坡地上部、丘陵上部			
有效土层厚度/cm		≥100			60~100			<60			
有机质含量/(g/kg)		≥12			10~20			<12			
耕层质地		中壤、重壤、轻壤			砂土、砂壤、重壤、黏土			砂土、砂壤、黏土			
土壤容重		适中						偏轻或偏重			
质地构型		上松下紧型、海绵型			松散型、紧实型、夹黏型			夹砂型、上紧下松型、薄层型			
土壤养分状况		最佳水平			潜在缺乏或养分过量			养分贫瘠			
土壤健康状况	生物多样性	丰富			一般			不丰富			
	清洁程度	清洁、尚清洁									
障碍因素		无			存在砂姜层、夹砂层、夹砾石层、粘化层、白浆层或粘盘层等			存在夹砂层、夹砾石层、粘化层或粘盘层等			
灌溉能力		充分满足			满足、基本满足			不满足			
排水能力		充分满足			满足、基本满足			不满足			
农田林网化程度		高、中			中			低			
酸碱度		pH6.5~pH7.5			pH5.5~pH6.5、pH7.5~pH8.5			pH4.5~pH5.5、≥pH8.5			
耕层厚度/cm		≥20			15~20			<18			
盐渍化程度		无			轻度			中度、重度			
地下水埋深/m		>3			2~3			<2			
注：对判定为轻度污染、中度污染和重度污染的耕地，应提出耕地限制性使用意见，采取有关措施进行耕地环境质量修复。											

表 B.4 黄土高原区耕地质量等级划分指标

指标		等级									
		一等	二等	三等	四等	五等	六等	七等	八等	九等	十等
地形部位		河流一、二级阶地			河谷阶地、塬地、洪积扇中下部、洞地			河漫滩、梁面平地、缓坡地		梁、峁、坡地	
有效土层厚度/cm		≥100					60~100			<60	
有机质含量/(g/kg)		≥15				8~15				<10	
耕层质地		中壤、轻壤				砂壤、轻壤、中壤				砂土、重壤、黏土	
土壤容重		适中					偏轻或偏重				
质地构型		上松下紧型、海绵型			松散型、紧实型、夹黏型			夹砂型、上紧下松型、薄层型				
土壤养分状况		最佳水平				潜在缺乏或养分过量				养分贫瘠	
土壤健康状况	生物多样性	丰富、一般				一般、不丰富				不丰富	
	清洁程度					清洁、尚清洁					
障碍因素		无障碍因素				轻度、中度侵蚀				中度、重度侵蚀	
灌溉能力		充分满足				满足、基本满足			基本满足		不满足
排水能力		充分满足、满足				满足、基本满足			基本满足、不满足		不满足
农田林网化程度		高、中					中			低	
盐渍化程度		无				轻度			中度		重度
地下水埋深/m		>3				2~3				<2	
田面坡度/(°)		≤3				2~10			10~15		15~25
注:对判定为轻度污染、中度污染和重度污染的耕地,应提出耕地限制性使用意见,采取有关措施进行耕地环境质量修复。											

表 B.5 长江中下游区耕地质量等级划分指标

指标		等级									
		一等	二等	三等	四等	五等	六等	七等	八等	九等	十等
地形部位		河流中下游平缓阶地、山间盆地、宽谷盆地、平坝、低塝田、下冲垄田、河湖冲、沉积平原、冲积海积平原、滨海平原		山间畈田、河流上游宽谷阶地、低丘坡田、缓塝田、缓丘坡田、冲垄下部田、下部田、平原湖(圩)田、河湖冲、沉积平原、冲积海积平原、滨海平原		河谷低阶地、盆谷阶地、江河高阶地、丘陵低谷地、缓岗地、丘陵中部、下部、冲垄上部田、河湖冲、沉积平原低洼地、滨海平原洼地、新垦滩涂			河谷阶地、山间谷地、封闭洼地、高丘山地、丘陵谷地、山垄上冲田、丘陵上部、新垦滩涂			
有效土层厚度/cm		≥100				60～100			<60		
有机质含量/(g/kg)		≥24(≥28)		18～40(20～40)			10～30(15～30)		<10(<15)		
耕层质地		中壤、重壤、轻壤				砂壤、轻壤、中壤、重壤、黏土			砂土、重壤、黏土		
土壤容重		适中							偏轻或偏重		
质地构型		上松下紧型、海绵型				松散型、紧实型、夹黏型			夹砂型、上紧下松型、薄层型		
土壤养分状况		最佳水平				潜在缺乏或养分过量			养分贫瘠		
土壤健康状况	生物多样性	丰富				一般			不丰富		
	清洁程度					清洁、尚清洁					
障碍因素		100 cm 内无障碍因素或障碍层出现				50 cm～100 cm 内出现障碍层(潜育层、网纹层、白土层、粘化层、盐积层、焦砾层、砂砾层等),或有其他障碍因素			50 cm 内出现障碍层(潜育层、白土层、网纹层、盐积层、粘化层、焦砾层、砂砾层、腐泥层、泥炭层等),或有其他障碍因素		
灌溉能力		充分满足		满足			基本满足		不满足		
排水能力		充分满足		满足			基本满足		不满足		
农田林网化程度		高、中				中			低		
酸碱度		pH6.0～pH8.0(pH5.5～pH8.0)		pH5.5～pH8.5 (pH5.0～pH8.5)		pH4.5～pH6.5 (pH4.5～pH5.5)、pH8.5～pH9.0 (pH8.0～pH8.5)			>pH9.0(>pH8.5)、<pH4.5(<pH5.0)		

注1:对判定为轻度污染、中度污染和重度污染的耕地,应提出耕地限制性使用意见,采取有关措施进行耕地环境质量修复。
注2:括号中数值为水田耕地质量等级划分指标。

表 B.6 西南区耕地质量等级划分指标

指标	等级									
	一等	二等	三等	四等	五等	六等	七等	八等	九等	十等
地形部位	宽谷盆地、平原阶地、河流阶地、丘陵坝区、台地、丘陵下部			河流阶地、丘陵坝区、台地、丘陵中、下部、山地中、下部			丘陵上部、山地上、中、下部			
有效土层厚度/cm	≥80			50～80			30～50		<30	
有机质含量/(g/kg)	≥25(≥30)			20～30			15～20		10～15	<10
耕层质地	中壤、重壤			砂壤、轻壤、重壤、黏土			砂土、砂壤、黏土			
土壤容重	适中						偏轻或偏重			
质地构型	上松下紧型、海绵型			松散型、紧实型、夹黏型			夹砂型、上紧下松型、薄层型			
土壤养分状况	最佳水平			潜在缺乏或养分过量			养分贫瘠			
土壤健康状况 生物多样性	丰富			一般			不丰富			
清洁程度	清洁、尚清洁									
障碍因素	无障碍层次			有潜育化障碍，50 cm～100 cm出现砂漏、粘盘等障碍层			有潜育化障碍，50 cm以内出现砂漏、粘盘等障碍层，或砾石含量大于10%			
灌溉能力	充分满足、满足			满足、基本满足			基本满足、不满足			
排水能力	充分满足、满足			满足、基本满足			基本满足、不满足			
农田林网化程度	高			中			低			
酸碱度	pH6.0～pH7.5			pH4.5～pH6.5,pH7.5～pH8.5			<pH4.5,>pH8.5			
海拔高度/m	≤1 600			800～2 000			>2 000			

注1：对判定为轻度污染、中度污染和重度污染的耕地，应提出耕地限制性使用意见，采取有关措施进行耕地环境质量修复。
注2：括号中数值为水田耕地质量等级划分指标。

表 B.7 华南区耕地质量等级划分指标

指标		等级									
		一等	二等	三等	四等	五等	六等	七等	八等	九等	十等
地形部位		河口三角洲平原、峰林平原、河流冲积平原、宽谷冲积平原、宽谷阶地、平坝、丘陵缓坡	宽谷冲积平原、峰林平原、河流冲积平原、宽谷的中上部、低丘坡麓、丘间谷地、河坝地、滨海砂地、宽谷阶地、平坝、丘陵缓坡		低丘坡麓、丘间洼地、河流冲积坝地、滨海地区、峰林谷地、沟谷地、山地坡下部			滨海地区、封闭洼地、丘陵低谷地、山间峡谷、峰林谷地、沟谷地、山地坡中部			
有效土层厚度/cm		≥100			60~100				<60		
有机质含量/(g/kg)		≥25		20~30			10~20(15~25)			<10(<15)	
耕层质地		中壤、重壤			砂壤、轻壤、中壤、重壤			砂土、砂壤、重壤、黏土			
土壤容重		适中						偏轻或偏重			
质地构型		上松下紧型、海绵型			松散型、紧实型、夹黏型			夹砂型、上紧下松型、薄层型			
土壤养分状况		最佳水平			潜在缺乏或养分过量			养分贫瘠			
土壤健康状况	生物多样性	丰富			一般			不丰富			
	清洁程度	清洁、尚清洁									
障碍因素		无障碍层次			侵蚀、砂化、酸化、瘠薄、潜育化			盐渍化、酸化、潜育化			
灌溉能力		充分满足、满足			满足、基本满足			基本满足、不满足			
排水能力		充分满足、满足			满足、基本满足			基本满足、不满足			
农田林网化程度		高			中			低			
酸碱度		pH5.5~pH7.5		pH5.0~pH7.0			pH4.5~pH5.5、pH6.5~pH7.5(pH7.0~pH8.5)		>pH7.5(>pH8.5)或<pH4.5		

注1：对判定为轻度污染、中度污染和重度污染的耕地，应提出耕地限制性使用意见，采取有关措施进行耕地环境质量修复。
注2：括号中数值为水田耕地质量等级划分指标。

表 B.8 甘新区耕地质量等级划分指标

指标		等级									
		一等	二等	三等	四等	五等	六等	七等	八等	九等	十等
地形部位		大河三角洲的上部、河流冲积平原的河漫滩、低阶地、山前平原的中、下部			泛滥河流的河间洼地、山前平原中部、上部、下切河流冲积平原的中阶地、大河三角洲中部					大河三角洲下游、河流冲积平原的边缘地带山前平原上部		
有效土层厚度/cm		≥100			60~100				<60			
有机质含量/(g/kg)		≥15			10~20				<15			
耕层质地		中壤、轻壤			砂壤、轻壤、重壤				砂土、重壤、黏土			
土壤容重		适中							偏轻或偏重			
质地构型		上松下紧型、海绵型			松散型、紧实型、夹黏型				夹砂型、上紧下松型、薄层型			
土壤养分状况		最佳水平			潜在缺乏或养分过量				养分贫瘠			
土壤健康状况	生物多样性	丰富、一般			一般、不丰富				不丰富			
	清洁程度	清洁、尚清洁										
障碍因素		无			部分土体中含夹砂层、夹砾石层、部分沙化				含夹砂层、夹砾石、夹黏层障碍层、沙化			
灌溉能力		充分满足、满足				满足、基本满足			基本满足、不满足			
排水能力		充分满足、满足				满足、基本满足			基本满足、不满足			
农田林网化程度		高			中				低			
盐渍化程度		无、轻度			轻度、中度				中度、重度			
地下水埋深/m		>3			2~3				<2			
注：对判定为轻度污染、中度污染和重度污染的耕地，应提出耕地限制性使用意见，采取有关措施进行耕地环境质量修复。												

表 B.9 青藏区耕地质量等级划分指标

指标		等级									
		一等	二等	三等	四等	五等	六等	七等	八等	九等	十等
地形部位		河流低谷地、洪积扇前缘、台地			河流宽谷阶地、坡地、湖盆阶地、洪积扇中后部、坡积裙、起伏侵蚀高台地						
有效土层厚度/cm		≥50			>30					<30	
有机质含量/(g/kg)		20～40			10～30					<10	
耕层质地		中壤、轻壤			砂壤、轻壤、重壤					砂土、重壤、黏土	
土壤容重		适中					偏轻或偏重				
质地构型		上松下紧型、海绵型			松散型、紧实型、夹黏型				夹砂型、上紧下松型、薄层型		
土壤养分状况		最佳水平			潜在缺乏或养分量				养分贫瘠		
土壤健康状况	生物多样性	丰富			一般				不丰富		
	清洁程度				清洁、尚清洁						
障碍因素		无			有潜育化，50 cm以下出现沙漏、粘盘等障碍层				有潜育化，50 cm以内出现沙漏、粘盘障碍层；临界地下水位≤30 cm；砾石含量≥20%、盐化		
灌溉能力		充分满足			满足			基本满足		不满足	
排水能力		充分满足			满足			基本满足		不满足	
农田林网化程度		高			中				低		
盐渍化程度		无			轻度				中度、重度		
海拔高度/m		<1 500 内陆灌（溉）淤土2 800～3 000	1 500～2 500 内陆灌（溉）淤土3 000～3 200		2 000～3 000			2 500～3 800		>3 800	
注：对判定为轻度污染、中度污染和重度污染的耕地，应提出耕地限制性使用意见，采取有关措施进行耕地环境质量修复。											

附 录 C
（规范性附录）
土壤有机质的测定

C.1 应用范围

本方法适用于有机质含量在15%以下的土壤。

C.2 方法提要

在加热条件下，用过量的重铬酸钾-硫酸溶液氧化土壤有机碳，多余的重铬酸钾用硫酸亚铁标准溶液滴定，由消耗的重铬酸钾量按氧化校正系数计算出有机碳量，再乘以常数1.724，即为土壤有机质含量。

C.3 主要仪器设备

C.3.1 电炉：1 000 W。

C.3.2 硬质试管：25 mm×200 mm。

C.3.3 油浴锅：用紫铜皮做成或用高度约为15 cm~20 cm的铝锅代替，内装甘油（工业用）或固体石蜡（工业用）。

C.3.4 铁丝笼：大小和形状与油浴锅配套，内有若干小格，每格内可插入一支试管。

C.3.5 自动调零滴定管。

C.3.6 温度计：300 ℃。

C.4 试剂

本试验方法所用试剂和水，除特殊注明外，均指分析纯试剂和GB/T 6682中规定的三级水。所述溶液如未指明溶剂，均系水溶液。

C.4.1 0.4 mol/L 重铬酸钾-硫酸溶液

称取40.0 g重铬酸钾（化学纯）溶于600 mL~800 mL水中，用滤纸过滤到1 L量筒内，用水洗涤滤纸，并加水至1 L。将此溶液转移入3 L大烧杯中；另取1 L密度为1.84 g/mL的浓硫酸（化学纯），慢慢地倒入重铬酸钾水溶液中，不断搅动。为避免溶液急剧升温，每加约100 mL浓硫酸后可稍停片刻，并把大烧杯放在盛有冷水的大塑料盆内冷却，当溶液的温度降到不烫手时再加另一份浓硫酸，直到全部加完为止。此溶液浓度 $c\left(\dfrac{1}{6}K_2Cr_2O_7\right)=0.4\ mol/L$。

C.4.2 0.1 mol/L 硫酸亚铁标准溶液

称取28.0 g硫酸亚铁（化学纯）或40.0 g硫酸亚铁铵（化学纯）溶解于600 mL~800 mL水中，加浓硫酸（化学纯）20 mL搅拌均匀，静止片刻后用滤纸过滤到1 L容量瓶内，再用水洗涤滤纸并加水至1 L。此溶液易被空气氧化而致浓度下降，每次使用时应标定其准确浓度。

GB/T 33469—2016

0.1 mol/L硫酸亚铁溶液的标定：吸取0.100 0 mol/L重铬酸钾标准溶液20.00 mL放入150 mL三角瓶中，加浓硫酸3 mL～5 mL和邻菲啰啉指示剂3滴，以硫酸亚铁溶液滴定，根据硫酸亚铁溶液消耗量即可计算出硫酸亚铁溶液的准确浓度。

C.4.3 重铬酸钾标准溶液

准确称取130 ℃烘2 h～3 h的重铬酸钾（优级纯）4.904 g，先用少量水溶解，然后无损地移入1 000 mL容量瓶中，加水定容，此标准溶液浓度$c\left(\frac{1}{6}K_2Cr_2O_7\right)=0.100\ 0\ mol/L$。

C.4.4 邻菲啰啉（$C_{12}H_8N_2 \cdot H_2O$）指示剂

称取邻菲啰啉1.49 g溶于含有0.70 g $FeSO_4 \cdot 7H_2O$或1.00 g $(NH_4)_2SO_4 \cdot FeSO_4 \cdot 6H_2O$的100 mL水溶液中。此指示剂易变质，应密闭保存于棕色瓶中。

C.5 分析步骤

准确称取通过0.25 mm孔径筛风干试样0.05 g～0.5 g（精确到0.000 1 g，称样量根据有机质含量范围而定），放入硬质试管中，然后从自动调零滴定管准确加入10.00 mL 0.4 mol/L重铬酸钾-硫酸溶液，摇匀并在每个试管口插入一玻璃漏斗。将试管逐个插入铁丝笼中，再将铁丝笼沉入已在电炉上加热至185 ℃～190 ℃的油浴锅内，使管中的液面低于油面，要求放入后油浴温度下降到170 ℃～180 ℃，等试管中的溶液沸腾时开始计时，此刻应控制电炉温度，不使溶液剧烈沸腾，其间可轻轻提起铁丝笼在油浴锅中晃动几次，以使液温均匀，并维持在170 ℃～180 ℃，5 min±0.5 min后将铁丝笼从油浴锅内提出，冷却片刻，擦去试管外的油（蜡）液。把试管内的消煮液及土壤残渣无损地转入250 mL三角瓶中，用水冲洗试管及小漏斗，洗液并入三角瓶中，使三角瓶内溶液的总体积控制在50 mL～60 mL。加3滴邻菲啰啉指示剂，用硫酸亚铁标准溶液滴定剩余的$K_2Cr_2O_7$，溶液的变色过程是橙黄——蓝绿——棕红。

如果滴定所用硫酸亚铁溶液的毫升数不到下述空白试验所耗硫酸亚铁溶液毫升数的1/3，则应减少土壤称样量重测。

每批分析时，应同时做2个空白试验，即取大约0.2 g灼烧浮石粉或土壤代替土样，其他步骤与土样测定相同。

C.6 结果计算

计算结果见式(C.1)。

$$O.M = \frac{c \cdot (V_0 - V) \times 0.003 \times 1.724 \times 1.10}{m} \times 1\ 000 \quad\cdots\cdots\cdots\cdots\cdots\cdots(C.1)$$

式中：

$O.M$ ——土壤有机质的质量分数，单位为克每千克(g/kg)；
V_0 ——空白试验所消耗硫酸亚铁标准溶液体积，单位为毫升(mL)；
V ——试样测定所消耗硫酸亚铁标准溶液体积，单位为毫升(mL)；
c ——硫酸亚铁标准溶液的浓度，单位为摩尔每升(mol/L)；
0.003 ——1/4碳原子的毫摩尔质量，单位为克(g)；
1.724 ——由有机碳换算成有机质的系数；
1.10 ——氧化校正系数；

m ——称取烘干试样的质量,单位为克(g);
1 000 ——换算成每公斤含量。
平行测定结果用算术平均值表示,保留三位有效数字。

C.7 精密度

见表C.1。

表 C.1 平行测定结果允许相差

有机质含量/(g/kg)	允许绝对相差/(g/kg)
<10	≤0.5
10~40	≤1.0
40~70	≤3.0
>70	≤5.0

C.8 注释

C.8.1 氧化时,若加 0.1 g 硫酸银粉末,氧化校正系数取 1.08。
C.8.2 测定土壤有机质必须采用风干样品。因为水稻土及一些长期渍水的土壤,由于较多的还原性物质存在,可消耗重铬酸钾,使结果偏高。
C.8.3 本方法不宜用于测定含氯化物较高的土壤。
C.8.4 加热时,产生的二氧化碳气泡不是真正沸腾,只有在真正沸腾时才能开始计算时间。

附 录 D
（规范性附录）
土壤机械组成的测定

D.1 应用范围

本方法适用于各类土壤机械组成的测定。

D.2 测定原理

试样经处理制成悬浮液，根据司笃克斯定律，用特制的甲种土壤比重计于不同时间测定悬液密度的变化，并根据沉降时间、沉降深度及比重计读数计算出土粒粒径大小及其含量百分数。

D.3 主要仪器设备

D.3.1 土壤比重计：刻度范围为 0 g/L～60 g/L。
D.3.2 沉降筒：1 L。
D.3.3 洗筛：直径 6 cm，孔径 0.2 mm。
D.3.4 带橡皮垫（有孔）的搅拌棒。
D.3.5 恒温干燥箱。
D.3.6 电热板。
D.3.7 秒表。

D.4 试剂

D.4.1 0.5 mol/L 六偏磷酸钠溶液

称取 51.00 g 六偏磷酸钠（化学纯），加水 400 mL，加热溶解，冷却后用水稀释至 1 L，其浓度 $c[1/6(NaPO_3)_6]=0.5$ mol/L。

D.4.2 0.5 mol/L 草酸钠溶液

称取 33.50 g 草酸钠（化学纯），加水 700 mL，加热溶解，冷却后用水稀释至 1 L，其浓度 $c(1/2Na_2C_2O_4)=0.5$ mol/L。

D.4.3 0.5 mol/L 氢氧化钠溶液

称取 20.00 g 氢氧化钠（化学纯），加水溶解并稀释至 1 L。

D.5 分析步骤

D.5.1 测定土壤吸湿水含量。取空铝盒编号后放入 105 ℃ 恒温干燥箱中烘 2 h，移入干燥器冷却约 20 min，于天平称量，精确至 0.01 g（m_0）。取待测试样约 10 g 平铺于铝盒中，称量，精确至 0.01 g

(m_1)，将盒盖倾斜放在铝盒上，置于已预热至 105 ℃±2 ℃的恒温干燥箱中烘 6 h～8 h（一般样品烘干 6 h，含水较多、质地粘重样品需烘 8 h），取出，将盒盖盖严，移入干燥器中冷却 20 min～30 min 称量，精确到 0.01 g（m_2）。每一样品应进行两份平行测定。

D.5.2 称样：称取 2 mm 孔径筛的风干试样 50.00 g 于 500 mL 三角瓶中，加水润湿。

D.5.3 悬液的制备：根据土壤 pH 值加入不同的分散剂（石灰性土壤加 60 mL 0.5 mol/L 偏磷酸钠溶液；中性土壤加 20 mL 0.5 mol/L 草酸钠溶液；酸性土壤加 40 mL 0.5 mol/L 氢氧化钠溶液），再加水于三角瓶中，使土液体积约为 250 mL。瓶口放一小漏斗，摇匀后静置 2 h，然后放在电热板上加热，微沸 1 h，在煮沸过程中要经常摇动三角瓶，以防土粒沉积于瓶底结成硬块。

将孔径为 0.2 mm 的洗筛放在漏斗中，再将漏斗放在沉降筒上，待悬液冷却后，通过洗筛将悬液全部进入沉降筒，直至筛下流出的水清澈为止，但洗水量不能超过 1 L，然后加水至 1 L 刻度。

留在洗筛上的砂粒用水洗入已知质量的铝盒内，在电热板上蒸干后移入烘箱，于 105 ℃±2 ℃ 烘 6 h，冷却后称量（精确至 0.01 g）并计算砂粒含量百分数。

D.5.4 测量悬液温度：将温度计插入有水的沉降筒中，并将其与装待测悬液的沉降筒放在一起，记录水温，即代表悬液的温度。

D.5.5 测定悬液密度：将盛有悬液的沉降筒放在温度变化小的平台上，用搅拌棒上下搅动 1 min（上下各 30 次，搅拌棒的多孔片不要提出液面）。搅拌时，悬液若产生气泡影响比重计刻度观测时，可加数滴 95% 乙醇除去气泡。搅拌完毕后立即开始计时，于读数前 10 s～15 s 轻轻将比重计垂直地放入悬液，并用手略微扶住比重计的玻杆，使之不上下左右晃动，测定开始沉降后 30 s、1 min、2 min 时的比重计读数（每次皆以弯月面上缘为准）并记录，取出比重计，放入清水中洗净备用。

按规定的沉降时间，继续测定 4 min、8 min、15 min、30 min 及 1 h、2 h、4 h、8 h、24 h 等时间的比重计读数。每次读数前 15 s 将比重计放入悬液，读数后立即取出比重计，放入清水中洗净备用。

D.6 结果计算

D.6.1 土壤吸湿水含量的计算，见式(D.1)：

$$水分(分析基)，(g/kg) = \frac{m_1 - m_2}{m_1 - m_0} \times 1\ 000 \quad\quad\quad\quad (D.1)$$

$$水分(干基)，(g/kg) = \frac{m_1 - m_2}{m_2 - m_0} \times 1\ 000$$

式中：
m_0——烘干空铝盒质量，单位为克(g)；
m_1——烘干前铝盒加试样质量，单位为克(g)；
m_2——烘干后铝盒加试样质量，单位为克(g)。
平行测定结果以算术平均值表示，保留整数。

D.6.2 烘干土质量的计算，见式(D.2)：

$$烘干土质量，(g) = \frac{风干试样质量，g}{试样吸湿水含量，g/kg + 1\ 000} \times 1\ 000 \quad\quad (D.2)$$

D.6.3 粗砂粒含量(2.0 mm ≥ D > 0.2 mm)的计算，见式(D.3)：

$$2.0\ mm \sim 0.2\ mm\ 粗砂粒含量，(\%) = \frac{留在 0.2\ mm\ 孔径筛上的烘干砂粒质量}{烘干试样质量} \times 100 \quad\quad (D.3)$$

D.6.4 0.2 mm 粒径以下，小于某粒径颗粒的累积含量的计算按式(D.4)：

$$小于某粒径颗粒含量，(\%) = \frac{比重计读数 + 比重计刻度弯月面校正值 + 温度校正值 - 分散剂量}{烘干土样质量} \times 100$$

$$\cdots\cdots (D.4)$$

D.6.5 土粒直径的计算。0.2 mm 粒径以下,小于某粒径颗粒的有效直径(D),可按司笃克斯公式计算,见式(D.5):

$$D = \sqrt{\frac{1\,800\eta}{981(d_1-d_2)} \times \frac{L}{T}} \quad \cdots\cdots\cdots\cdots\cdots\cdots (D.5)$$

式中:
D ——土粒直径,单位为毫米(mm);
d_1 ——土粒密度,单位为克每立方厘米(g/cm³);
d_2 ——水的密度,单位为克每立方厘米(g/cm³);
L ——土粒有效沉降深度,单位为厘米(cm)(可由图 D.1 查得);
T ——土粒沉降时间,单位为秒(s);
η ——水的粘滞系数,单位为克每厘米秒[g/(cm·s)]见表 D.1。
981——重力加速度,单位为厘米每二次方秒(cm/s²)。

表 D.1 水的粘滞系数(η)

温度/℃	η/[g/(cm·s)]	温度/℃	η/[g/(cm·s)]
4	0.015 67	20	0.010 05
5	0.015 19	21	0.009 810
6	0.014 73	22	0.009 579
7	0.014 28	23	0.009 358
8	0.013 86	24	0.009 142
9	0.013 46	25	0.008 937
10	0.013 08	26	0.008 737
11	0.012 71	27	0.008 545
12	0.012 36	28	0.008 360
13	0.012 03	29	0.008 180
14	0.011 71	30	0.008 007
15	0.011 40	31	0.007 840
16	0.011 11	32	0.007 679
17	0.010 83	33	0.007 523
18	0.010 56	34	0.007 371
19	0.010 30	35	0.007 225

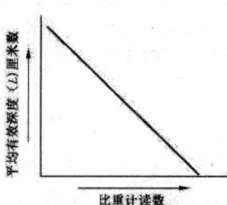

图 D.1 比重计读数与有效沉降深度关系图

式中的 L 值可由比重计读数与土粒有效沉降深度关系图(图 D.1)查得。

D.6.6 颗粒大小分配曲线的绘制:根据筛分和比重计读数计算出的各粒径数值以及相应土粒累积百分数,以土粒累积百分数为纵坐标,土粒粒径数值为横坐标,在半对数纸上绘出颗粒大小分配曲线(图 D.2)。

D.6.7 计算各粒级百分数,确定土壤质地。 从颗粒大小分配曲线图上查出<2.0 mm、<0.2 mm、<0.02 mm 及<0.002 mm 各粒径累积百分数,上下两级相减即得到 2.0 mm≥D>0.02 mm、0.02 mm≥D>0.002 mm、D<0.002 mm 各粒级的百分含量。

示例:若从颗粒大小分配曲线(图 D.2)上查得<2.0、<0.2、<0.02、<0.002 mm 各粒径的累计百分数分别为 100、93、42 和 20,则

粘粒(D<0.002 mm)含量为 20%

粉(砂)粒(0.02 mm≥D>0.002 mm)含量为 42%−20%=22%

细砂粒(0.2 mm≥D>0.02 mm)含量为 93%−42%=51%

粗砂粒(2.0 mm~0.2 mm)含量为 100%−93%=7%

0.2 mm≥D>0.02 mm 与 2.0 mm≥D>0.2 mm 即细砂粒与粗砂粒含量之和为砂粒级(2.0 mm≥D>0.02 mm)的含量,本例中砂粒级含量为 58%。

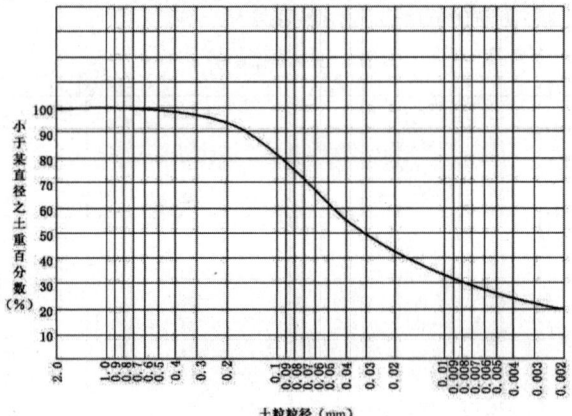

图 D.2 颗粒大小分配曲线

D.7 精密度

土壤吸湿水含量平行测定结果允许绝对相差:水分含量≤50 g/kg,允许绝对相差≤2 g/kg;水分含量 50 g/kg~150 g/kg,允许绝对相差≤3 g/kg;水分含量>150 g/kg,允许绝对相差≤7 g/kg。

各粒级百分数平行测定结果允许绝对相差粘粒级≤3%;粉(砂)粒级≤4%。

D.8 注意事项

D.8.1 土粒有效沉降深度(L)的校正

比重计读数不仅表示悬液密度,而且还表示土粒的沉降深度,亦即用由悬液表面至比重计浮泡体积中心距离(L')来表示土粒的沉降深度。但在实验测定中,当比重计浸入悬液后,使液面升高,由读数(即悬液表面和比重计相切处)至浮泡体积中心距离(L')并非土粒沉降的实际深度(即土粒有效沉降深度L)。而且,不同比重计的同样读数所代表的(L')值因比重计形式及读数而不同。因此,在使用比重计前就应先进行土粒有效沉降深度校正(图 D.3),求出比重计读数与土粒有效沉降深度的关系。

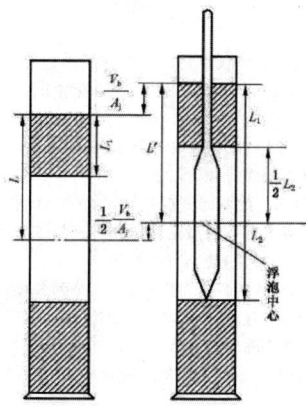

图 D.3　土粒沉降深度 L 之校正图

校正步骤如下:
a) 测定比重计浮泡体积:取 500 mL 量筒,倒入约 300 mL 水,置于恒温室或恒温水槽内,使水温保持 20 ℃,测记量筒水面处的体积刻度(以弯月面下缘为准)。将比重计放入量筒中,使水面恰达比重计最低刻度处(以弯月面下缘为准),再测记水面处的量筒体积刻度(以弯月面下缘为准)。两者体积差即为比重计浮泡的体积(V_b),连续两次,取其算术平均值作为 V_b 值(mL)。
b) 测定比重计浮泡体积中心:在上述 20 ℃恒温条件下,调节量筒内水面至某一刻度处,将比重计放入水中,当液面升起的容积达 1/2 比重计浮泡体积时,此时水面与浮泡相切(以弯月面下缘为准)处即为浮泡体积中心线(图3)。将比重计固定于三角架上,用直尺准确量出水面至比重计最低刻度处的垂直距离(1/2L_2),亦即浮泡体积中心线至最低刻度处的垂直距离。
c) 测量量筒内径(R)(精确至 1 mm),并计算量筒横截面积(S):$S=1/4\pi R^2$,$\pi\approx3.14$。
d) 用直尺准确量出自比重计最低刻度至玻杆上各刻度的距离(L_1),每距 5 格量一次并记录。
e) 计算土粒有效沉降深度(L)

$$L = L' - \frac{V_b}{2S} = L_1 + \frac{1}{2}\left(L_2 - \frac{V_b}{S}\right) \quad\cdots\cdots\cdots\cdots(D.6)$$

式中:
L ——土粒有效沉降深度,单位为厘米(cm);
L' ——液面至比重计浮泡体积中心的距离,单位为厘米(cm);
L_1 ——自最低刻度至玻杆上各刻度的距离,单位为厘米(cm);
$1/2L_2$ ——比重计浮泡体积中心至最低刻度的距离,单位为厘米(cm);
V_b ——比重计浮泡体积,单位为立方厘米(cm³);
S ——量筒横截面积,单位为平方厘米(cm²)。

f) 绘制比重计读数与土粒有效沉降深度(L)的关系曲线。用所量出的不同 L_1 值,代入上式,计算出各相应的 L 值,绘制比重计读数与土粒有效沉降深度(L)的关系曲线(图D.1)。或将比重计读数直接列于司笃克斯公式列线图中有效沉降深度 L 列线的右侧。这样,就不仅可直接从曲线上把比重计读数换算出土粒有效沉降深度(L)值,而且可应用比重计读数等数值在司笃克斯公式列线图上查出相应的土粒直径(D)。

D.8.2 比重计刻度及弯月面校正

比重计在应用前应校验,此为刻度校正。另外,比重计的读数原以弯月面下缘为准,但在实际操作中,由于悬液浑浊不清而只能用弯月面上缘读数,所以,弯月面校正实有必要。在校正时,刻度校正和弯月面校正可合并进行。校正步骤如下:

第一步配制不同浓度的标准溶液:根据甲种比重计刻度及弯月面校正计算例表(表 D.2)第三直行所列数值,准确称取经 105 ℃干燥过的氯化钠,配制氯化钠标准系列溶液(表 D.2 中第二直行),定容于 1 000 mL 容量瓶中,分别倒入沉降筒。配制时液温保持在 20 ℃,可在恒温室外或恒温水槽中进行。

第二步测定比重计实际读数:将盛有不同氯化钠标准溶液的各个沉降筒放于恒温室或恒温水槽中,使液温保持 20 ℃,用搅拌棒搅拌筒内溶液,使其分布均匀。

将需要校正的比重计依次放入盛有各标准溶液(从浓度小到大)的沉降筒中,在 20 ℃下进行比重计实际读数(以弯月面上缘为准)的测定,连测两次,取平均值(表 D.2 中第五直行)。比重计的理论读数(即准确读数,见表 2 中第一直行)和实际平均读数(表 D.2 中第五直行)之差,即为刻度及弯月面校正值(表 2 中第六直行)。在实际应用中要注意校正值的正负符号,以免弄错。

表 D.2 甲种比重计刻度及弯月面校正计算例表

20 ℃时比重计的准确读数/(g/L)	20 ℃时标准溶液浓度/(g/mL)	第升标准溶液中所需的氯化钠量/g	读数时温度/℃	校正时由比重计测定的平均读数/(g/L)	刻度及弯月面校正值/(g/L)
0	0.998 232	0	20	−0.6	+0.6
5	1.001 349	4.56	20	4.0	+1.0
10	1.004 465	8.94	20	9.4	+0.6
15	1.007 582	13.30	20	15.1	−0.1
20	1.010 698	17.79	20	20.2	−0.2
25	1.013 815	22.30	20	25.0	0
30	1.016 931	26.73	20	29.5	+0.5
35	1.020 048	31.11	20	34.5	+0.5
40	1.023 165	35.61	20	39.7	+0.3
45	1.026 281	40.32	20	44.4	+0.6
50	1.029 398	44.88	20	49.4	+0.6
55	1.032 514	49.56	20	54.4	+0.6
60	1.035 631	54.00	20	60.3	−0.3

第三步绘制比重计刻度及弯月面校正曲线:根据比重计的实际平均读数和校正值,以比重计的实际平均读数为横坐标,校正值为纵坐标,在方格坐标纸上绘制成刻度及弯月面校正曲线(图 D.4)。依据此曲线,可对用比重计进行颗粒分析时所测得的各读数进行实际的校正。

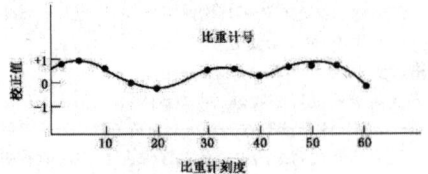

图 D.4 比重计刻度及弯月面校正曲线

D.8.3 温度校正

土壤比重计都是在20℃校正的。测定温度改变,会影响比重计的浮泡体积及水的密度,一般根据表D.3进行校正。

D.8.4 土粒比重校正

比重计的刻度是以土粒比重为2.65作标准的。土粒比重改变时,可将比重计读数乘以表D.4所列校正值进行校正,如土粒比重差异不大,可忽略不计。

D.8.5 其他

若不考虑比重计的刻度校正,在比重计法中作空白测定(即在沉降筒中加入与样品所加相同量的分散剂,用蒸馏水加至1 L,与待测样品同条件测定),计算时减去空白值,便可免去弯月面校正、温度校正和分散剂校正等步骤。

土壤颗粒分析的许多繁琐计算及绘图可由微机处理。

加入分散剂进行样品分散时,除使用煮沸法分散外,也可采用振荡法、研磨法处理。

表 D.3 甲种比重计温度校正表

悬液温度/℃	校正值	悬液温度/℃	校正值	悬液温度/℃	校正值
6.0~8.5	-2.2	18.5	-0.4	26.5	+2.2
9.0~9.5	-2.1	19.0	-0.3	27.0	+2.5
10.0~10.5	-2.0	19.5	-0.1	27.5	+2.6
11.0	-1.9	20.0	0	28.0	+2.9
11.5~12.0	-1.8	20.5	+0.15	28.5	+3.1
12.5	-1.7	21.0	+0.3	29.0	+3.3
13.0	-1.6	21.5	+0.45	29.5	+3.5
13.5	-1.5	22.0	+0.6	30.0	+3.7
14.0~14.5	-1.4	22.5	+0.8	30.5	+3.8
15.0	-1.2	23.0	+0.9	31.0	+4.0
15.5	-1.1	23.5	+1.1	31.5	+4.2
16.0	-1.0	24.0	+1.3	32.0	+4.6
16.5	-0.9	24.5	+1.5	32.5	+4.9
17.0	-0.8	25.0	+1.7	33.0	+5.2
17.5	-0.7	25.5	+1.9	33.5	+5.5
18.0	-0.5	26.0	+2.1	34.0	+5.8

表 D.4 甲种比重计土粒比重校正值

土粒比重	校正值	土粒比重	校正值	土粒比重	校正值	土粒比重	校正值
2.50	1.037 6	2.60	1.011 8	2.70	0.988 9	2.80	0.968 6
2.52	1.032 2	2.62	1.007 0	2.72	0.984 7	2.82	0.964 8
2.54	1.026 9	2.64	1.002 3	2.74	0.980 5	2.84	0.961 1
2.56	1.021 7	2.66	0.997 7	2.76	0.976 8	2.86	0.957 5
2.58	1.016 6	2.68	0.993 3	2.78	0.972 5	2.88	0.954 0

GB/T 33469—2016

附 录 E
（规范性附录）
土壤容重的测定

E.1 应用范围

本方法除坚硬和易碎的土壤外，适用于各类土壤容重的测定。

E.2 测定原理

利用一定容积的环刀切割自然状态的土样，使土样充满其中，称量后计算单位体积的烘干土样质量，即为容重。

E.3 主要仪器设备

环刀：容积 100 cm³；钢制环刀托：上有两个小排气孔；削土刀：刀口要平直；小铁铲；木锤；天平：感量 0.1 g；电热恒温干燥箱；干燥器。

E.4 分析步骤

采样前，事先在各环刀的内壁均匀地涂上一层薄薄的凡士林，逐个称取环刀质量（m_1），精确至 0.1 g。选择好土壤剖面后，按土壤剖面层次，自上至下用环刀在每层的中部采样。先用铁铲刨平采样层的土面，将环刀托套在环刀无刃的一端，环刀刃朝下，用力均衡地压环刀托把，将环刀垂直压入土中。如土壤较硬，环刀不易插入土中时，可用土锤轻轻敲打环刀托把，待整个环刀全部压入土中，且土面即将触及环刀托的顶部（可由环刀托盖上之小孔窥见）时，停止下压。用铁铲把环刀周围土壤挖去，在环刀下方切断，并使其下方留有一些多余的土壤。取出环刀，将其翻转过来，刃口朝上，用削土刀迅速刮去粘附在环刀外壁上的土壤，然后从边缘向中部用削土刀削平土面，使之与刃口齐平。盖上环刀顶盖，再次翻转环刀，使已盖上顶盖的刃口一端朝下，取下环刀托。同样削平无刃口端的土面并盖好底盖。在环刀采样底相近位置另取土样 20 g 左右，装入有盖铝盒，测定含水量（W）。将装有土样的环刀迅速装入木箱带回室内，在天平上称取环刀及湿土质量（m_2）。

E.5 结果计算

计算结果见式（E.1）。

$$\rho = \frac{(m_2 - m_1) \times 1\,000}{V(1\,000 + W)} \quad\quad\quad\quad\quad\quad\quad (E.1)$$

式中：

ρ ——土壤容重，单位为克每立方厘米（g/cm³）；
m_2 ——环刀及湿土质量，单位为克（g）；
m_1 ——环刀质量，单位为克（g）；
V ——环刀容积，单位为立方厘米（cm³），[$V = \pi r^2 h$，其中 r 为环刀有刃口一端的内半径（cm），

附 录 E
（规范性附录）
土壤容重的测定

E.1 应用范围

本方法除坚硬和易碎的土壤外,适用于各类土壤容重的测定。

E.2 测定原理

利用一定容积的环刀切割自然状态的土样,使土样充满其中,称量后计算单位体积的烘干土样质量,即为容重。

E.3 主要仪器设备

环刀:容积100 cm³;钢制环刀托:上有两个小排气孔;削土刀:刀口要平直;小铁铲;木锤;天平:感量0.1 g;电热恒温干燥箱;干燥器。

E.4 分析步骤

采样前,事先在各环刀的内壁均匀地涂上一层薄薄的凡士林,逐个称取环刀质量(m_1),精确至0.1 g。选择好土壤剖面后,按土壤剖面层次,自上至下用环刀在每层的中部采样。先用铁铲刨平采样层的土面,将环刀托套在环刀无刃的一端,环刀刃朝下,用力均衡地压环刀托把,将环刀垂直压入土中。如土壤较硬,环刀不易插入土中时,可用木锤轻轻敲打环刀托把,待整个环刀全部压入土中,且土面即将触及环刀托的顶部(可由环刀托盖上之小孔窥见)时,停止下压。用铁铲把环刀周围土壤挖去,在环刀下方切断,并使其下留有一些多余的土壤。取出环刀,将其翻转过来,刃口朝上,用削土刀迅速刮去粘附在环刀外壁上的土壤,然后从边缘向中部用削土刀削平土面,使之与刃口齐平。盖上环刀顶盖,再次翻转环刀,使已盖上顶盖的刃口一端朝下,取下环刀托。同样削平无刃口端的土面并盖好底盖。在环刀采样底相近位置另取土样20 g左右,装入有盖铝盒,测定含水量(W)。将装有土样的环刀迅速装入木箱带回室内,在天平上称取环刀及湿土质量(m_2)。

E.5 结果计算

计算结果见式(E.1)。

$$\rho = \frac{(m_2 - m_1) \times 1\,000}{V(1\,000 + W)} \quad \cdots\cdots\cdots\cdots\cdots\cdots\cdots\cdots\cdots\cdots (E.1)$$

式中:
ρ ——土壤容重,单位为克每立方厘米(g/cm³);
m_2 ——环刀及湿土质量,单位为克(g);
m_1 ——环刀质量,单位为克(g);
V ——环刀容积,单位为立方厘米(cm³),[$V = \pi r^2 h$,其中 r 为环刀有刃口一端的内半径(cm),

h 为环刀高度(cm)];

W ——土壤含水量,单位为克每千克(g/kg)。

测定结果以算术平均值表示,保留两位小数。

E.6 精密度

平行测定结果允许绝对相差≤0.02 g/cm³。

E.7 注意事项

容重测定也可将装满土样的环刀直接于105 ℃±2 ℃恒温干燥箱中烘至恒量,在百分之一精度天平上称量测定。

GB/T 33469—2016

附 录 F
（规范性附录）
土壤水溶性盐总量的测定

F.1 应用范围

本方法适用于各类土壤中水溶性盐总量的测定。

F.2 方法提要

土壤样品与水按一定的水土比例(5∶1)混合，经过一定时间(3 min)振荡后，将土壤中可溶性盐分提取到溶液中，然后将水土混合液进行过滤，滤液可作为土壤可溶盐分测定的待测液。吸取一定量的待测液，经蒸干后，称得的重量即为烘干残渣总量(此数值一般接近或略高于盐分总量)。将此烘干残渣总量再用过氧化氢去除有机质后，再称其重量即得可溶盐分总量。

F.3 仪器

F.3.1 电动振荡机。
F.3.2 真空泵（抽气用）。
F.3.3 大口塑料瓶（1 000 mL）。
F.3.4 巴氏管或平板瓷漏斗。
F.3.5 抽气瓶（1 000 mL）。
F.3.6 瓷蒸发皿（100 mL）。
F.3.7 分析天平。
F.3.8 电烘箱。
F.3.9 水浴锅。

F.4 操作步骤

F.4.1 称取通过 2 mm 筛孔风干土壤样品 50 g（精确到 0.01 g），放入 500 mL 大口塑料瓶中，加入 250 mL 无二氧化碳蒸馏水。

F.4.2 将塑料瓶用橡皮塞塞紧后在振荡机上振荡 3 min。

F.4.3 振荡后立即抽气过滤，开始滤出的 10 mL 滤液弃去，以获得清亮的滤液，加塞备用。

F.4.4 吸取待测清液 20 mL～50 mL（视含盐量而定，所取体积中含盐 50 mg～200 mg 为宜），放入已知烘干重量的瓷蒸发皿中。将称皿放在水浴上蒸干（亦可用砂浴）。近干时，如发现有黄褐色物质，应滴加过氧化氢溶液氧化至白色。

F.4.5 用滤纸片擦干瓷蒸发皿外部，放入 100 ℃～105 ℃ 烘箱中烘干 4 h，然后移至干燥器中冷却，用分析天平称重（一般冷却 30 min）。

F.4.6 称好后的样品继续放入烘箱中烘 2 h 后再称重，直至恒重（即二次重量相差小于 0.000 3 g），即得烘干残渣。

F.5 结果计算

计算结果见式(F.1)。

$$v = \frac{(m_1 - m_0) \times D \times 1000}{m} \quad \cdots\cdots\cdots\cdots\cdots\cdots\cdots (F.1)$$

式中：
v ——水溶性盐总量，单位为克每千克(g/kg)；
m ——称取风干试样质量，单位为克(g)，本试验为 50 g；
m_1 ——蒸发皿+盐的烘干质量，单位为克(g)；
m_0 ——蒸发皿烘干质量，单位为克(g)；
1 000 ——换算成千克(kg)含量；
D ——分取倍数，250/20～50。

平行测定结果以算术平均值表示，保留小数点后一位。

F.6 精密度

见表 F.1。

表 F.1　全盐量平行测定结果允许差

全盐量范围/(g/kg)	允许相对差/%
<0.5	<20
0.5～2	15～10
2～5	10～5
>5	<5

F.7 注意事项

F.7.1 水土比例大小直接影响土壤可溶性盐分的提取，因此提取的水土比例不要随便更改，否则分析结果无法对比。通常采用水土比例为 5∶1。

F.7.2 土壤可溶盐分浸提时间，经试验证明，水土作用 2 min 后，即可使土壤中可溶性的氯化、碳酸盐与硫酸盐等全部溶入水中，如果延长作用时间，将有硫酸钙和碳酸钙等进入溶液。因此，建议采用振荡 3 min 立即过滤的方法，振荡和放置时间越长，对可溶盐的分析结果误差也越大。

F.7.3 空气中的二氧化碳以及蒸馏水中溶解的二氧化碳，都会影响碳酸钙、碳酸镁和硫酸钙的溶解度，相应地影响着水浸出液的盐分数量。因此，应使用无二氧化碳蒸馏水来提取样品。

F.7.4 待测液不能放置过长时间(一般不得超过 1 天)，否则，会影响钙、碳酸根和重碳酸根的测定。

F.7.5 吸取待测液的数量，应依盐分的多少而定，如果含盐量>0.5%则吸取 25 mL，含盐量<0.5%则吸取 50 mL 或 100 mL。保持盐分量在 0.02 g～0.2 g 之间，过多会因某些盐类吸水，不易称至恒重，过少测误差太大。

F.7.6 蒸干时的温度不能过高，否则，因沸腾使溶液遭到损失，特别当接近蒸干时，更应注意，在水浴上蒸干就可避免这种现象。

F.7.7 因可溶性盐分组成比较复杂,在105 ℃~110 ℃烘干后,由于钙、镁的氯化物吸湿水解,以及钙、镁的硫酸盐中仍含结晶水,因此不能得出较正确的结果。如遇此种情况,可加入10 mL 2%~4%的碳酸钠溶液,以便在蒸干过程中,使钙、镁的氯化物及硫酸盐都转变为碳酸盐及氯化钠、硫酸钠等,这样蒸干后在150 ℃~180 ℃下烘干2 h~3 h即可称至恒重。所加入的碳酸钠量应从盐分总量中减去。

F.7.8 由于盐分在空气中容易吸水,故应在相同的时间和条件下冷却、称重。

F.7.9 加过氧化氢去除有机质时,只要达到使残渣湿润即可。这样可以避免由于过氧化氢分解时泡沫过多,使盐分溅失,因而,应少量多次地反复处理,直到残渣完全变白为止。但溶液中有铁存在而出现红色氧化铁时,不可误认为是有机质的颜色。

附 录 G
（规范性附录）
土壤氯离子含量的测定

G.1 应用范围

本方法适用于含有机质较低的各类型土壤中氯离子的测定。

G.2 方法提要

在pH6.5～pH10.0的溶液中，以铬酸钾作指示剂，用硝酸银标准溶液滴定氯离子。在等当点前，银离子首先与氯离子作用生成白色氯化银沉淀，而在等当点后，银离子与铬酸根离子作用生成砖红色铬酸银沉淀，示达终点。由消耗硝酸银标准溶液量计算出氯离子含量。

G.3 试剂

G.3.1 0.02 mol/L硝酸银标准溶液

准确称取3.398 g硝酸银（经105 ℃烘0.5 h）溶于水，转入1 L容量瓶，定容，贮于棕色瓶中。必要时可用氯化钠标准溶液标定。

G.3.2 5%铬酸钾指示剂

称取5.0 g铬酸钾，溶于约40 mL水中，滴加1 mol/L硝酸银溶液至刚有砖红色沉淀生成为止，放置过夜后，过滤，滤液稀释至100 mL。

G.4 分析步骤

G.4.1 称取通过2 mm筛孔风干土壤样品50 g（精确到0.01 g），放入500 mL大口塑料瓶中，加入250 mL无二氧化碳蒸馏水。

G.4.2 将塑料瓶用橡皮塞塞紧后在振荡机上振荡3 min。

G.4.3 振荡后立即抽气过滤，开始滤出的10 mL滤液弃去，以获得清亮的滤液，加塞备用。

G.4.4 吸取待测溶液25.00 mL放入150 mL三角瓶中，滴加5%铬酸钾指示剂8滴，在不断摇动下，用硝酸银标准溶液滴定至出现砖红色沉淀且经摇动不再消失为止。记录消耗硝酸银标准溶液的体积（V）。取25.00 mL蒸馏水，同上法作空白试验，记录消耗硝酸银标准溶液体积（V_0）。

G.5 结果计算

计算结果见式(G.1)。

$$c(Cl^-) = \frac{c \cdot (V - V_0) \cdot D}{m} \times 1\,000 \times 0.035\,5 \quad\quad\quad\quad (G.1)$$

式中：

$c(Cl^-)$——氯离子浓度，单位为克每千克(g/kg)；

V 和 V_0 ——滴定待测液和空白消耗硝酸银标准溶液的体积,单位为毫升(mL);
c ——硝酸银标准溶液浓度,单位为摩尔每升(mol/L);
D ——分取倍数,250/25;
1 000 ——换算成每 kg 含量;
m ——称取试样质量,单位为克,本试验为(50 g);
0.035 5 ——氯离子的毫摩尔质量,单位为克(g)。
平行测定结果用算术平均值表示,保留两位有效数字。

G.6 精密度

见表 G.1。

表 G.1 氯离子平行测定结果允许相对相差

氯离子含量范围/(mmol/kg)	相对相差/%
<5.0	15~20
5.0~10	10~15
10~50	5~10
>50	≤5

G.7 注意事项

G.7.1 铬酸钾指示剂的用量与滴定终点到来的迟早有关。根据计算,以 25 mL 待测液中加 8 滴铬酸钾指示剂为宜。

G.7.2 在滴定过程中,当溶液出现稳定的砖红色时,Ag^+ 的用量已微有超过,因此终点颜色不宜过深。

G.7.3 硝酸银滴定法测定 Cl^- 时,待测液的 pH 值应在 6.5~10.0 之间。因铬酸银能溶于酸,溶液 pH 值不能低于 6.5;若 pH>10,则会生成氧化银黑色沉淀。溶液 pH 值不在滴定适宜范围,可于滴定前用稀 $NaHCO_3$ 溶液调节。

附 录 H
（规范性附录）
土壤硫酸根离子含量的测定

H.1 应用范围

本方法适用于各类型土壤中水溶液 SO_4^{2-} 的测定。

H.2 方法提要

在土壤浸出液中加入钡镁混合液，Ba^{2+} 将溶液中的 SO_4^{2-} 完全沉淀并过量。过量的 Ba^{2+} 和加入的 Mg^{2+}，连同浸出液中原有的 Ca^{2+}、Mg^{2+}，在 pH10.0 的条件下，以铬黑 T 为指示剂，用 EDTA 标准溶液滴定，由沉淀 SO_4^{2-} 净消耗的 Ba^{2+} 量，计算吸取的浸出液中 SO_4^{2-} 量。添加一定量的 Mg^{2+}，可使终点清晰。为了防治 $BaCO_3$ 沉淀生成，土壤浸出液必须酸化，同时加热至沸以赶去 CO_2，并趁热加入钡镁混合液，以促进 $BaSO_4$ 沉淀熟化。吸取的土壤浸出液中 SO_4^{2-} 量的适宜范围约为 0.5 mg～10.0 mg，如 SO_4^{2-} 浓度过大，应减少浸出液的用量。

H.3 试剂

H.3.1 1+1 盐酸溶液。

H.3.2 钡镁混合液。称取 2.44 g 氯化钡($BaCl_2 \cdot 2H_2O$)和 2.04 g 氯化镁($MgCl_2 \cdot 6H_2O$)溶于水中，稀释至 1 L。此溶液中 Ba^{2+} 和 Mg^{2+} 的浓度各为 0.01 mol/L，每 mL 约可沉淀 SO_4^{2-} 1 mg；

H.3.3 pH10 氨缓冲溶液。称取 67.5 g 氯化铵溶于去 CO_2 水中，加入新开瓶的浓氨水(含 NH_3 25%) 570 mL，用水稀释至 1 L，贮于塑料瓶中，注意防治吸收空气中 CO_2。

H.3.4 0.02 mol/L EDTA 标准溶液。称取 7.440 g 乙二胺四乙酸二钠，溶于水中，定容至 1 L。称取 0.25 g（精确至 0.000 1 g）于 800 ℃ 灼烧至恒量的基准氧化锌放入 50 mL 烧杯中，用少量水湿润，滴加 6 mol/L 盐酸至样品溶解，移入 250 mL 容量瓶中，定容。取 25.00 mL，加入 70 mL 水，用 10% 氨水中和至 pH7～pH8。加 10 mL 氨-氯化铵缓冲溶液(pH10)，加 5 滴铬黑 T 指示剂，用配置待标定的 0.02 mol/L 乙二胺四乙酸二钠溶液滴定至溶液由紫色变为纯蓝色，同时作空白试验。乙二胺四乙酸二钠标准溶液的准确浓度由式(H.1)计算得出：

$$c = \frac{m}{(V_1 - V_2) \times 0.081\ 38} \quad\quad\quad\quad\quad (H.1)$$

式中：

c ——乙二胺四乙酸二钠标准溶液浓度，单位为摩尔每升(mol/L)；

m ——称取氧化锌的量，单位为克(g)；

V_1 ——乙二胺四乙酸二钠溶液用量，单位为毫升(mL)；

V_2 ——空白试验乙二胺四乙酸二钠溶液的用量，单位为毫升(mL)；

0.081 38 ——氧化锌的毫摩尔质量，单位为克(g)。

H.3.5 铬黑 T 指示剂。称取 0.5 g 铬黑 T 与 100 g 烘干的氯化钠，共研至极细，贮于棕色瓶中。

H.4 分析步骤

H.4.1 称取通过 2 mm 筛孔风干土壤样品 50 g（精确到 0.01 g），放入 500 mL 大口塑料瓶中，加入 250 mL 无二氧化碳蒸馏水。

H.4.2 将塑料瓶用橡皮塞塞紧后在振荡机上振荡 3 min。

H.4.3 振荡后立即抽气过滤，开始滤出的 10 mL 滤液弃去，以获得清亮的滤液，加塞备用。

H.4.4 吸取待测液 5.00 mL～25.00 mL（视 SO_4^{2-} 含量而定）于 150 mL 三角瓶中，加 1+1 盐酸溶液 2 滴，加热煮沸，趁热缓缓地加入过量 25%～100% 的钡镁混合液（约 5.00 mL～20.00 mL），并继续微沸 3 min，放置 2 h 后，加入氨缓冲液 5 mL，络黑 T 指示剂 1 小勺（约 0.1 g），摇匀后立即用 EDTA 标准溶液滴定至溶液由酒红色突变为纯蓝色，记录消耗 EDTA 标准溶液的体积（V_2）。

H.4.5 空白（钡镁混合液）标定：取与以上所吸待测液同量的蒸馏水于 150 mL 三角瓶中，以下操作与上述待测液测定相同。记录消耗 EDTA 标准溶液的体积（V_0）。

H.4.6 待测液中 Ca^{2+}、Mg^{2+} 含量的测定：吸取同体积待测液于 150 mL 三角瓶中，加 1+1 盐酸溶液 2 滴，充分摇动，煮沸 1 min 赶 CO_2，冷却后，加 pH10.0 氨缓冲液 4 mL，加络黑 T 指示剂 1 小勺（约 0.1 g），用 EDTA 标准溶液滴定至溶液由酒红色突变为纯蓝色为终点。记录消耗 EDTA 标准溶液的体积（V_1）。

H.5 结果计算

计算结果见式（H.2）。

$$c(SO_4^{2-}) = \frac{2c(V_0 + V_1 - V_2)D}{m} \times 1\,000 \times 0.048\,0 \quad\cdots\cdots\cdots\cdots\cdots (\text{H.2})$$

式中：

$c(SO_4^{2-})$ —— 硫酸根离子浓度，单位为克每千克（g/kg）；

c —— EDTA 标准溶液浓度，单位为摩尔每升（mol/L）；

m —— 称取试样质量，单位为克（g），本试验为 50 g；

D —— 分取倍数，250/5＝25；

V_0 —— 空白试验所消耗 EDTA 标准溶液体积，单位为毫升（mL）；

V_1 —— 滴定待测液 Ca^{2+}、Mg^{2+} 合量所消耗 EDTA 标准溶液体积，单位为毫升（mL）；

V_2 —— 滴定待测液中 Ca^{2+}、Mg^{2+} 及与 SO_4^{2-} 作用后剩余钡镁混合液中 Ba^{2+}、Mg^{2+} 所消耗 EDTA 标准溶液体积，单位为毫升（mL）；

1 000 —— 换算为每千克（kg）含量；

0.048 0 —— 1/2 SO_4^{2-} 的毫摩尔质量，单位为克（g）。

平行测定结果用算术平均值表示，保留两位小数。

H.6 精密度

见表 H.1。

表 H.1 硫酸根离子平行测定结果允许相对相差

硫酸根离子含量范围/(mmol/kg)	相对相差/%
<2.5	15~20
2.5~5.0	10~15
5.0~25	5~10
>25	<5

H.7 注意事项

H7.1 若吸取的土壤待测液中 SO_4^{2-} 含量过高时,可能出现加入的 Ba^{2+} 量不能将 SO_4^{2-} 沉淀完全的情况。此时滴定值表现为 $V_1+V_0-V_2 \approx V_0/2$,此时应将土壤待测液的吸取量减少,重新滴定,以使 $V_1+V_0-V_2<V_0/2$,但改吸后测定待测液 Ca^{2+}、Mg^{2+} 合量的吸取待测液量也应相应改变。

H.7.2 加入钡镁混合液后,若生成的 $BaSO_4$ 沉淀很多,影响滴定终点的观察,可用滤纸过滤,并用热水少量多次洗涤至无 SO_4^{2-},滤液再用来滴定。

附 录 I
（规范性附录）
土壤 pH 的测定

I.1 应用范围

本方法适用于各类土壤 pH 值的测定。

I.2 测定原理

当把 pH 玻璃电极和甘汞电极插入土壤悬浊液时，构成一电池反应，两者之间产生一个电位差，由于参比电极的电位是固定的，因而该电位差的大小决定于试液中的氢离子活度，其负对数即为 pH，在 pH 计上直接读出。

I.3 仪器和设备

酸度计；pH 玻璃电极－饱和甘汞电极或 pH 复合电极；搅拌器。

I.4 试剂和溶液

I.4.1 邻苯二甲酸氢钾。
I.4.2 磷酸氢二钠。
I.4.3 硼砂（$Na_2B_4O_7 \cdot 10H_2O$）。
I.4.4 氯化钾。
I.4.5 pH4.01(25 ℃)标准缓冲溶液：称取经 110 ℃～120 ℃烘干 2 h～3 h 的邻苯二甲酸氢钾 10.21 g 溶于水，移入 1 L 容量瓶中，用水定容，贮于塑料瓶。
I.4.6 pH6.87(25 ℃)标准缓冲溶液：称取经 110 ℃～130 ℃烘干 2 h～3 h 的磷酸氢二钠 3.53 g 和磷酸二氢钾 3.39 g 溶于水，移入 1 L 容量瓶中，用水定容，贮于塑料瓶。
I.4.7 pH9.18(25 ℃)标准缓冲溶液：称取经平衡处理的硼砂（$Na_2B_4O_7 \cdot 10H_2O$）3.80 g 溶于无 CO_2 的水，移入 1 L 容量瓶中，用水定容，贮于塑料瓶。
I.4.8 硼砂的平衡处理：将硼砂放在盛有蔗糖和食盐饱和水溶液的干燥器内平衡两昼夜。
I.4.9 去除 CO_2 的蒸馏水。

I.5 分析步骤

I.5.1 仪器校准

将仪器温度补偿器调节到试液、标准缓冲溶液同一温度值。将电极插入 pH 4.01 的标准缓冲溶液中，调节仪器，使标准溶液的 pH 值与仪器标示值一致。移出电极，用水冲洗，以滤纸吸干，插入 pH6.87 标准缓冲溶液中，检查仪器读数，两标准溶液之间允许绝对差值 0.1pH 单位。反复几次，直至仪器稳定。如超过规定允许差，则要检查仪器电极或标准液是否有问题。当仪器校准无误后，方可用于样品

GB/T 33469—2016

测定。

I.5.2 土壤水浸 pH 的测定

I.5.2.1 称取通过 2 mm 孔径筛的风干试样 10 g(精确至 0.01 g)于 50 mL 高型烧杯中,加去除 CO_2 的水 25 mL(土液比为 1∶2.5),用搅拌器搅拌 1 min,使土粒充分分散,放置 30 min 后进行测定。

I.5.2.2 将电极插入试样悬液中(**注意**玻璃电极球泡下部位于土液界面处,甘汞电极插入上部清液),轻轻转动烧杯以除去电极的水膜,促使快速平衡,静置片刻,按下读数开关,待读数稳定时记下 pH 值。放开读数开关,取出电极,以水洗净,用滤纸条吸干水分后即可进行第 2 个样品的测定。每测 5 个~6 个样品后需用标准溶液检查定位。

I.6 分析结果的表述

用酸度计测定 pH 时,可直接读取 pH 值,不需计算。

I.7 精密度

重复试验结果允许绝对相差:中性、酸性土壤≤0.1pH 单位,碱性土壤≤0.2pH 单位。

I.8 注意事项

I.8.1 长时间存放不用的玻璃电极需要在水中浸泡 24 h,使之活化后才能使用。暂时不用的可浸泡在水中,长期不用时,要干燥保存。玻璃电极表面受到污染时,需进行处理。甘汞电极腔内要充满饱和氯化钾溶液,在室温下应该有少许氯化钾结晶存在,但氯化钾结晶不宜过多,以防堵塞电极与被测溶液的通路。玻璃电极的内电极与球泡之间、甘汞电极内电极和多孔陶瓷末端芯之间不得有气泡。
I.8.2 电极在悬液中所处的位置对测定结果有影响,要求将甘汞电极插入上部清液中,尽量避免与泥浆接触。
I.8.3 pH 读数时摇动烧杯会使读数偏低,要在摇动后稍加静止再读数。
I.8.4 操作过程中避免酸碱蒸汽侵入。
I.8.5 标准溶液在室温下一般可保存 1 月~2 月,在 4 ℃冰箱中可延长保存期限。用过的标准溶液不要倒回原液中混存,发现浑浊、沉淀,就不能够再使用。
I.8.6 温度影响电极电位和水的电离平衡。测定时,要用温度补偿器调节至与标准缓冲液、待测试液温度保持一致。标准溶液 pH 值随温度稍有变化,校准仪器时可参照表 I.1。
I.8.7 在连续测量 pH≥7.5 以上的样品后,建议将玻璃电极在 0.1 mol/L 盐酸溶液中浸泡一下,防止电极由碱引起的响应迟钝。

表 I.1 pH 缓冲溶液在不同温度下的变化

温度/℃	pH 值		
	标准液 4.01	标准液 6.87	标准液 9.18
0	4.003	6.984	9.464
5	3.999	6.951	9.395
10	3.998	6.923	9.332

表 I.1（续）

温度/℃	pH 值		
	标准液 4.01	标准液 6.87	标准液 9.18
15	3.999	6.900	9.276
20	4.002	6.881	9.225
25	4.008	6.865	9.180
30	4.015	6.853	9.139
35	4.024	6.844	9.102
38	4.030	6.840	9.081
40	4.035	6.838	9.068
45	4.047	6.834	9.038

参 考 文 献

[1] 全国农业区划委员会.中国综合农业区划.农业出版社.北京:1981.
[2] 周健民,沈仁芳等.土壤学大辞典.科学出版社.北京:2013.
[3] 全国科学技术名词审定委员会.土壤学名词(定义版).科学出版社.北京:1999.
[4] NY/T 309 全国耕地类型区、耕地地力等级划分